26.10.2013

Über dieses Buch

Im Unterschied zu den berühmten Werken des Aristoteles, wie die ‹Politik› oder ‹Die Nikomachische Ethik›, sind seine ‹Einführungsschriften› in die Philosophie fast in Vergessenheit geraten, obwohl gerade sie am Beginn jeder Beschäftigung mit Aristoteles stehen sollten. Ursache dieses bedauerlichen Umstands ist, wie die ausführliche Einleitung nachweist, die äußerst komplizierte Überlieferungsgeschichte des Aristotelischen Oeuvres. Erst nach akribischem Befragen der Textbestände konnte Olof Gigon, einer der führenden Aristoteles-Forscher der Gegenwart, jene Schriften herausschälen, die einst von Aristoteles selbst zur allgemeinen Einführung in die verschiedenen Zweige der Philosophie bestimmt waren. Diesen Aristotelischen Einführungsschriften, die sowohl in einzelnen Werken des Philosophen als auch in Werken seiner Schüler aufgefunden wurden, stehen drei interessante Beispiele antiker Aristoteles-Rezeption zur Seite. Denn in den Einführungen der Philosophielehrer Didymos, Attikos und Elias, die den Zeitraum von Augustus bis zum 6. Jahrhundert repräsentieren, deuten sich bereits grundlegende Mißverständnisse und Fehlinterpretationen der Aristotelischen Philosophie an, die Jahrhunderte weiterwirkten.

Ergänzt durch die eigene Einführung des Herausgebers, bietet dieser Band einen neuen Zugang zur Philosophie des großen Griechen.

dtv bibliothek
Literatur · Philosophie · Wissenschaft

Aristoteles

Einführungsschriften

Deutscher Taschenbuch Verlag

Übersetzt und herausgegeben von Olof Gigon.
Unveränderter Nachdruck der im Artemis Verlag, Zürich, 1961 in der „Bibliothek der Alten Welt“ erschienenen Ausgabe.

Von Aristoteles
sind im Deutschen Taschenbuch Verlag erschienen:
Die Nikomachische Ethik (6011)
Politik (6022)

September 1982
Deutscher Taschenbuch Verlag GmbH & Co. KG, München

ISBN 3-7608-3523-6
Umschlaggestaltung: Celestino Piatti unter Verwendung eines Aristoteles-Porträts
(Museum f. Abgüsse klassischer Bildwerke, München)
Gesamtherstellung: C. H. Beck'sche Buchdruckerei, Nördlingen
Printed in Germany · ISBN 3-423-06117-0

EINLEITUNG

DAS LEBEN DES ARISTOTELES

In unserer Zeit haben wir die Tatsache fast völlig aus den Augen verloren, daß die Biographie als eine Form der Geschichtsschreibung und der Literatur nur unter bestimmten geistigen Voraussetzungen existiert, die in der Vergangenheit längst nicht immer vorhanden waren. Sie sind insbesondere in der griechischen Antike erst verhältnismäßig spät eingetreten. Kurz gesagt bestehen sie darin, daß der einzelne Mensch seine Bedeutung nicht mehr daher empfängt, daß er als Glied und Beauftragter einer Gemeinschaft in Erscheinung tritt, sondern daß er in sich selbst bedeutend ist. Was er tut, tut er nicht mehr als Werkzeug und im Rahmen der Gemeinschaft, sondern autonom und aus eigenem Antriebe. Sagen wir es konkreter: In einem ursprünglichen Sinne hat es Biographien immer von Fürsten gegeben, die für sich als Einzelne den Staat repräsentieren und bei denen von vornherein auch die persönlichste Eigenart und Entscheidung zu einem Stück Geschichte der Gemeinschaft wird. In einem demokratischen Staatswesen wie demjenigen, mit dem Athen in die Geschichte eintritt, sind die Verhältnisse völlig andere. Da ist der Einzelne nur erwähnenswert, soweit er in der Öffentlichkeit handelt und in die Geschicke des Staates unmittelbar eingreift. Was er sonst noch ist, ist gleichgültig.

Es gibt nur eine Art von Überlieferung, die diese Regel durchbricht. Es ist die Anekdote, die sich an isolierte Situationen erinnert, in denen der Einzelne Mut, Witz und Schlauheit bewährt hat. Da steckt in der Tat ein Stück Biographie. Aber es läßt sich nicht weiterentwickeln, weil nicht der Lebensablauf, sondern nur der Augenblick festgehalten wird.

Biographisches Bemühen in einem umfassenderen Sinne scheint zuerst an den Dichtern rege geworden zu sein. In der Dichtung haben wir autonome Leistungen, gestaltet durch den Einzelnen und bedeutend in sich selbst, auch abgesehen vom Bezug auf die Gemeinschaft. Und obschon die Tragödie sich zunächst wie das Epos unpersönlich gibt, beginnt doch gegen Ende des 5. Jhd. v. Chr. ein ausdrückliches Interesse an den Personen der Dichter zu entstehen. Man möchte wissen, wie Sophokles und Euripides ihr Handwerk gelernt haben, wie sie arbeiten, was an persönlichen Absichten und Erlebnissen hinter ihren Werken steckt, wie sie sich mit ihren Konkurrenten auseinandergesetzt haben. Bestimmte Eigentümlichkeiten ihrer Dramen werden in Verbindung gebracht mit ihrem persönlichen Lebensstil und ihrem Freundeskreise.

Von den Dichtern springt das biographische Interesse über auf die Philosophen. Denn auch ihre Leistung ist autonom und entspringt nicht politischem Auftrag oder Willen, sondern einer Neigung, die in der Persönlichkeit als solcher begründet ist. So wendet sich die Aufmerksamkeit einem Sokrates zu, der völlig abseits von der großen Politik lebt und wirkt. Aufgezeichnet werden nicht bloß seine Lehren, sondern auch wer er selbst ist: Aus welchem Milieu er stammt, wie er aussieht, wie er sich kleidet, wie es mit seinen Familienverhältnissen und täglichen Gewohnheiten bestellt ist.

Da entstehen denn die eigentlichen Biographien, die sowohl das Œuvre wie auch den Lebensablauf berücksichtigen, aus dem das Œuvre entstanden ist und der selbst so etwas wie ein Kunstwerk sein kann. Freilich liegt es in der Natur der Sache, daß die Materialien dazu vielfach schwer zu beschaffen sind. Oft müssen die seltsamsten Hypothesen herhalten, um Lücken in der Lebensgeschichte auszufüllen. Erst im Laufe des 3. Jhd. v. Chr. wird das biographische Interesse allmählich so stark, daß die Historiker beginnen, sich sozusagen rechtzeitig um ihre Unterlagen zu kümmern.

Diese Überlegungen waren unerläßlich, um begreiflich zu machen, daß wir dokumentarisch mit der Biographie des Aristoteles gar nicht gut daran sind. Gewiß hat die spätere Antike eine Lebensbeschreibung besessen, in der viel über das Verhältnis des Aristoteles zu Platon, zu den Königen von Makedonien und zum Staate von Athen zu lesen war.

Aber das Dokumentenmaterial, das ihr zugrunde lag, war ausgesprochen dürftig. Man sieht deutlich, daß das Interesse an der Lebensgeschichte des Aristoteles erst einige Generationen nach seinem Tode wirklich erwacht ist. Da mußte man eben mit dem vorliebnehmen, was an zeitgenössischen Dokumenten und Äußerungen noch aufzutreiben war; dies wurde dann zu der Biographie kombiniert, die wir in Auszügen heute noch lesen.

Hier sei in aller Kürze der Versuch gewagt, diesen biographischen Aufbau gewissermaßen vor den Augen des Lesers nachzuvollziehen.

Drei Gruppen von Zeugnissen ersten Ranges sondern sich von selbst: einmal die offiziellen Dokumente im strengen Sinne, dann die Selbstzeugnisse und schließlich die Mitteilungen von Zeitgenossen.

An der Spitze der Dokumente steht das Testament des Philosophen, dessen Echtheit unbezweifelbar ist und das schon den antiken Biographen eine Reihe der wichtigsten Angaben geliefert hat. Es verlohnt sich, es im Wortlaut mitzuteilen: Möge alles gut gehen. Sollte sich aber etwas ereignen, so hat Aristoteles folgendes verfügt: Die Aufsicht über alles und in allen Stücken soll bei Antipater liegen. Bis zu dem Zeitpunkt, da Nikanor eintreten kann, sollen Vormünder sein Aristomenes, Timarchos, Hipparchos, Dioteles und Theophrastos, falls dieser dazu bereit ist und die Möglichkeit hat, sowohl über die Kinder wie auch über Herpyllis und den gesamten Nachlaß. Wenn das Mädchen erwachsen ist, soll sie dem Nikanor zur Ehe gegeben werden. Stößt ihr aber etwas zu – was nicht geschehen möge noch geschehen wird –, vor der Heirat oder dann nach der Heirat, bevor Kinder gekommen sind, so soll Nikanor Vollmacht haben, für den Sohn und für das übrige zu sorgen, wie es seiner und unser würdig ist. Nikanor soll sich als Vormund um das Mädchen und den Knaben Nikomachos kümmern, wie er es bei beiden für richtig hält, so wie wenn er ihr Vater und Bruder wäre.

Sollte aber dem Nikanor vorzeitig etwas zustoßen – was nicht geschehen möge –, sei es vor der Hochzeit mit dem Mädchen oder nachher, bevor Kinder gekommen sind, so soll den Anordnungen, die er etwa getroffen hat, Folge geleistet werden. Wünscht aber Theophrast das Mädchen zu heiraten, so soll es gehalten werden wie im Falle des Nikanor: wo nicht, so sollen die Vormünder sich zusammen mit Antipater beraten und über das Mädchen und den Knaben beschließen, wie es ihnen am besten zu sein scheint.

Es sollen aber die Vormünder und Nikanor bei ihren Maßnahmen stets an mich denken sowie an Herpyllis, die mir eine pflichtbewußte Gefährtin gewesen ist. Insbesondere sollen sie, falls sie sich zu verheiraten wünscht, darauf achten, daß sie keinen Mann erhält, der meiner unwürdig wäre. Es sollen ihr außer dem, was sie früher empfangen hat, noch ein Talent Silber aus dem Nachlaß sowie drei Dienerinnen nach ihrer freien Wahl überlassen werden, weiterhin die Magd, die sie schon hat und der Bursche Pyrrhaios. Falls sie sich in Chalkis ansiedeln will, so soll ihr das beim Garten liegende Gästehaus überlassen werden, wenn aber in Stageira, dann das Haus meines Vaters. Wie immer sie sich entscheidet, so sollen die Vormünder das Haus so ausstatten, wie es ihnen angemessen und für Herpyllis ausreichend zu sein scheint.

Nikanor soll auch dafür sorgen, daß der Knabe Myrmex in einer meiner würdigen Weise wieder zu den Seinigen gebracht werde mit allem, was ihm gehört und was wir von ihm in Empfang genommen haben. Ambrakis soll frei sein und, wenn meine Tochter heiratet, fünfhundert Drachmen erhalten sowie die Dienerin, die sie schon hat. Auch Thales soll außer der gekauften Dienerin, die er schon hat, einen Betrag von tausend Drachmen und eine weitere Dienerin erhalten. Desgleichen soll dem Simos außer dem Geld, das er zum Kauf eines Dieners schon bekommen hat, entweder ein weiterer Diener gekauft oder noch ein Geldbetrag zugewiesen werden. Tachon soll frei sein, sobald meine Tochter heiratet, ebenso

Philon und Olympios und dessen kleines Kind. Von den Dienern, die bei mir gearbeitet haben, darf keiner verkauft werden. Sie sollen vielmehr weiter im Dienste verwendet werden, und wenn sie das angemessene Alter haben, sollen sie ihren Leistungen entsprechend freigelassen werden.

Es soll auch Sorge dafür getragen werden, daß die Bildnisse, die dem Gryllion in Auftrag gegeben worden sind, vollendet und aufgestellt werden: dasjenige Nikanors, dasjenige des Proxenos, das ich in Auftrag zu geben beabsichtigte, und dasjenige der Mutter Nikanors. Das bereits vollendete Bild des Arimnestos soll als Denkmal für ihn aufgestellt werden, da er ja kinderlos gestorben ist. Ferner soll das Bild meiner Mutter im Demetertempel in Nemea aufgestellt werden oder wo es sonst gut scheint. Wo immer man mein Grab herrichtet, dorthin sollen auch die Gebeine der Pythias übergeführt und beigesetzt werden, wie sie es selbst angeordnet hat.

Endlich soll auch Nikanor, wenn er heil zurückgekehrt sein wird, entsprechend dem Gelübde, das ich für ihn getan habe, steinerne Statuen in Stageira aufrichten lassen, vier Ellen groß, für Zeus den Retter und Athena die Retterin.

Es seien kurz die wichtigsten Data dieses Textes herausgehoben.

An seinem Tone im allgemeinen werden wir vor allem die Liebenswürdigkeit beachten sowie eine Frömmigkeit, die sich durchaus dem alten Herkommen fügt. Aristoteles hat nicht anders als ein Epikur oder später ein Cicero wohl zu unterscheiden gewußt zwischen der spekulativen Theologie der Philosophen und den einfachen Anschauungen der geschichtlichen Religion, denen man im Leben gehorsam sein wird, ohne sie mit ärgerlichen Fragen zu belästigen.

Als eine Hauptperson tritt im Testamente Antipater hervor. Er ist einer der Feldherren König Philipps von Makedonien, später für die Zeit der Abwesenheit König Alexanders in Asien Statthalter Makedoniens und Griechenlands. Wir stehen mit dem Testamente im Jahre 322 v. Chr., wenige Monate nach dem Tode Alexanders. Athen unternimmt den Versuch, die makedonische Herrschaft abzuschütteln, was Aristoteles zwingt, die Stadt, die seine Wahlheimat geworden war, zu verlassen. Er begibt sich nach Chalkis auf Euböa. Hier ist das Testament geschrieben. Hier besitzt er ein Haus und vielleicht sogar noch von seiner mütterlichen Familie her eine Art von Bürgerrecht. Wenn er den Namen Antipaters an die Spitze des Testamentes stellt, so ist dies unverkennbar eine Demonstration. Denn realistisch betrachtet, hat Antipater gerade in diesen Monaten, in denen er der mächtigste Mann in dem ungeheuren Reiche war, schwerlich die Zeit gehabt, sich um die Privatangelegenheiten des Aristoteles zu kümmern. Aber es lag Aristoteles daran, die Seinigen ausdrücklich unter den Schutz Makedoniens zu stellen – und wohl auch beiläufig daran zu erinnern, daß seine persönlichen freundschaftlichen Beziehungen ihm erlaubten, Antipater auf diese Weise in Anspruch zu nehmen.

In zweiter Linie wird Nikanor genannt. Offensichtlich ist er nicht in der Nähe des Aristoteles, sondern auf einer langen und gefahrvollen Expedition abwesend. Aristoteles hat ja für seine Rettung ein ansehnliches Gelübde getan. Die Vermutung wird zutreffen, daß er den Feldzug Alexanders mitmachte und zur Zeit der Niederschrift des Testaments sich noch irgendwo im fernen Asien befand. Er scheint, wie der Wortlaut des Gelübdes zeigt, Wohnsitz und vielleicht auch Bürgerrecht in Stageira zu haben, demselben kleinen Städtchen in der nordgriechischen Chalkidike (unweit dem heutigen Saloniki), in welchem auch das Vaterhaus des Aristoteles selbst stand. Das Testament erwähnt sodann Bilder nicht allein von Nikanor, sondern auch von dessen Mutter sowie von Proxenos, der nach dem Zusammenhang nur sein Vater sein kann, wie dies auch die anderweitige Überlieferung bestätigt. Dieser ganzen Familie ist Aristoteles unverkennbar sehr nahegestanden. Es ist ja auch sein Wunsch, daß Nikanor für seine beiden Kinder sorgen und womöglich seine Tochter heiraten solle. Die Biographie wußte zu ergänzen, daß dies dann tatsächlich geschah: freilich soll er bald nach seiner Verehelichung gestorben sein. Die Tochter des Aristoteles heiratete später in zweiter Ehe einen vornehmen Spartaner, in dritter Ehe einen Arzt.

Solange Nikanor nicht da ist, vertraut Aristoteles das Seinige fünf Männern an. Die ersten vier kennen wir weiter nicht. Der fünfte ist Theophrast, der Nachfolger des Aristoteles als Leiter der peripatetischen Schule. Das Testament stellt ihm mit besonderer Rücksicht frei, sich zu entscheiden, wie es ihm richtig erscheint. Verpflichtungen familiärer Art hat er also nicht. Seine Nennung im Testament wirkt als ein besonderes Zeichen freundschaftlichen Vertrauens.

Der Fürsorge Theophrasts und der übrigen werden vor allem drei Personen empfohlen: zunächst die beiden Kinder, die Tochter, deren Name nicht genannt wird, und der Sohn Nikomachos, der, wie in Griechenland häufig, den Namen des Großvaters trägt. Beide scheinen noch sehr jung zu sein, das Mädchen anscheinend etwas älter, aber auch noch nicht heiratsfähig, also wohl nicht viel mehr als etwa zwölfjährig. Die Stellung der Herpyllis wird nicht ganz klar. Wäre sie im Sinne des Gesetzes die Ehefrau des Aristoteles gewesen, wäre das vermutlich im Testament gesagt worden. Daß sie für Aristoteles persönlich im Range einer Ehefrau stand, ergibt sich ganz klar nicht nur aus der Bitte, sie einem «seiner nicht unwürdigen Manne» zu geben, sondern vor allem auch aus dem Angebot, sie könne sein Vaterhaus in Stageira übernehmen.

Der Vater wird im übrigen im Testamente nicht erwähnt. Die Biographie hat vermutlich mit Recht daraus gefolgert, daß er sehr früh gestorben ist. Wenn sie weiter beifügt, daß nach dem Tode des Vaters Nikomachos Proxenos als Vormund des Aristoteles gewirkt habe, so ist dies mindestens nicht unglaubhaft. Die Mutter nennt Aristoteles ausdrücklich. Die Frage, warum ihr Bild gerade im Demetertempel des abgelegenen Nemea südwestlich von Korinth aufgestellt werden sollte, hat weder die antike noch die moderne Forschung zu beantworten vermocht. Dagegen teilt die Biographie mit, der kinderlose Arimnestos sei kein anderer als der leibliche Bruder des Aristoteles gewesen: die Schwester Arimneste, die sie auch noch anführt, dürfte freilich eine reine Erfindung sein. Schließlich hören wir noch von Pythias. Sie ist längst gestorben, soll nun aber mit Aristoteles zusammen im gleichen

Grabe bestattet werden. Da kann es sich nur um die Ehefrau handeln, was durch die sonstige Überlieferung bestätigt wird.

Zwei Frauen sind also Aristoteles nahegestanden, Pythias und Herpyllis. Welche der beiden die Mutter der Kinder war, sagt das Testament nicht. Die Biographie behauptet, die Tochter sei der ersten, der Sohn der zweiten Verbindung entsprungen, was vollkommen möglich und jedenfalls nicht widerlegbar ist.

Soweit der für uns wichtige Inhalt des Testaments. Wir erfahren aus ihm so ziemlich alles, was von seinen Familienverhältnissen für uns zu wissen nötig ist. Anders als ein Platon, Epikur oder Zenon ist Aristoteles verheiratet gewesen und hat Kinder gehabt. Wer die griechische und vor allem athenische Art kennt, wird sich allerdings nicht wundern, daß gerade diese Tatsache schon zu Lebzeiten des Aristoteles zu allerlei giftigen Polemiken ausgebeutet wurde. Von der ersten Gattin Pythias wurde erzählt, sie stamme aus dem bedenklichen Milieu eines winzigen kleinasiatischen Fürstenhofes – woran in der Tat richtig war, daß sie die Nichte des Fürsten Hermeias von Atarneus in der Troas war, eines Kleinasiaten, woraus man entnehmen mochte, sie sei selbst keine echte Griechin gewesen. Von Herpyllis hieß es, sie sei einfach die Geliebte des Philosophen gewesen, und daß sich dann ihr Sohn Nikomachos nach dem Tode des Vaters angeblich nicht gerade gut entwickelte, tat ein übriges, um sie in schlechtes Licht zu bringen. Inspiriert waren diese Boshaftigkeiten in Wahrheit weitgehend durch die Abneigung der Athener gegen einen Mann, dessen nahe Beziehungen zum Staate und Hof Makedoniens bekannt waren und der, wie wir sahen, noch in seinem Testamente nachdrücklich darauf hinwies.

Allerdings werden wir nun auch die Dinge beachten, von denen das Testament – unsern Erwartungen entgegen – nicht spricht. Nicht die Rede ist erstens vom philosophischen Lebenswerk des Erblassers. Wir erschließen zwar, daß der mit solcher Achtung behandelte Theophrast der Erbe dieses Werks ist. Und wenn wir lesen, daß Herpyllis in Chalkis nur das Gästehaus zur Verfügung gestellt werden kann, so kommt uns die Vermutung, daß das Haupthaus eben dem Schulbetrieb reserviert bleiben muß. Denn die Schulanlagen in Athen sind in dieser Zeit zweifellos vom Staate beschlagnahmt gewesen, und Aristoteles konnte auf dem Totenbett unmöglich wissen, daß diese und andere antimakedonischen Maßnahmen Athens nach kurzer Zeit dank dem raschen militärischen Eingreifen Antipaters wieder rückgängig gemacht werden würden.

Direkt ist aber von der Schule mit keinem Wort die Rede: weder von der wahrscheinlich recht beträchtlichen Bibliothek, die Aristoteles im Lauf der Jahre gesammelt hatte, noch vom eigenen schriftlichen Nachlaß des Meisters noch von der Organisation oder den künftigen Aufgaben der Schule. Man mag annehmen, daß Aristoteles in seiner mehr oder weniger offiziellen Stellung als Schulhaupt Theophrast besondere Verfügungen hinterlassen hat, die das private Testament, das wir allein besitzen, nichts angingen.

Nicht erwähnt ist sodann die Stadt Athen, in der Aristoteles immerhin viele Jahrzehnte hindurch gelebt hat. Da zeigt das Schweigen deutlich genug, daß eine Katastrophe eingetreten ist. Über ihre nähern Umstände erzählen die Biographen allerlei. Freilich ist manches so sonderbar, daß der Schluß sich aufdrängt, schon die frühesten Biographen schienen nicht sicher gewußt zu haben, ob es wirklich zu einem Prozeß gegen Aristoteles kam: und wenn es zu einem solchen kam, so haben sie keine aktenmäßig zuverlässige Darstellung mehr zur Verfügung gehabt. Es könnte sein, daß Aristoteles allein schon durch den Druck einer gefährlich anwachsenden Makedonenfeindschaft gezwungen worden sei, Athen zu verlassen. Beachtung verdient freilich am Schlusse auch, daß aus dem makedonischen Bereich im Testament nur Antipater genannt wird. Seine überragende Stellung erschließen wir, desgleichen seine persönliche Freundschaft mit dem Philosophen. Aber er hat immerhin nicht zum Königshause gehört. In der spätern Antike hat es jedoch zum eisernen Bestand der Aristotelesbiographie gehört, daß Aristoteles ein Freund König Philipps, der Königin Olympias, sowie Lehrer Alexanders gewesen sei. Mit allen drei Fürsten soll er einen ausgedehnten Briefwechsel unterhalten haben. Das Testament nennt sie nicht. Wir werden auf diesen Punkt noch einmal zurückkommen.

Noch vier weitere Dokumente sind zu nennen, alles Ehrendekrete, wie sie in dieser Zeit von griechischen Staaten massenhaft beschlossen worden sind. Daß auch Aristoteles und die Seinigen etwas von diesem Segen abbekamen, ist nicht weiter auffallend.

Wir nehmen vorweg eine Ehrenurkunde der Stadt Ephesos für Nikanor, den Sohn des Aristoteles, aus Stageira. *Zeit und näherer Anlaß der Urkunde sind nicht bestimmbar, unzweifelhaft dagegen, daß es sich um denselben Nikanor handelt, der uns im Testament begegnete. Er war Sohn des Proxenos; aber schon die spätantike Aristotelesbiographie teilt uns mit, er sei nach dem Tode des Vaters von Aristoteles adoptiert worden. Dies bestätigt die Inschrift.*

Interessanter ist die zweite Urkunde. In ihr werden dem Aristoteles, Sohn des Nikomachos aus Stageira, und dem Kallisthenes, Sohn des Damotimos aus Olynth, der Dank und die Anerkennung der delphischen Amphiktyonen (also des Kollegiums, dem die Aufsicht über den Tempelbezirk und die Festspiele zu Delphi oblag) ausgesprochen dafür, daß sie einen vollständigen Katalog der Sieger an den Pythischen Wettkämpfen angefertigt haben; es wird verfügt, daß dieser Katalog inschriftlich im Heiligtum angebracht werden soll. Kallisthenes war ein naher Verwandter des Aristoteles und Historiker. Er wurde 334 v. Chr. von Alexander in sein Hauptquartier berufen, um den Feldzug gegen Persien mitzumachen und als «Hofhistoriograph» darzustellen. 327 v. Chr. fiel er aus Gründen, die wir nicht ganz durchschauen, beim König in Ungnade und wurde hingerichtet. Die gemeinsame Arbeit des Aristoteles und Kallisthenes, von der die Urkunde spricht, muß also auf alle Fälle vor das Jahr 334 fallen. Die Liste der pythischen Sieger ist nicht nur in Stein verewigt, sondern auch in Buchform in die Opera omnia des Aristoteles aufgenommen worden. Die erhaltenen Reste sind freilich so dürftig, daß sich heute kein Urteil mehr darüber abgeben läßt, was mit ihr bezweckt war und wie sie im einzelnen aussah. Die nächstliegende Vermutung ist, daß sie das chronologische Rückgrat bilden sollte für eine umfassende Geschichte des traditionsreichen delphischen Heiligtums. Natürlich wissen wir erst recht nicht, wie wir uns die Zusammenarbeit der beiden Männer vorzustellen haben, was um so bedauerlicher ist, als es sich um das einzige zuverlässige Zeugnis von derartiger wissenschaftlicher Zusammenarbeit im Umkreis des Aristoteles handelt.

Datierbar ist die Inschrift nicht genau. Sie scheint nach 330 angebracht worden zu sein. Das bedeutet wohl, daß Aristoteles nach der Abreise des Kallisthenes das Werk allein zum Abschluß brachte.

Die zwei nächsten Urkunden sind nicht inschriftlich, sondern nur in spätantiken Fassungen der Aristotelesbiographie erhalten. Trotz dieser an sich sehr schlechten Überlieferung haben wir keinen zureichenden Grund, sie für unecht zu halten. Die erste ist ein Ehrendekret der Athener zum Dank für die guten Dienste, die Aristoteles dem Staate von Athen geleistet hat insbesondere dadurch, daß er sich bei König Philipp für die Interessen Athens einsetzte und die Verhandlungen athenischer Gesandter bei Philipp erleichterte. Dies der Text, soweit er sich herstellen läßt. Datieren möchte man ihn in die Zeit der langwierigen Verhandlungen, die dem letzten Kampf zwischen Philipp und den Griechen, der in die Schlacht bei Chaironeia (338 v. Chr.) mündete, vorausgingen, also etwa ins Jahr 340. Man hat den Eindruck, daß sich Aristoteles in dieser Zeit abwechselnd bald in Athen und bald bei König Philipp in Nordgriechenland befand. Sein Einfluß bei Philipp kann nicht ganz unerheblich gewesen sein, obschon die Urkunde nichts darüber verrät, ob er am makedonischen Hof eine bestimmte Stellung bekleidet hat und wenn ja, welche.

Die Biographie teilt uns ergänzend mit, daß die Ehrenurkunde unmittelbar nach dem Tode Alexanders annulliert und vernichtet wurde (also in der Zeit, in der sich Aristoteles in Chalkis aufhielt), daß aber kurze Zeit später Antipater nach seinem Siege über Athen dafür sorgte, daß sie wieder an ihren Platz kam. Dies ist alles geschichtlich sehr wohl möglich.

Eine letzte Urkunde endlich dürfen wir aus den Angaben der Biographie erschließen. Es handelt sich um einen vermutlich bald nach dem Tode des Philosophen gefaßten Beschluß der Einwohner von Stageira, der Heimatstadt des Aristoteles. Stageira scheint im Zuge der kriegerischen Unternehmungen König Philipps einmal teilweise zerstört oder doch mindestens mit der Zerstörung bedroht worden zu sein. Aristoteles intervenierte und erreichte, daß das Städtchen geschont, beziehungsweise wieder aufgebaut wurde. Nach seinem Tode erinnerten sich die Stagiriten daran und beschlossen, seine sterblichen Reste von Chalkis nach Stageira überzuführen und ihnen dort alle jene Ehren zuteil werden zu lassen, die bei den Griechen von alters her dem Neugründer einer Polis gebührten. Sie errichteten ihm ein Grabmal in der Mitte der Stadt auf dem Marktplatz in unmittelbarer Nähe ihres Rathauses. Es scheint sogar, daß sie darüber hinaus dem Geschmack der Zeit, die immer verwegenere Ehrungen liebte, nachgaben, Festspiele zu seinen Ehren begründeten und einen Monat nach seinem Namen benannten. In den Wirren der Diadochenzeit ist freilich Stageira noch einmal und damit endgültig zerstört worden. In ciceronischer Zeit fanden die Reisenden nur noch einen völlig verlassenen Küstenstrich vor.

Es liegt in der Natur der Sache, daß diese Dokumente über das, was die eigentliche Größe des Aristoteles ausmacht, wenig oder nichts sagen. Das Testament ist ganz dem Privatleben zugewandt, und die Ehrendekrete greifen nur bestimmte Verdienste um das öffentliche Wesen in Delphi, Athen und Stageira heraus. Wir müssen uns nun also andern Zeugnissen zuwenden und zwar vor allem den literarischen Selbstzeugnissen des Aristoteles. Wir sondern sie in drei Gruppen, die wir der Einfachheit halber als ausdrückliche, beiläufige und indirekte Selbstzeugnisse etikettieren wollen.

Die ausdrücklichen Selbstzeugnisse sind (mit einer Ausnahme) am Schlusse der hellenistischen Ausgaben der Opera omnia des Aristoteles vereinigt worden. Es handelt sich einmal um eine Handvoll Gedichte, sodann um zwei umfangreiche Briefsammlungen: eine erste umfaßte nicht weniger als zwanzig Bücher, worunter neun Bücher an Antipater; eine zweite, anscheinend als Nachtrag und Ergänzung zusammengestellte Serie umfaßte ihrer acht. Erhalten sind von dem allem ein halbes Dutzend Stücke ganz und rund zwei Dutzend Fragmente.

Da scheint also die Antike über ein erstklassiges Material zum Aufbau einer authentischen Biographie des Aristoteles verfügt zu haben. Doch leider trügt der Schein.

Die Schwierigkeiten beginnen damit, daß die erhaltenen Briefe überwiegend derart inhaltsarm und schlecht geschrieben sind, daß man sie kaum als echt anerkennen wird. Von den in Zitatform erhaltenen Fragmenten könnte man teilweise das genaue Gegenteil behaupten: Sie sind derart epigrammatisch pointiert, daß man den Eindruck hat, es handle sich gar nicht um wirkliche Briefstellen, sondern um isolierte Bon-mots, die um des Effektes willen in fiktive Briefe hineingearbeitet worden seien. Was soll man weiterhin von einem Brief denken, in welchem Aristoteles die Geschmacklosigkeit begeht, vor Antipater seine Ehe mit der Nichte des Fürsten Hermeias zu rechtfertigen? Er habe, so erzählt er, diese Frau geheiratet, nachdem Hermeias durch den Perserkönig gefangengenommen und hingerichtet worden war, aus Sympathie zu dem Getöteten und weil sie eine tüchtige und rechtschaffene Frau gewesen sei und um ihr über ihr häusliches Unglück hinwegzuhelfen. Daß Aristoteles selbst dergleichen nicht geschrieben hat, sondern daß der Text von einem sentimentalen Biographen späterer Zeit fabriziert worden ist, scheint mir auf der Hand zu liegen.

Aber das Problem hat noch einen allgemeinern Aspekt. Wir konstatieren erstens, daß diese ganze Briefmasse erst rund zweihundert Jahre nach dem Tode des Aristoteles in der Literatur auftaucht. Die ersten Generationen der Bewunderer und Feinde des Philosophen sind an dieser Fundgrube von Nachrichten achtlos vorübergegangen – wenn es sie damals schon gegeben hat. Zweitens stellt sich die Grundfrage, von wann an die Griechen überhaupt begonnen haben, Privatbriefe bedeutender Männer zu sammeln und der Öffentlichkeit zugänglich zu machen. Derartige Unternehmungen setzen eine entschieden nachklassische Geisteshaltung voraus, die gerade aus der paradoxen «Intimität mit jedermann» neue künstlerische und pädagogische Wirkungen zu ziehen wünscht. Ob sie in der Zeit des Aristoteles schon vorhanden war, darf man füglich bezweifeln.

Zu einer sichern Entscheidung können wir mit unsern Mitteln nicht mehr gelangen. Vorsichtiger ist es jedenfalls, die Sammlung beiseite zu stellen. Bei dem fragmentarischen Zustand, in dem sie uns erhalten ist, wäre die Ausbeute an wertvollen Nachrichten ohnehin recht bescheiden.

Interessanter sind die paar Gedichte. Zunächst nennt der Schriftenkatalog zwei Stücke mit ihren Anfangszeilen, einen hexametrischen Hymnus auf Eros und ein Gedicht in elegischen Distichen auf Artemis, die Tochter Letos – so scheint es wenigstens. Aus anderweitiger Überlieferung kennen wir drei Stücke. Das erste und berühmteste sind sieben Zeilen aus einer Elegie, möglicherweise derselben, deren Anfang im Schriftenkatalog erhalten ist. Wir hören, daß das Gedicht an einen Freund namens Eudemos gerichtet war. Die überlieferten Zeilen melden, daß ein Ungenannter offenbar von weither nach Athen kam und daselbst einen Altar errichtete zu Ehren seiner Freundschaft mit dem Manne, den die Schlechten nicht einmal loben dürfen: denn er hat als einziger oder doch als erster unter den Sterblichen evident bewiesen in seinem eigenen Leben und im Ablauf seiner Lehre, daß gut und glückselig der Mensch gleichzeitig wird. Heute kann dies keiner mehr erreichen. *Es besteht kein Zweifel, daß unter dem also Gepriesenen Platon zu verstehen ist. Wir begegnen hier zum ersten Male einem Text, in welchem von Platon die Rede ist, demjenigen Philosophen, der stärker auf Aristoteles eingewirkt hat als irgendein anderer. Freilich wäre es etwas vorschnell, in diesen Versen nun geradezu ein Bekenntnis des Schülers zu seinem Lehrer zu erblicken. Aristoteles spricht ja nicht für sich, sondern im Geiste dessen, der den Altar geweiht hat. Und was er in seltsam spröden, mit Schulterminologie durchsetzten Wendungen sagt, bleibt höchst allgemein. Den Satz, daß nur der Gute auch glückselig sei, hat Platon allerdings in seinem* Gorgias *mit äußerster Schärfe herausgearbeitet, und wir dürfen in unserm Zusammenhang darauf hinweisen, daß Aristoteles selbst einen Dialog verfaßt hat, in welchem erzählt wurde, wie ein korinthischer Bauer den platonischen* Gorgias *in die Hand bekam und davon so ergriffen wurde, daß er alles liegen ließ und nach Athen zu*

Platon eilte. Dennoch wundert es uns ein wenig, daß Platon in unserm Gedicht nur gerade auf diesen einen Satz festgelegt wird. Ob vielleicht der Unbekannte, der den Altar weihte, seine besondern Gründe hatte, in ihm den Mittelpunkt von Platons Leben und Lehre zu erkennen?

Die zwei andern Gedichte dienen dem Andenken an den schon genannten Hermeias, den nahen Verwandten der Gattin des Aristoteles, den Fürsten von Atarneus, der durch Verrat in die Hand des Perserkönigs fiel und von diesem hingerichtet wurde. Aristoteles hat ihm in Delphi ein Standbild mit einem Ehrenepigramm aufstellen lassen; er hat außerdem im Stile der hohen Lyrik seiner Zeit ein Preislied auf die Arete (die Mannestugend) gedichtet, um die sich nicht nur Herakles und die Dioskuren, Achilleus und Aias gemüht hätten, sondern auch der Sohn von Atarneus, der jetzt zwar des Sonnenlichtes beraubt sei, dafür aber ewigen Nachruhms gewiß.

Schön und eindrucksvoll verraten uns die beiden Gedichte (die beide vollständig erhalten sind), wieviel dem Philosophen Hermeias bedeutet hat. Worin die geschichtliche Leistung dieses Mannes beruhte und worauf seine Freundschaft mit Aristoteles gegründet war, erfahren wir kaum. Aber jener hat sich nicht gescheut, den tapfern Fürsten den Heroen der Vorzeit zuzugesellen und den alten Vorkämpfern Griechenlands gegen die Übermacht und Tücke der Perser.

Ein letztes Selbstzeugnis dieser Art ist nur in wenigen Worten zu erwähnen. Aristoteles hat gleich mehreren andern Schülern Platons nach dem Tode des Meisters eine Lobrede auf ihn verfaßt. In den Schriftenkatalogen ist sie vergessen worden. Sie wird aber bezeugt durch denselben Autor, der uns die sieben Verse an Eudemos erhalten hat. Leider kennen wir nur den Titel. Schade, denn der Inhalt hätte uns wohl einige Antwort geben können auf die Frage, die uns nach Jahrhunderten der Forschung immer noch in Verlegenheit bringt: Wie sind eigentlich die persönlichen Beziehungen zwischen Platon und Aristoteles gewesen? Doch da dürfen wir nun hoffen, mit Hilfe der beiläufigen Selbstzeugnisse etwas weiter zu gelangen. Denn mit ihnen treten wir auf das philosophische Œuvre ein und dort auf diejenigen

Stellen, in denen Aristoteles uns sein persönliches Urteil über seine Zeitgenossen und vor allem die Philosophen unter ihnen verrät.

Vorauszuschicken ist die Feststellung (die im nächsten Abschnitt erläutert werden soll), daß der schriftliche Nachlaß des Aristoteles in zwei stark unterschiedene Textgruppen zerfällt. Die eine besteht in einer Reihe von meist nicht sehr umfangreichen Büchern, die Aristoteles selbst teils für das weitere Publikum der Gebildeten, teils für die Spezialisten veröffentlicht hat. Sie ist uns nur noch in wenigen Fragmenten faßbar. Die andere Gruppe wird gebildet aus einer Masse von Manuskripten, die wohl alle erst nach dem Tode des Aristoteles zu Büchern zurecht gemacht worden sind. Hier besitzen wir eine umfangreiche Auswahl der wichtigsten Texte vollständig.

Prüfen wir zunächst die zweite Gruppe, so konstatieren wir durchwegs eine außerordentliche Zurückhaltung allen persönlichen und im weitern Sinne aktuellen Dingen gegenüber. Es ist, wie wenn es Aristoteles bewußt vermeiden wollte, zeitgenössische und ihm irgendwie nahestehende Verhältnisse zu berühren. Die Leser seiner politischen Untersuchungen haben immer wieder mit Erstaunen und Befremden bemerkt, daß sie von der ungeheuren Neuorientierung der griechischen Geschichte durch den Aufstieg Makedoniens zur Weltmacht (die doch Aristoteles als Zeitgenosse miterlebt hat) überhaupt keine Notiz nehmen. Die Ermordung König Philipps wird einmal kurz erwähnt – niemand kann ahnen, daß es sich um einen Fürsten handelt, dem Aristoteles nach allem, was wir wissen, persönlich recht nahegestanden hat. Bei der Besprechung rhetorischer Probleme fällt einige Male der Name des Demosthenes; wer nicht weiß, daß damit der Todfeind Philipps und wohl auch des Aristoteles selbst gemeint ist, könnte aus den Stellen genau so gut erschließen, es sei irgendein längst dahingegangener Redner. König Alexander wird überhaupt nie genannt; und so viele griechische Staaten auch Beispiele für die politischen Theorien des Aristoteles beisteuern, im Falle Makedoniens bleibt es bei zwei völlig beiläufigen Erwähnungen.

Auf der andern Seite begegnen wir ausgedehnten Polemiken gegen Platon, Speusippos und Xenokrates, die Koryphäen derjenigen Schule, in der Aristoteles selbst begonnen hatte und von der er sich später trennte. Doch nur an einer einzigen, singulären und mit Recht seit der Antike berühmten Stelle verrät er, wie nahe ihm diese Männer menschlich gestanden haben. In dem Augenblick, da er eine Widerlegung der platonischen Lehre vom Guten vorzutragen sich anschickt, bemerkt er, es falle ihm dies nicht leicht, da jene Lehre «von befreundeten Männern» vertreten werde. Dennoch glaube er es verantworten zu können, die Wahrheit der Freundschaft vorzuziehen. Von dieser einen Stelle abgesehen, diskutiert er die Lehren der Akademiker nicht anders als diejenigen eines Empedokles oder Anaxagoras. Die kritische Prüfung von Abschnitten platonischer Dialoge erfolgt aus einer solchen Distanz, daß der Leser gar nicht auf den Gedanken kommt, daß Aristoteles (wie wir doch wohl anzunehmen haben) die Entstehung der wichtigsten Dialoge aus nächster Nähe miterlebt und (wie wir meinen möchten) Gelegenheit genug gehabt hat, die philosophischen Probleme mit Platon mündlich durchzusprechen.

Wesentlich besser steht es mit den publizierten Büchern, oder vielmehr: würde es stehen, wenn wir von ihnen mehr besäßen als einige Dutzend Fragmente und Anspielungen. Immerhin läßt sich Folgendes sagen.

Zunächst wird uns ausdrücklich bezeugt, daß Aristoteles zwar nicht in allen, aber doch in einigen seiner wichtigsten Dialoge sich selbst als Teilnehmer am philosophischen Gespräch eingeführt hat. Man darf vermuten, daß er damit absichtlich von Platon abweichen wollte, der bekanntlich die eigene Person völlig verschwinden läßt. Es ist außerdem gar nichts anderes denkbar, als daß er zuhanden der Leser in solchen Dialogen sich nicht bloß nannte, sondern auch vorstellte und über seine persönlichen Verhältnisse, die Umstände des Gespräches und seine Beziehungen zu den Gesprächspartnern allerlei Mitteilungen machte. Leider erfahren wir nur für einen einzigen Dialog Näheres. Eudemos, *der Dialog über die Seele, begann damit, daß Aristoteles in einem Freundeskreis erzählte, wie sein Freund Eudemos von Kypros im Jahre 353 v. Chr. im Kampfe um die Befreiung der Stadt Syrakus von der Herrschaft des Königs Dionysios II. den Tod gefunden hatte. An einer* viel spätern Stelle desselben Dialogs berichtete er, er sei einmal (wir wissen nicht wo, aber sicherlich nicht in Athen) einem Menschen begegnet, der sich nur von den Strahlen der Sonne ernährte. Aus dem großen Dialoge Über die Philosophie besitzen wir einige Worte, in denen sich Aristoteles einem Partner gegenüber dafür entschuldigt, daß er die Ideenlehre Platons angreife; er könne nicht anders, selbst wenn ihm dies als Rechthaberei ausgelegt würde. Ganz bestimmt war der Partner nicht Platon selbst: aber daß er ein Schüler und Anhänger Platons war, ist das wahrscheinlichste.

Einflußreich war weiterhin eine Schrift, die nicht die Form eines Dialoges besaß, sondern eines Sendschreibens, gerichtet an Themison, einen der in jener Zeit zahlreichen Kleinkönige der Insel Zypern. Wir dürfen annehmen, daß Aristoteles nicht allein den Inhalt der Schrift der besonderen politischen Stellung des Adressaten anpaßte, sondern sich auch wenigstens andeutungsweise über seine eigenen Beziehungen zu diesem äußerte. Gerne würden wir wissen, wie Aristoteles, der wenig gereist und über das im Norden durch Makedonien und Stageira, im Süden durch Athen umgrenzte Gebiet nie hinausgekommen ist, die Bekanntschaft des Fürsten gemacht hat. Doch darüber schweigen Fragmente und Biographie vollständig.

Eine Erwähnung verdient schließlich der schon oben kurz erwähnte Korinthische Dialog. Da wurde von einem korinthischen Bauern erzählt, der durch die Lektüre des platonischen Gorgias so gepackt wurde, daß er seinen Acker verließ, nach Athen eilte und Platon «seine Seele zum beackern darbot». Da muß mancherlei von Platons philosophischer Persönlichkeit und seiner Wirkung auf die Hörer gesagt worden sein. Besäßen wir das Werk, so sähen wir wohl etwas besser, wie Aristoteles seinen Meister aufgefaßt hat. Aber wir kennen es nur aus einer einzigen Stelle bei einem spätantiken Literaten – und schon dieser hat es nicht mehr selbst gelesen, sondern schöpft sein Wissen aus irgendeiner alten, gelehrten Zusammenstellung. Uns bleibt nur die Verwunderung darüber, daß die Antike derartige Dinge so rasch und gründlich hat untergehen lassen.

Dasselbe gilt von einem Dialog, den wir nur durch die Schriftenverzeichnisse kennen: Alexandros oder über die Kolonisten. *Der Titel führt darauf, daß Alexander als Gesprächspartner auftrat und daß seine Koloniegründungen in Asien diskutiert wurden. Es wäre also ein Werk gewesen, das (so möchten wir meinen) vom biographischen wie vom politischen Gesichtspunkte her vom allergrößten Interesse war. Doch wir kennen von ihm buchstäblich nichts als den Titel. Sollte also jemand behaupten wollen entweder, daß der Schein trüge und daß gar nicht Alexander der Große, sondern ein anderer Alexandros gemeint sei, oder, daß die Schrift dem Aristoteles nach seinem Tode aus politischen Gründen untergeschoben worden sei, so besteht nicht die geringste Möglichkeit, ihn zu widerlegen.*

Auch aus den Resten der gelehrten Arbeiten, die Aristoteles publiziert hat, läßt sich einiges für die Biographie entnehmen. So hat er sich beispielsweise in seiner Geschichte der Redekunst *mit bissiger Ironie über Isokrates, den bedeutendsten politischen Essayisten seiner Zeit geäußert. Man bemerkt deutlich, daß ihm der Mann persönlich unsympathisch war. Eindrucksvoll ist weiterhin eine Bemerkung in seiner Abhandlung über den Nilfluß. Jahrhundertelang hatte man vergeblich nach den Ursachen seiner alljährlich wiederkehrenden Überschwemmungen geforscht.* Aber jetzt, *erklärt er*, ist es kein Problem mehr: denn nun sind Reisende so weit in den Süden vorgestoßen, daß sie die Ursache mit eigenen Augen gesehen haben, die riesigen Regenfälle im Gebiet des obersten Nil.

Diese Stelle führt uns nun weiter zu andern ihrer Art und darüber hinaus zu derjenigen Kategorie von Texten, die wir die indirekten Selbstzeugnisse genannt haben. Vielfach nämlich, vor allem in den politisch-historischen, aber auch in einigen naturwissenschaftlichen Texten erwähnt Aristoteles Gebräuche und Erinnerungen, die sich «bis jetzt» erhalten hätten, Zustände, die «jetzt» vorhanden seien, Ereignisse, die «jetzt» eingetreten oder beobachtet worden seien. Philologische Forschung könnte in jedem einzelnen Falle fragen, was chronologisch unter einem solchen «Jetzt» zu verstehen sei (womit eine Da-

tierung des dazugehörigen Textes ermöglicht würde) und wie weit Aristoteles dergleichen zeitgenössische Dinge aus persönlichem Wissen und Miterleben kennt. Damit kommen wir zu guter Letzt auf ein viel allgemeineres Problem: Woher weiß Aristoteles überhaupt all das, was er weiß? Die Antike hat ihn mit Recht als den kenntnisreichsten aller Philosophen bezeichnet. Für uns am eindrucksvollsten ist die Fülle der Informationen, die er in seinen zoologischen Untersuchungen auszubreiten vermag. Wir müssen dazu nehmen die Kenntnisse, die er aus der Geschichte der Philosophie, der Dichtkunst, der Redekunst besessen hat, ganz zu schweigen von dem ungeheuren Material, das er in seiner enzyklopädischen Darstellung von 158 griechischen Staatsverfassungen vereinigt hat.

Dieser Kenntnisreichtum ist alles andere als selbstverständlich. Er scheint entweder ausgedehnte und zielbewußte Forschungsreisen oder ein jahrelanges planmäßiges Durcharbeiten einer reichen Spezialliteratur oder die Hilfe eines Stabes von Assistenten vorauszusetzen – oder gar alle drei Möglichkeiten gleichzeitig. Wie es sich historisch wirklich verhalten hat, wissen wir nicht. Aristoteles sagt uns nichts darüber. Wir werden uns darum auch nicht wundern, daß die Antike, augenscheinlich mangels authentischer Mitteilungen, zu den verwegensten Hypothesen gegriffen hat. Was das Zoologische angeht, so wurde behauptet, König Alexander habe ausdrücklich angeordnet, daß alle Jäger, Vogelsteller und Fischer in Griechenland und Asien und wer immer sonst mit Tieren zu tun hatte, ihre Kenntnisse und Beobachtungen Aristoteles zur Verfügung stellen müßten; und was das Material zur Darstellung der Staatsverfassungen betrifft, so behauptet die Biographie, Aristoteles habe Alexander auf seinem Feldzug gegen die Perser begleitet und bei dieser Gelegenheit die nötigen Erkundigungen eingezogen – offenbar nicht bei den fraglichen Staaten selbst (denn selbst der einfältigste Biograph mußte wissen, daß der Feldzug nur die allerwenigsten unter ihnen berührte), sondern bei den jeweiligen Truppenkontingenten, die zum Zuge aufgeboten worden waren.

Diese Hypothesen sind für uns unkontrollierbar und genau besehen recht unwahrscheinlich. Aber wir haben ihnen nichts Besseres entgegenzusetzen. Reisen des Aristoteles sind uns, wie schon bemerkt, nur sehr wenige zuverlässig bezeugt; daß er eine bedeutende Bibliothek besaß, ist möglich, aber nicht beweisbar; und aus der einen sichern Tatsache, daß er zusammen mit Kallisthenes die Liste der Sieger bei den Pythischen Spielen anfertigte, darf man keineswegs unbesehen folgern (wie es allzu modern denkende Forscher zuweilen getan haben), Aristoteles habe einen Theophrast, Eudemos und andere als wissenschaftliche Assistenten zur Verfügung gehabt, ähnlich wie ein heutiger Institutsleiter.

Wir können nur immer wieder konstatieren, wie wenig uns Aristoteles über den biographischen und menschlichen Aspekt seines Philosophentums verrät und wie wenig Zuverlässiges schon die Antike darüber gewußt hat. Sein Porträt wird uns bis jetzt nur in unbestimmten Umrissen sichtbar.

Allerdings hat es von ihm auch eine Sammlung von Bon-mots gegeben. Wir wissen indessen auch da nicht, wieviel davon authentisch ist und ob vielleicht Einiges (wie wir es bei Platon verfolgen können) aus seinen Dialogen exzerpiert ist. Ich zitiere ein paar der hübschesten und bezeichnendsten Stücke.

Seinen Freunden und Schülern soll Aristoteles immer wieder gesagt haben: Wie das Auge vom Umgreifenden her das Licht empfängt, so die Seele von der Wissenschaft her.

Von der Bildung sagte er, daß ihre Wurzeln bitter, ihre Früchte dagegen süß seien; wiederum, daß sie in Zeiten des Glücks eine Zierde, in Zeiten des Unglücks eine Zuflucht sei; und endlich, daß sie die schönste Wegzehrung sei, die man ins Alter mitnehmen könne.

Gefragt, wie sich die Gebildeten von den Ungebildeten unterschieden, erwiderte er, wie die Lebenden von den Toten. Von denjenigen, die sich bemühten, evidente Dinge zu beweisen, sagte er, sie würden genau so handeln wie Leute, die den Ehrgeiz hätten, mit Hilfe einer Kerze die Existenz der Sonne zu beweisen.

Er sagte auch: Da die Sachen nicht so werden, wie wir wünschen, müssen wir eben so wünschen, wie sie werden.

Als er einmal krank war, verschrieb ihm der Arzt ein Rezept. Da sagte er: Pflege mich nicht wie einen Rinderhirten oder einen Erdarbeiter, sondern teile mir zuerst die Ursache deiner Vorschrift mit; erst wenn ich sie weiß, werde ich auch bereit sein, dir zu gehorchen.

Weiterhin sagte er: Die Erzieher sind größerer Ehren wert als die Eltern. Diese schenken das Leben, jene aber das Gut-Leben.

Wie er einmal einen jungen Menschen bemerkte, der über die drohenden Worte seines Vaters betrübt war, sagte er ihm: Schau nicht auf seine Worte, mein Junge, sondern auf sein Herz.

Gefragt, worin der Mensch Gott gleich sei, erwiderte er: Im Wohltun.

Als man ihm einmal Vorwürfe machte, er habe einen unwürdigen Menschen beschenkt, antwortete er, er habe nicht daran gedacht, wie schlecht jener sei, sondern daß er ein Mensch sei.

Über die Athener pflegte er spöttisch zu bemerken, sie hätten sowohl den Getreidebau wie auch die Gesetze erfunden; bedienen würden sie sich aber bloß des Getreides, nicht der Gesetze.

Wir gehen damit zur dritten und letzten Hauptgruppe der Zeugnisse über, den Mitteilungen der Zeitgenossen.

Es ist für die griechische und speziell athenische Händel- und Klatschsucht bezeichnend, daß uns praktisch nur Mitteilungen von Gegnern des Aristoteles erhalten geblieben sind. Wie ihn Verwandte, Freunde und Schüler gesehen haben, darüber erfahren wir so gut wie nichts. Dagegen ist uns durch einen kaiserzeitlichen Peripatetiker (der Aristoteles zu verteidigen sucht) eine auf ihre Weise höchst gelehrte Liste erhalten geblieben, in der ein Unbekannter wenige Generationen nach dem Tode des Philosophen sämtliche mißgünstige Äußerungen der Zeitgenossen, die er finden konnte, zusammengestellt hat.

Da begegnet uns als erster Aristoxenos, ein Mann, der selbst Schüler des Aristoteles gewesen war, sich aber tief beleidigt zurückzog, als beim Tode des Meisters nicht er, sondern Theophrast die Leitung des

Peripatos übernahm. Er scheute sich zwar, offen gegen seinen ehemaligen Lehrer zu polemisieren. Aber in seinem Leben Platons *munkelte er, es hätten gewisse Leute die Abwesenheit Platons in Sizilien dazu benutzt, um gegen die Akademie eine Konkurrenzschule zu eröffnen; diese Leute seien zudem Ausländer gewesen.*

Diese Andeutung ist in der Antike stets, und gewiß mit Recht, auf Aristoteles bezogen worden. Soweit unser Wissen reicht, kombiniert sie Wahres und Falsches. Wahrheit ist, daß sich Aristoteles einmal von der Akademie getrennt und im Lykeion eine eigene Schule, eben den Peripatos, aufgetan hat. Daß dies über ein Jahrzehnt vor Platons Tod, im Jahre 360 v. Chr. geschehen sei, kann jedoch nicht stimmen. Mag sein, daß Aristoteles schon in dieser Zeit Bücher publizierte, die die platonische Ideenlehre kritisch analysierten; aber zum Bruch mit der Akademie kam es erst wesentlich später.

Umgekehrt hat sich Aristoteles wohl schon von Anfang an als Gegner des bedeutendsten Essayisten seiner Zeit, Isokrates, empfunden. Wir erwähnten dies schon und wundern uns nicht, daß sich ein Schüler des Isokrates, Kephisodoros, außerordentlich heftig für seinen Lehrer zur Wehr setzte. Er schrieb nicht weniger als vier Bücher gegen Aristoteles: die Philosophie schilderte er als lächerlich, den Lebenswandel als mondän und üppig.

Zum Isokrateer gesellen sich zwei Vertreter einer in sich nicht eben bedeutenden Philosophenschule, die sich von Eukleides von Megara, einem Jünger des Sokrates, ableitete und darum die Schule der Megariker hieß. Auf sie stieß Aristoteles, als er daran ging, seine Logik zu entwickeln. Die Härte, mit der er die megarischen Trugschlüsse widerlegte, provozierte eine entsprechende Reaktion. Der eine, Eubulides, publizierte angeblich in Athen umlaufende Spottgedichte auf die Freundschaft des Aristoteles mit dem Fürsten Hermeias von Atarneus und auf seine Heirat mit dessen Nichte Pythias; weiterhin behauptete er, er habe Streit mit König Philipp bekommen, und was Platon angehe, so sei er nicht bloß am Todestag seines Lehrers absichtlich ferngeblieben, sondern habe auch dessen Bücher vernichtet. Der andere, Alexeinos, wußte von einem Gespräch des jungen Alexander mit seinem Vater Philipp zu berichten, in welchem der Knabe erklärt habe, der Unterricht des Aristoteles passe ihm gar nicht, und er zöge denjenigen des Nikagoras, eines bekannten Scharlatans, vor.

Dies letzte ist natürlich eine massive Erfindung, aber dennoch paradoxerweise überaus wichtig. Denn dieser boshafte Einfall des Alexeinos ist die einzige zeitgenössische Stelle, aus der hervorgeht, daß Aristoteles tatsächlich eine Zeitlang der Lehrer Alexanders gewesen ist. Der Spätantike, dem Mittelalter und noch unserer Zeit ist das Bild, wie der größte König durch den größten Philosophen zu seiner Aufgabe herangebildet wird, völlig geläufig. Fragen wir aber nach den Quellen, so stoßen wir auf die eigentümliche Tatsache, daß von den zahlreichen und bedeutenden Historikern der Alexanderzeit kein einziger diesen Punkt erwähnt und von den sonstigen Schriftstellern nur gerade unser Alexeinos. Der Unterschied zu den reich und vielfältig bezeugten Reisen Platons nach Sizilien ist auffallend und ruft nach einer Erklärung, die freilich weder leicht noch an dieser Stelle zu geben ist.

Absonderlich bis zum Grotesken sind die Polemiken, die ein uns kaum bekannter Pythagoreer, Lykon, vom Stapel ließ, vermutlich, um sich für bestimmte mokante Bemerkungen des Aristoteles über das Pythagoreertum zu rächen. Er behauptete erstens, der Philosoph habe blasphemischerweise seiner Gattin Pythias, nachdem sie gestorben war, Opfer dargebracht, wie sie die Athener der Göttin Demeter darzubringen pflegten; zweitens, er habe die Gewohnheit gehabt, sich in warmem Öl zu baden und dieses Öl dann nach Gebrauch zu verkaufen; und drittens, als Aristoteles kurze Zeit vor seinem Tode von Athen nach Chalkis übersiedelte, hätten die Zollbeamten in seinem Gepäck nicht weniger als vierundsiebzig Stück metallenes Tafelgeschirr gefunden.

Dieser zweite und dritte Punkt kommt den Vorwürfen nahe, die Kephisodoros gegen den Lebenswandel des Aristoteles erhoben hatte. Unzweifelhaft ist daran richtig, daß Aristoteles und seine Schüler im Gegensatz zu den meisten andern Philosophen der Zeit einen betont weltmännischen Lebensstil gepflegt haben. Die grimmige Askese, die von den Pythagoreern hier, von manchen Sokratikern dort (auch einzelnen Platonschülern) als Inbegriff philosophischer Haltung gepriesen wurde, haben die Peripatetiker nie mitgemacht. Wie sehr ihnen dies seit der Zeit Theophrasts von den Stoikern übelgenommen wurde, haben wir hier nicht darzustellen. Genau so wie Aristoteles sich in seinem Philosophieren peinlich vor allen marktschreierischen Paradoxologien gehütet hat, hat er auch menschlich auf Liebenswürdigkeit, Anstand und gesellschaftliche Korrektheit den größten Wert gelegt. Das ergibt sich nicht bloß aus den Äußerungen der Zeitgenossen, sondern auch aus seinen eigenen ethischen Traktaten.

Objektiv gefährlicher waren freilich die Vorwürfe, die der Politiker Demochares gegen ihn vorbrachte. Er war wie Demosthenes, dessen Neffe er war, Gegner der Philosophie wie der makedonischen Herrschaft und aus beiden Gründen ein besonderer Gegner des Aristoteles. Er behauptete, es seien (anscheinend um das Jahr 350 v. Chr.) Briefe des Aristoteles an König Philipp in die Hände der Athener gefallen, aus denen hervorging, daß er Philipp zum Krieg gegen Athen aufhetzte und sich sogar nicht scheute, seine eigene Vaterstadt Stageira an die Makedonen zu verraten. Und als Philipp 348 die große, mit Athen verbündete Stadt Olynthos erobert hatte, da sei Aristoteles neben Philipp gestanden und habe dem König die reichsten unter den gefangenen Olynthiern bezeichnet. Die Wirkung solcher Anklagen auf ein leicht erregbares Volk, wie es das demokratische Volk von Athen war, kann man sich leicht vorstellen.

Daß Aristoteles vor der Schlacht von Chaironeia vielleicht mehr als einmal in die Verhandlungen zwischen Athen und Philipp eingeschaltet war, wissen wir aus der oben angeführten Ehrenurkunde bereits. Diplomatische Fähigkeiten werden wir gerade ihm mehr zutrauen als irgendeinem andern Philosophen seiner Zeit. Es lag in der Natur der Sache, daß dergleichen Interventionen, an deren Realität wir nicht zu zweifeln brauchen, sehr verschieden ausgedeutet werden konnten; dasselbe gilt auch für seine Bemühungen um Stageira. Unkontrollierbar und unwahrscheinlich ist dagegen, was Demochares über die olynthi-

schen Gefangenen erzählt. Er hätte es aber scherlich vorbringen können, wenn nicht bekannt gewesen wäre, daß Aristoteles sich im Jahre 348 tatsächlich mindestens für einige Zeit in Makedonien aufgehalten hat.

Es bleiben noch zwei halbwegs zeitgenössische Gegner, der Historiker Timaios und der Philosoph Epikur. In einem Hauptpunkt berichten beide dasselbe, ohne daß auszumachen wäre, wem die Priorität gebührt. Timaios hat behauptet, Aristoteles habe sich zuerst als Arzt etabliert, aber keinen besondern Erfolg damit gehabt, so daß er schließlich schon in vorgerücktem Alter seine Bude zugemacht und sich der Philosophie zugewandt habe. Außerdem sei er ein schamloser Gourmand gewesen und habe sich durch seine Frechheit bei allen Leuten unbeliebt gemacht. Epikur weiß noch mehr. In seiner Jugend habe Aristoteles zunächst sein ganzes väterliches Erbe durchgebracht; darauf habe er sich als Soldat anwerben lassen. Als es ihm dabei schlecht ging, habe er sich auf den Verkauf von Arzneien verlegt. Endlich habe er sich der Schule Platons, die ja allen Leuten offenstand, angeschlossen, und da er nicht unbegabt gewesen sei, habe er sich mit der Zeit in die Philosophie hineingearbeitet.

Beide berichten also mehr oder minder übereinstimmend, daß Aristoteles sich in seiner Jugend medizinisch betätigt hat. Das muß erschlossen sein entweder aus medizinischen Traktaten des Philosophen, wie sie uns bezeugt, aber nicht erhalten sind, oder aus dem Umstand, daß er aus einer Ärztefamilie stammte; der Vater Nikomachos soll Freund und Leibarzt des Königs Amyntas von Makedonien, des Vaters Philipps, gewesen sein. Ob und wie weit es wahr sein kann, daß Aristoteles Arzt war, ehe er zur Philosophie überging, wissen wir nicht im geringsten. Eine gewisse Beachtung verdient, daß Epikur bei aller Boshaftigkeit objektiv anerkennt, daß Aristoteles trotz seinem bedenklichen Vorleben in der Philosophie Einiges geleistet hat. Er hat freilich Grund genug gehabt, dies anzuerkennen. Denn philosophisch verdankt gerade er Aristoteles nicht wenig.

Damit ist die Reihe der Aristoteles-Gegner zur Hauptsache über-

blickt. Sie lieferte nicht nur manche biographische Daten, sondern ließ auch ahnen, welcher Kampf Aller gegen Alle in der zweiten Hälfte des 4. Jhd. in Athen herrschte und mit welchen Mitteln dieser Kampf durchgefochten wurde. Wir dürfen dabei getrost annehmen, daß auch Aristoteles selbst in manchen Schriften, die wir heute nicht mehr besitzen, mit seinen Gegnern nicht eben zart umgegangen ist.

Zum Schluß sei die hübsch lebendige Schilderung mitgeteilt, die ein unbekannter Autor vom Ursprung des Zerwürfnisses zwischen Platon und Aristoteles gegeben hat. Sie ist uns in einem spätantiken Sammelwerk erhalten, geht aber wohl noch auf einen Zeitgenossen zurück – was freilich nicht besagen will, daß wir ihr alles zu glauben haben.

Es wird berichtet, daß der Konflikt des Aristoteles mit Platon aus folgenden Ursachen ursprünglich entstanden sei. Platon war weder mit seiner Lebensweise noch mit dem Aufwand für seine äußere Erscheinung einverstanden. Aristoteles pflegte nämlich überflüssig kostbare Gewänder und Schuhe zu tragen. Auch sein Haarschnitt stieß Platon ab, außerdem trug er eine Menge Fingerringe und brüstete sich mit ihnen. Sein Gesicht zeigte einen spöttischen Ausdruck; ebenso verriet seine unzeitige Geschwätzigkeit seinen wahren Charakter.

Offensichtlich sind alle diese Züge dem wahren Philosophen fremd. Platon bemerkte sie und hielt sich den Mann fern. Er bevorzugte statt seiner Xenokrates, Speusippos, Amyklas und andere und zeichnete sie auf jede Weise aus, insbesondere durch Zulassung zum philosophischen Gespräch mit ihm.

Nun reiste einmal Xenokrates in seine Heimat Chalkedon. Dies benutzte Aristoteles, um Platon zu schikanieren. Er sammelte um sich einen Kreis seiner eigenen Genossen, unter ihnen Mnason von Phokis und ähnliche Leute. Speusippos war damals krank und nicht in der Lage, sich zu Platon zu begeben. Dieser wiederum war schon achtzig Jahre alt, und sein Gedächtnis hatte deshalb etwas nachgelassen. Wie nun Aristoteles ihn systematisch schikanierte und anmaßende Fragen stellte, wie wenn er Platon geradezu bloßstellen wollte, wurde seine Bosheit und Rücksichtslosigkeit offensichtlich. Platon verließ also die äußere Diskussionshalle und zog sich mit seinen Gefährten in die hintern Gebäude der Schule zurück.

Wie nun drei Monate vergangen waren, kehrte Xenokrates von seiner Reise zurück und stieß auf Aristoteles, der sich an eben dem Orte erging, an dem sich zuvor Platon aufgehalten hatte; er bemerkte auch, daß er zusammen mit seinen Genossen sich nach dem Abschluß der philosophischen Unterhaltungen nicht etwa zu Platon begab, sondern auf eigene Faust in die Stadt ging. Da fragte er jemanden in der Diskussionshalle, wo denn Platon sei; er fürchtete, dieser sei krank geworden. Doch jener erwiderte, Platon sei durchaus nicht krank, aber Aristoteles habe ihm zugesetzt und ihn schließlich veranlaßt, die Diskussionshalle zu räumen und hinten in seinem privaten Garten zu philosophieren. Als Xenokrates dies hörte, begab er sich augenblicklich zu Platon und traf diesen an, wie er sich mit seinen Gefährten unterhielt. Es waren ihrer viele und hervorragende und unter den jungen Leuten diejenigen, die man für die tüchtigsten halten konnte. Sowie das Gespräch zu Ende war, begrüßten einander Platon und Xenokrates wechselseitig auf das herzlichste, wie zu erwarten war. Doch weiter sagte Xenokrates nichts zu Platon und fragte auch nicht, sondern nachdem die gesamte Lehrstunde abgeschlossen war und Platon die Gefährten entlassen hatte, nahm Xenokrates diese zu sich und machte nun dem Speusippos bittere Vorwürfe, daß er die Diskussionshalle dem Aristoteles preisgegeben habe. Erst recht stellte er den Stagiriten energisch zur Rede und ließ nicht ab, bis er ihn vertrieben und Platon seinen angestammten Platz wiedergegeben hatte.

Schwerlich werden sich die Dinge genau so abgespielt haben. Aber daß es in den letzten Jahren vor Platons Tod (er starb 81jährig im Jahre 347) zwischen dem alten Herrn, dem jahrelang kränkelnden

Speusippos, dem frommen, aber schwerfälligen Xenokrates und dem an Kenntnissen, Scharfsinn und geistiger Beweglichkeit alle seine Genossen überragenden Aristoteles zu mancherlei Spannungen kam, werden wir glauben dürfen. Der Verfasser unseres Berichts hat vielleicht weniger erfunden als dramatisiert und in einer Aristoteles gegenüber deutlich gehässigen Weise koloriert.

Gegenstimmen, die wissen wollten, daß Aristoteles während zwanzig Jahren bei Platon geweilt habe und dessen Lieblingsschüler gewesen sei und daß er auch nach Platons Tod, wenn nicht mit Speusippos, so doch mit Xenokrates stets in bestem Einvernehmen gestanden habe, fehlen nicht. Nur ist zu konstatieren, daß sie durchwegs aus späterer Zeit stammen als die bisher angeführten Texte.

Dieser Art ist also das Material, das die spätere Antike mit Hilfe zahlreicher Kombinationen zum Aufbau einer Biographie des Aristoteles verwendet hat. Den Prozeß im einzelnen können wir nicht mehr verfolgen, vor allem da uns die maßgebende Leistung, die mehrere Bücher umfassende Biographie des Hermippos aus dem Ende des 3. Jhd. v. Chr. bis auf wenige Reste verlorengegangen ist. Die uns erhaltenen Abrisse bieten keinen Ersatz.

Fünf Ereignisgruppen scheinen das Leben des Aristoteles beherrscht zu haben.

Die erste ist seine Lehrzeit bei Platon. Wenn wir Philochoros, einem athenischen Historiker etwa der Generation Theophrasts, glauben dürfen, so hat er rund zwanzig Jahre bei Platon zugebracht, vom Jahre 368 bis zu Platons Tod, gewiß nicht ununterbrochen, aber doch in dem Sinne, daß er dauernd sozusagen als eingeschriebenes Mitglied der Akademie galt.

Die zweite ist seine Freundschaft mit Hermeias von Atarneus. Wie er diesen Fürsten kennenlernte, wissen wir nicht. Daß er nach Platons Tod, verärgert durch die Wahl Speusipps zum Schulhaupt, Athen verließ und sich in die Nähe des Hermeias begab, werden wir der Biographie glauben dürfen. Pythias, die Nichte (oder Schwester) des Hermeias hat er geheiratet, wie wir schon im Zusammenhang des Testa-

ments gehört haben. Hermeias selbst hat 341 als Gefangener des Perserkönigs ein schreckliches Ende gefunden.

Die dritte sind seine Beziehungen zu den Königen von Makedonien. Daß schon sein Vater am makedonischen Hofe tätig war, wurde bereits bemerkt. Von seinen persönlichen Beziehungen zu König Philipp haben wir einiges gehört. Ein athenisches Ehrendekret hebt seine politischen Verdienste hervor, ein athenischer Politiker hat ihm umgekehrt vorgeworfen, er habe bei Philipp gegen Athen agitiert, während ein zweiter Gegner gerade umgekehrt behauptet hat, er habe sich durch sein Benehmen bei Philipp unmöglich gemacht. Wie es mit seinem Verhältnis zu König Alexander bestellt war, sehen wir nicht recht. Ein früher Autor (wir hoben es hervor) erwähnt, er sei von Philipp zum Erzieher seines Sohnes bestellt worden. Spätere Schriftsteller steuern allerlei Einzelheiten bei, aber im Grunde erstaunlich wenig, was ernstliches Interesse zu erregen vermag. Darüber hinaus wird uns von den einen berichtet, daß Alexander sich auch noch in spätern Jahren lebhaft für die philosophischen und naturwissenschaftlichen Studien des Aristoteles interessierte, von den andern umgekehrt, daß sie einander völlig entfremdeten; nach Alexanders Tod entstand sogar ein Gerücht, der König sei in Wahrheit vergiftet worden, und es sei Aristoteles gewesen, der einem der makedonischen Großen das Gift in die Hände gespielt habe. Dies ist natürlich ein barer Unsinn, zeigt aber, was man damals alles zu glauben bereit war und wie wenig Zuverlässiges man über den Verkehr zwischen dem König und dem Philosophen wußte.

Die vierte Ereignisgruppe ist die endgültige Trennung von der Akademie und die Gründung einer eigenen Schule, die bald Lykeion, bald Peripatos genannt wurde; der erste Name bezeichnet ein öffentliches Gebäude in Athen, das Aristoteles zum Treffpunkt der Seinigen wählte; wie es zum zweiten Namen gekommen ist, wissen wir nicht genau. Das Wort Peripatos als solches bezeichnet eine Diskussionshalle, wie sie jede der sich von Sokrates direkt oder indirekt herleitenden Schulen besaß.

Über die Umstände, die zur Gründung führten, sind die Nachrichten ebenfalls spärlich und widerspruchsvoll. Nach den einen (Ari-

stoxenos) hat sich Aristoteles schon sehr früh im Unfrieden von Platon getrennt, nach andern, wie dem großen anonymen Bericht, den wir vorlegten, brach der Konflikt erst kurz vor Platons Tod aus; nach wieder andern trennte sich Aristoteles erst nach Platons Tod oder gar erst nach demjenigen des Speusippos von der Akademie. Berichte, nach denen die Neugründung gar keinen Bruch mit der alten Schule, sondern nur eine Art von Arbeitsteilung beabsichtigte, treten dazu. Sicher ist, daß beim Tod des Aristoteles mindestens die Anfänge einer selbständigen Organisation vorhanden waren.

Als die letzte Ereignisgruppe ist diejenige zu nennen, die nach dem Tode Alexanders (13. Juni 323) in raschem Ablaufe zur Auswanderung des Aristoteles aus Athen, seiner Ansiedelung in Chalkis auf Euböa, seiner letzten Krankheit und seinem Tode führte. Auch da ist hervorzuheben, daß es eine einheitliche und authentisch wirkende Tradition über die Gründe der Emigration nicht gegeben hat. Über seinen Tod hat es mehrere Berichte gegeben. Einiges macht einen guten und authentischen Eindruck, anderes ist Erfindung zu dem Zwecke, dem Ereignis diejenige symbolische Bedeutsamkeit zu verleihen, die man vom Tode eines Philosophen billigerweise erwarten durfte.

Zu guter Letzt muß hervorgehoben werden, daß es der Antike auch gelungen ist, eine bemerkenswert einläßliche Chronologie des Lebens des Aristoteles aufzustellen. Sie ist paradoxerweise ausführlicher als diejenige Platons und verläuft folgendermaßen (Wir setzen natürlich gleich die modernen Jahreszahlen ein).

Geboren ist Aristoteles im Jahre 384/3 v. Chr. Mit siebzehn Jahren, also 367/6 kam er zu Platon in die Akademie und blieb daselbst zwanzig Jahre. Als Platon im Jahre 348/7 starb, verließ er Athen und begab sich zu Hermeias, wo er sich drei Jahre lang aufhielt. Im Jahre 345/4 siedelte er um nach Mytilene auf Lesbos. Zwei Jahre später, 343/2 reiste er zu König Philipp von Makedonien und verweilte dort acht Jahre lang mit dem Auftrag, die Erziehung Alexanders zu betreuen. Nach der Thronbesteigung Alexanders kehrte er im Jahre 335/4 nach Athen zurück, gründete daselbst das Lykeion als eigene

Schule und verwaltete sie während dreizehn Jahren. 322/1 verließ er Athen, um nach Chalkis überzusiedeln, und starb hier wenige Monate später im Alter von 63 Jahren. Soweit das chronologische Schema, das in den großen Zügen richtig sein mag, auch wenn wir uns stets vor Augen halten müssen, daß es das Werk gelehrter Kombinationen ist, deren Grundlagen für uns nur noch zum Teil überschau- und kontrollierbar sind.

Eines bleibt auffallend. Während nach dem Tode Platons eine ganze Reihe von Schülern – darunter Aristoteles selbst – sich bemühte, die Erinnerung an Leben und Lehre des Meisters in eigenen Schriften festzuhalten, gibt es für Aristoteles, soweit wir sehen, nichts dergleichen. Wir werden schwerlich fehl gehen mit der Annahme, daß dieser Unterschied mit der Persönlichkeit des Aristoteles selbst zusammenhängt. Er war kein Mann, von dem sich eine erregende oder erbauliche Biographie schreiben ließ. In seinem Philosophieren befolgte er die Regel, am Sichtbaren, Evidenten, vernünftigerweise nicht zu Bezweifelnden festzuhalten, die Überzeugungen der Zeiten und Völker zu respektieren und alle lärmenden Paradoxien zu meiden. Sollte es in seinem Leben anders gewesen sein?

Persönliche tiefe Freundschaft hat er zweifellos für Hermeias empfunden, Liebe ebenso zweifellos zu Pythias, Herpyllis, seinen Kindern und vielleicht Nikanor, den wir aus dem Testament kennen. Theophrast wird sein Vertrauen und seine Sympathie besessen haben. Sein Verhältnis zu Platon dagegen war wohl immer zwiespältig. Seine zahllosen kritischen Äußerungen über Platons Philosophie haben immer wieder auf die Leser einen sonderbaren und etwas verwirrenden Eindruck gemacht. Das mag zum Teil gewiß darauf zurückgehen, daß an ihnen letzten Endes eine ziemlich starke Haßliebe beteiligt war. Er hat Platon bewundert. Aber wir ahnen auch, daß ihm einzelne Seiten dieses Mannes schwer erträglich gewesen sein müssen.

Als zwiespältig darf man wohl auch sein Verhältnis zu den Königen Philipp und Alexander auffassen. Ein Höfling war er nicht. Dazu war er viel zu klug und nüchtern. Aber auch die theatralische Pose, als

Philosoph vor den Fürsten zu treten und ihm mannhaft unangenehme Wahrheiten ins Gesicht zu schleudern – eine Pose, zu der sich selbst Platon zuweilen hat verführen lassen – lag ihm nicht. Wir werden annehmen, daß er liebenswürdig und distanziert mit den Königen verkehrte, stets bereit, nützlich zu sein, wo er glaubte es sein zu können. Aber weiter ging er nicht, und so war auch darüber nichts weiteres zu berichten.

Daß er Wert darauf legte, sich auch in seinem äußern Auftreten von der aufdringlichen Tugendhaftigkeit der Pythagoreer wie mancher Platoniker und erst recht von der ordinären Bettelhaftigkeit der Kyniker zu unterscheiden, vermuten wir gerne. Seine Philosophie war in einem subtilen Sinne eine aristokratische Angelegenheit, sachlich, ausdauernd, nachsichtig und diskret. Und so wollte er wohl auch in seinem Leben sein.

Aber eine wirklich effektvolle Biographie war daraus nicht zu machen.

DIE SCHRIFTEN DES ARISTOTELES

Anders als es bei einem Platon etwa der Fall wäre, muß bei Aristoteles von der Entstehung und Geschichte der Textmasse, die wir heute als sein Werk lesen, mit einiger Ausführlichkeit die Rede sein.

Bei Platon ist alles einfach. Wir besitzen alles, was er geschrieben und veröffentlicht hat. Schon seine unmittelbaren Schüler haben von ihm nicht mehr Dialoge besessen als wir. Beigegeben wurden in den ersten dreihundert Jahren nach seinem Tode teils einige Entwürfe, die er unvollendet hatte liegen lassen, teils einige Dialoge, die von spätern Akademikern mit mehr oder weniger Geschick in seinem Stil und Geschmack geschrieben worden waren. Daß sie absichtlich auf den Namen Platons gestellt wurden, ist kaum je anzunehmen; sie wurden ihm aus Bequemlichkeit zugeschrieben, da der Name des wirklichen Verfassers früh in Vergessenheit geriet. Wir wissen ferner von einer Reihe antiker Platon-Ausgaben, die jedoch nirgends erheblich von einander abwichen. Wir wissen endlich, daß schon früh zuhanden eiliger Leser von den wichtigsten Dialogen Kurzfassungen hergestellt wurden und daß auch viele Dialoge kommentiert worden sind. Cicero hat beispielsweise den Phaidon *und den* Timaios *in einer kommentierten Ausgabe gelesen. Dies alles bietet keine sonderlich schwierigen Probleme.*

Ganz anders Aristoteles. Hier sehen wir uns gleich zwei fundamentalen Eigentümlichkeiten gegenübergestellt und müssen versuchen, sie uns begreiflich zu machen.

Die erste ist folgende. Was wir von Aristoteles besitzen, ist der weitaus größte Teil einer Gesamtausgabe, die für uns vom 2. Jhd. n. Chr. an sicher nachweisbar ist, von der wir aber annehmen dürfen, daß sie in der Zeit Ciceros hergestellt worden ist. Die Spätantike sowie das griechische und lateinische Mittelalter haben von Aristoteles nichts anderes gekannt als eben diese Gesamtausgabe. Wir besitzen nun aber auch ein Verzeichnis der Schriften des Aristoteles, das aus dem 3. Jhd. v. Chr. stammt und das ein völlig abweichendes Bild vermittelt. Es umfaßt nicht bloß quantitativ sehr viel mehr Titel als unsere Gesamtausgabe; es ist auch festzustellen, daß von wenigen unsichern Ausnahmen abgesehen, die Titel unserer Ausgabe in jenem Verzeichnis gar nicht zu finden sind. Das Verzeichnis führt also auf eine frühhellenistische Ausgabe, die mehr enthielt als die uns überlieferte Ausgabe und die einzelnen Titel in anderer Beschriftung bot, also wohl auch in anderer Fassung.

Die zweite Eigentümlichkeit ist die, daß augenscheinlich auch die uns erhaltenen Texte keineswegs so, wie sie dastehen, von Aristoteles selbst publiziert worden sind. Ich rede nicht von den paar wenigen Stücken, die aus späterer Zeit stammen und nachträglich (wie bei Platon eher aus Verlegenheit als aus Absicht) auf den Namen des Aristoteles gestellt worden sind. Vielmehr weisen gerade die Hauptschriften eine befremdliche Menge von Unstimmigkeiten auf: Zusammengehörendes ist auseinander gerissen, Nicht-Zusammengehörendes grob aneinander gerückt und dergleichen mehr. Es fällt schwer zu glauben, daß Aristoteles derart ungeordnete Texte selbst zur Publikation bestimmt habe.

Wie haben wir uns auf Grund dieses doppelten Tatbestandes die Geschichte des Aristotelestextes vorzustellen?

Eine Antwort auf diese Frage hat schon die Antike selbst bereit gehabt. In mehreren Brechungen wird uns nämlich überliefert, die gesamte Bibliothek des Aristoteles mit seinen Originalmanuskripten sei nach dem Tode Theophrasts in die Hand des Neleus, der damals (288 v. Chr.) vielleicht unter den Peripatetikern der letzte überlebende Schüler des Aristoteles war, übergegangen. Als – vermutlich etwas unerwartet – Straton von Lampsakos zum Nachfolger Theophrasts in der Schulleitung gewählt wurde, zog sich Neleus in seine, nahe beim alten Troia gelegene Heimatstadt Skepsis zurück und nahm alle Bücher mit. Er vererbte sie an seine Nachkommen, die aber an der Philosophie kein

Interesse mehr hatten, sondern die Manuskripte im Keller ihres Hauses verstauten. Dort blieben sie, so wird uns weiter erzählt, nahezu zweihundert Jahre lang liegen, bis im ersten Jahrzehnt des letzten Jahrhunderts v. Chr. ein griechischer Literat und Bibliophile, Apellikon von Teos, ihnen auf die Spur kam. Er kaufte die Gesamtheit der Manuskripte, die infolge der langen Lagerung in einem ziemlich üblen Zustand waren, den Besitzern ab und brachte sie nach Athen. Einige Jahre später (84 v. Chr.) besetzte während des Krieges zwischen Rom und Mithridates der römische Feldherr Sulla die Stadt Athen. Er war ein Liebhaber griechischer Bildung und konfiszierte kurzerhand die gesamte Bibliothek Apellikons für sich selbst, ließ sie nach Rom transportieren und beauftragte daselbst einen griechischen Gelehrten, Tyrannion, mit der Sichtung und Edition der Texte. Doch abermals einige Zeit später scheint das damalige Schulhaupt des Peripatos, Andronikos von Rhodos, persönlich nach Rom gekommen zu sein und sich der Kostbarkeiten angenommen zu haben. Jedenfalls hat er eine neue Gesamtausgabe des Aristoteles (und Theophrast) veranstaltet und zu ihr eine umfangreiche Einleitung verfaßt. Es ist die Ausgabe, die wir zum größten Teile heute noch besitzen. Zusätzlich berichtet wird, daß die Aristotelesstudien durch diese Ausgabe auf eine ganz neue Basis gestellt worden seien und einen großen Aufschwung genommen hätten. Vom Tode Theophrasts an nämlich bis auf die Zeit des Andronikos hätten die Peripatetiker die Werke des Aristoteles nur teilweise und in sehr schlechten Fassungen gekannt, wodurch sich auch erkläre, daß der Peripatos in dieser ganzen Periode keine bedeutenden Leistungen aufzuweisen habe.

In dieser seltsamen Geschichte, die der Forschung bis auf den heutigen Tag viel zu schaffen gemacht hat, ist Wahres und Falsches bunt gemischt.

Unbestreitbar historisch ist die Edition des Andronikos und ihr Einfluß auf die Folgezeit. Historisch ist auch, am andern Ende der Ereignisse, die Tatsache, daß Theophrast seine Bibliothek, also vor allem seine und des Aristoteles Originalmanuskripte dem Neleus vermachte.

Falsch ist hingegen die Behauptung, in den 190 Jahren zwischen dem Tode Theophrasts und der Entdeckung Apellikons seien die Hauptwerke des Aristoteles entweder gar nicht oder doch nur in schlechten Ausgaben zur Verfügung gewesen. Schon von vornherein kann man sich kaum vorstellen, daß der Peripatos nicht schon zur Zeit Theophrasts von den grundlegenden Manuskripten des Schulgründers mehrere Exemplare hätte herstellen lassen. Ein Mann wie Eudemos von Rhodos, ein Freund Theophrasts, der den größten Teil seines Lebens in seiner Heimat zugebracht und dort anscheinend eine Art «Filiale» des Peripatos eingerichtet hat, hat ohne jeden Zweifel ein eigenes Exemplar des Œuvre des Aristoteles besessen. Einer sorgfältigen Interpretation zeigt es sich auch mehr und mehr, daß die großen Stoiker und vor allem Epikur die Texte des Aristoteles gründlich gekannt haben. Nur hatten sie allerdings eine Ausgabe, die nicht allein bedeutend umfangreicher war als diejenige des Andronikos, sondern auch die wichtigsten Texte zwar nicht in einem wesentlich abweichenden Wortlaut im einzelnen, wohl aber in völlig anderer Aufgliederung und Zusammenstellung darbot.

Bedenklich und verräterisch ist schließlich die These, die Peripatetiker hätten von Straton an nichts Rechtes mehr geleistet und seien im Grunde von Aristoteles und Theophrast abgefallen. Erst mit der Ausgabe des Andronikos sei der wahre und echte Aristoteles wieder zur Geltung gekommen. Da ist die Tendenz handgreiflich. Die alte Aristotelesausgabe soll diskreditiert, diejenige des Andronikos empfohlen werden. Ja noch mehr: In derselben Epoche, in der Antiochos von Askalon, einer der Lehrer Ciceros, verkündigte, er wolle über die Verirrungen der sogenannten Neuen Akademie hinweg die ursprüngliche Lehre Platons und seiner unmittelbaren Schüler erneuern, müssen sich im Peripatos ähnliche Bestrebungen Bahn geschaffen haben. Wir dürfen sie in einem gewissene Sinne klassizistisch nennen. Die Leistung der zweihundert Jahr hellenistischer Philosophie wird verworfen. Es soll zu den Koryphäen des 4. Jhd. v. Chr. zurückgekehrt werden. Dieser Tendenz dient die Geschichte vom Keller des Neleus in ihrer Gesamtheit. Wer maliziös vermuten möchte, daß die Erzählung vom Fund der Originale durch

Apellikon ein reiner Schwindel war, ist nicht leicht zu widerlegen. Angewiesen war Andronikos für die Herstellung seiner Ausgabe auf die Papyri Apellikons gewiß in keiner Weise.

Doch nun zurück zum Hauptproblem.

Der hellenistische Schriftenkatalog besteht, wie man längst gesehen hat, aus zwei Hauptteilen. Ein erster umfaßt 19 Titel. Fast ausschließlich handelt es sich um Dialoge. Es sind kurz gesagt diejenigen Werke, die Aristoteles ohne jeden Zweifel persönlich publiziert hat. Wir werden gleich auf sie zurückkommen. Der zweite ungleich größere Teil umfaßt 124 Titel. Ein Anhang kommt dazu, bestehend aus zwanzig Büchern Briefen und zwei Gedichten; ihn berücksichtigen wir weiter nicht (er ist bestimmt jünger als der Rest des Katalogs), sondern verweisen auf das Seite 18ff. Dargelegte.

Die 124 Titel scheinen ursprünglich nach teils systematischen, teils literarischen Gesichtspunkten in einer gewissen Ordnung aufgeführt worden zu sein. Sie ist heute schwer zu erkennen. Vielleicht sind Zusätze eingeschaltet worden, vielleicht ist einfach mit Flüchtigkeit von Abschreibern zu rechnen. In ihrer Gesamtheit umfassen diese Titel die hochspezialisierten Texte, mit denen nur der Fachphilosoph etwas anzufangen wußte. Gesamtdarstellungen logischer, naturphilosophischer, ethischer usw. Probleme stehen neben locker gebauten Sammlungen von Einzelfragen und reinen Spezialstudien, etwa über «Gegensätzlichkeiten» oder über «Optik», oder kritischen Analysen der Lehren bestimmter älterer Philosophen. Einige Texte werden nur wenige Seiten gefüllt haben, andere bestanden aus zehn und mehr Büchern. Einiges mag auch da Aristoteles selbst veröffentlicht haben, bei der Mehrzahl wissen wir nichts darüber und werden es nicht annehmen.

Die Hauptsache ist aber, daß sich unter den Titeln nur verschwindend wenige befinden, die mit einiger Sicherheit mit Titeln der Ausgabe des Andronikos identifiziert werden können. Wir begegnen einer Politik, einer Rhetorik, einer Ethik, einer Tiergeschichte. Aber die Buchzahlen stimmen nirgends glatt überein; und das ist kein äußerer Zufall, sondern zeigt, daß die gesamte Disposition der Texte eine andere war.

Ein Werk wie die Metaphysik findet sich in der alten Liste überhaupt nicht. Die unter diesem Titel bei Andronikos vereinigten Untersuchungen geben aber ihrem Gehalt nach zweifellos auf Aristoteles selbst zurück. Daß sie nach dem Tode Theophrasts verschwanden und erst dank Apellikon wieder ans Tageslicht traten, ist ausgeschlossen. Es bleibt also nur die Hypothese, daß die Textgruppe in früher Zeit anders aufgeteilt und dementsprechend benannt war und sich in der hellenistischen Liste wahrscheinlich unter einer ganzen Anzahl verschiedener Titel verbirgt. Um einen anschaulicheren Parallelfall kurz anzudeuten: Was wir heute die Nikomachische Ethik in zehn Büchern nennen, wird in der Liste vermutlich repräsentiert durch eine Ethik in fünf Büchern (die keineswegs einfach fünf Büchern der Nikomachischen Ethik gleichgesetzt werden dürfen), ferner durch je ein Buch über die Freundschaft, über die Lust und über die Verantwortlichkeit. Manches spricht dafür, daß es außerdem noch eine besondere Studie über die Glückseligkeit gegeben hat, die in unserer Nikomachischen Ethik teils auf das erste, teils auf das zehnte Buch verteilt worden ist.

Diese letzte Komplikation tritt nämlich noch dazu: Es ist keineswegs ausgemacht, daß das erhaltene Verzeichnis Alles umfaßt, was es von Aristoteles gegeben hat. Es ist zu einer bestimmten Zeit von einem bestimmten Bibliothekar anhand einer bestimmten, ihm verfügbaren Sammlung der Schriften des Aristoteles angefertigt worden. Die Sammlung war nicht ganz vollständig. Das wird bewiesen durch zwei Titel, die wir zufällig kennen; der eine bezeichnet einen Dialog, der andere Studien über die platonische Philosophie. Beide fehlen im Verzeichnis. Gewiß bedeutet dies im ganzen nicht viel. Aber mit der Möglichkeit vereinzelter Lücken muß man ebenso rechnen wie mit derjenigen gelegentlicher Einschübe von späterer Hand.

Auf etwas sichererem Boden stehen wir immerhin in manchen Dingen mit jenen 19 Titeln, die die Liste eröffnen und zu denen wir nun zurückkehren.

In ihnen haben wir Werke, die Aristoteles selbst publiziert hat, nicht um mit Spezialisten zu diskutieren, sondern um das Publikum der Ge-

bildeten mit den Grundzügen seiner Philosophie vertraut zu machen. Auf die Gepflegtheit der sprachlichen Form, die Anschaulichkeit der Darbietung und die Überzeugungskraft der Gedanken wird er also besonders geachtet haben. Mit einer einzigen Ausnahme scheint es sich um Dialoge gehandelt zu haben. Da stand dem Verfasser zwangsläufig Platon vor Augen. Platons Dialoge stellten wohl schon bald nach ihrem Erscheinen die Bücher aller übrigen Sokratesschüler in den Schatten. Mit ihnen mußte sich Aristoteles auseinandersetzen; sie mußte er versuchen, durch einen eigenen neuen Stil zu übertrumpfen. In einigen seiner Titel hat er einen Vergleich geradezu herausgefordert. Er hat einen Politikos, *einen* Sophistes, *einen* Menexenos, *ein* Gastmahl *und einen Dialog* Über die Seele, *also ein Gegenstück zum platonischen* Phaidon *verfaßt.*

Leider sind nun die Reste dieser und anderer Dialoge so verzweifelt spärlich, daß wir nur in allgemeinen Umrissen ahnen, mit welchen Mitteln er den Konkurrenzkampf mit Platon aufgenommen hat. Eines nannten wir schon. In manchen Dialogen hat er sich selbst als Gesprächspartner oder gar als Gesprächsleiter eingeführt. Desgleichen hat er in manchen Dialogen das ruhelose Spiel des sokratischen Fragens und Antwortens aufgegeben und statt dessen jeden Partner in aller Ruhe seine Stellung zu dem gegebenen Problem entwickeln lassen. Unverkennbar gab er damit zu verstehen, daß es ihm nicht so sehr auf das Schaffen einer Atmosphäre des Philosophierens an sich ankam als auf die gerechte Prüfung bestimmter Thesen und Gegenthesen. Die Lebendigkeit des Dialogs litt zweifellos unter einer solchen Verschiebung der Akzente. Die Vermutung ist erlaubt, daß er diesen Nachteil wettzumachen suchte durch reichliche Beigabe von Exempla aus der Geschichte und aus dem Reiche der Natur. Die Fülle der Detailkenntnisse, die wir heute noch an der Politik hier, an der Tiergeschichte dort bewundern, wird auch, natürlich in anderer Form, den Dialogen zugute gekommen sein. Der Dialog Über die Seele *scheint mit einem Mythos platonischer Art geschlossen zu haben. Ob dies auch in andern Dialogen der Fall war, wissen wir nicht.*

Wie seine Dialoge im ganzen gewirkt haben, läßt sich nur an den zwei spätern Autoren ermessen, die sie in ihren Werken in einem gewissen Umfang nachgebildet haben, am Römer Cicero und am Griechen Plutarch. Wörtliche Fragmente haben wir nur ganz wenige, ein Stück aus dem Dialog Über die Seele *und drei Stücke aus demjenigen* Über die Adligkeit.

Dieser fast völlige Untergang der aristotelischen Dialoge ist symptomatisch. Er muß erstens damit zu erklären sein, daß Aristoteles den Konkurrenzkampf gegen Platon, wie wir es nannten, verloren hat. Es gelang seinen Dialogen nicht, sich neben denjenigen Platons durchzusetzen. Zu fragen, worin sie versagten, etwa in der sprachlichen Form oder in der szenischen Gestaltung, ist müßig, da wir nichts Näheres wissen. Wir konstatieren lediglich, daß sie schon bald nach dem Tode des Verfassers nur noch einen kleinen Kreis interessierten und gegen Ende der hellenistischen Epoche wohl völlig untergingen. In der Gesamtausgabe des Andronikos sind sie nicht mehr vorhanden.

Freilich hatte dies noch zwei andere Gründe. Den einen mag man den im Hellenismus sehr entschiedenen Zug zur strengen Wissenschaftlichkeit nennen. Bei den Epikureern wie bei den Stoikern war der Dialog als Form philosophischer Untersuchung verpönt. Er galt als unwissenschaftlich, als eine im Grunde unerlaubte Konzession an das breite Publikum, das nicht nach sachlicher Belehrung, sondern nach anfeuernder und erbaulicher Lektüre verlangte. In einem Gastmahl, *wie es immerhin noch Epikur schrieb, mochten Kleinigkeiten diskutiert werden; doch die großen ontologischen, psychologischen oder ethischen Probleme blieben Abhandlungen vorbehalten, die sich durch die strengste Nüchternheit auszeichneten.*

Der dritte und letzte Grund ist problemgeschichtlicher Natur. Es besteht wohl kein Zweifel, daß sich Aristoteles in den Dialogen über manche Fragen dogmatischer und kühner geäußert hat als in seinen spezialistischen Untersuchungen. In den Diskussionen im Kreis der Schüler ergaben sich Vorbehalte und Unsicherheiten gegenüber mehr als einer These, die in den Schriften für das Publikum der Gebildeten mit kräftigen Strichen vorgeführt wurde. Das war ein natürliches Verhältnis, konnte aber zuweilen bis an den Rand des Widerspruchs führen. Dazu kam, daß der durch die Ausgabe des Andronikos erneuerte Peripatos offensichtlich seine Aufgabe in der Pflege einer gesunden wissenschaftlichen Skepsis sah, als Gegengewicht zu dem allzu selbstsicheren Dogmatismus, dem sich gleichzeitig der ebenfalls erneuerte Platonismus zu ergeben begann. Eine derartige Absicht wird uns zwar nicht ausdrücklich mitgeteilt. Sie ergibt sich aber deutlich aus den Werken, die uns von den Peripatetikern der zwei Jahrhunderte nach Andronikos erhalten sind – und nicht zuletzt aus den grimmigen Reaktionen der Platoniker wie Attikos, aus dessen Streitschrift gegen Aristoteles im Nachfolgenden alles Wichtige übersetzt ist. Dieser Absicht standen nun gerade die Dialoge im Wege. Man bemühte sich also, ihre Bedeutung zu bagatellisieren und sie überhaupt nach Möglichkeit verschwinden zu lassen.

Eine gewisse Sonderstellung hat nur eine Schrift eingenommen, die einzige unter den 19, die sicher keinen dialogischen Charakter hatte. Es ist die früher schon erwähnte Mahnschrift zur Philosophie, *die Aristoteles in der Form eines Sendbriefes an König Themison von Zypern gerichtet hat. Da wurde die Philosophie grundsätzlich empfohlen und ihre Bedeutung für den Menschen in einer ganzen Reihe von Beweisgängen und Überlegungen nachgewiesen. Von dieser Schrift allein haben sich bis in die Spätantike verhältnismäßig umfangreiche Auszüge erhalten, gelegentlich kombiniert, wie es scheint, mit kleinern Auszügen aus Dialogen, vor allem aus demjenigen* Über die Seele. *Der Leser findet diese Auszüge in der nachfolgenden Textreihe an erster Stelle.*

Nur kurz zu streifen ist in unserm Zusammenhang die Frage, in welcher Epoche seines Lebens Aristoteles die Dialoge geschrieben hat. Ihre Nähe zu Platon und einige sonstige Indizien haben vielfach zu der Hypothese verführt, daß es sich samt und sonders um Jugendwerke handle; im höhern Alter habe sich Aristoteles nur mehr rein wissenschaftlicher Bemühung gewidmet. Ich glaube nicht an diese Hypothese. Gewiß mag der eine oder andere Dialog relativ früh geschrieben worden sein; es muß dem athenischen Publikum schon Einiges vorgelegen haben, als Aristoteles sich zur Gründung einer eigenen Schule entschloß. Es ist aber schlechterdings nicht einzusehen, warum er nicht auch noch mit 60 Jahren gelegentlich zu dieser Form der Darbietung seiner Philosophie gegriffen haben sollte. Die Möglichkeit bleibt offen, daß sich die Dialoge mehr oder weniger gleichmäßig auf sein ganzes Leben verteilen.

Und nun schließlich die Ausgabe des Andronikos, die wir in allem Wesentlichen noch besitzen. Was stellt sie dar?

Drei Tatsachen sind sorgfältig zu unterscheiden.

Erstens konstatierten wir schon, daß Andronikos gegenüber der frühhellenistischen Ausgabe teils viele Texte (darunter sämtliche Dialoge) hat fallen lassen, teils die verbleibenden Texte völlig umgeordnet hat. Sein Bestreben war es, eine nicht allzu große Anzahl geschlossener Werke herzustellen und aus ihnen eine Gesamtdarstellung der aristotelischen Philosophie aufzubauen. Vor allem etwa die Metaphysik und die Politik, aber auch andere Werke, sind aus einer ganzen Reihe älterer, kürzerer Abhandlungen zusammengefügt.

Wir müssen aber zweitens gleich bemerken, daß Andronikos von dieser Umgruppierung abgesehen die Texte erstaunlich rücksichtsvoll behandelt hat. Es hat sich bis jetzt noch kein einziger Fall nachweisen lassen, in welchem er Anschauungen oder Begriffe seiner eigenen Zeit in die Darlegungen des Aristoteles hinein interpoliert hätte. Was wir lesen, entstammt einwandfrei der Zeit des Aristoteles und Theophrast, mit Ausschluß einiger weniger Abhandlungen geringen Gewichts, die notorisch dem hellenistischen Peripatos angehören.

Der wichtigste ist jedoch der dritte Punkt. Die Textmasse, die Andronikos und schon dem frühen Herausgeber zur Verfügung stand, ist von Aristoteles selbst niemals zur Publikation bestimmt und zurecht gemacht worden. Es sind nachgelassene Papiere im echten Sinne, Skizzen und Entwürfe, teilweise sogar (für uns besonders interessant) rasch angefertigte Auszüge aus den Dialogen. Die moderne Forschung hat in den letzten dreißig Jahren für diesen Tatbestand Beweis auf Beweis gehäuft. Ernstlich kann er heute nicht mehr bestritten werden. Jeder der großen und entscheidenden Texte ist voll von Inkohärenzen, Lücken, Wiederholungen, größern oder kleinern Einschaltungen; Abschnitte in gewählter, poetisierender Diktion stehen unvermittelt neben nüchternen Analysen, umständlich sich ergehende Darlegungen neben stichwortartigen Notizen, die ohne Kommentar kaum zu verstehen sind.

So gelangen wir denn zu dem Ergebnis, daß die Geschichte des Œuvre des Aristoteles grob gesagt in drei Etappen abgelaufen ist.

Gegeben war beim Tode des Aristoteles eine Anzahl publizierter Schriften und eine außerordentliche Menge ungeordneter Manuskripte, Entwürfe und Notizen. Manches mag sich Aristoteles zu seinem privaten Gebrauch aufgeschrieben haben, anderes hat ihm wohl als Unterlage für Diskussionen und Vorlesungen gedient. Aus diesem Nachlaß hat ein erster Redaktor, den wir im Umkreis Theophrasts suchen müssen, größere Bucheinheiten geformt. Sosehr er sich bemühte, dies im Geist des Aristoteles zu tun, ohne mancherlei Gewaltsamkeiten und Fehlgriffe ging es nicht ab. Er mag auch öfters allzu kurzen Texten auf eigene Faust Erläuterungen beigefügt oder allzu breite Ausführungen gekürzt haben.

Etwa drei bis vier Generationen später dürfte jene Gesamtausgabe der Dialoge und wissenschaftlichen Abhandlungen hergestellt worden sein, deren Inhaltsverzeichnis wir noch besitzen.

Wesentlich später, in der Zeit Ciceros, veranstaltete Andronikos seine Gesamtausgabe. Im einzelnen ließ er die durch den ersten Redaktor zubereiteten Texte unangetastet, faßte aber die Bucheinheiten neu zusammen, opferte Unwesentliches oder was er für unwesentlich hielt und gelangte so zu einem Cursus completus der Philosophie mit verhältnismäßig wenig Titeln. Diese Ausgabe ist uns heute noch in allem Wesentlichen erhalten. Wir lesen sie in einer Anordnung, die zur Hauptsache derjenigen des Andronikos selbst entsprechen wird. Den Anfang machen die logischen Schriften, die naturwissenschaftlichen folgen, beginnend mit der Physik und endend mit der Metaphysik. Die ethischen Untersuchungen schließen sich an, und beigefügt sind Rhe-

torik und Poetik, Traktate, die wir in einem modernen Sinne technische nennen könnten. Untergegangen sind noch in byzantinischer Zeit nur einige Kleinigkeiten zur Ontologie und zur Zoologie.

Weiter auf Einzelheiten einzutreten ist hier nicht der Ort. Es mußte aber immerhin gezeigt werden, daß wir es bei Aristoteles mit einem Œuvre zu tun haben, das sowohl an Umfang und philosophischem Gewicht ungewöhnlich ist wie auch seinem Texte nach eine Geschichte durchlaufen hat, wie sie mindestens in der Antike einzig dasteht.

VERZEICHNIS DER SICHER ECHTEN, ERHALTENEN SCHRIFTEN DES ARISTOTELES IN DER AUSGABE DES ANDRONIKOS

I. 1. Die Kategorien
2. Über die Mittel der Aussage
3. Erste Analytik, zwei Bücher
4. Zweite Analytik, zwei Bücher
5. Topik, acht Bücher
6. Über sophistische Widerlegungen

II. α) 7. Physik, acht Bücher
8. Über das Weltganze (vom Himmel), vier Bücher
9. Über Entstehen und Vergehen, zwei Bücher
10. Meteorologie, vier Bücher

β) 11. Über die Seele, drei Bücher
12. Über Sinneswahrnehmung und Sinnesobjekte
13. Über Gedächtnis und Erinnerung
14. Über Schlafen und Wachen
15. Über Träume und Traumdeutung
16. Über Lang- und Kurzlebigkeit
17. Über Jugend und Alter
18. Über Leben und Tod

19. Über das Atmen

γ) 20. Tiergeschichte, zehn Bücher

21. Über die Teile der Tiere, vier Bücher

22. Über die Bewegung der Tiere

23. Über die Entstehung der Tiere, fünf Bücher

(24. Problemata, 38 Abschnitte; *enthalten neben Aristotelischem sehr viel von Theophrast und einiges Fremde*)

(25. Über Xenophanes, Melissos und Gorgias; *aristotelisch, aber überarbeitet*)

δ) 26. Metaphysik, vierzehn Bücher

III. 27. Nikomachische Ethik, zehn Bücher

(28. Große Ethik, zwei Bücher; *nach der Zeit Theophrasts entstandene schulmäßige Zusammenfassung der aristotelischen Ethik; benutzt ist altes Material, aber weder Nr. 27 noch Nr. 29*)

29. Eudemische Ethik, vier Bücher; *älteres Paralellmaterial zu Nr. 26*

30. Politik, acht Bücher

(31. Ökonomik, zwei Bücher; *aus echtem Material, aber stark überarbeitet*)

IV. 32. Rhetorik, drei Bücher

33. Poetik; *am Schlusse verstümmelt.*

DIE PHILOSOPHIE DES ARISTOTELES

Es versteht sich von selbst, daß hier nur die allgemeinsten Grundzüge skizziert werden können. Nicht allein der begrenzte Raum verbietet ein Eingehen auf Einzelheiten. Es soll auch nicht allzusehr den Einleitungen vorgegriffen werden, die den in den folgenden Bänden übersetzten Schriften beigegeben sind. Auf diese Einleitungen sei hier von vornherein zur Ergänzung der gegenwärtigen Übersicht hingewiesen.

Der Begriff der Methode ist von Platon und dann vor allem von Aristoteles selbst in die Philosophie eingeführt worden. Er hat allerdings da eine etwas weitere Bedeutung, als sie uns heute geläufig ist. Dennoch dürfen wir daran denken, daß Platon und Aristoteles die ersten waren, die ausdrücklich und systematisch nach den Wegen fragten, auf denen sich wahre Aussagen gewinnen, falsche Aussagen entlarven ließen. Aristoteles fühlte sich dabei als Erbe wohl nicht einmal so sehr Platons, als geradezu des Sokrates, dessen dauerhafteste Leistung er eben im Methodischen erblickt. Zweierlei hat nämlich Sokrates, so betont Aristoteles, in die Philosophie eingeführt, die Induktion und die Definition. Die Induktion erhellt einen zunächst undurchsichtigen Vorgang durch den Vergleich mit alltäglichen Erscheinungen: Wie der Tischler den Tisch, der ihm geistig vorschwebt, im Holze materiell nachbildet und der Bildhauer die Statue im Stein, so formen Gott und die Natur die reale Materie zu den Gestalten, die entweder außerhalb der Materie als ideelles Vorbild oder in der Materie als Anlage und Möglichkcit schon seit jeher vorhanden waren. Die Definition wiederum hat der elementaren Forderung zu genügen, daß man von den Sachen zuerst wissen muß, was sie sind, ehe man darüber diskutiert, ob sie schön oder häßlich, wünschenswert oder zu meiden seien; es gilt dann eben, von Gott, Mensch und Tier, von Tapferkeit und Selbstsucht korrekte Definitionen auf korrektem Wege zu gewinnen.

Das definitorische Verfahren ist eines der Fundamente der aristotelischen Logik geworden. Diese wiederum hat der Spätantike und in gewisser Weise auch dem Mittelalter als der wichtigste Teil der Philosophie des Aristoteles überhaupt gegolten. Diese Schätzung ist insofern begreiflich, als Aristoteles mit seinen umfassenden Untersuchungen über das richtige Definieren, Urteilen und Schlußfolgern tatsächlich als erster einen Bereich des menschlichen Geistes durchforscht hat, der bisher nur am Rande oder in gelegentlichen Streifzügen betreten worden war. Seine Sammlung logischer Schriften, das Organon, steht in der Antike einzig da. Was an Vorarbeiten etwa bei den eleatischen Ontologen und ihren Schülern, den Sophisten, oder bei den Sokratikern vorhanden war, erwies sich angesichts des Organon sofort als derart antiquiert und unzulänglich, daß es – mit Ausnahme der Werke Platons natürlich – fast vollständig untergegangen ist. In der Zeit des Hellenismus gelang es den Stoikern, vorübergehend mit ihrer eigenen überaus subtilen Logik Aristoteles den Platz streitig zu machen. Aber die Rückkehr zu den Klassikern, die seit der Zeit Ciceros Mode wurde, brachte das Organon abermals, und diesmal endgültig, zum Siege.

Und doch hat es mit dieser Schriftengruppe eine eigentümliche Bewandtnis. Organon heißt sie, also «Werkzeug». Sie ist für Aristoteles neben der theoretischen und der praktischen Philosophie kein selbständiger dritter Teil (dazu haben sie erst die Stoiker gemacht), sondern nur eine Methode, mit deren Hilfe der Philosoph sich die Sachen selber soll klar machen können. Sie ist, wie ein spätantiker Aristoteliker sich ausdrückt, die Mauer, die den Garten der Philosophie umschließen und schützen soll.

Aber tut sie das bei Aristoteles wirklich? Gewiß gibt es Problembereiche, etwa solche der reinen Ontologie, in welchen die logischen Beweisverfahren eine ansehnliche Rolle spielen. Wo aber der Aufbau des Kosmos und der Lebewesen, die Struktur des menschlichen Handelns festgestellt und beschrieben werden, ist die Logik in einem nicht mehr als *«durchschnittlichen» Grade beteiligt. Was an Syllogismen vorhanden ist, ergibt sich gewissermaßen von selbst. Nirgends sieht sich der Leser ernstlich gezwungen, die Ergebnisse des Organon zu Hilfe zu rufen. Aristoteles selbst verweist nur in sehr seltenen Fällen auf sie; das weitaus wichtigste Stück ist der Katalog der Fundamentaleigenschaften des Seienden, die Tafel der Kategorien; aber gerade sie steht ja auch auf der Grenze von Logik und Ontologie.*

Wollte man etwas maliziös sein, so könnte man behaupten, daß es mit der Logik nicht anders stünde als mit den Regeln, die Aristoteles (diesmal als Erbe einer schon bedeutenden Tradition) für den Bau einer korrekten Tragödie entworfen hat. Diese Regeln sind in sich klug und sinnvoll; doch gerichtet hat sich nach ihnen kein einziger Dichter, es sei denn der eine oder andere unter den späten römischen Tragikern. So ist es auch der Logik ergangen. Als eine bewunderungswürdige Maschinerie blieb sie für sich bestehen. Aber die philosophische Auseinandersetzung mit der Wirklichkeit vollzog sich zum größten Teil ohne sie. Erst die späteste Antike hat allen Ernstes den Versuch gewagt, den zwischen der reinen Materie und dem reinen Einen eingespannten Kosmos nach den Regeln der aristotelischen Logik zu interpretieren. Es entstand die auf ihre Weise großartige Konstruktion des Proklos, deren Einfluß noch in den theologischen und philosophischen Summen des christlichen Mittelalters zu spüren ist.

Unter den methodischen Entdeckungen des Sokrates hat Aristoteles neben der Definition die Induktion genannt. Wie verhält es sich mit ihrer Fortentwicklung? Man mag sich vorstellen, daß Aristoteles sich ihrer in seinen Dialogen gerne bedient hat. Im übrigen findet sie sich recht selten. Sie war eben doch für ihn wie für das allgemeine Bewußtsein zu eng mit dem Stil des sokratischen Philosophierens und den sokratischen Dialogen verknüpft, als daß sie sich hätte auf andere Formen des Denkens übertragen lassen. Aber an ihre Stelle tritt etwas anderes und überragend Wichtiges.

Einer der eigentümlichsten Züge der philosophischen Persönlichkeit des Aristoteles ist seine Bereitschaft, das unmittelbar Gegebene zu respektieren. Er trägt kein Verlangen danach, seine Hörer und Leser mit dem Nachweis zu erregen, daß alles «anders» sei als man es sähe und meine und bis dahin geglaubt habe. Er faßt sein Philosophieren primär als ein gehorsames Interpretieren dessen, was offenkundig ist.

In drei Formen tritt uns diese Haltung entgegen; – daß sie historisch als Protest gegen die Extravaganzen mancher Vorsokratiker und gegen die bei jedem Sokratiker vorhandene Neigung zum Paradoxen erklärt werden kann, bemerken wir nur nebenbei.

Zunächst ist das Gewicht zu nennen, das Aristoteles dem «Evidenten» zubilligt. Den philosophischen Begriff der ἐνάργεια, lateinisch Evidentia, hat er geschaffen. Es gibt Tatsachen, die sich vernünftigerweise nicht bestreiten lassen und die beweisen zu wollen nicht nur überflüssig, sondern geradezu verkehrt ist. Daß der Kosmos in seiner Bewegtheit und Vielgestaltigkeit existiert, ist evident, ebenso, daß der Mensch zu erkennen und zu handeln grundsätzlich fähig ist, das heißt daß es Wahres und Falsches, Gutes und Schlechtes gibt. Aristoteles weiß wohl, daß es Leute gegeben hat, die dies alles leugneten. Aber mit ihnen zu diskutieren und sie belehren zu wollen, lohnt sich nicht. Ihnen ist nur noch mit einer Tracht Prügel zu helfen.

Im Bereich der Natur und demjenigen des Menschen nimmt die Evidenz je eine besondere Form an.

Bei der Natur gilt es, «den Erscheinungen folgsam zu sein». Aristoteles ist fest davon überzeugt, daß zwischen den wahrnehmbaren Erscheinungen und der unsichtbaren Wirklichkeit kein Widerspruch stattfinden kann, oder von der andern Seite: daß der Mensch in der Lage ist, am Leitfaden der durch jedermann konstatierbaren Erscheinungen den innern Bau der Natur zu erkennen. Unsere Wahrnehmungsorgane und Geisteskräfte sind zwar keineswegs vollkommen. Aber solange man sie nicht überfordert, arbeiten sie zuverlässig. Darum richtet sich jede Theorie selbst, die den Erscheinungen widerstreitet. Die Spekulationen über das Unsichtbare haben sich dem Sichtbaren anzupassen und nicht etwa umgekehrt. So wird etwa die Elementenlehre des Empedokles verworfen, weil sie nicht nur in sich selbst widersprüchlich ist, sondern auch «den konstatierbaren Erscheinungen zuwiderläuft». Anderswo erklärt Aristoteles: Zu behaupten, daß es Freundschaft überhaupt nur auf Grund der Tugend geben könne, heißt den Erscheinungen Gewalt antun und in Paradoxien geraten. Man kann aber auch nicht alle Arten der Freundschaft unter eine einzige Definition bringen. Es bleibt also nur die Lösung, daß in einem gewissen Sinne nur die Freundschaft aus Tugend wirklich Freundschaft ist, in einem andern Sinn alle Arten, doch diese weder so, daß sie beliebig zusammengestellt werden können, noch, weil sie einer einzigen Definition gehorchen, sondern so, daß sie auf eine einzige Definition in bestimmter Weise hingeordnet sind.

An dieser Stelle wird gleichzeitig ein anderes Prinzip angetönt, das allerdings weit über das Methodische hinausgreift. Es liegt Aristoteles daran, den Bereich des Beliebigen, Zufälligen, Unbegründbaren und Unkontrollierbaren so weit als irgend möglich einzuschränken. Es kann nicht Beliebiges mit Beliebigem kombiniert werden, sondern immer nur Bestimmtes mit Bestimmtem in einer bestimmten Relation. Wir werden später sehen, wie sich dieses Prinzip konkret auswirkt.

Noch eine dritte, besonders instruktive Stelle sei angeführt. Aristoteles lehrt, daß von den vier sublunaren Elementen Feuer, Luft, Wasser und Erde keines eine Vorzugsstellung besitzt; gleichmäßig verwandeln sie sich alle gegenseitig ineinander. Anderer Meinung ist Platon, der von Elementarflächen spricht, aus denen sich alles Übrige aufbaut, ohne daß sie selbst sich verändern. Dagegen führt Aristoteles aus: Wer dies vertritt, muß erstens den Unsinn annehmen, daß nicht alle Elemente gegenseitig auseinander entstehen können. Dabei ist es von vornherein unwahrscheinlich, daß ein einziger Elementarkörper an der Umwandlung keinen Anteil hat. Außerdem zeigt unsere Wahrnehmung, daß Alles sich gleichmäßig in Alles verwandelt. Jene wollen doch über die konstatierbaren Erscheinungen sprechen und stellen Hypothesen auf, die mit den Erscheinungen gerade nicht übereinstimmen.

Das kommt daher, daß sie die ersten Ursprünge nicht richtig ansetzen, sondern alles auf vorgefaßte Meinungen zurückführen wollen. Nun müssen aber doch wohl die Ursprünge des Wahrnehmbaren im Wahrnehmbaren, des Ewigen im Ewigen und des Vergänglichen im Vergänglichen gesucht werden; sie müssen allgemein gesagt gleicher Gattung sein wie das gegebene Material. Jene aber scheinen aus Anhänglichkeit an ihre Ansichten dasselbe zu tun wie diejenigen, die ihre Thesen in der Diskussion um jeden Preis festhalten wollen. Denn sie nehmen alle Konsequenzen auf sich, als ob sie die wahren Prinzipien besäßen und als ob man nicht manche Prinzipien von ihren Wirkungen und vor allem vom Endzweck der Theorien her beurteilen müßte. Bei den schaffenden Künsten ist der Endzweck das Werk, in der Naturphilosophie jedoch das Verständnis dessen, was sich dem Wahrnehmen als Erscheinung aufdrängt.

Auch an dieser Stelle wird in erster Linie der Respekt vor den Erscheinungen gefordert; ihnen hat sich jede Hypothese zu beugen. In zweiter Linie werden zwei weitere methodische Regeln berührt. Die eine ist die vielfach wiederkehrende, nicht ganz leicht zu fassende «innere Wahrscheinlichkeit»: Es ist nicht wahrscheinlich, daß unter allen Elementarkörpern einer eine Ausnahme darstellen sollte. Die Wahrscheinlichkeit spricht bei Aristoteles immer für Gleichmäßigkeit, Ausgewogenheit und Geordnetheit der Verhältnisse. Die zweite ist die Regel, daß jeder Seinsbereich seine ihm adäquaten Prinzipien haben müsse. Anläßlich einer Kritik an der platonischen Ideenlehre formuliert er sie einmal drastisch: Die Prinzipien müssen adäquat sein. Denn es wäre doch ein Unsinn, wenn jemand von der Unsterblichkeit der Seele ausgehen wollte, um zu beweisen, daß die Winkelsumme des Dreiecks gleich zwei Rechten sei. Ein derartiger Ausgangspunkt ist nicht adäquat und hat mit dem Nachfolgenden keinen Zusammenhang. Man kann ohne weiteres beweisen, daß die Winkelsumme des Dreiecks gleich zwei Rechten ist, auch wenn die Seele nicht unsterblich sein sollte. Genau so kann man von den Gütern reden, ohne die Idee des Guten beiziehen zu müssen. *Es deutet einiges darauf hin, daß Aristoteles gerade diese Regel der Adäquatheit der Prinzipien (neben einigen andern methodischen Regeln) den Liebhabern der Philosophie in einem besondern Buche eingeschärft hat.*

Der Grundsatz, daß man sich von den gegebenen Erscheinungen leiten lassen müsse, hängt mit ihr zusammen, greift aber weiter. Er beruht auf der Überzeugung, daß der menschliche Geist sich nach den Sachen zu richten habe, wie sie sich uns evident darbieten, und nicht umgekehrt.

Im Bereich des Menschen und der Geschichte nimmt die Evidenz eine andere Gestalt an.

Die Menschheit ist auf das Begreifen der Wahrheit hin angelegt. Darum kann dasjenige, was die Menschheit im allgemeinen und die hervorragendsten Menschen im besondern schon in früheren Zeiten geglaubt haben, unmöglich völlig verkehrt sein. Gewiß teilt Aristoteles die Ansicht Platons, daß die schlechthin vollkommene Erkenntnis Gott allein zukommt, da nur er Vergangenheit, Gegenwart und Zukunft lückenlos überschaut. Aber darum weiß der Mensch doch nicht nichts, wie der platonische Sokrates meint. Im Bereich des Menschen steht die vollkommene Erkenntnis von vornherein gar nicht zur Diskussion, sondern nur das Höchstmaß der der menschlichen Natur adäquaten Erkenntnis. Diesem Höchstmaß bewegt sich die Menschheit im Laufe ihrer Geschichte schrittweise entgegen. Niemand hat es im Falle der Philosophie bisher ganz erreicht, erklärt er an einer Stelle; und niemand ist bisher ganz in die Irre gegangen. Und anderswo behauptet er selbstbewußt: Wenn die alten Philosophen gemeint haben, sie hätten mit ihren Leistungen die Philosophie vollendet, so sind sie entweder sehr naiv oder sehr ehrgeizig gewesen. In der Gegenwart allerdings hat die Philosophie in wenigen Jahren so große Fortschritte gemacht, daß sie in kurzer Zeit zu ihrem Abschluß gelangt sein wird.

Aristoteles hat grundsätzlich daran festgehalten, daß die Theorien der frühern Philosophen als Vorstufen zu seinem eigenen Werke zu betrachten seien. Sein eigenes System soll in der Geschichte der Philosophie denselben Platz einnehmen wie das Œuvre des Sophokles in derjenigen der Tragödie: die in der Sache selbst liegenden Entwicklungsmöglichkeiten sind da voll ausgeschöpft. Umgekehrt hat er großen Wert darauf gelegt, die Richtigkeit seiner eigenen Thesen dadurch zu belegen, daß er zeigte, auch schon frühere Philosophen hätten schon dasselbe gesagt oder doch im Grunde gemeint. Daß dieses Bemühen den Ausgangspunkt der bis in die Spätantike überaus einflußreichen peripatetischen Philosophiegeschichtsschreibung gebildet hat, sei nur angedeutet.

Indessen nimmt Aristoteles nicht bloß auf die früheren Philosophen Rücksicht, sondern auf den Glauben der Menschheit überhaupt. Es sind vor allem (und nicht ohne Grund) zwei Bereiche, in denen dem Hinweis auf das, was alle Völker und Zeiten geglaubt haben, besonderes Gewicht zukommt: derjenige der Gottheit und derjenige der Seele. Daß es Götter gibt, ist immer geglaubt worden, wie immer man sich im übrigen die Eigenart der Götter vorstellen mochte. Desgleichen ist stets an die Unsterblichkeit der Seele geglaubt worden; auch die naivsten und gröbsten Jenseitsvorstellungen mindern die Bedeutung dieser Tatsache nicht. Methodisch liest Aristoteles diesen Glauben an drei Gruppen von Zeugnissen ab. Die erste wird von der Sprache geliefert. Anscheinend unbeirrt durch den Spott des platonischen Kratylos *hat Aristoteles das gefährliche Spiel mit den Etymologien wichtiger Begriffe ziemlich weit getrieben. Die zweite Gruppe wird durch Sprichwörter und verwandte Zeugnisse uralter Lebensweisheit und Weltanschauung repräsentiert. Aristoteles hat als erster Forscher in der Antike systematisch Sprichwörter gesammelt und interpretiert. Wir kennen Gegner des Aristoteles, die sich darüber mokierten, daß er, der Philosoph, sich mit solchen Nichtigkeiten abgäbe. In der dritten Gruppe endlich finden wir alte Sitten und Gebräuche. Besäßen wir mehr von den Büchern, die er selbst publiziert hat, so würden wir vermutlich bemerken, daß sein folklori-*

stisches Interesse nicht geringer war als sein philosophiehistorisches. Seine Verwendung des folkloristischen Materials wird freilich nicht immer unbedenklich gewesen sein. So wird uns etwa folgendes Argument zitiert: Alle Menschen fühlen sich von Natur aus gedrängt, den Toten Opferspenden darzubringen oder bei den Toten zu schwören. Niemand spendet aber einem Wesen, das gar nirgends existiert, oder schwört bei einem solchen. Also existieren die Toten irgendwo. Also ist die Seele unsterblich. *Da ist der Weg nicht mehr weit zu folgendem Beweisgang, der freilich erst nacharistotelisch sein dürfte:* Die Seher sind die Ausleger der göttlichen Gedanken. Wenn es die Ausleger gibt, so gibt es auch die Wesen, deren Gedanken ausgelegt werden. Es gibt Seher. Also gibt es auch Götter.

Man sieht, wie leicht dieses Vertrauen in den Consensus der Zeiten und Völker überanstrengt werden kann. Sosehr wir bereit sind, im Bereich der Natur das aristotelische Prinzip der «Achtung vor den Erscheinungen» anzuerkennen, so gewagt will es uns scheinen, aus besonders alten oder besonders verbreiteten Meinungen allzu sichere Schlüsse zu ziehen. Aber es spricht hier wie dort dieselbe Zuversicht des Aristoteles, daß die Wahrheit am Nächsten und Greifbarsten abgelesen werden muß und sich nicht in Paradoxa verbirgt. Denn in einem zweckmäßig eingerichteten, von sinnvollen Relationen durchsetzten Kosmos hat das Paradoxon keinen Platz.

Treten wir nun vorerst auf die Sachen selbst ein, so begegnet als erstes die Fundamentaleinteilung in theoretische und praktische Philosophie.

Das Ziel der Theorie ist in einem prägnanten Sinne die Wahrheit, die Erkenntnis dessen, was ist. Diese Erkenntnis wirft keinen Nutzen ab, und es darf keiner von ihr gefordert werden. Sie hat ihren Zweck in sich selbst. Sie ist das Höchste, was der Mensch überhaupt erreichen kann; denn sie ergibt sich aus der Tätigkeit des reinen Geistes, der allein am Menschen unsterblich ist, und ihr vornehmster Gegenstand ist Gott.

Darum ist auch das dem philosophischen Erkennen und Forschen gewidmete Leben die vollkommenste Lebensform unter denen, die dem Menschen zur Wahl gestellt sind.

Allerdings ist die Gotteserkenntnis nicht die einzige Weise, in welcher die Aufgabe der Theorie beschrieben werden kann. Zwei andere Weisen stehen neben ihr.

Die eine entspringt der sokratisch-platonischen Tradition, genauer dem ontologischen Aspekt der definitorischen Frage des Sokrates, von deren methodischen Bedeutung schon die Rede war. Gefragt wird nach dem Wesen der Tanne, des Pferdes, des Menschen als nach der bestimmten Geformtheit und Struktur, der alle die zahllosen Individuen ähnlich sind, ohne daß doch jemals ein einziges sie rein darstellte. Platon setzt eine für sich bestehende Welt ewiger, unveränderlicher Gestalten an, der der sichtbare Kosmos und alle entstehenden und vergehenden Dinge in ihm nachgebildet sind. Das Wahrnehmbare ist nur wesentlich, soweit es an der jenseitigen Idee teilzuhaben vermag.

Aristoteles lehnt diese Hypothese ab, da sie überflüssigerweise zwei Welten, eine fließende und eine ruhende, nebeneinanderstellt, ohne daß es klar wird, wie ihr gegenseitiges Verhältnis eigentlich zu verstehen ist. Für ihn ist das Wesen in den wahrnehmbaren Dingen selbst als Möglichkeit und Anlage enthalten. Jedes Werden ist das Streben, diese Möglichkeit zu verwirklichen. Die lebenden Organismen insbesondere durchlaufen eine Kurve, die sie von einem Zustand, in welchem ihr Wesen lediglich angelegt ist, hinaufführt zu einem Höhepunkt, in welchem sie das Wesen so sehr verwirklichen, als es bei einem partikularen Individuum überhaupt geschehen kann, und dann wieder hinab in die Vernichtung, den Abbau des Wesens, bis sie schließlich nach dem Tode so ungeformt enden, wie sie begonnen haben.

So gilt es denn, in den Individuen das Wesen der Art zu erkennen, die sie als gemeinsame Möglichkeit zusammenhält, in den Arten das Wesen der Gattung und in den Gattungen das Wesen des Seins überhaupt. Das Seiende qua Seiendes wird der eigentliche und umfassendste Gegenstand der theoretischen Philosophie. Es wird gefragt, welches seine überall oder zumeist wiederkehrenden Determinationen und welches seine elementarsten Stufungen sind.

Eine andere Weise, die Theoria und ihr Objekt zu beschreiben, dürfte von der jonischen Naturphilosophie und Medizin herzuleiten sein. Hier wird der Begriff der Ursache systematisiert. Eine Erscheinung, wie unerwartet und paradox sie auch sein mag, eine Sonnenfinsternis oder ein Erdbeben, eine Krankheit oder deren Heilmittel gilt dann als begriffen, wenn man die Ursache kennt, aus der sie hervorgeht. Alles naive Staunen und alle abergläubische Angst werden überwunden mit Hilfe der wissenschaftlichen Einsicht in die Ursachen.

Daß es im besondern die Aufgabe der Philosophie sei, nach den Ursachen der Erscheinungen zu forschen, ist ein Gedanke, der schon bei den alten Milesiern aufgetaucht sein kann, mit ziemlicher Sicherheit von Demokrit ausgesprochen wurde, dann zu Platon überging, der ihm freilich nur zögernd Einlaß gewährte, und schließlich bei Aristoteles eine breite Entfaltung erfuhr. Teilweise unter Benutzung älterer Vorarbeiten gliederte er ihn doppelt.

In vertikaler Richtung gibt es die Kette der Wirkungen und Ursachen. Jede Erscheinung ist durch eine bestimmte Ursache bewirkt, diese wiederum durch eine andere und so fort. Aber diese Kette kann nicht ins Grenzenlose hinaufgeführt werden. Denn das Grenzenlose steht für Aristoteles jenseits aller Anschaubarkeit, Denkbarkeit und Realität. Darum gilt für ihn das Axiom, daß weder die Kette der Wirkungen und Ursachen noch diejenige der Mittel und Zwecke, auf die wir gleich kommen werden, endlos fortgesetzt werden kann. Es gibt einen letzten Zweck, und es gibt vor allem eine erste Ursache, die alles Nachfolgende bewirkt, selbst aber nicht mehr bewirkt ist.

In horizontaler Richtung sind mehrere Typen von Ursachen zu unterscheiden. Wo immer nämlich eine Ursache etwas bewirkt, finden sich vier Komponenten. Jedes Bewirken ist ein Bewegen, und jede Bewegung hat einen Ausgangspunkt, einen Zielpunkt, eine antreibende Kraft und eine Richtung gebende Kraft. Aristotelisch heißt dies: Es gibt die Materialursache, die die Sache liefert, an der etwas geschieht, ihr gegenüber die Formursache, die die Gestalt liefert, in die die Materie gebracht werden soll, drittens die Bewegungsursache, die den Prozeß der Gestaltung der Materie in Gang bringt, und schließlich die Zweckursache, die dem Prozeß die richtige Richtung auf die zu verwirklichende Gestalt hin verleiht.

In jedem dieser vier Typen die erste Ursache zu erkennen, dies ist die Aufgabe der Philosophie.

Es wäre nun nicht allzu schwer nachzuweisen, daß die drei Formeln, die wir kennengelernt haben, die Philosophie als Erkenntnis Gottes, als Erforschung des Seienden qua Seienden und als die Einsicht in die vierfach gegliederte erste Ursache aller Dinge zueinander konvergieren. Nivellierende Betrachtungsweise ist zu allen Zeiten mit deren völligen Identifizierung rasch bei der Hand gewesen. Man wird aber doch gut tun, sie auseinanderzuhalten. Denn ihre geschichtlichen Wurzeln und ihre innere Struktur sind verschieden. Außerdem ist es wohlbegründet, daß die philosophische Exhortation der ersten, die reine Ontologie der zweiten und die Naturphilosophie der dritten Formel den Vorzug geben wird.

Der Theoria steht die praktische Philosophie gegenüber. In ihr geht es nicht um das, was ist, sondern um das, was sein soll, also um das Gute als letzten Zweck. Außerdem will die praktische Philosophie nicht bloß wissen, was das Gute ist; sie will auch den Menschen, der über das Gute redet und zu dem über das Gute geredet wird, gut machen. Hier handelt es sich also keineswegs um ein sich selbst genügendes Wissen. Im Gegenteil: Eine praktische Philosophie, die beim Wissen stehenbliebe, würde die Hauptsache verfehlen. Sie muß eminent nützlich sein in dem Sinne, daß erstens das Gute, von dem sie spricht, durch den Menschen verwirklicht werden kann, und daß sie zweitens auch fähig ist, den Weg zu zeigen, auf dem diese Verwirklichung zustande kommt. Denn wir wollen, *bemerkt Aristoteles in seiner Ethik,* nicht bloß wissen, was die Tugend ist, sondern selbst tugendhaft werden.

Dies hat freilich sofort eine sehr bedeutende Folge. Das Erkennen der dauerhaften Wahrheit ist Sache des reinen Geistes, der selbst dauerhaft ist. Das Handeln im Wandelbaren geschieht aber nur mit Hilfe eines zweiten Faktors, der das Erkannte als Wert für sich selbst begehrt oder als Unwert abwehrt. Die praktische Philosophie muß also zwei Teile der menschlichen Seele berücksichtigen, nicht bloß einen wie die Theoria. Der erste, obere Teil ist der «vernünftige», der sich belehren läßt und die Werte in ihren Formen als das Gute, das Erfreuliche und das Nützliche erkennt. Ihm steht die «vernunftlose» Seele gegenüber, die mit Lust und Schmerz reagiert, erstrebt und meidet und die nicht durch Belehrung, sondern durch lange dauernde Gewöhnung dazu gebracht wird, daß sie das Richtige erstrebt und das Verkehrte meidet. Die praktische Philosophie hat also ein doppeltes Ziel. Das Vernünftige soll das Gute erkennen, das Unvernünftige sich daran gewöhnen, das erkannte Gute zu tun.

Es darf beachtet werden, daß sich Aristoteles mit dieser Konzeption bewußt sowohl von Platon wie von Sokrates (wie er ihn durch die sokratische Literatur hindurch kennt) unterscheidet. Platon hatte von der Idee eines ewigen, unwandelbar in sich selbst ruhenden Guten gesprochen. Dagegen wendet Aristoteles ein, daß ein solches Gutes vom Menschen nicht verwirklicht werden kann. Das Handeln verlangt aber nach einem Ziel, das erreicht zu werden vermag. Sokrates hatte in unbegrenztem Glauben an das Vernünftige im Menschen gemeint, daß es genüge, das Wesen des Guten zu erkennen, um es dann auch zu erstreben. Demgegenüber weist Aristoteles auf die unbestreitbare Erscheinung hin, daß ein Mensch wissen könne, was gut sei, und dennoch nicht die Kraft habe, demgemäß zu handeln. Das richtige Erkennen muß also durch die Erziehung zum richtigen Wollen ergänzt werden. Die Aufgabe, das Vernunftlose am Menschen durch Gewöhnung in einen Zustand zu bringen, in welchem es spontan das Richtige begehrt, sieht Aristoteles für so wichtig an, daß der wichtigste Teil der praktischen Philosophie von ihr bis auf den heutigen Tag seinen Namen erhalten hat. Denn unter «Ethik» ist programmatisch nicht die Herstellung einer Wissenschaft vom Guten zu verstehen, sondern die Heranbildung einer Haltung (Ethos), in der das Vernunftlose, dem Ver-

nünftigen zuverlässig gehorsam («wie ein Kind seinem Vater», bemerkt Aristoteles), das Gute erstrebt.

Überblicken wir nun das Ganze der Philosophie, so scheinen Theoria und Praxis außerordentlich scharf voneinander getrennt zu sein. Diese Trennung manifestiert sich uns denn auch mit aller Deutlichkeit im überlieferten Aufbau der Schriften des Aristoteles. Wir besitzen auf der einen Seite einen Zyklus von Untersuchungen theoretischen Charakters, beginnend mit der Physik und endend mit der Metaphysik. Auf der andern Seite haben wir die praktische Philosophie, die sich dem naheliegenden antiken Schema gemäß in Individualethik, Familienethik (Ökonomik) und Staatsethik (Politik) aufgliedert. Es hat Aristoteles augenscheinlich daran gelegen, jedes der beiden Hauptgebiete möglichst autonom zu behandeln und Querverbindungen hinüber und herüber nicht zu berücksichtigen.

Dennoch sind solche Verbindungen sehr entschieden und in nicht geringer Anzahl vorhanden. Hier ist nur auf zwei Momente aufmerksam zu machen.

Die Ursachenlehre der theoretischen Philosophie kennt nicht bloß die Bewegungsursache, sondern vor allem auch die Zweckursache. Der Gegenstand der praktischen Philosophie sind aber gerade die Zwecke, die durch die Bewegung des Handelns erreicht werden sollen. Was der Mensch handelnd verwirklicht, ist das Gute, und was die Zweckursache im Kosmos bewirkt, ist auch das Gute. Der große Unterschied ist nur der, daß wir im Bereich unserer Praxis das Subjekt des Handelns genau kennen, während es im Bereich des Kosmos (wie wir hier summarisch den Gegenstand der Theoria nennen dürfen) keineswegs klar ist, wer oder was die Zweckursache darstellt und bewirkt, daß die Bewegung im Kosmos zum Guten hin verläuft. Daß sie dies tatsächlich tut, darüber verbreitet sich Aristoteles allerdings ausführlich. Von den Gestirnbahnen bis hinab zu den niedrigsten ihm bekannten Lebewesen weist er nach, daß sie so organisiert seien, wie es am besten und zweckmäßigsten sei. Die schwierige Frage ist aber die, ob und wie weit im Kosmos ein Wille anzusetzen ist, der, dem menschlichen entsprechend, *eben dieses Zweckmäßige und Gute erstrebt. Darüber hat sich Aristoteles in den uns erhaltenen Texten nie eindeutig geäußert. Er zieht es vor, unbestimmt genug davon zu sprechen, daß «Gott» und «die Natur» nichts ohne Zweck machen und Alles so gestalten, daß es seinem besonderen Zwecke zu dienen vermag, also gut ist. Was man sich aber präzis unter solchen Wendungen vorzustellen habe, wird nicht gesagt. Aristoteles läßt da einen Raum gewissermaßen leer. Es ist erst einige Generationen nach seinem Tode die Stoa gewesen, die sich mit ihrer Lehre von der Vorsehung eifrig und übereifrig bemüht hat, jenen Raum auszufüllen, nicht ohne Aristoteles ausdrücklich vorzuhalten, er habe von der Vorsehung nichts wissen wollen.*

In der Gegenrichtung ist es die praktische Philosophie, die unter Benutzung alter Traditionen eine Liste verschiedener Lebensformen aufstellt. Dem Range nach am tiefsten steht das dem Gelderwerb und dem Vergnügen gewidmete Leben; jenes, weil es Zweck und Mittel nicht zu unterscheiden weiß, dieses, weil es sich dem Tiere gleich achtet, soweit nämlich seine Vergnügungen in nichts anderem bestehen als in denjenigen, die den zwei untersten Sinnesorganen, dem Schmecken und Tasten, zugänglich sind. Höher zu stellen ist das dem politischen und überhaupt praktischen Handeln zugewandte Leben; allerdings partizipieren seine Ergebnisse an der Unzulänglichkeit allen geschichtlichen Bemühens. So bleibt als letztes und höchstes das Leben der reinen Betrachtung, das, was im Mittelalter mit leichter Verschiebung der Nuancen als «vita contemplativa» bezeichnet worden ist. Freilich hat der Begriff der θεωρία, den Aristoteles da verwendet, selbst schon einen vieldeutigen Charakter. Er kann verwendet werden für die göttlichen Geheimnisse, die in den Mysterien den Initiierten mitgeteilt wurden. Er kann aber auch das prächtig-bunte Schauspiel bezeichnen, das in regelmäßigen Abständen den Festgesandtschaften der griechischen Staaten an den großen panhellenischen Spielen geboten wurde. Endlich kann damit die Beobachtung und Erforschung eines wissenschaftlichen Tatbestandes gemeint sein. Bei Aristoteles muß man an den entscheidenden Stellen alle drei Bedeutungen gleichzeitig hören. Das Leben der Be-

trachtung zielt sowohl auf die Erkenntnis Gottes wie auch auf das interpretierende Überschauen des Kosmos in seiner vollkommenen Zweckmäßigkeit, wie endlich auch auf die sachgemäße wissenschaftliche Untersuchung bestimmter Einzelprobleme.

Auf diese Weise wird die theoretische Philosophie zum vornehmsten Inhalt des Guten, das die praktische Philosophie als den obersten Zweck allen Handelns herausarbeitet. Natürlich gilt es dabei, eine Distinktion im Auge zu behalten. Es gibt einen weiteren und einen engeren Begriff der Praxis. Der engere Begriff ist derjenige, der sich vor allem in der politischen Lebensform äußert. Es ist die Gestaltung des geschichtlichen Lebens im Bereich des Individuums, der Familie und des Staates. Der weitere Begriff umfaßt auch die Lebensform der Betrachtung. Denn natürlich kommt auch sie nicht ohne Handeln aus, schon weil der Mensch sich als Ganzer für sie entscheiden muß. Aber es ist ein gewissermaßen verdünnter Begriff der Praxis. Er reicht genau so weit, als der Betrachtende sich die geschichtlichen Voraussetzungen des Betrachtens schaffen muß: soziale Sicherheit, Gesundheit und vereinzelte Hilfsmittel für das Forschen selbst. Aristoteles unterstreicht, daß nur Gott in seinem Erkennen autark und auf keinerlei Praxis angewiesen sei, daß aber von allen menschlichen Lebensformen diejenige der Betrachtung einer solchen Autarkie am nächsten komme. Denn die Bemühung um die Wahrheit bedarf keiner großen äußeren Veranstaltungen.

So konstatieren wir denn, wie mitten im Gegenstand der Theoria der Zweck und das Gute auftauchen, und wie ebenso der Aufbau der praktischen Philosophie gekrönt wird durch nichts anderes als eben die Theoria.

Wenden wir uns nun den Hauptproblemen der theoretischen Philosophie selbst zu.

Wir unterscheiden in der Übersicht vier besonders markante Sachgebiete: Theologie, Kosmologie, Psychologie und Biologie. Doch ehe wir uns ihnen zuwenden, müssen zwei Theoreme erwähnt werden, die in ihnen allen wirksam sind.

Durch Parmenides ist die Bewegung zum ontologischen Problem geworden. Bei ihm ist das Sein als ein umgrenztes und ewig ruhendes dem Geiste erkennbar, ebenso wie das Nichtsein als ein endlos und unübersehbar bewegtes dem Erkennen unzugänglich bleibt. Demokrit hat diesen Gedanken insofern übernommen, als er den Seinspartikeln, den Atomen, eine ewige und an sich völlig regellose Bewegung zuschrieb; noch entschiedener Platon (auf dem Umweg über sogenannte Herakliteer, die uns hier gleichgültig sein können): Für ihn ist die Welt des sinnfällig Wahrnehmbaren in einem fortwährenden «Flusse» begriffen, in welchem es kein Halten gibt; darum kann es hinsichtlich dieser Welt auch keine Wissenschaft geben. Es ist eine der großen Leistungen des Aristoteles, daß er die Bewegung aus ihrer Verlorenheit im Unfaßbaren zurückholte, sie einer festen Ordnung unterwarf und damit gegen Parmenides zum Objekt eines wissenschaftlichen Erkennens erhob. Seine These ist von einer verblüffenden Einfachheit. Erstens ist jede Bewegung eingespannt zwischen einem Punkt A, von dem sie sich entfernt, und einem Punkte B, dem sie sich nähert. Zweitens existiert Bewegung nur im Raume des Kosmos, den wir uns kugelförmig vorzustellen haben. In der Kosmoskugel sind, wie in jeder Kugel, drei einfache Bewegungen möglich: gradlinig von der Mitte zur Peripherie, gradlinig von der Peripherie zur Mitte, kreisförmig um die Mitte herum. Drittens vollzieht sich jede Bewegung an etwas, das sich bewegt. Jeder Bewegung ist also ein bestimmter Körper zugeordnet. Den drei einfachen Bewegungen im Kosmos müssen demnach die drei einfachsten Körper zugeordnet sein und zwar in dem Sinne, daß jedem der Körper eine Bewegung ursprünglich und von Natur eigen ist. Dem Feuer gehört die Bewegung von der Mitte zur Peripherie, der Erde die Gegenbewegung von der Peripherie zur Mitte. Der Körper, der um die Mitte kreist, ist derjenige, der die Bahn der Gestirne verursacht. Aristoteles nennt ihn «Äther» oder «Kreiskörper» oder «ersten Körper», während die spätantiken Berichterstatter ihn seltsamerweise mit Vorliebe «fünften Körper» nennen, eine Bezeichnung, an die noch heute unser Wort Quintessenz erinnert.

Denn natürlich war es mit den drei Körpern nicht getan. Die klassische Elementenlehre kannte vier Elemente, Feuer; Luft, Wasser, Erde. Aristoteles hat sich bemüht, in seinem Schema auch Luft und Wasser unterzubringen. Die naturgemäße Bewegung der Luft ist eine zentrifugale Bewegung, aber von minderer Gradlinigkeit als diejenige des Feuers, und ebenso verhält sich diejenige des Wassers zur gradlinig zentripetalen Bewegung der Erde. So gelangen wir denn zu vier steigenden und fallenden und einem kreisenden Körper.

Weitere Folgerungen schließen sich an. Steigen und Fallen sind als Bewegungen einander entgegengesetzt. Also stehen auch Erde und Wasser zu Luft und Feuer im Gegensatz. Die zwei Elementenpaare zerstören einander gegenseitig, indem sie in einander übergehen. Zur Kreisbewegung gibt es keinen Gegensatz, so behauptet jedenfalls Aristoteles. Es gibt also nichts, was sie stören könnte. Sie ist ewig und ebenso das Element, dem sie eigen ist.

Dasselbe ergibt sich auch auf einem andern Wege. Die Erde strebt zur Mitte des Kosmos, weil sie dort ihren «natürlichen Ort» besitzt. An diesem Orte angelangt bewegt sie sich nicht mehr weiter, sondern ruht. Ebenso hat das Feuer seinen natürlichen Ort an der Kosmosperipherie; es ist anzunehmen, daß auch seine Bewegung aufhört, sowie es dort angelangt ist. Der natürliche Ort des Kreiskörpers jedoch ist nicht etwa ein Punkt auf der Kreisbahn, sondern die gesamte Bahn. Er bewegt sich als einziger ständig an seinem natürlichen Orte. Seine Bewegung ist also auch aus diesem Grunde ewig.

Dazu kommt endlich ein letztes. Im scharfen Gegensatz zu Platon lehrt Aristoteles, daß es keine Bewegung geben könne, in der das Bewegte sich selbst bewege. In jeder Bewegung muß ein Bewegendes von einem Bewegten unterschieden werden. Alles Bewegende ist freilich selbst auch wieder bewegt, mit Ausnahme des ersten. Denn da die Kette der Bewegungen nicht ins Grenzenlose verlaufen kann, so muß am Anfang ein erstes Bewegendes stehen, das selbst unbewegt ist.

Vom Begriff der Bewegung her gelangen wir also zu drei fundamentalen Schichten des Seienden. Die unterste ist diejenige der steigenden und fallenden und sich ineinander verwandelnden Elemente, die Schicht, in der wir als Menschen leben. Die nächste Schicht ist diejenige des ewig kreisenden Elementes, die Schicht der Gestirne, die göttlich heißen dürfen, und im Hinblick auf die der gesamte Kosmos ewig ist und göttlich. Die oberste Schicht aber ist diejenige des unbewegten Bewegers. Er ist unsichtbar und an keinem Orte. Von ihm wird gleich nachher in der Theologie mehr zu sagen sein.

Es ist natürlich hier nicht der Ort, die ebenso großartige wie bedenkliche Einfachheit dieses Systems der Bewegungen und der bewegten Elementarkörper näher zu untersuchen. Die Reihe der vier Elemente war in der Tradition gegeben, und Aristoteles hat sie unbesehen übernommen. Die Reihe der Elementarbewegungen lieferte die Geometrie. Kühn war es, das geometrische Schema so in die Wirklichkeit einzutragen, daß die Mitte unserer Erdkugel mit der Mitte des Kosmos und des körperlichen Alls überhaupt gleichgesetzt wurde und der äußere Rand der Himmelskugel mit der Peripherie des Alls. War aber dies zugestanden, so folgte das übrige leicht.

Das zweite Theorem geht ebenfalls von der eleatischen Ontologie aus und gelangt über bestimmte Richtungen der Sophistik und Sokratik zu Aristoteles.

Zur Diskussion steht, wie das Phänomen der qualitativen Veränderung zu deuten sei. Das Kalte wird warm, ein Same wird zum Baum, der Unwissende wird wissend. Überall vergeht ein bestimmter Zustand, der seiend war, ins Nichtsein, und aus dem Nichtsein tritt ein anderer Zustand hervor, der zuvor noch nicht seiend war. Wie ist das doppelte Umschlagen zwischen Sein und Nichtsein möglich, und wie haben wir die Beziehung zwischen dem früheren und dem späteren Zustand zu verstehen? Aristoteles führt hier ein Begriffspaar ein, das sich immer wieder und bis in die neueste Philosophie als fruchtbar erwiesen hat. Er unterscheidet mögliches und wirkliches Sein. δύναμις und ἐνέργεια heißen die griechischen Begriffe, die wohl schon in der Spätantike mit potentia und actus ins Lateinische übersetzt worden sind. Was gegenwärtig, aktuell kalt ist, ist seiner Möglichkeit nach, potentiell warm.

Durch das Lernen aktualisiert der Unwissende seine Möglichkeit, wissend zu sein. Jede qualitative Veränderung kann also so interpretiert werden, daß der spätere Zustand, der potentiell im früheren schon angelegt war, in die Aktualität hervortritt.

Diese Formel kann sowohl erweitert wie auch verengert werden. Die Erweiterung besteht darin, daß ihr jede Art von Bewegung unterworfen wird. Auch die Ortsveränderung ist die Verwirklichung einer im Bewegten schon vorher angelegten Möglichkeit. Verengert werden wir die Formel dagegen nennen, wenn sie sich auf die wesentlichste Form der Veränderung, die Formung der zuvor ungeformten Materie konzentriert. Jedes Ding im Kosmos ist durch Analyse in Form und Materie zerlegbar. Doch vereinigt sich nicht beliebige Form mit beliebiger Materie, sondern jede Materie ist der Möglichkeit nach auf die Form hin angelegt, die sich dann an ihr verwirklicht.

Auf diese Weise sind nicht nur manche (uns heute teilweise primitiv anmutende) Paradoxien und Schwierigkeiten der sophistischen und frühsokratischen Ontologie überwunden. Es ist auch erreicht, daß jedes Werden, jede Art von Bewegung, Veränderung und Wachstum in sinnvoller Geordnetheit abläuft. Kein Werden verläuft sich im Ungefähren; sondern immer ist ein Ziel und ein Endpunkt da, der der Möglichkeit nach im Ausgangspunkt schon vorhanden und vorweggenommen ist. Wo kein Werden vorkommt, gibt es freilich auch keine Polarität von Möglichkeit und Wirklichkeit. Man kann sich theoretisch eine reine Materie denken, die nichts als Möglichkeit wäre. Und am andern Ende gibt es die unbewegte Gottheit, in der alle Möglichkeit schon verwirklicht ist; sie ist, wie das Mittelalter gesagt hat, actus purus. Dazwischen befindet sich der wahrnehmbare und geschichtliche Kosmos, in welchem immer schon etwas verwirklicht ist, was seinerseits die Möglichkeit zu weiteren Verwirklichungen enthält. Denn schon die fünf Elemente sind Verwirklichungen dessen, was in der ursprünglichen, nur theoretisch zu rekonstruierenden Materie schon angelegt war. Und in jedem der Elemente sind wiederum andere Verwirklichungen potentiell vorhanden.

Wenden wir uns nun den einzelnen Sachbereichen und zuerst der Theologie zu.

Vorweg ist zu konstatieren, daß wir da, gemessen an der Bedeutung des Gegenstandes, erstaunlich wenig Texte besitzen. In dem uns erhaltenen Corpus Aristotelicum wird nur ein einziges Mal im Zusammenhang von der Gottheit gehandelt. Und auch dieses mit Recht hochberühmte Stück (der Leser findet es in diesem Bande an der vierten Stelle) umfaßt nur wenige Kapitel. Darüber hinaus haben wir einige Dutzend beiläufiger Hinweise und Anspielungen, die längst nicht alle Fragen zu beantworten vermögen. Dieser befremdliche Tatbestand ist gewiß nicht, wie man gelegentlich gemeint hat, damit zu erklären, daß Aristoteles eine Art von urtümlicher Scheu empfunden hätte, über Gott zu reden. Weit eher müssen wir annehmen, daß er gerade diesen Gegenstand (der wie kein anderer auch den Gebildeten beschäftigen mußte) in seinen publizierten Dialogen ausführlich diskutiert hat und deshalb in den hochspezialisierten Untersuchungen nicht nochmals darauf eingehen mochte. In der Tat besitzen wir aus den Dialogen verhältnismäßig viele Fragmente zur Theologie. Freilich sind sie nicht leicht zu deuten, und mehr als einmal scheint es, als hätte Aristoteles im Laufe des Lebens seine Ansichten geändert; doch ist dies vielleicht ein falscher Eindruck.

Die Grundlage der Theologie ist mit der oben skizzierten Lehre von der Bewegung gegeben. Wir sahen, daß es zwei Schichten des Göttlichen gibt, den obersten unbewegten Beweger und die Zone der ewig im Kreise bewegten Gestirne.

Gott im ursprünglichsten Sinne ist der unbewegte Beweger. Er bringt alles in Bewegung dadurch, daß er der vollkommenste Gegenstand des Denkens und das höchste Ziel des Strebens ist. Denn das Denkbare bewegt das Denken, ohne doch selbst in Bewegung zu sein, und das Schöne erregt das Begehren einfach dadurch, daß es da ist. Was immer im All dauerhaft oder zeitweilig bewegt wird, hat den Ursprung seiner Bewegung in der denkenden oder begehrenden Bemühung um den unbewegten Beweger. Man sieht, wie sich da Theorie und Praxis zusammenschließen.

Aristoteles hat an dasselbe Theorem auch Beweise für die Existenz Gottes angeknüpft. In zwei Linien hat er den Gedanken verfolgt, daß es ein Mehr und Weniger nur dort geben kann, wo es auch ein Maximum gibt. Da wir Vollkommeneres und Unvollkommeneres kennen, muß auch ein Vollkommenstes existieren und ebenso ein Denkbarstes. Dieses ist eben Gott.

Gott ist unbewegt, aber dennoch nicht ohne Tätigkeit. Man darf ihn sich weder leblos noch schlafend vorstellen. Aber seine Tätigkeit ist nicht nach außen gerichtet. Denn was außer ihm ist, ist geringer als er. Es ist aber ausgeschlossen, daß er in seiner Tätigkeit auf ein Material angewiesen sein könnte, das ihm an Vollkommenheit nachstünde. Es gibt also für ihn keine wie immer geartete Praxis. Aber es gibt die Theoria und zwar ein Denken, das nichts anderes zum Gegenstand hat noch haben kann als ihn selbst. So ist Gott das ohne Unterlaß sich selbst denkende Denken.

Aristoteles erreicht mit diesem Theorem nicht allein, daß Gottes Tätigkeit seiner Vollkommenheit entspricht. Es besteht auch eine unterirdische Beziehung zu jener Mahnung, die, wie er berichtet, für Sokrates den Anstoß zum Philosophieren gebildet hat: zu dem «Erkenne dich selbst», das am Tempel des delphischen Apollon zu lesen war. Nur mühsam und auf Umwegen vermag der Mensch das «Erkenne dich selbst» zu verwirklichen. Gott aber leistet es in seiner Vollkommenheit.

Damit ist zugleich etwas sehr Wesentliches angedeutet. Es entspricht einer alten griechischen Vorstellung, daß Gott das ist, was der Mensch sein möchte, könnte und sollte. Bei Aristoteles ist sie greifbar vorhanden. Ein und dasselbe Wort bezeichnet den sich selbst denkenden Geist Gottes und den Geist des Menschen, dem es zuweilen gelingen kann, sich selbst und Gott zu denken. Der Geist des Menschen ist unbewegt wie derjenige Gottes, und er stammt auch von Gott – obschon Aristoteles in den uns erhaltenen Texten sich nirgends geradezu darüber äußert, was er von ihm hält. Wir hören nur öfters, daß der Geist «von außen» bei der Geburt in den Menschen eintritt, unzerstörbar ist und demnach beim Tode wieder nach außen entweicht. Aber woher er eigentlich kommt und wohin er geht, darüber sagen die erhaltenen Schriften nichts. In den verlorenen Dialogen war wohl davon die Rede. Ausdrücklich hören wir dagegen, daß die betrachtende Lebensform, die höchste, die es gibt, ihr Vorbild findet in der Theoria Gottes selbst. Wie es für Gott kein Handeln nach außen gibt, so soll es dies auch für den vollkommenen Menschen nicht geben.

Eminent aristotelisch dürfen wir nach früher Gesagtem die Frage nennen, wie denn die Menschheit geschichtlich zur Gottesvorstellung gelangt sei. Ein Fragment gibt uns darüber Auskunft: Aus zwei Ursprüngen läßt Aristoteles den Gottesbegriff der Menschen entstehen, und zwar erstens aus den psychischen und zweitens aus den meteorischen Erscheinungen. Im ersten Falle meint er die im Schlafe sich ergebenden Zustände der Entrückung und Prophezeiung. Wenn nämlich die Seele, so sagt er, im Schlafe bei sich selbst ist, dann erlangt sie ihre eigene Natur und sieht und sagt das Künftige voraus. Dasselbe geschieht, wenn sie im Sterben sich vom Körper trennt. Als Beleg führt er den Dichter Homer an, der den Patroklos im Augenblick des Todes die Tötung Hektors und Hektor wiederum den Tod des Achilleus voraussagen läßt. Daraus erschlossen die Menschen, daß es ein Göttliches gebe, das der Seele an sich selbst ähnlich und allwissend sei. Was den zweiten Fall angeht, so erblickten die Menschen bei Tag das Wandeln der Sonne und bei Nacht die wohlgeordnete Bewegung der übrigen Gestirne und glaubten, es müsse einen Gott geben, der diese Bewegung und Ordnung verursache.

In klassischer Weise rekonstruiert hier Aristoteles eine primitive Gottesvorstellung als Keim seiner eigenen Theologie. Denn der Schluß vom gelegentlichen und bruchstückhaften Wissen des menschlichen Geistes auf das Allwissen eines reinen Geistes präfiguriert die Theoria Gottes, ebenso wie der Schluß von der himmlischen Ordnung auf den Ordner die Lehre vom ersten Beweger ankündigt.

Ein Punkt bleibt freilich dunkel. Als reiner, unbewegter Geist hat

Gott keinen Ort im körperlichen Raume. Dennoch wirken die Kategorien der Anschauung so übermächtig, daß Aristoteles wiederholt so redet, als sei der unbewegte Beweger doch im Raume, nämlich unmittelbar jenseits der äußersten Zone des kreisenden Äthers. Die kosmische Bewegung entsteht nicht nur so, daß das Bewegte den Beweger denkt und erstrebt, sondern auch dadurch, daß der Beweger den Kreiskörper an dessen äußerstem Rande «berührt» und ihm so die Bewegung mitteilt. Wie das konkret gemeint ist, erfahren wir freilich nicht.

Die zweite Schicht des Göttlichen ist die des ewig im Kreise Bewegten. Sie reicht vom Fixsternhimmel bis hinab zum Monde. Allgemein kann sich Aristoteles da auf sehr alte Vorstellungen stützen. Doch eigenartig ist, wie er sie ausbaut.

Auf der einen Seite laufen mit einer gewissen Zwangsläufigkeit zwei Theoreme nebeneinander, ohne verschmolzen werden zu können. Einmal: im Rahmen des Systems der Bewegungen kommt den Gestirnen die Kreisbewegung ebenso «von Natur» zu wie der Erde die Fallbewegung und dem Feuer die Steigbewegung. Die Ewigkeit der Gestirnswelt leitet sich also von einem rein physikalischen Tatbestand ab. Sodann aber: die Gestirne sind göttlich und stehen an Rang dem unbewegten Beweger von allen kosmischen Wesen am nächsten. Sie sind also zwar nicht reiner Geist wie jener (denn sie sind körperlich sichtbar), aber Anteil am Geiste müssen sie besitzen; einfacher gesagt, wie es Aristoteles zuweilen ohne Rücksicht auf eine exakte Terminologie tut, sind sie beseelt und ziehen ihre Bahn nicht einfach, weil das fünfte Element von Natur kreisbewegt ist, sondern weil dies ihr Wille ist. Ihr Wille steht danach, den ersten Beweger zu erkennen und zu erstreben, und eben dieser Wille setzt sich in die ewige Kreisbewegung um. Der Gegensatz zwischen den beiden Gesichtspunkten ist evident und hat bei den modernen Interpreten viele Diskussionen veranlaßt. Es kann heute noch nicht als ausgemacht gelten, ob Aristoteles etwa zuerst die eine und später die andere Theorie vertreten hat, oder ob er beide gleichzeitig unverbunden nebeneinander hat stehenlassen. Beides läßt sich mit guten Gründen behaupten.

Auf der andern Seite entspricht es der kosmischen Ordnung, daß die Gestirngottheiten eine bestimmte Zahl bilden. Diese Zahl entnimmt Aristoteles völlig unbefangen den Ergebnissen der zeitgenössischen Astronomie. Es handelt sich aber nicht um die Zahl der Gestirne überhaupt. Aristoteles stellt sich vielmehr vor, daß der Fixsternhimmel hier, die Planeten dort gewissermaßen eingelassen sind in eine Reihe von Hohlkugeln, die mit verschiedenen Richtungen und Schnelligkeiten kreisen. Es muß genau so viele Hohlkugeln geben, als notwendig ist, um die Bewegungen der Gestirne restlos zu erklären. Die letzten Ergebnisse der Astronomie, über die Aristoteles verfügen konnte, führten auf 55 derartige Kugeln. Es mußte also mit 55 Gestirngöttern, alle bestehend aus einem bewegenden Geiste und einem kreisbewegten Körper, gerechnet werden. Die Göttlichkeit war garantiert durch die unverbrüchliche Gleichmäßigkeit der Bewegung, eine Gleichmäßigkeit, die sich weit über die alltägliche Erfahrung hinaus an den ältesten Zeugnissen astronomischer Observation, über die die Menschheit verfügte, ablesen ließ.

Sie endete am Monde als dem untersten der Planeten. Wohl schon lange vor Aristoteles war die Tatsache, daß der Mond zwar eine regelmäßige Bahn durchläuft, aber wechselnde Gestalten zeigt, als ein Hinweis darauf verstanden worden, daß er die Grenzscheide zwischen dem Unwandelbaren und dem Wandelbaren, dem Ewigen und dem Vergänglichen darstellt. Aristoteles hat diese These zuweilen so rücksichtslos herausgearbeitet, daß der Kosmos bei ihm Gefahr läuft, in zwei völlig heterogene Teile zu zerfallen. Die supralunare Welt ist die Welt der ewigen Ordnung, in der sich das Wirken des ersten Bewegers überwältigend zu erkennen gibt. In der sublunaren Welt herrscht Unordnung. Die vier Elemente bekämpfen einander und gehen unaufhörlich ineinander über. Es herrscht der Zufall und die Geschichtlichkeit, in der nichts voraussehbar ist, da alles so oder anders herauskommen kann.

Die Problematik dieser Zweiteilung ist bald empfunden worden. Von den Gegnern des Aristoteles stießen sich die einen daran, daß ein Teil des Kosmos körperlich sichtbar und dennoch göttlich sein sollte, die andern (die Mehrzahl) daran, daß die ordnende Wirkung des ersten Bewegers diesseits des Mondes jählings aussetze. Dem Peripatos wurde es nicht leicht, sich gegen den Vorwurf zu wehren, seine Theologie sei nicht besser als diejenige Epikurs, der die Gottheit vollständig aus dem Leben des Kosmos ausgeschaltet habe.

Über Kosmologie und Psychologie können wir uns kürzer fassen. Dargestellt hat Aristoteles jene zur Hauptsache in den vier Büchern Vom Himmel, *diese in den drei Büchern* Von der Seele. *Auf diese beiden Werke und die Einleitungen dazu sei der Leser ausdrücklich hingewiesen.*

Die Kosmologie hat zunächst von dem System der Bewegungen auszugehen. Die naturgemäße Bewegung der Erde ist unter allen Umständen, diejenige des Wassers überwiegend zentripetal, diejenige des Feuers unter allen Umständen und diejenige der Luft überwiegend zentrifugal. Damit ist zugleich gesagt, daß die Erde absolut und das Wasser relativ schwer ist, das Feuer absolut und die Luft relativ leicht. Aristoteles legt entschiedenes Gewicht darauf, gegen die Vorsokratiker im allgemeinen und Demokrit im besondern zu betonen, daß Schwer und Leicht mit den Kategorien der Quantität: Groß–Klein, Viel–Wenig nichts zu tun haben, sondern ursprüngliche Qualitäten sind. Sie stellen einfach einen bestimmten Aspekt der naturgemäßen Bewegungen dar.

Neben Schwere und Leichtheit haben die Elemente vier weitere, durch den Tastsinn unmittelbar wahrnehmbare Qualitäten: Warm–Kalt–Trocken–Feucht. Warm und Kalt sind aktive, Trocken und Feucht passive Qualitäten, und ihre Verteilung auf die vier Elemente (das fünfte besitzt überhaupt keine dieser Qualitäten) gestaltet sich folgendermaßen: Das Feuer ist wesentlich warm und dazu trocken, die Luft wesentlich feucht und dazu warm, das Wasser wesentlich kalt und dazu feucht und die Erde wesentlich trocken und dazu kalt. Daß dieses System, so ausgewogen es konstruiert ist, schon bald nach dem Tode des Aristoteles zu Diskussionen Anlaß gab, ist nicht verwunderlich.

Die Gestirne und ihre Hohlkugeln besitzen, wir sagten es eben, keine von allen diesen Qualitäten. Aber durch ihre unvorstellbar rasche Bewegung erzeugen sie in der ihnen zunächstliegenden Luftschicht Licht und Wärme. Auf die besondere Beschaffenheit der Sonnenbahn gehen Tag und Nacht sowie der Wechsel der Jahreszeiten zurück. Umfangreich und, wie schon die Antike feststellte, ungewöhnlich klar formuliert sind die meteorologischen Untersuchungen. Sie umfassen freilich mehr, als der Titel angibt. Denn als Sachbereich bezeichnet Aristoteles Alles, was zwar der Natur gemäß, aber doch nach einer weniger geordneten Natur, als es die des ersten Körpers ist, vor sich geht, und zwar was sich zunächst an dem der Gestirnbewegung unmittelbar benachbarten Orte abspielt, also was Milchstraße, Kometen und die feurigen und bewegten Erscheinungen angeht; weiterhin, was wir als gemeinsame Zustände von Luft und Wasser bezeichnen möchten; endlich die Teile und Arten der Erde sowie die Zustände dieser Teile, was uns zu den Ursachen der Windstöße und Erdbeben führen wird und zu allen Erscheinungen, die sich bei dergleichen Bewegungen einstellen. *Es sind also da modern gesprochen Meteorologie, Hydrologie und physikalische Geographie vereint. Es ist derjenige Teil der Naturphilosophie, der zur Zeit des Aristoteles schon am meisten Tradition hinter sich hatte. Denn mit den Ursachen der Erdbeben, Überschwemmungen und Stürme hatten sich schon die ältesten Ionier einläßlich beschäftigt. Dem entsprechend hat Aristoteles, seiner Methode getreu, die Meinungen der «Früheren» hier mit besonderer Sorgfalt registriert. Von besonderer Wichtigkeit ist der Kreislauf, der zwischen Luft und Wasser ununterbrochen stattfindet und durch den sich Wolken, Nebel, Regen, Schnee, Hagel, aber auch Flüsse und Meere erklären lassen. Unter der Einwirkung der Sonne verdunstet die Feuchtigkeit auf der Erdoberfläche. Der aufsteigende Dunst kühlt sich in der Höhe wieder ab, indem der Wärmestoff teils in die Feuerregion entweicht, teils durch die Kälte der höhern Luft wieder bewältigt wird. Er verwandelt sich also in Wasser zurück und fällt als Regen auf die Erde. Die Flüsse ent-*

stehen teils durch diese Niederschläge, teils durch eine im Erdinnern sich vollziehende Umwandlung von Dunst in Wasser. Das Meer als solches ist natürlich genau so ewig wie der Kosmos überhaupt. Aber es verliert immer wieder durch die Verdunstung an Substanz; diese wird ersetzt durch die Niederschläge, die aber durch die Beimischung erdigen Materials bitter und salzig werden. Die Erdbeben werden erzeugt durch Dunstmassen, die ins Erdinnere eintreten und von dort unter heftiger Bewegung wieder ausbrechen.

Ebenfalls ein Stück sehr alter Tradition ist die Optik und Farbenlehre auf der einen, die Akustik auf der andern Seite. Wir gehen darauf nicht weiter ein.

An der Psychologie ist entscheidend, daß ihre Probleme von vornherein unter drei völlig verschiedenen Gesichtspunkten berücksichtigt werden. Erstens tritt uns der Mensch entgegen als das Wesen, das nicht nur die Natur der Gestirne, sondern sogar den unbewegten Beweger zu erkennen vermag. Das ist möglich, weil der Mensch Geist ist wie der Beweger selbst. Hier wie dort ist der Geist unzerstörbar und unsterblich, und in den Menschen gelangt er, wie wir schon sagten, bei der Geburt «von außen» und entweicht beim Tode wiederum nach außen. Zweitens gehört dem Menschen auch das praktische Handeln. Und wir haben auch schon festgestellt, daß das Handeln nur durch das Zusammenwirken zweier Komponenten zustande kommt. Der vernünftige Seelenteil erkennt das Gute, der vernunftlose steuert das Streben bei. Das tugendgemäße Handeln entsteht dann, wenn das vernunftlose Streben der vernünftigen Einsicht gehorcht und in diejenige Richtung geht, die diese gewiesen hat.

Diese beiden ersten Aspekte der Psychologie sucht Aristoteles wenigstens andeutend so zu vereinigen, daß in der vernunftbegabten Seele eine theoretische von einer praktischen Vernunft unterschieden wird. Die praktische Vernunft ist zur Lenkung des Vernunftlosen berufen, die theoretische kann mit dem unsterblichen Geiste gleichgesetzt werden.

Drittens ist die Seele das Prinzip des Lebens bei allem Belebten, wobei unter Leben die Selbstbewegung verstanden wird, also die Fähigkeit des

Individuums, durch sich selbst eine Veränderung an sich selbst hervorzubringen. Auf der Stufe der Pflanzen manifestiert sich diese Fähigkeit als Wachstum durch Ernährung, auf der Stufe des Tieres kommt die Ortsbewegung dazu, die ihrerseits auf die Existenz von Wahrnehmungsorganen angewiesen ist. Da es aber nach Aristoteles eine Selbstbewegung im strengen Sinne nicht gibt, so muß ein Bewegendes von einem Bewegten unterschieden werden. Die Seele bewegt den Körper, ja, noch mehr. Aristoteles scheut sich nicht, die Lehre von den vier Ursachentypen, die wir schon kennen, auf das Verhältnis von Seele und Körper anzuwenden. Die Seele ist erstens die Bewegungsursache, zweitens die Zweckursache und drittens die Formursache des Körpers, der für sich lediglich die Materialursache des Lebewesens darstellt. Konkreter heißt dies, daß die Seele die Form ist, auf die der Körper hin angelegt ist, und ebenso der Zweck, dem der Körper als Mittel und Werkzeug zu dienen hat. Umgekehrt freilich muß Aristoteles, der ja kein Platoniker ist, auch folgern, daß die Form nur an der Materie existiert, in der sie verwirklicht werden soll. Das bedeutet schließlich, daß die Form zusammen mit der Materie untergehen wird, die so verstandene Seele also sterblich ist wie der Körper. Bei Pflanze und Tier schafft dies keine Schwierigkeiten. Was den Menschen angeht, so bringt diese Bestimmung der Seele, die in einem berühmten Kapitel am Anfang des zweiten Buches Von der Seele *zu lesen ist, den Gewinn, daß die Verknüpfung von Leib und Seele keine zufällige oder gewaltsame wird (wie es Platon und vor allem die pythagoreische Seelenwanderungslehre gemeint hatten), sondern eine sinnvolle und notwendige. Auf der andern Seite erhebt sich die Frage, wie sich diese vergängliche Seele zur theoretischen, Gott erkennenden, und zur praktischen, das Vernunftlose regierenden Vernunft eigentlich verhält. Mindestens jene muß unvergänglich sein. Der Schnitt zwischen Sterblichem und Unsterblichem verläuft also nicht zwischen Körper und Seele schlechthin, sondern mitten durch die körperlose Seele selbst. Das Problem ist reich an Gefahren wie kein anderes und kompliziert sich noch dadurch, daß Aristoteles vielfach nicht eindeutig genug formuliert hat. Wenn die spätere Philo-*

sophiegeschichtsschreibung registriert hat, Aristoteles nehme fünf Seelenteile an: den nährenden, den begehrenden, den wahrnehmenden, den die Ortsbewegung lenkenden und den nachdenkenden, so hat sie damit ein Schema als gültig aufgefaßt, aus dem nicht sicher hervorgeht, ob der Geist zum Nachdenkenden geschlagen werden soll oder nicht; soll er dies, so steht er auf einer Ebene mit den übrigen Teilen und ist gleich diesen «Form des Körpers». Wie steht es aber dann mit seiner Fähigkeit, über die wahrnehmbaren Dinge hinweg den ewigen Beweger zu erkennen?

Wir werden uns also nicht wundern, wenn die antiken Interpreten schon vor der Zeit des Andronikos diesen Punkt als den undurchsichtigsten in der gesamten Philosophie des Aristoteles empfunden haben. Sie haben versucht, Aristoteles bald im Sinne Platons auf die Unsterblichkeit des Geistes festzulegen, bald ihn gerade gegen Platon zu mobilisieren, indem sie der Definition der Seele als «Form des Körpers» die größte mögliche Ausdehnung gaben. Heute allerdings werden wir eher denjenigen recht geben, die ihn in die Nähe Platons rücken, auch wenn wir damit den größten kaiserzeitlichen Exegeten, Alexander von Aphrodisias, gegen uns haben. Die eben genannte Definition der Seele darf nicht überschätzt werden. Sie ist eine Rahmendefinition, die zunächst nur den Zweck verfolgt, einen Begriff der Seele zu geben, dem alles Belebte gerecht wird.

Wir werden dann auch beachten, daß Aristoteles den Geist nicht nur als unvergänglich bezeichnet, sondern ihm auch gelegentlich das entsprechende körperliche Substrat gibt. Sein Träger ist im Prinzip dasselbe ewige, kreisbewegte Element, aus dem auch die Gestirne bestehen: Der Geist allein kommt von draußen in den Körper und ist allein göttlich. Alle seelische Fähigkeit scheint nun mit einem Körper verbunden zu sein, der von den sogenannten (vier) Elementen verschieden und göttlicher ist. Wie sich aber die Seelen durch ihren höheren und geringern Rang von einander unterscheiden, so gibt es auch an diesem Körper Unterschiede. Denn in jedem Samen befindet sich, was den Samen fruchtbar macht, das sogenannte Warme. Dieses ist aber nicht Feuer oder etwas dergleichen, sondern der im Samen und im Schaumartigen eingeschlossene Hauch und die in diesem Hauch vorhandene Natur, die der Substanz der Gestirne entspricht. *Selbst an dieser vielzitierten Stelle aus der Untersuchung* Über das Entstehen der Lebewesen *wird es nicht ganz klar, welche Seele es eigentlich sein soll, deren Substrat ein dem kreisbewegten Element verwandter Stoff ist.*

Wie sich Aristoteles im einzelnen den Mechanismus des Wahrnehmens, Denkens und Wollens vorstellt, können wir hier nicht verfolgen. Wesentlich ist, daß Aristoteles weder wie Platon das allein verläßliche Denken der unendlich wandelbaren Wahrnehmung gegenüberstellt, noch wie Epikur das Denken vollständig an die Wahrnehmung ausliefert. Er statuiert einen Mittelweg. Das Denken bedarf zwar der Wahrnehmung, schreitet aber über sie hinaus, da es allein fähig ist, in den körperlichen Individuen die Wesenheit zu entdecken, auf die hin sie angelegt sind.

Die Biologie ist beherrscht durch den Nachweis der überall wirksamen Zweckursache. Sie gilt zwar im gesamten Kosmos bis hinauf zum unbewegten Beweger, der als die oberste Zweckursache alles Übrige in Bewegung bringt. Aber nirgends ist sie so evident wahrnehmbar wie an den lebenden Organismen, an denen jede Einzelheit so gestaltet ist, wie es für das Dasein des gesamten Lebewesens am zweckmäßigsten ist. Denn die Natur macht nichts Zweckloses und Unnützes.

Allerdings unterscheidet sich die Teleologie des Aristoteles nicht unwesentlich von derjenigen der Stoa, die uns vor allem aus Cicero geläufig ist. Seine Nachweise halten sich strikte an das Material, das von der Beobachtung des pflanzlichen oder tierischen Individuums dargeboten wird. Weder verdichtet sich auf der einen Seite die zweckmäßig wirkende Natur zu jener allweisen, von den Epikureern nicht ganz mit Unrecht als Mythologie verspotteten Vorsehung, noch wird auf der andern Seite die teleologische Formel durch eine pedantische Anwendung auf das gesamte innerkosmische Leben überfordert. Daß die Pflan-

zen um der Tiere willen existieren, die Tiere um des Menschen willen, ist ein Gedanke, den Aristoteles nicht völlig ablehnt, den er aber meidet; und daß er sich niemals hätte dazu entschließen können, in der Weise etwa des Stoikers Chrysipp «den Zweck» von Hund, Schwein oder Hahn zu suchen, dürfen wir als sicher annehmen.

Ihm liegt es nur daran, zu verfolgen, wie sinnvoll jeder einzelne Organismus aufgebaut ist. Die Natur ist sparsam und nutzt Alles auf das Beste aus. Wo ein Organ ausreichen kann, gibt sie einem Tiere nicht mehrere, die denselben Zweck zu erfüllen hätten. Wenn ein bestimmter Körperteil besonders stark entwickelt werden soll, reduziert sie dafür einen anderen, der neben jenem entbehrlich erscheint. Wenn ein einziges Organ mehrere Zwecke zu erfüllen vermag, so wird es entsprechend eingesetzt, obschon sie anderswo wieder die Organe so sehr differenziert als es möglich und notwendig ist. In der schon zitierten Untersuchung Über das Entstehen der Lebewesen *hören wir etwa:* Jeder von den Körperteilen wird aus der Nahrung gebildet, die vornehmsten und die dem eigentlichen Prinzip des Lebens nahestehenden aus der gekochten und reinsten und ersten Nahrung, die bloß unentbehrlichen und um jener ersten willen existierenden Teile aus der schlechteren und aus den Überbleibseln und den Ausscheidungen. Denn wie ein guter Hausverwalter pflegt auch die Natur nichts wegzuwerfen, woraus sich etwas Brauchbares machen läßt. Im Haushalt ist aber von der verfügbaren Nahrung der beste Teil für die Freien bestimmt, der schlechtere und die Reste für die Diener und der allerschlechteste für die Haustiere. Wie es nun der von draußen dazukommende Geist anordnet im Hinblick auf das Wachstum aller, so macht es auch die Natur im Wachsenden selbst. Aus der reinsten Materie bildet sie das Fleisch und die Körper der Sinnesorgane, aus den Ausscheidungen dagegen die Knochen, Muskeln, Haare, Nägel und Hufe und dergleichen. Darum entstehen diese Teile zuletzt, wenn beim Wachstum bereits Ausscheidungen stattgefunden haben.

Ob und wie weit sich Aristoteles eigens mit der Pflanzenwelt beschäftigt hat, wissen wir nicht. Wenn es einschlägige Texte von ihm gab, so sind sie wohl schon frühzeitig durch die umfassenderen Darstellungen seines Schülers Theophrast, die wir heute noch besitzen, verdrängt worden.

Eindrucksvoll ist dagegen die außerordentliche Spannweite seiner zoologischen Untersuchungen. An Umfang des gesammelten Tatsachenmaterials und an Differenziertheit der Fragestellungen stellt die Reihe seiner zoologischen Schriften eine einzigartige Leistung dar. Man versteht, daß sie in der Antike während mehrerer Jahrhunderte seinen eigentlichen Ruhmestitel bildete. Erst in der Kaiserzeit ist sie durch das Organon in den Schatten gestellt worden.

Zur Illustration sei etwa die Einteilung der Tierarten genannt, wie sie Aristoteles seinen Untersuchungen Über die Teile der Tiere *zugrunde gelegt hat. Er unterscheidet zunächst blutführende und blutlose Tiere. Unter den blutführenden Lebewesen befinden sich außer dem Menschen die lebendgebärenden Vierfüßler, die eierlegenden Vierfüßler und die fußlosen Tiere, dann die Vögel und die Fische. Außerdem gibt es Zwischenstufen teils zwischen Land- und Wassertieren (Walfische und Seehunde usw.), teils zwischen Vierfüßlern und Vögeln (Nachteulen und Strauße). Blutlose Tiere sind die Insekten, die hartschaligen Tiere, die weichschaligen Tiere und endlich die Weichtiere. Am niedrigsten stehen diejenigen Wesen, die eine Zwischenstufe zwischen Tier und Pflanze darstellen: Tintenfische, Schwämme, Seesterne und Verwandtes. Aristoteles hält dazu fest,* daß die Natur kontinuierlich vom Unbeseelten zu den Tieren übergeht. Sie schiebt Lebewesen ein, die doch nicht Tiere sind, derart, daß die Differenz zwischen einer Gattung und der unmittelbar benachbarten nur eine ganz winzige zu sein scheint. Der Schwamm etwa, der nur lebt, solange er angewachsen ist, und stirbt, wenn er losgelöst wird, verhält sich vollständig so wie eine Pflanze.

Es könnte etwa auch darauf hingewiesen werden, welche Fülle von Problemen in der Abhandlung Über das Entstehen der Tiere *diskutiert wird. Verfolgt wird, wie bei den verschiedenen Gattungen der Tiere die Organe für Zeugung und Empfängnis ausgebildet sind; welcher Natur die Samenflüssigkeit ist; welche Etappen das Heranwachsen des Foetus durchläuft; wie sich die Differenz auswirkt zwischen den lebendgebärenden Tieren und denjenigen, die vollkommene Eier (Vögel, Amphibien) oder unvollkommene Eier (Fische, Weichschalige, Weichtiere) hervorbringen; für sich steht die Fortpflanzung der Würmer und der Insekten. Nicht als erster hat sich Aristoteles weiterhin mit der Frage beschäftigt, wieso bald männliche, bald weibliche Individuen entstehen; von wann an setzt die Geschlechtsdifferenzierung ein, was gibt den Anstoß und wie weit geht sie beim ausgebildeten Lebewesen? Untersucht werden auch die Mißbildungen, endlich die mannigfachen sonstigen Eigentümlichkeiten der Individuen: Augenfarbe, Sehstärke und Sehschwäche, Beschaffenheit der Haare, deren Farbe, Ergrauen und Ausfallen, hohe und tiefe, starke und schwache Stimme usw.*

In der Generation Theophrasts und seines Nachfolgers sind diese Forschungen noch weitergeführt worden. Nachher freilich hat sich die Antike damit begnügt, die riesigen Materialsammlungen einfach auszubeuten.

Es bleibt die praktische Philosophie. Hier wiederum ist über das hinaus, was zur Nikomachischen Ethik *und zur* Politik *zu sagen ist, wenig beizufügen.*

Mittelpunkt der Ethik ist dasjenige Gute, das der Mensch als den obersten Zweck seines Handelns zu verwirklichen vermag. Wir nannten schon die Abgrenzung gegen Platon und Sokrates, die damit gegeben ist. Das Gute ist keine ewige unveränderliche Idee; denn eine solche läßt sich im zeitlichen Leben nicht verwirklichen. Es ist auch nicht bloß Gegenstand eines vernünftigen Erkennens; denn es soll verwirklicht werden, bedarf also der Mitwirkung des an sich vernunftlosen Strebens und Begehrens. Weiterhin wurde auch schon bemerkt, daß das Gute in die Kategorie der Zweckursachen gehört. Es ist insofern auch im Kosmos und in der theoretischen Philosophie gegenwärtig. Die Theologie nennt den unbewegten Beweger den schlechthin obersten Zweck des Alls, und die Biologie verfolgt die Zweckmäßigkeit am einzelnen pflanzlichen und tierischen Organismus. Für die Ethik wesentlich sind die mannigfach abgestuften Zwecke, die der Mensch handelnd verfolgt und die alle in näherer oder fernerer Beziehung zu dem obersten Zweck stehen, den er erreichen kann; auch der von Aristoteles selbst angeführte «Spaziergang nach Tisch» ist ein solcher partikularer Zweck, der der körperlichen Gesundheit dient, die wiederum für das seelische Wohlergehen da ist; und aus diesem erwächst als letzter Zweck die vollkommene geistige Tätigkeit.

Da das Gute soll verwirklicht werden können, muß es in der Natur des Menschen seine Begründung finden.

Jedes Wesen im All hat seine bestimmte Möglichkeit, in deren Verwirklichung es sich vollendet. Das gilt für die fünf Elemente wie für Pflanzen und Tiere, aber auch für die Gegenstände und Werkzeuge, die der Mensch, die Natur nachahmend, verfertigt. So hat auch der Mensch selbst als solcher seine Möglichkeit. Ihre Verwirklichung ist das Gute, die Tugend und die Glückseligkeit.

Freilich muß noch festgestellt werden, was sie konkret ist. Drei Schemata treten hervor.

Ein erstes wandelt alte volkstümliche Anschauungen ab. Es gibt vier, oder genauer gesprochen drei Lebensformen, die den Anspruch erheben dürfen, ihren Zweck in sich selbst zu besitzen, das Leben der Lust, der praktischen Tätigkeit und der Betrachtung der ewigen Dinge.

Ein zweites geht, eminent aristotelisch, vom empirisch vorhandenen Bestand der Güter aus und ordnet sie in drei Gruppen: die seelischen Güter, die leiblichen Güter, die äußeren Güter. Die seelischen Güter sind die vier Kardinaltugenden; im Leiblichen und im Äußeren lassen sich je vier analoge Güter anführen. Wichtiger ist indessen die Distinktion einer «maximalen» von einer «minimalen» Glückseligkeit. Jene besteht im vollkommenen Besitz aller drei Arten von Gütern, diese im Besitz der seelischen Güter allein; denn der Mensch kann sich mit ihnen zufrieden geben, doch wünschbarer ist die Fülle. Oder wie eine durch den Rigorismus der Stoa viel angefochtene, vielleicht erst auf die Zeit Theophrasts zurückgehende Formel lautet: Das Fehlen der seelischen Güter allein genügt, um den Menschen unselig zu machen; doch der Besitz der seelischen Güter allein genügt nicht, um ihn selig zu machen.

Ein drittes Schema endlich orientiert sich an Medizin und Diätetik. Wie die physische Gesundheit bewahrt wird durch das Gleichgewicht zwischen Übermaß und Mangel an Ernährung und Gymnastik, so besteht die seelische Gesundheit, also die Tugend aus einem analogen Gleichgewicht. Erkennbar ist dies vor allem an den beiden Tugenden, die auch sonst bei Aristoteles als die «Modelltugenden» erscheinen: Tapferkeit und Selbstzucht. Jene ist die Mitte zwischen Feigheit und Tollkühnheit, diese die Mitte zwischen Stumpfheit und Zügellosigkeit. Ähnlich läßt sich dieser Gesichtspunkt zwar längst nicht an allen, aber doch an einer Reihe der wichtigsten Tugenden durchführen. Diese Lehre vom rechten Mittelmaß hat als Ausdruck einer lebensnahen und weltmännischen Haltung immer wieder Beachtung gefunden. Zitiert wird vor allem die allgemeine Regel, daß weder das Gewährenlassen der Leidenschaften noch die völlige Leidenschaftslosigkeit zu wünschen seien, sondern daß es in der «Metriopathie» ein sinnvolles Gleichgewicht geben müsse.

Im Aufbau der Teile der Philosophie nimmt die Lehre von der Hausverwaltung einen eigenen Platz ein. Merkwürdigerweise ist gerade sie in einem ungewöhnlich trümmerhaften Zustand überliefert. Erhalten sind zwei Bücher Ökonomik *im griechischen Text, dazu ein drittes in einer mittelalterlichen lateinischen Übersetzung, doch an aristotelischem Gute steckt in alledem nur ein geringer Bruchteil. Einen teilweisen Ersatz bietet das erste Buch der* Politik.

Die Ökonomik zerfällt in zwei Hauptabschnitte: die Organisation der menschlichen Beziehungen im Hauswesen und die materielle Versorgung der Bewohner.

Die Familie im Sinne der Ökonomik besteht aus drei Relationen ver-

schiedener Qualität: Mann–Frau, Eltern–Kinder, Herr–Diener. Aristoteles vergleicht gelegentlich die erste mit einer Aristokratie, die zweite mit einer Monarchie, die dritte mit einer Despotie.

Mann und Frau ergänzen einander. Grundsätzlich sind sie ihren Anlagen nach ebenbürtig, auch wenn die Frau in einem gewissen Umfang auf die Leitung des Mannes angewiesen ist.

Ein Text der Tiergeschichte, *der neben Aristotelischem vielleicht auch Theophrastisches enthält, gibt eine für den peripatetischen Beobachtungsstil charakteristische Konfrontation männlichen und weiblichen Naturells bei Mensch und Tier:* Der Unterschied zwischen männlicher und weiblicher Art ist am deutlichsten beim Menschen, ferner bei den großen und lebendgebärenden Tieren. Der weibliche Charakter ist weicher, zähmbarer, handlicher und gelehriger, wie etwa bei den lakonischen Hunden die Weibchen begabter sind als die Männchen ... Die Weibchen sind auch durchwegs ängstlicher als die Männchen, außer bei den Bären und Panthern; dort soll das Weibchen tapferer sein. In allen andern Gattungen ist das Weibliche weicher, verschlagener, weniger einfachen Gemütes, heftiger und hinsichtlich der Pflege der Nachkommenschaft fürsorglicher, das Männliche hingegen reizbarer, wilder, naiver und weniger tückisch. Ansätze solcher Gemütsart gibt es sozusagen überall, am meisten aber bei denjenigen, die ein ausgeprägtes Naturell haben und vor allem beim Menschen. Denn dieser hat die durchgebildetste Natur, so daß auch diese Verhaltensweisen bei ihm am sichtbarsten sind. So ist denn auch die Frau mitleidiger als der Mann, leichter zu Tränen gerührt, aber auch neidischer, nachträglicher, klatschsüchtiger und verletzender. Sie läßt auch leichter den Mut sinken und ist verzagt, auch schamloser und lügenhafter. Sie betrügt leichter, hat ein besseres Gedächtnis, ist wachsamer und besorgter und überhaupt beweglicher, endlich genügsamer. Der Mann ist dagegen hilfsbereiter und tapferer. So sieht man selbst bei den Weichtieren das Männchen dem Weibchen zu Hilfe eilen, wenn dieses mit dem Dreizack angegriffen wird; wird aber das Männchen angegriffen, so flieht das Weibchen.

Das Verhältnis der Eltern zu den Kindern ist natürlich ein prinzipiell anderes. Denn es ist das Verhältnis von Menschen, die ihre Möglichkeiten voll verwirklicht haben, zu solchen, die noch weitgehend reine Möglichkeit sind.

Eigentümlich ist die Einschätzung des Sklavenstandes und der Sklaverei. Aristoteles hat sich da in seinem Bemühen, den geschichtlichen Realitäten gerecht zu werden, bis an den Rand des philosophisch Vertretbaren gewagt. Es gibt zwei Arten von Sklaven. Die einen geraten durch den Zufall eines räuberischen Überfalls oder eines verlorenen Krieges in diesen Zustand. Sie unterscheiden sich in nichts von Freien und haben das volle Recht auf Freiheit, sobald ihnen die Umstände den Weg dazu öffnen. Die andere Kategorie jedoch ist zur Sklaverei geboren. Denn es gibt Menschen, erklärt er, bei denen die Vernunft gegenüber dem vernunftlosen Seelenteil und dem Körper derart zurückgeblieben ist, daß sie gar nicht in der Lage sind, als ihr eigener Herr für sich selbst zu sorgen. Sie sind auf einen Herrn angewiesen: sie stellen ihm ihre Körperkraft zur Verfügung, während er dafür das Amt der Vernunft für sie ausübt. Es sind also Menschen, auf die die grundlegende Wesensbestimmung des Menschen, daß er ein vernunftbegabtes Lebewesen sei, kaum mehr zutrifft. Dabei gibt er erst noch zu verstehen, daß bei den Barbarenvölkern nahezu alle Menschen in diesem Sinne Sklaven seien.

Aristoteles ist in diesem Punkte weiter gegangen als irgendein anderer griechischer Philosoph. Die Sokratiker, Epikur und Zenon sind alle mehr oder minder entschieden der Meinung gewesen, daß der Unterschied zwischen Freien und Sklaven ausschließlich auf Konvention und Zufall beruhe.

Was die Erwerbskunst, die Beschaffung des Lebensunterhalts für die Familie angeht, so werden zwei Formen des Erwerbs auseinandergehalten. Der naturgemäße Erwerb umfaßt alle Tätigkeiten, die un-

mittelbar notwendig oder nützlich sind, also Jagd, Viehzucht, Ackerbau usw. Auch der einfache Tauschhandel gilt noch als naturgemäß. Mit der Einführung des Geldes aber kommt es zu dem naturwidrigen Erwerb, der nicht mehr die Lebensbedürfnisse als solche, sondern die Aufhäufung von Reichtum im Auge hat. Die Naturwidrigkeit ist um so krasser, als der Reichtum entgegen der Meinung der Leute niemals ein Zweck, sondern immer nur ein Mittel zu sein vermag. Dennoch führt gerade das Streben nach Reichtum immer wieder ins Grenzenlose. Aristoteles gebraucht zur Charakterisierung des naturwidrigen Reichtums Wendungen, die bemerkenswerterweise fast wörtlich von Epikur übernommen worden sind.

Über die Staatsphilosophie müssen einige wenige Andeutungen genügen. Die acht Bücher Politik, *die wir besitzen, vereinigen eine ganze Reihe verschiedener Entwürfe. Wesentlich ist, daß zwei Arten von Untersuchungen nebeneinander laufen. Zu der einen gehören (ähnlich wie bei der Nikomachischen Ethik) Anfang und Ende des Werkes. Da wird grundsätzlich über den Ursprung, das Ziel und die Konstruktion des Staates überhaupt und damit auch des vollkommenen Staates gehandelt. Der Ursprung ist darin zu suchen, daß der Mensch von Natur auf die Gemeinschaft mit seinesgleichen hin angelegt ist; ganz für sich allein zu leben vermag nur ein Gott oder ein Tier. Aristoteles betont diesen Punkt, nicht ohne unterirdischen Widerspruch gegen seine Zeitgenossen, für die ein unpolitischer Individualismus mehr und mehr zum Ideal wurde. Ziel des Staates ist die Glückseligkeit Aller und jedes Einzelnen. Der Staat soll den Raum schaffen und sichern, in welchem sich jeder nach seiner Möglichkeit der edlen Muße und der Betrachtung der ewigen Dinge widmen kann.*

Der Aufbau des Staates im einzelnen ist in sehr vielen Dingen demjenigen ähnlich, den Platon in seinem letzten Werk, den Gesetzen, *beschrieben hatte. Der Grundgedanke (der gleichzeitig den Unterschied zum modernen Staate erkennen läßt) ist der, daß es nicht auf maximale, sondern auf optimale Verhältnisse ankomme. Umfang und Beschaffenheit des Staatsgebietes, Bevölkerungszahl und Anlage der Siedelungen sollen so sein, daß sich das Ganze als eine Art von zweckmäßig und übersichtlich gegliedertem Organismus darstellt. Wie bei Platon soll der Staat erzieherisch jeden einzelnen Bürger betreuen, von der Geburt an bis zu dem Augenblick, wo er eigentlich Bürger wird, also aktiv bei der Staatsverwaltung und Rechtsprechung mitwirken kann.*

Eine zweite Art von Untersuchungen geht ganz anders vor. Sie läßt sich die Regeln für den Aufbau und die Regierung des Staates von dem vorhandenen geschichtlichen Erfahrungsmaterial geben. Es liegt eine Reihe von Staatsformen vor, die man verschieden schematisieren kann. Man kann nach der altbewährten Formel vorgehen, daß etweder Einer regiert (Monarchie oder Tyrannis) oder eine Gruppe (Aristokratie oder Oligarchie) oder Alle (Demokratie oder Ochlokratie); man kann aber auch einer spezifisch athenischen und solonischen Tradition folgen und den Staat der Reichen, den Staat der Armen und den Staat der Mitte unterscheiden. In allen diesen Fällen besteht die Frage, wie sich ein so strukturierter Staat am besten erhält und was ihn am meisten gefährdet. Denn diesseits aller ethischen Zielsetzung ist Dauerhaftigkeit dasjenige, was ein Staat, welches immer seine Form sei, in erster Linie erstrebt. Dementsprechend wird das Problem, aus welchen Ursachen Staatsumwälzungen, Revolutionen entstehen, ein überaus wichtiges. Aristoteles hat keine Mühe gescheut, geschichtliche Beispiele in großer Zahl zu sammeln, um aus ihnen die allgemeinen Schlüsse ziehen zu können. Seine Publikation der 158 griechischen Staatsverfassungen hat zu einem bedeutenden Teile den Zwecke gehabt, einer Phänomenologie der bewahrenden und zerstörenden Kräfte in den verschiedenen Staatsformen zum Ausgangspunkt zu dienen.

Damit sei auch über die drei Teile der praktischen Philosophie genug gesagt.

Es bleiben im erhaltenen Corpus Aristotelicum zwei Werke, deren Eingliederung keineswegs sehr einfach ist, die Rhetorik *und die* Poetik. *Ihr Gegenstand hat streng genommen weder mit der theoretischen noch mit der praktischen Philosophie viel zu tun. Es sind technische Schriften, auch wenn man sie an gewisse Teile der* Politik *an-*

schließen könnte, sofern im realen Staate der Redner und der Dichter keine ganz unbeträchtliche Rolle spielen. Aber Redekunst und Dichtung werden in diesen zwei Texten ohne nähere Beziehung zu den grundlegenden Zielen des Staates wie des Einzelnen gesehen. Es gilt lediglich, teilweise in historischem Rückblick, die Vorschriften herauszuarbeiten, nach denen eine erfolgreiche Rede und ein eindrucksvolles Drama hergestellt werden. Daß Aristoteles mit seinem einzigartigen und unerschöpflichen Interesse für die Welt der Erscheinungen sich gelegentlich auch diesen Dingen zuwandte, verwundert nicht. Aber mit der Philosophie als Betrachtung des Seienden und Verwirklichung des Guten haben sie kaum etwas zu schaffen.

ARISTOTELISCHE EINFÜHRUNGEN IN DIE PHILOSOPHIE

I. AUS DEM PROTREPTIKOS DES IAMBLICHOS

Der Neuplatoniker Iamblichos hat in der Zeit Konstantins d. Gr., also etwa zwischen 310 und 330 n. Chr. eine umfangreiche Einführung in die Lehre der Pythagoreer verfaßt, oder genauer: in das, was er für die Lehre der Pythagoreer hielt und unter dieser Bezeichnung vorzutragen als zweckmäßig ansah. Die Tradition, die in der platonischen Lehre nichts anderes erblickte als eine Weiterbildung und Vollendung der pythagoreischen Weisheit, war schon sehr alt; sie reichte zurück bis auf die unmittelbaren Schüler Platons selbst, Aristoteles mit eingeschlossen. Iamblichos mochte um so lieber auf sie zurückgreifen, als er sich wohl bewußt war, daß in seiner eigenen Zeit, in der die verschiedensten Glaubensgemeinden, das Christentum voran, den Bau der griechischen Philosophie unablässig unterhöhlten, keine Gestalt geeigneter war, als Inbegriff griechischen, vernünftigen wie auch heiligmäßigen Philosophentums zu dienen als eben der alte Pythagoras von Samos.

Von jener Einführung, die zehn Bücher umfaßte, ist uns nicht ganz die Hälfte erhalten. Das erste Buch enthält eine breit angelegte Lebensbeschreibung des Pythagoras, das zweite eine Ermahnung zur Philosophie *im weitesten Sinne. Dieses zweite Buch ist es, das vor rund hundert Jahren begann, die Aufmerksamkeit der Aristoteliker auf sich zu ziehen.*

Iamblichos hat sich schriftstellerisch seine Sache leicht gemacht. Er hat eine wohl nicht quantitativ, aber qualitativ ansehnliche Bibliothek besessen und die geeigneten Werke ziemlich skrupellos für seine Zwecke geplündert. Die «Ermahnung zur Philosophie» besteht zur Hauptsache, wenn man die einzelnen Kapitel näher prüft, aus zwei großen Textreihen. Die eine ist eine Folge von Auszügen aus platonischen Dialogen; das dialogische Element ist einfach eliminiert, und auch sonst ist manches vereinfacht und geglättet – ohne daß doch sachlich Wesentliches verfälscht würde. Benutzt sind rund ein halbes Dutzend Dialoge, doch fällt nirgends der Name Platons oder etwa des Sokrates. Die zweite Textreihe ist genau so anonym, läßt sich aber nicht auf Platon zurückführen. Sie beruht auf Aristoteles, aber nicht auf unserm Corpus Aristotelicum, sondern auf seinen publizierten Schriften, die uns bis auf wenige Zitate verloren sind. Der von einem englischen Gelehrten im vergangenen Jahrhundert geführte Nachweis ist so schlüssig, als man es in diesen Fragen überhaupt nur verlangen kann. Daß neben Platon ein anderer Klassiker der attischen Philosophie verwendet wurde, ist von vornherein zu erwarten. Stil, Gedankenführung und einzelne Berührungen mit sichern Zitaten ergeben, daß es Aristoteles ist.

Es liegt also bei Iamblichos der einzige größere Textkomplex aus den publizierten Schriften des Aristoteles vor, den wir heute noch besitzen. Freilich wird Iamblichos (oder schon seine Vorlage) hier im Prinzip gleich vorgegangen sein wie bei Platon. Ausgewählte Stücke aus mehreren Schriften sind, leicht vereinfacht und gelegentlich mit Überleitungen versehen, zu einem halbwegs homogenen Ganzen zusammengesetzt worden. Wieviele Schriften beteiligt sind, darüber sind nur Hypothesen möglich. Es scheint aber nicht notwendig, mehr als vier Titel aus dem hellenistischen Schriftenverzeichnis in Erwägung zu ziehen: erstens den Titel, den schon Iamblichs eigener Titel nahelegt, die Mahnschrift zur Philosophie, *die Aristoteles, wie wir aus zuverlässigster Quelle wissen, in der Form eines Sendschreibens an den ihm bekannten König Themison von Zypern gerichtet hat. Ihr wird wohl mindestens die Hälfte der Texte angehören. Daneben kommt in Frage die philosophisch repräsentativste der publizierten Schriften, der drei Bücher umfassende Dialog* Über die Philosophie. *In dem ersten Buch hat Aristoteles zweifellos teils eine Geschichte der Philosophie, teils eine Beschreibung des Begriffs der Philosophie, der Weisheit und des Weisen gegeben. Daraus könnte einiges geschöpft sein. Als dritte Schrift ist der Dialog* Eudemos *zu nennen, ein Gegenstück des platonischen* Phaidon. *In ihr war ausgeführt, daß der Geist seine Heimat in der Region des Göttlichen habe und nach dem Tode des Leibes dorthin wieder zurückkehre; eine pathetische Verachtung der Körperlichkeit und der irdischen Güter muß – mindestens streckenweise – das Werk ausgezeichnet haben. Die Stücke XX und XXI und vielleicht noch andere dürften ihm angehört haben. Der letzte Dialog, der als Quelle Iamblichs in Frage steht, ist der* Politikos, *der, wie schon sein Name sagt, ein Gegenstück zum gleichnamigen Dialog Platons dargestellt haben muß. Da war das Bild des philosophierenden, am philosophischen Begriff des höchsten Guten sich orientierenden Staatsmannes gezeichnet. In einen solchen Zusammenhang möchte man Stück XXX rücken.*

Im übrigen bedarf die Textreihe für den Leser, der nur den philosophischen Gehalt sucht, kaum des Kommentars. Die einzelnen Sinneinheiten, in die ich zu gliedern versuchte, sind je für sich wohlverständlich. Zur Behandlung der spezialistischen Frage, wie sich die Texte zum erhaltenen Œuvre des Aristoteles verhalten, wie weit sie den originalen Wortlaut unverkürzt darbieten und in welchem Umfange sie untereinander zusammengehören (also aus einer und derselben Quelle stammen), ist hier nicht der Ort. Die Forschung ist da auch noch in vollem Flusse. Doch selbst der nicht-spezialistische Leser wird bei einiger Aufmerksamkeit bemerken, daß unsere Exzerptenreihe manche Anklänge aufweist an die zwei ersten Kapitel des ersten Buches der Metaphysik *und an mehrere Abschnitte im ersten, sechsten und zehnten Buch der* Nikomachischen Ethik, *endlich auch an bestimmte Kapitel der zwei letzten Bücher der* Politik. *Wir werden folgern, daß an solchen Stellen Aristoteles selbst der Einfachheit halber eigene Darlegungen aus denselben Dialogen resümiert hat, die Iamblichos geplündert und mit einer verblüffenden Unbekümmertheit unter den ehrwürdigen Namen des Pythagoras gestellt hat.*

*Übersetzt wird im Folgenden Iamblichos, Protreptikos p. 34,5–61,4 ed. Pistelli (1888). Reine Überleitungen Iamblichs werden mit [], Stücke, die besonders stark nacharistotelisch überarbeitet sind, mit * gekennzeichnet.*

IAMBLICHOS, PROTREPTIKOS

I

Zu demselben Ziele (nämlich, daß derjenige, der glücklich werden will, philosophieren muß) führt folgender Gedankengang:

Die gesamte Natur besitzt gewissermaßen Vernunft und tut nichts zufällig, sondern alles zu einem bestimmten Zwecke. Noch mehr als alle menschliche Kunst hat sie darauf Bedacht genommen, aus der Zweckbestimmtheit das Zufällige auszuscheiden, da ja auch die menschlichen Künste Nachahmungen der Natur sind.

Der Mensch ist nun von Natur zusammengesetzt aus Seele und Körper. Die Seele ist besser als der Körper. Da das Geringere immer dem Besseren als seinem Zwecke dienstbar ist, so besteht also auch der Körper um der Seele willen.

In der Seele selbst besitzt das eine Vernunft, das andere nicht und ist deshalb auch das geringere. So besteht also das Vernunftlose um des Vernunftbegabten willen.

Im Vernunftbegabten befindet sich endlich der Geist. Der Beweisgang führt also zwingend zu dem Schluß, daß alles um des Geistes willen besteht.

Die Tätigkeit des Geistes ist das Denken, also das Anschauen der Denkgegenstände, so wie die Tätigkeit des Gesichtsorganes das Sehen des Sichtbaren ist. Um des Denkens und des Geistes willen muß also der Mensch alles erstreben: denn die äußeren Dinge sind um der Seele willen erstrebenswert, im Bereich der Seele aber ist der Geist das einzige Beste und um des Besten willen besteht alles übrige.

II

Unter den Überlegungen sind die einen selbständig, diejenigen nämlich, die um ihrer selbst willen angestellt werden. Dienern gleichen diejenigen, die sich auf Fremdes als ihren Zweck stützen. Überall aber steht das Selbstzweckliche höher als das Fremdzweckliche, wie auch das Selbständige höher als das Dienende.

Wenn nun das Handeln sich der Überlegung bedient, so gibt allerdings der Geist das Nützliche an und führt insofern, doch im übrigen muß er dem Handeln folgen, bedarf des Körpers als eines Helfers und muß sogar dem Zufall einen großen Raum gewähren, falls das Handeln zustande kommen soll, an dessen Ausgangspunkt doch der Geist sich befand. So sind denn unter den Überlegungen diejenigen, die man um des bloßen Betrachtens willen anstellt, ehrwürdiger und höher als diejenigen, die zu andern Zwecken dienlich sind. Ehrwürdig aus sich selbst ist die Betrachtung und erstrebenswert in ihr die Weisheit, die der Geist erreicht, erstrebenswert um des Handelns willen ist die Betrachtung, die den Charakter der Klugheit besitzt.

Das Gute und das Ehrwürdige liegt also in der Betrachtung von der Art der Weisheit, womit freilich auch da nicht jede beliebige Betrachtung gemeint ist. Denn nicht jede Einsicht schlechthin ist ehrwürdig; nur diejenige, die sich auf den Lenker bezieht, der selbst weise ist, und auf das Prinzip, das im All herrscht, nur von ihr darf man wohl annehmen, daß sie der Weisheit benachbart und mit ihr vertraulich verbunden sei.

III

Des Geistes und der Wahrnehmung beraubt wird der Mensch ähnlich wie eine Pflanze; ist ihm der Geist allein weggenommen, verwandelt er sich zum Tiere. Des Unvernünftigen beraubt, aber im Geiste verharrend wird er ähnlich mit Gott.

IV *

Man muß also so weit als möglich die Affekte des Vernunftlosen ruhen lassen, dagegen die reine Tätigkeit des Geistes, die sich auf sich selbst und auf das Göttliche richtet, ins Werk setzen, sich bemühen, in den Prozessen des Geistes zu leben und das Auge der Aufmerksamkeit und die Liebe ganz auf ihn zu richten.

Man soll ja auch nicht das, was Gott und die göttlichen Dinge betrifft, um des Handelns willen betrachten. Denn man sagt, es sei nicht geziemend, die Schau des Göttlichen dadurch zu besudeln, dadurch daß man sie dem Zwang des für die Menschen Nützlichen unterwirft. Man soll sich überhaupt nicht um unserer Bedürfnisse willen um den Geist bemühen; es schickt sich nicht, ihn jenen anzupassen (da er doch als einziger aller Fähigkeiten, die wir besitzen, ‹auf das Göttliche› zu treffen vermag), sondern wir sollen vielmehr die Handlungen und Alles nach dem Geiste und nach Gott richten und an ihm und an dem im einzelnen Geziemenden die Richtigkeit unserer Taten orientieren.

Denn dies ist die gerechte und nach Würdigkeit vollzogene Entscheidung, die als einzige den Menschen die wahre Glückseligkeit verschaffen kann.

V

Denn nur in derjenigen Lebensform, in der wir uns von den übrigen Lebewesen unterscheiden, leuchtet das hervor, woran kein Zufälliges und kein Wertloses haftet. Gewiß gibt es auch bei den Tieren kleine Funken von Vernunft und Klugheit, dagegen an der betrachtenden Weisheit haben sie nicht den allergeringsten Anteil. Sie kommt nur den Göttern zu ‹und dem Geiste im Menschen›. So wird denn der Mensch an Schärfe der Sinne und an Kraft des Strebens von vielen Tieren weit übertroffen, ‹wiegt das aber bei weitem auf dadurch, daß er am Geiste Anteil besitzt›.

VI

Dies ist in Wahrheit das einzige Gut, das nicht geraubt werden kann (worin, wie man zugesteht, das Begreifen des Guten eingeschlossen ist), sich selbst in keiner Weise dem Zufälligen zu unterwerfen, das Leben des Weisen zu leben und vor allem sich von dem zu befreien, was dem Zufall unterliegt. Darum kann man auch in dieser Lebensform aus voller Überzeugung zuversichtlich sein.

Denn was will man demjenigen rauben, der sich schon längst von allem distanziert hat, was geraubt werden könnte, der in Wahrheit sich selbst besitzt, in seinem Eigenen lebt, von seinem Eigenen sich ernährt und von dem unausmeßbaren Wohlbefinden Gottes, mit dem er verbunden ist?

[Soweit also die Pythagoreischen Ermahnungen, die auf die vollkommenste Weisheit hinweisen.

Da wir aber mit Menschen zu tun haben, die noch nicht die göttliche Art des Lebens sich zu eigen gemacht haben, so müssen wir mit jenen Ermahnungen andere verbinden, die auf die politische und praktische Lebensform zielen. Und da werden wir folgendes sagen:]

VII

Was uns für das Leben zur Verfügung steht wie der Leib und was dem Leibe dient, das steht uns zur Verfügung wie irgendein Werkzeug. Der Gebrauch solcher Werkzeuge ist mit Gefahr verbunden und bringt leicht jene ins Unglück, die sie nicht gehörig anzuwenden wissen. Also muß man nach der Wissenschaft streben, sie erwerben und sie angemessen anwenden, jene Wissenschaft nämlich, durch die wir alle diese Dinge in einen guten Zustand bringen werden. Wir müssen also philosophieren, wenn wir als Bürger richtig handeln und unser privates Leben auf eine nützliche Weise zubringen wollen.

VIII

Es besteht ein Unterschied zwischen den Wissenschaften, die die verschiedenen Güter des Lebens hervorbringen, und jenen, die sie verwenden. Ebenso besteht ein Unterschied zwischen den Wissenschaften, welche dienen, und jenen, welche anordnen; diese sind gewissermaßen die führenderen und bei ihnen ist das Gute im eigentlichen Sinne. Wenn nun allein jene Wissenschaft, die das richtige Urteil besitzt, die Vernunft gebraucht und das Gute als Ganzes im Auge hat, nämlich die Philosophie, alles zu verwenden und alles der Natur gemäß anzuordnen vermag, dann muß man auf jede Weise philosophieren. Denn nur die Philosophie umfaßt in sich das richtige Urteil und die im Anordnen unfehlbare Einsicht.

IX

Wir wählen alle dasjenige, was zugleich erreichbar und nützlich ist. Also muß gezeigt werden, daß von der Philosophie beides gilt und daß die Schwierigkeit, sie zu erwerben viel geringer ist als der Nutzen, den sie gewährt. Denn wir alle bemühen uns lieber um das, was leichter ist.

Daß wir nun fähig sind, uns die Wissenschaften vom Gerechten und Zuträglichen und ebenso die Wissenschaften von der Natur und vom gesamten Sein anzueignen, dies ist leicht zu zeigen.

Es ist nämlich das Vorgeordnete immer leichter erkennbar als das Nachgeordnete und ebenso das seiner Natur nach Bessere leichter als das Schlechtere. Denn es gibt eher eine Wissenschaft vom Umgrenzten und Geordneten als vom Gegenteil und eher eine solche von den Ursachen als vom Verursachten.

Nun ist aber das Gute eher umgrenzt und geordnet als das Schlechte; das gilt ja auch vom anständigen Menschen im Verhältnis zum gemeinen Menschen; denn die Differenz muß in beiden Fällen notwendigerweise dieselbe sein.

Ferner hat das Vorgeordnete eher den Charakter einer Ursache als das Nachgeordnete; wird nämlich jenes aufgehoben, so wird auch aufgehoben, was sein Sein von jenem erhalten hat: die Längen, wenn die Zahlen aufgehoben werden, die Flächen, wenn die Längen aufgehoben werden, die Körper, wenn die Flächen aufgehoben werden; ebenso das Wort, wenn die Silbe, und die Silbe, wenn der Buchstabe aufgehoben wird.

Wenn nun die Seele besser ist als der Leib (denn sie ist ihrer Natur nach das Herrschende) und wenn es im bezug auf den Leib Künste und Wissenschaften gibt, nämlich Medizin und Gymnastik (diese nennen wir ja Wissenschaften und behaupten, daß es Menschen gibt, die sie besitzen), dann ist es klar, daß es auch im bezug auf die Seele und auf die Vollkommenheit der Seele irgendeine Fürsorge und Kunst gibt und daß wir fähig sind, sie zu erwerben; wenn wir doch sogar jene Wissenschaften uns aneignen können, bei denen wir viel ungewisser sind und die zu erkennen viel mühsamer ist.

Dasselbe gilt von den Naturwissenschaften. Notwendigerweise muß es eher eine Einsicht in die Ursachen und in die Elemente geben als in das Nachgeordnete. Denn nicht dieses steht an der Spitze und nicht aus diesem ist das Vorgeordnete entstanden, sondern durch jenes entsteht offenbar das Übrige, und aus jenem setzt es sich zusammen. Mögen nun das Feuer oder die Luft oder die Zahl oder irgendwelche andere Naturen Ursachen und dem Übrigen vorgeordnet sein, in jedem Falle ist es ausgeschlossen, irgend etwas vom Übrigen zu erkennen, solange man jene nicht kennt. Denn wie sollte jemand ein Wort verstehen können, wenn er die Silben nicht kennt, oder die Silben, wenn er nichts von den Buchstaben weiß?

Daß es also eine Wissenschaft vom wahren Sein und von der Vollkommenheit der Seele gibt und daß wir fähig sind, beide zu erfassen, das sei damit festgestellt.

Daß aber diese Wissenschaft das größte der Güter ist und nützlicher als alles andere, dies ergibt sich aus folgendem.

Wir sind alle darin einig, daß der Beste und seiner Natur nach Hervorragendste regieren soll und daß das Gesetz allein Regent und Herr ist. Dieses Gesetz ist eine Art von Einsicht und der aus der Einsicht hervorgehende Grundsatz.

Ferner: Wer kann für uns ein genauerer Maßstab und Richtpunkt des Guten sein als der Einsichtige? Wofür er sich nämlich entscheidet auf Grund von Wissenschaft, das ist gut; und schlecht ist das Gegenteil davon. Denn da alle sich entscheiden auf Grund ihrer jeweiligen Verfassung (der Gerechte zum gerechten Leben, der Tapfere zum tapferen und der Besonnene zum besonnenen Leben), so ist es klar, daß auch der Einsichtige sich vor allem anderen für die Einsicht entscheiden wird. Denn dies ist das Ergebnis seiner besonderen Verfassung.

Daraus ergibt sich klar, daß nach dem entscheidendsten Urteil die Einsicht das höchste aller Güter ist.

X

Also darf man die Philosophie nicht fliehen, wenn nämlich die Philosophie, wie wir glauben, Aneignung und Anwendung der Weisheit ist, die Weisheit selber aber zu den höchsten Gütern zählt. Man soll auch nicht um des Geldes willen bis zu den Säulen des Herakles fahren und sich vielen Gefahren aussetzen, dagegen um der Einsicht willen nicht die geringste Mühe oder Aufwand auf sich nehmen. Denn es ist sklavisch, nach dem Leben und nicht nach dem vollkommenen Leben zu begehren und selber den Meinungen der Leute zu folgen, anstatt vielmehr die Leute an seiner eigenen Ansicht zu messen, und endlich nach Besitz zu suchen, sich um das Edle aber überhaupt nicht zu kümmern.

XI

Nützlichkeit und Bedeutung des Gegenstandes scheinen mir nun hinlänglich nachgewiesen zu sein. Daß er aber auch bei weitem leichter angeeignet werden kann als irgendein anderes Gut, dies dürfte aus folgendem hervorgehen. Obwohl nämlich die Philosophierenden keinen Lohn von den Menschen erhalten, der sie veranlassen könnte, so angestrengt zu arbeiten, und obwohl sie im Verhältnis zu den anderen Künsten vielfach im Nachteil sind, so haben sie diese doch in schnellem Laufe und in kurzer Zeit an Genauigkeit überholt. Dies scheint mir ein Zeichen zu sein, mit welcher Leichtigkeit man sich die Philosophie aneigenen kann.

Ferner halten sich alle Menschen gerne bei ihr auf, wünschen zu studieren und lassen alles andere fahren. Auch dies ist kein kleiner Beweis dafür, daß die Beschäftigung mit ihr Vergnügen macht. Denn niemand mag lange Zeit hindurch bloß sich abmühen.

Außerdem hat die philosophische Tätigkeit vor allen anderen einen Vorzug: Man bedarf nämlich keiner besonderen Werkzeuge oder Örtlichkeiten, um sie auszuüben, sondern wohin immer auf der Erde sich einer mit seinem Denken begibt, überall wird er in gleicher Weise die Wahrheit gewissermaßen gegenwärtig finden.

So ist also gezeigt, daß die Philosophie möglich ist, daß sie das größte aller Güter ist und daß sie leicht anzueignen ist. Aus allen diesen Gründen lohnt es sich, sie mit Freude anzunehmen.

XII

Dasselbe läßt sich noch besser auch aus Folgendem ersehen. Einsicht und Erkenntnis sind für den Menschen an sich wünschbar, denn ohne sie kann man als Mensch überhaupt nicht leben. Sie sind auch nützlich für das Leben, denn es begegnet uns nichts Gutes, was nicht durch Überlegung und einsichtsvolle Tätigkeit zur Vollendung gebracht wird. Mag das glückliche Leben in der Lust bestehen oder im Besitze der Tugend oder in der Einsicht, in jedem dieser Fälle muß man philosophieren. Denn alle diese Dinge erreichen wir am ehesten und klarsten durch das Philosophieren.

XIII

Ferner ist der eine Teil von uns Seele, der andere Körper. Der eine herrscht, und der andere wird beherrscht; der eine benützt, und der andere dient als Werkzeug. Nun ist immer das Beherrschte und Werkzeughafte zur Verfügung des Beherrschenden und Benützenden. In der Seele selbst ist das eine die Vernunft, die ihrer Natur nach herrscht und über uns entscheidet, das andere folgt nach und ist dazu bestimmt, beherrscht zu werden.

Alles ist nun in gutem Zustand, wenn es die ihm eigentümliche Vollkommenheit erreicht; sie erreicht zu haben ist das Gute. Wenn das Vorzüglichste, Wichtigste und Vornehmste seine Vollkommenheit erreicht hat, dann befindet es ‹wie auch das Ganze› sich in einem ‹im höchsten Maße› guten Zustand. Je vorzüglicher also etwas seiner Natur nach ist, desto vorzüglicher ist die seiner Natur gemäße Vollkommenheit.

Besser ist das, was seiner Natur nach das Beherrschendere und Führendere ist, wie der Mensch im Verhältnis zu den anderen Lebewesen. So ist die Seele besser als der Körper (denn sie ist das beherrschendere) und in der Seele selbst dasjenige, was Vernunft und Überlegung besitzt. Denn ein derartiges ist es, was befiehlt und verbietet und sagt, was man tun und lassen soll. Welches nun immer die Vollkommenheit dieses

Teiles sein mag, so ist es doch notwendig, daß sie das bei weitem Wünschenswerteste ist für alle Wesen im allgemeinen und für uns im besonderen. Man könnte nämlich, wie mir scheint, sogar dies behaupten, daß wir ausschließlich oder doch hauptsächlich dieser Teil sind.

XIV

Ferner, wenn das Werk, das jedem Wesen von Natur eigentümlich zugeordnet ist (nicht beiläufigerweise, sondern an sich), auf das schönste zur Vollendung gebracht wird, dann und in diesem Falle sprechen wir vom Guten; und wir nennen dies die wesentlichste Tugend, die ein jedes befähigt, eben dies zustandezubringen.

Was nun zusammengesetzt und teilbar ist, hat mehrere und verschiedene Wirksamkeiten, was aber seiner Natur nach einfach ist und sein Wesen nicht in einer Relation besitzt, das muß notwendigerweise eine einzige ihm wesentlich zukommende Tugend haben.

Wenn weiterhin der Mensch ein einfaches Lebewesen ist und sein Wesen durch Vernunft und Geist bestimmt wird, dann gibt es für ihn kein anderes Werk als ausschließlich die genaueste Erforschung des wahren Seins und die wahre Aussage über die Dinge. Ist er dagegen aus einer Mehrheit von Fähigkeiten zusammengesetzt, dann ist offenbar das Werk jener Fähigkeiten das beste, durch die er am meisten zu vollbringen vermag; so ist das Werk des Arztes die Gesundheit und das Werk des Steuermanns die sichere Fahrt des Schiffes. Wir können aber kein vorzüglicheres Werk des Denkens oder des denkenden Teiles unserer Seele nennen als die Seinserforschung. Diese ist also das wesentlichste Werk dieses Seelenteiles.

Er vollbringt dieses Werk mit Hilfe der Wissenschaft im allgemeinen, um so besser aber, je mehr Wissenschaft eine Wissenschaft ist. ‹Im höchsten Grade› Wissenschaft ist aber diejenige, für die Erkenntnis das wesentlichste Ziel darstellt.

Wenn nämlich von zwei Dingen das eine um des anderen willen wünschbar ist, dann ist dasjenige besser und wünschbarer, um dessentwillen auch das andere wünschbar war, wie etwa die Lust im Verhältnis zum Lusterzeugenden und die Gesundheit im Verhältnis zum Gesundmachenden; denn wir sagen, daß jenes durch dieses hervorgebracht wird.

Wünschbareres als die Einsicht, die wir die Fähigkeit des Wesentlichsten in uns nennen, gibt es überhaupt nicht, wenn wir die verschiedenen Weisen des Verhaltens miteinander vergleichen. Denn der erkennende Teil ist für sich allein und auch als Teil in einer Zusammensetzung besser als die gesamte übrige Seele. Seine Tugend ist die wissenschaftliche Erkenntnis.

XV

Das Werk dieser wissenschaftlichen Erkenntnis ist nun nicht eine der im einzelnen aufzählbaren Tugenden. Denn sie steht selber höher als diese alle. In der Regel ist freilich das geschaffene Ergebnis immer vorzüglicher als die schaffende Wissenschaft. Indessen schafft nicht die gesamte Tugend der Seele ein Werk in diesem Sinne und auch nicht die Glückseligkeit. Wäre sie nämlich schaffend, so würde sie etwas anderes hervorbringen als sie selber ist, so wie die Baukunst ein Haus herstellt, selber aber kein Teil des Hauses ist. Die Einsicht dagegen ist ein Teil der Tugend und der Glückseligkeit selber. Denn wir behaupten, daß aus ihr und eben sie selber die Glückseligkeit sei.

Es ist auch auf Grund dieser Überlegung unmöglich, daß die Wissenschaft ihrerseits eine schaffende sei. Denn das Ergebnis muß höher stehen als der Weg zu ihm; es gibt aber nichts höheres als die Einsicht, außer einem der eben genannten

Dinge ‹Tugend und Glückseligkeit›; doch deren Werk ist gerade nichts anderes als die Erkenntnis.

Man muß also behaupten, daß diese Wissenschaft eine betrachtende sei, da ihr Ziel unmöglich ein Schaffen sein kann. Das Erkennen also und das Betrachten ist das Werk der Tugend, und dieses ist für den Menschen das wünschenswerteste von allem, so wie wohl auch das Schauen mit den Augen, das man gewiß schätzen würde, selbst wenn kein anderes Ergebnis dadurch zustande käme als eben nur das Schauen selber.

XVI

Ferner: Wenn wir das Schauen lieben um seiner selbst willen, so ist dies ein hinlänglicher Beweis dafür, daß alle Menschen das Denken und das Erkennen im höchsten Maße lieben.

XVII

Wenn weiterhin jemand etwas Bestimmtes liebt, weil es eine bestimmte Eigenschaft besitzt, so ist es klar, daß er noch mehr dasjenige lieben wird, dem diese Eigenschaft in einem noch höheren Maße zukommt. So schätzt jemand zum Beispiel das Spazierengehen, weil es gesund ist; wenn für ihn nun aber der Laufschritt noch gesünder wäre und er dazu fähig wäre, so würde er natürlich das vorziehen und hätte es schon früher vorgezogen, wenn er es früher gewußt hätte.

Wenn nun eine wahre Meinung der Erkenntnis ähnlich ist, und wenn man ein solches Meinen schätzt, weil und insofern es wegen seines Seinsgehaltes der Erkenntnis ähnlich ist, wenn aber endlich eben dieser Seinsgehalt der Erkenntnis selber noch viel mehr eigen ist, dann wird das Erkennen wünschbarer sein als das wahre Meinen.

Nun unterscheidet sich das Leben durch die Wahrnehmung vom Nicht-leben; es wird charakterisiert durch die Gegenwart der Wahrnehmung und die Fähigkeit, wahrzunehmen derart, daß es sich nicht lohnt zu leben, falls diese Fähigkeit weggenommen wird, als ob das Leben selbst mitsamt der Wahrnehmung vernichtet würde.

Unter den Wahrnehmungsorganen zeichnet sich die Fähigkeit des Sehens aus, weil sie die schärfste ist. Darum schätzen wir sie auch am meisten. Jede Wahrnehmung ist eine Fähigkeit, vermittels des Körpers zu erkennen, wie etwa das Gehör die Töne wahrnimmt vermittels der Ohren.

Wenn nun das Leben wünschbar ist wegen der Wahrnehmung und die Wahrnehmung eine Art von Erkenntnis ist und wenn wir also unsere Seele schätzen, weil wir durch sie zu erkennen vermögen, und wenn wir endlich oben schon bemerkt haben, daß von zwei Dingen immer dasjenige wünschbarer ist, dem dieselbe erwünschte Eigenschaft in einem höheren Grade zukommt, dann ergibt sich, daß unter den Sinneswahrnehmungen das Sehen notwendigerweise am wünschbarsten und kostbarsten ist, daß aber noch viel wünschbarer als diese und alle andern Sinneswahrnehmungen und als das Leben selber die Erkenntnis ist, weil sie noch wesentlicher auf das wahre Sein bezogen ist.

Also erstreben die Menschen von allen Dingen am meisten das Erkennen. Denn sie lieben das Leben und lieben damit auch das Denken und Erkennen. Denn aus keinem anderen Grunde ist ihnen das Leben kostbar als wegen der Sinneswahrnehmung und vor allem wegen des Sehens. Diese Fähigkeit schätzen sie offensichtlich über alle Maßen. Denn sie verhält sich zu den anderen Sinneswahrnehmungen geradezu wie eine Art von Wissenschaft.

XVIII

Es dürfte nicht unnütz sein, auch von den allen Menschen gemeinsamen Ansichten und von den für alle evidenten Erscheinungen her an den vorliegenden Gegenstand zu erinnern.

Es ist gewiß jedem klar, daß kein Mensch ein Leben wählen möchte, das zwar über den größten Reichtum und die größte Macht verfügt, während er selbst der Denkfähigkeit beraubt und wahnsinnig wäre; er würde es auch dann nicht tun, wenn er sich der übermütigsten Genüsse erfreuen dürfte und so leben könnte, wie es einige der Verrückten tun. Also meiden offenbar alle Menschen am meisten die Torheit. Der Torheit ist aber das Denken entgegengesetzt, und von zwei Gegensätzen meidet man den einen und wählt den anderen; denn so wie wir die Krankheit meiden, so wählen wir die Gesundheit. So scheint denn auch auf Grund dieser Überlegung das Denken von allem das Wünschbarste zu sein und zwar nicht etwa, weil sich etwas anderes aus ihm ergäbe. Das bezeugt die allgemeine Ansicht. Denn selbst wenn jemand alles besäße, aber gestört wäre und krank in seinem Denken, so wäre ein solches Leben nicht wünschbar. Denn da brächten auch die anderen Güter keinen Nutzen.

Darum meinen auch alle, soweit sie irgendeinen Begriff vom Denken haben und von ihm zu kosten vermögen, daß die übrigen Dinge nichts wert seien; und aus diesem Grunde würde es keiner von uns aushalten, bis zum Ende des Lebens ein Säugling oder im Zustand der Trunkenheit zu sein. Darum ist ferner das Schlafen zwar äußerst angenehm, aber keineswegs wünschbar, selbst wenn wir annehmen, daß der Schlafende alle möglichen Freuden genösse; denn die Vorstellungen im Schlafe sind falsch, die der Wachenden dagegen wahr. Das Schlafen und das Wachsein unterscheidet sich ja in nichts anderem voneinander als darin, daß die Seele im zweiten Falle vielfach die Wahrheit erkennt, im Schlafe aber sich immer täuscht. Denn alle Träume sind nur Bilder und Täuschungen.

Auch daß die meisten Leute den Tod meiden, zeigt, daß die Seele nach Wissen strebt. Denn sie flieht, was sie nicht kennt, das Dunkle und das Unbekannte, und sie sucht ihrer Natur nach das Sichtbare und das Bekannte.

Darum sagen wir auch, daß wir diejenigen, denen wir es verdanken, daß wir die Sonne und das Licht sehen, auf das allerhöchste ehren müssen und daß wir vor Vater und Mutter Ehrfurcht zu empfinden haben, weil sie Ursache der größten Güter sind; denn offenbar sind sie Ursache dafür, daß wir etwas erkennen und sehen.

Aus demselben Grunde freuen wir uns auch an den uns vertrauten Gegenständen und Menschen und nennen eben diese uns bekannten Menschen Freunde.

Dies alles zeigt klar, daß wir das Bekannte, Sichtbare und Offene lieben; wenn aber dieses, dann lieben wir notwendig in derselben Weise auch das Erkennen und das Denken.

XIX

Ferner, wie es im Hinblick auf den Besitz nicht dieselben Dinge sind, die die Menschen erwerben, bloß um leben zu können, und die sie erwerben, um glücklich zu leben, so ist es auch beim Denken. Das Denken, das wir bloß zum Leben brauchen, ist nicht dasselbe wie dasjenige, das wir zum vollkommenen Leben brauchen.

Den Leuten freilich muß man es durchaus verzeihen, wenn sie es nur zu jenem bringen (denn sie beten zwar um die Glückseligkeit, aber sie sind schon froh, wenn sie wenigstens zu leben vermögen). Wer aber nicht gewillt ist, einfach um jeden Preis durchs Leben durchzukommen, für den wäre es lächerlich, wenn er nicht jede Mühe auf sich nähme und sich nicht auf jede Weise anstrengte, eben jene Erkenntnis zu erwerben, mit der er das wahre Sein erkennen kann.

XX

Dasselbe wird man auch aus Folgendem erkennen, wenn man einmal das menschliche Leben bei Licht betrachtet. Da wird man entdecken, daß alle jene Dinge, die den Menschen groß vorkommen, nichts anderes sind als ein Schattenspiel. Darum heißt es auch mit Recht, daß der Mensch ein Nichts sei und daß nichts von den menschlichen Dingen Bestand habe. Denn Kraft und Größe sind zum Lachen und nichts wert, und die Schönheit scheint uns nur so, weil wir nichts genau zu sehen vermögen. Wenn nämlich jemand so scharf zu blicken verstünde, wie man es von Lynkeus sagt, der durch Wände und Bäume hindurchschauen konnte, wo würde er etwas finden, was anzusehen erträglich wäre, wenn er sieht, aus welchem Elend alles zusammengesetzt ist? Ehre und Ansehen endlich, was man mehr als das übrige zu erstreben pflegt, besteht aus lauter unbeschreiblichem Unsinn. Wer etwas vom Ewigen erblickt hat, der findet es einfältig, sich um solche Dinge Mühe zu machen.

Was ist groß und was dauerhaft von den menschlichen Dingen? Es scheint uns nur viel, wegen unserer Schwäche, glaube ich, und wegen der Kürze des Lebens.

XXI

Wer könnte auf diese Dinge hinschauen und noch meinen, er sei glücklich und selig? Wir alle sind gleich von vornherein von Natur entstanden, als ob wir zu büßen hätten, so wie es die Lehrer der Weihen sagen. Denn dies haben auf göttliche Weise die Alten gelehrt, daß die Seele Buße zu zahlen habe und daß wir leben zur Strafe für irgendwelche großen Verfehlungen.

Überhaupt scheint die Verknüpfung der Seele mit dem Leibe etwa Folgendem zu gleichen: Wie man nämlich berichtet, daß öfters in Tyrrhenien die Gefangenen damit gefoltert werden, daß Leichname an die Lebenden angebunden werden und zwar so, daß Gesicht gegen Gesicht ist und Glied um Glied zusammengeheftet wird, so scheint auch die Seele ausgespannt und an alle wahrnehmenden Glieder des Leibes angeklebt zu sein.

So ist denn nichts Göttliches oder Seliges an den Menschen außer jenem Einen, das allein der Mühe wert ist, nämlich dem Anteil, den wir an Geist und Denken besitzen. Denn dies ist von dem, was uns gehört, das Einzige, was unsterblich und göttlich ist. Und sofern wir an einer solchen Fähigkeit teilhaben können, ist unser Leben, auch wenn es von Natur unselig und mühsam ist, dennoch so freundlich eingerichtet, daß der Mensch verglichen mit den anderen Wesen ein Gott zu sein scheint. «Denn unser Geist ist der Gott», mag nun Hermotimos oder Anaxagoras dies gesagt haben, und auch: «Die sterbliche Zeit hat Anteil an irgendeinem Gotte.»

Also muß man entweder philosophieren oder dem Leben den Abschied geben und von hier weggehen; denn alles übrige scheint nur ein großer Unsinn zu sein und ein Geschwätz.

[So etwa könnte man die in den allgemeinen Anschauungen gegebenen Hinweise angemessen zusammenfassen zur Mahnung, daß man betrachtend philosophieren muß und so weit als möglich das Leben des Geistes und in der Wissenschaft führen soll].

XXII

[Wir beginnen nun wieder von vorn mit der Absicht der Natur und kommen zu derselben Mahnung auf folgende Weise:]

Von dem Werdenden wird das eine durch irgendeine Absicht und Kunst, wie etwa ein Haus oder ein Schiff (denn dies beides ist verursacht durch eine bestimmte Kunst und eine Absicht), das andere durch keinerlei Kunst, sondern durch die Natur; denn die Ursache der Tiere und Pflanzen ist die Natur, und alles dergleichen entsteht der Natur gemäß. Einige Dinge geschehen auch durch den Zufall. Was nämlich weder durch Kunst noch durch Natur noch aus Notwendigkeit geschieht, von dem sagen wir zumeist, daß es durch den Zufall geschehe.

Von dem nun, was durch den Zufall geschieht, geschieht nichts um irgendeines Zweckes willen, noch hat es ein Ziel. Für die durch Kunst entstandenen Dinge gibt es dagegen ein Ziel und einen Zweck (denn immer wird der Künstler dir begründen können, weshalb er gemalt hat und wozu) und dieser Zweck ist besser als das, was um dieses Zweckes willen entsteht. Ich sage das von denjenigen Dingen, deren Ursache die Kunst an sich selber ist und nicht beiläufigerweise; denn die Medizin ist wesentlich gewiß eher Ursache der Gesundheit als der Krankheit, und die Baukunst ist Ursache des Hauses und nicht des Niederreißens. Alles, was durch eine Kunst geschieht, geschieht also um eines Zweckes willen, und dieser ist ihr Ziel und das Beste. Was aber durch Zufall geschieht, hat keinen Zweck. Es kann sich allerdings auch durch den Zufall etwas Gutes ereignen; aber dieses ist nicht gut durch den Zufall und sofern es vom Zufall kommt; denn was durch ihn wird, ist stets unbestimmt.

Es geschieht nun auch das, was durch die Natur geschieht, um eines Zweckes willen, und zwar ist dieser Zweck stets besser als derjenige, den die Kunst verfolgt. Denn nicht die Natur ahmt die Kunst nach, sondern diese die Natur, und ihre Aufgabe ist, die Natur zu unterstützen, und zu ergänzen, was diese an Lücken gelassen hat. Denn das eine scheint die Natur allein aus sich selbst vollenden zu können, ohne der Hilfe zu bedürfen, beim anderen vermag sie es nur mit Mühe oder ist auch gänzlich unfähig dazu. Das zeigt sich etwa gleich beim Entstehen der Lebewesen. Einige Samen sprießen völlig ohne Pflege in dem Boden, in den sie gerade hineinfallen, andere dagegen bedürfen der Ackerbaukunst. Ebenso können von den

Tieren die einen sich vollständig von selbst entwickeln und zur Reife gelangen, der Mensch dagegen bedarf einer ganzen Reihe von Künsten zu seiner Erhaltung, zuerst gleich bei seiner Geburt und später wiederum zu seiner Ernährung.

Wenn nun die Kunst die Natur nachahmt, so ist es eine Einwirkung der Natur, wenn auch bei allen Künsten das Werden um eines Zweckes willen erfolgt.

Wir dürfen sicherlich sagen, daß alles, was richtig entsteht, um eines Zweckes willen entsteht. Denn was schön ist, ist auch richtig. Und das Werdende wird, und zwar wird alles, was der Natur gemäß wird, schön; denn das Naturwidrige ist das Schlechte und dem Naturgemäßen entgegengesetzt. Was aber schön ist, ist auch richtig, und was richtig ist, ist um eines Zweckes willen. Also vollzieht sich alles naturgemäße Werden um eines Zweckes willen.

Das kann man etwa an jedem einzelnen unserer Körperglieder erkennen. Wenn man etwa das Augenlid betrachtet, so bemerkt man, daß es nicht zwecklos, sondern um des Schutzes der Augen willen entstanden ist; um ihnen Ruhe zu gewähren und zu verhindern, daß Dinge von außen in sie eindringen.

Ferner ist der Zweck, um dessentwillen etwas entstanden ist, und der Zweck, für den etwas bestimmt ist, derselbe. So verfertigt man ein Schiff, das über das Meer soll fahren können, und zu eben diesem Zwecke ist es auch entstanden.

XXIII

Von den Lebewesen gehören nun entweder überhaupt alle oder doch die besten und kostbarsten zu dem, was von Natur und der Natur gemäß entstanden ist. Es macht nämlich keinen Unterschied, wenn man etwa annimmt, die Mehrzahl von ihnen sei auf Grund irgendeiner Verderbtheit gegen die Natur entstanden. Das kostbarste von den hier vorhandenen Lebewesen ist der Mensch, woraus sich klar ergibt, daß er von Natur und der Natur gemäß entstanden ist.

XXIV

Welches ist nun der Zweck, um dessentwillen die Natur und die Gottheit uns hervorgebracht haben? Dies ist es, wonach Pythagoras in Phleius gefragt wurde und zur Antwort gab: «Um den Himmel zu betrachten»; und er nannte sich selbst Betrachter der Natur und sagte, er sei um dessentwillen ins Leben eingetreten. Von Anaxagoras wiederum wird erzählt, er habe, als er gefragt wurde, um welchen Zweckes willen der Mensch wünschen könnte, geboren zu werden und zu leben, erwidert: «Um den Himmel zu betrachten und die Sterne an ihm und den Mond und die Sonne», da nämlich alles übrige nicht der Mühe wert sei.

XXV

Wenn nun überall das Ziel das bessere ist (denn um des Zieles willen wird alles Werdende, und der Zweck ist stets das bessere und das beste an allem) und wenn nun der Natur gemäß das Ziel dasjenige ist, was dem Werden nach erst als das letzte vollendet wird, wenn nämlich das Werden kontinuierlich zum Abschluß hin verläuft, dann wird beim Menschen zuerst der Körper zum Ziele gelangen und erst nachher die Seele; und in gewisser Weise wird die Vollendung des Besseren dem Werden nach immer hinterher kommen. So kommt die Seele nach dem Körper, und von dem Seelischen ist wiederum das letzte die Vernunft. Wir sehen, daß diese der Natur nach als letzte beim Menschen entsteht; sie ist ja auch das einzige Gut, dessen Besitz das Greisenalter beansprucht. Also ist die Vernunft der Natur gemäß unser Ziel und das Denken jenes Letzte, um dessentwillen wir entstanden sind.

XXVI

Da wir nun der Natur gemäß geworden sind, so ist es klar, daß wir auch existieren um irgendeines Denkens und Lernens willen. Mit Recht hat also Pythagoras im Sinne dieser These gesagt, daß jeder Mensch von Gott zum Erkennen und Betrachten gebildet worden sei. Ob nun dies, was wir erkennen sollen, der Kosmos ist oder irgendeine andere Natur, dies wird vielleicht später zu prüfen sein, fürs erste genügt uns hier das Gesagte. Wenn nämlich der Natur gemäß das Ziel die Erkenntnis ist, dann ist zweifellos das Erkennen das beste von allem. Darum muß man die anderen Dinge tun um des Guten willen, das im Menschen selbst enthalten ist; und hier wiederum die körperlichen Dinge um der seelischen willen und die Tugend um der Erkenntnis willen. Denn diese ist das Höchste.

XXVII

Wer sich bemüht, bei jeder Wissenschaft ein von ihr verschiedenes Ergebnis festzustellen und Nutzen von ihr zu fordern, dem ist es völlig unbekannt, wie groß von Anfang an der Unterschied zwischen dem Guten und dem Notwendigen ist. Er ist nämlich außerordentlich groß. Denn jene Dinge, die wir um eines anderen willen lieben und ohne die zu leben nicht möglich ist, jene nennen wir notwendig und Mitursachen; was wir aber um seiner selbst willen lieben, auch wenn sich nichts weiteres daraus ergibt, das nennen wir Gutes im eigentlichen Sinne. Denn man kann nicht eines wählen wegen eines anderen und jenes wieder wegen eines andern; das würde ins Unbegrenzte hinauslaufen. Irgendwo muß ein Stillstand sein. Also ist es vollkommen lächerlich, überall einen Nutzen zu suchen, der von der Sache selbst verschieden wäre, und zu fragen: «Was nützt uns das?» und «Wozu können wir dies gebrauchen?» Denn wer so spricht, der wirkt, wie wir gesagt haben, als einer, der das Edle und Gute nicht kennt und der zwischen Ursache und Mitursache nicht zu unterscheiden vermag.

XXVIII

Daß wir vollkommen richtig sprechen, mag man erkennen, wenn wir uns etwa im Geiste auf die Inseln der Seligen versetzen lassen. Denn dort hätten wir keine Bedürfnisse, und keines der anderen Dinge würde uns irgendeinen Nutzen gewähren, sondern als einziges bliebe das Denken und Betrachten, also das, was wir auch jetzt das vornehme Leben nennen.

Wenn aber dies wahr ist, wie sollte sich da einer nicht mit Recht schämen, der, wo es uns doch möglich ist, auf den Inseln der Seligen zu wohnen, aus eigener Schuld dazu unfähig wäre?

Es ist denn auch für die Menschen der Lohn der Erkenntnis keineswegs zu verachten und das Gute, das sich aus ihr ergibt, kein geringes. Gleich wie wir nämlich (wie die Weisen unter den Dichtern sagen) die Früchte der Gerechtigkeit im Hades ernten, so auch, dürfen wir annehmen, die Früchte der Erkenntnis auf den Inseln der Seligen.

XXIX

Es ist also kein Unglück, wenn sich die Erkenntnis nicht als brauchbar oder als nützlich erweist. Denn wir behaupten, daß sie nicht nützlich sei, sondern gut. Man soll sie nicht um eines anderen, sondern um ihrer selbst willen wählen. Wie wir nämlich nach Olympia reisen um des Schauspieles selbst willen, auch wenn wir davon keinerlei Gewinn haben (denn das Zuschauen ist mehr wert als viel Geld) und wie wir die dionysischen Aufführungen betrachten, nicht um etwas von den Schauspielern einzunehmen – sondern wir legen sogar noch dazu –, und wie wir viele andere Schauspiele höher schätzen als eine Menge Geld, so wird man auch die Betrachtung des Alls höher achten als alle Dinge, die als brauchbar gelten.

Man soll nicht Reisen unternehmen zu Leuten, die ‹auf der Bühne› Frauen und Sklaven, Kämpfende und Laufende nachahmen, und viel Mühe darauf verwenden, bloß um sie anzuschauen, andererseits dagegen meinen, daß man die Natur der Dinge und die Wahrheit nicht ohne Lohn betrachten solle.

[So sind wir denn von der Absicht der Natur ausgegangen und aufgestiegen bis zur Mahnung zur Erkenntnis als einem Guten, das an sich selbst kostbar ist, auch wenn sich daraus nichts Brauchbares für das menschliche Leben ergibt.]

XXX

Daß aber die betrachtende Erkenntnis uns auch für unser menschliches Leben den größten Nutzen gewährt, läßt sich leicht an den Künsten ablesen.

Wie nämlich die klugen unter den Ärzten und die Mehrzahl der Gymnastiker übereinstimmend erklären, daß der, der ein guter Arzt und Gymnastiker werden will, über die Natur Bescheid wissen muß, so müssen auch die guten Gesetzgeber über die Natur Bescheid wissen und zwar noch viel mehr als jene. Denn jene erzeugen nur die Tüchtigkeit des Körpers, diese dagegen befassen sich mit den Tugenden der Seele und beanspruchen, die Wege zu Glück und Unglück für das ganze Gemeinwesen zu lehren, und bedürfen darum noch viel mehr der Philosophie.

Wie nämlich in den anderen, handwerklichen Künsten die besten Werkzeuge durch Beobachtung der Natur entdeckt werden (so sind etwa in der Schreinerkunst Richtschnur, Lineal und Drehscheibe vom Wasser, vom Licht und vom Umkreis der Strahlen übernommen worden) und wir mit ihnen die Möglichkeit haben, in einem für die Sinneswahrnehmung hinreichenden Maße das Gerade und das Glatte festzustellen, genau so muß auch der Staatsmann bestimmte Regeln von der Natur selber und vom Sein übernehmen, die ihm zu beurteilen gestatten, was gerecht sei, was edel und was förderlich. Wie nämlich in jenem Falle derartige Werkzeuge sich vor allen anderen auszeichnen, so ist auch dasjenige Gesetz das beste, das sich am meisten nach der Natur richtet.

Dies kann man aber nicht erreichen, wenn man nicht philosophiert und die Wahrheit erkannt hat. Bei den anderen Künsten nämlich gewinnt man die Werkzeuge und die genauesten Berechnungen nicht an den Ursprüngen selbst, sondern an dem im zweiten, dritten und vielfachen Grade Abgeleiteten, und die Prinzipien ergeben sich aus der bloßen Erfahrung. Der Philosoph allein unter allen ahmt die exakten Ursprünge selbst nach. Denn er ist Betrachter der Dinge selbst und nicht ihrer Nachahmungen.

Wie nun aber einer kein guter Baumeister ist, der nicht das Lineal verwendet und die anderen derartigen Werkzeuge, sondern der einfach andere Häuser nachmacht, so wird wahrscheinlich auch der kein guter und ernsthafter Gesetzgeber werden, der Gesetze gibt für die Gemeinwesen oder politische Handlungen vollbringt bloß im Hinblick und in der Nachahmung anderer Handlungen oder anderer menschlicher Gemeinwesen, etwa der Spartaner oder Kreter oder anderer dergleichen. Denn die Nachahmung von etwas, was nicht schön ist, kann nicht schön sein, und die Nachahmung von etwas, was seiner Natur nach nicht göttlich oder beständig ist, kann nicht unsterblich oder beständig werden; sondern nur, wenn der Handwerker ein Philosoph ist, werden die Gesetze beständig und die Handlungen recht und edel. Denn er allein lebt im Blick auf die Natur und auf das Göttliche. Wie ein guter Steuermann fährt er dahin und orientiert die Prinzipien seines Lebens an Ewigem und Beharrendem und lebt so aus sich selbst.

Diese Wissenschaft ist nun an sich eine betrachtende, aber sie bietet uns die Möglichkeit, alles in ihrem Sinne zu verfertigen. Wie nämlich das Auge nichts schafft oder hervorbringt (denn seine Aufgabe ist allein, jedes einzelne der sichtbaren Dinge zu beurteilen und deutlich zu machen), aber uns ermöglicht, mit seiner Hilfe zu handeln, und uns im Handeln die größte Hilfe leistet (denn wir wären nahezu vollkommen unbeweglich, wenn wir es nicht besäßen), so ist es auch klar, daß wir durch diese Wissenschaft, obwohl sie eine betrachtende ist, unzählige Dinge vollbringen: durch sie ergreifen wir das eine, fliehen das andere, und überhaupt erwerben wir alle Güter durch sie.

XXXI

[Daß nun jene, die das geistgemäße Leben wählen, auch ganz besonders angenehm zu leben vermögen, kann aus Folgendem sichtbar werden]

Es scheint, daß man in einem doppelten Sinne von Leben sprechen kann: von seiner Möglichkeit und von seiner Wirklichkeit. So nennen wir sehende Wesen diejenigen, die Augen besitzen und die natürliche Fähigkeit haben zu sehen, auch wenn sie zufällig gerade die Augen geschlossen haben; dann aber auch diejenigen, die sich dieser Möglichkeit faktisch bedienen und schauen. Dasselbe gilt nun auch vom Wissen und Erkennen. Das eine nennen wir den Gebrauch und das wirkliche Betrachten, das andere den Besitz der Fähigkeit und der Wissenschaft.

Wenn wir nun das Leben und das Nicht-Leben durch das Wahrnehmen unterscheiden und wir vom Wahrnehmen in zweierlei Sinn sprechen, wesentlich vom faktischen Gebrauch der Wahrnehmung, sodann aber auch von der Möglichkeit des Gebrauches (darum sagen wir, daß auch der Schlafende Wahrnehmungen besitze, offenbar der Möglichkeit nach), so müssen wir folgerichtig vom Leben ebenfalls in zweierlei Sinn sprechen. Einerseits sagen wir, daß der Wachende im wahren und eigentlichen Sinne lebe, andererseits, daß es auch der Schlafende tue, weil er in diejenige Bewegung umschlagen könne, die wir beim Wachsein und beim Wahrnehmen von Gegenständen voraussetzen.

Darum und im Hinblick darauf, wenn nun ein Identisches auf zwei verschiedene Weisen bezeichnet wird, und die eine davon meint ein Machen oder ein Leiden, so werden wir diese Weise als die eigentlichere bezeichnen: Wissend ist eher jener, der das Wissen benutzt, als derjenige, der es bloß besitzt, und sehend eher jener, der hinschaut, als jener, der bloß zu schauen vermag. Wir sprechen nämlich von einem «eher» nicht nur dort, wo innerhalb eines und desselben Begriffs ein Überwiegen stattfindet, sondern auch, wo ein Früher und Später vorliegt: so sagen wir, daß die Gesundheit eher ein Gut sei als das Gesundmachende und daß das seiner Natur nach an sich Wünschbare eher ein Gut sei als das anderes Hervorbringende. Dennoch sehen wir, daß der Begriff, vom Sein abgesehen, in gleicher Weise von beidem ausgesagt wird, nämlich daß beides ein Gutes sei, das Nützliche sowohl wie auch das Vollkommene.

Wir werden also sagen, daß der Wachende eher lebt als der Schlafende und der mit seiner Seele Tätige eher als derjenige, der die Seele bloß besitzt. Denn im Hinblick auf den ersten sagen wir, daß auch der zweite lebe; dieser ist der Möglichkeit nach so, wie jener in seinem Leiden und Tun wirklich ist.

Das Betätigen bedeutet in jedem Falle dies: wenn es sich um eine einzige Möglichkeit handelt, daß dann diese betätigt werde, wenn es aber eine Mehrzahl ist, daß dann das Beste davon sich betätige. So beim Flötenspiel: entweder handelt es sich nur darum, daß einer faktisch Flöte spielt, oder dann, daß er so gut als möglich spielt. Denn dasselbe gilt hier und in allen andern Dingen.

Eher betätigen sagen wir dort, wo einer richtig betätigt. Denn wer eine Tätigkeit schön und genau ausübt, der übt sie auch an dem richtigen Gegenstand und auf die richtige Weise aus.

Die Tätigkeit der Seele besteht nun entweder ausschließlich oder doch vorzugsweise im Denken und Überlegen. Es ist also ganz einfach und eine Schlußfolgerung, die jeder leicht ziehen kann, daß derjenige eher lebt, der richtig denkt und daß am meisten von allen derjenige lebt, der am meisten sich um die Wahrheit bemüht, also derjenige, der denkt und betrachtet auf Grund der exaktesten aller Wissenschaften. Und das vollkommene Leben existiert dann und für jene, die denken und Einsicht besitzen.

Wenn endlich das Leben für jedes Lebewesen dasselbe ist wie das Sein, so ist es klar, daß auch das Sein am meisten und wesentlichsten dem Einsichtigen zukommt und zwar im gesamten Zeitablauf vor allem dann, wann er tätig ist und dasjenige betrachtet, was von allem Seienden das am meisten Erkennbare ist.

XXXII

Es hat ferner auch die vollkommene und ungehinderte Tätigkeit in sich selber Freude, so daß also die betrachtende Tätigkeit von allen die erfreulichste wäre.

Es besteht außerdem ein Unterschied zwischen dem Trinken, während man freudig gestimmt ist, und dem Trinken mit Freude. Denn nichts hindert, daß einer trinkt, ohne Durst zu haben und ohne einen Trank einzunehmen, der Genuß bereitet, und dennoch Freude verspürt, nicht am Trinken, sondern weil er gleichzeitig etwas betrachtet oder nachdenkend dasitzt. Von einem solchen sagen wir sicherlich, daß er Freude empfindet und als solcher trinkt, aber seine Freude kommt nicht vom Trinken, und er hat nicht Freude am Trinken. Auf dieselbe Weise nennen wir auch Gehen und Sitzen und Lernen und jede Art von Bewegung erfreulich oder schmerzlich, nicht weil wir freudig oder schmerzlich gestimmt sind, während wir gerade dies tun, sondern weil wir durch dieses Tun selbst Freude oder Schmerz empfinden. Desgleichen nennen wir dies ein erfreuliches Leben, dessen Gegenwart denen, die es führen, erfreulich ist; und wir sprechen von einem erfreulichen Leben nicht bei allen denen, die sich im Leben an etwas freuen, sondern denen das Leben selbst angenehm ist und die eben Freude am Leben selbst haben.

So billigen wir denn auch das Leben eher dem Wachenden zu als dem Schlafenden, dem Verständigen eher als dem Toren. Die Freude am Leben aber kommt, wie wir sagen, von dem Gebrauch, den man von der Seele macht. Denn dies ist wahrhaft leben. Nun gibt es zwar viele Arten des Gebrauchs der Seele, die wichtigste von allen ist aber, so sehr als möglich zu denken. So ist es klar, daß die aus dem Denken und Betrachten entspringende Lust als einzige oder doch vorzugsweise mit dem Leben selbst notwendig verbunden ist. Angenehm zu leben also und wahrhaft Freude zu empfinden, ist allein oder doch vorzugsweise Sache der Philosophen.

[Denn die Betätigung der wahrsten Gedanken, die sich mit dem am meisten Seienden erfüllt und stets beharrlich die in sie hineingegebene Vollkommenheit behütet, die ist es auch, die von allen am meisten die Heiterkeit zustande zu bringen vermag. So sollen also die Verständigen philosophieren, gerade um die wahren und guten Freuden zu genießen.]

XXXIII

Wenn man dies aber nun nicht nur aus einzelnen Teilstücken erschließen, sondern dasselbe aus dem Gesamtbegriff der Glückseligkeit deduzieren soll, so werden wir ausdrücklich sagen, daß sich das Philosophieren zur Glückseligkeit ebenso verhält wie dazu, ob es uns edel oder gemein geht. Denn für alle ist Alles wünschbar entweder im Hinblick darauf oder durch dieses, jenes als Dinge, die zur Notdurft dienen, dieses als Erfreuliches, durch das wir glückselig sind.

Die Glückseligkeit bestimmen wir entweder als Einsicht und eine Art von Weisheit oder als die Tugend oder als ein Höchstmaß von Lust oder als alles dies zusammen. Wenn sie nun Einsicht ist, so ist es klar, daß allein den Philosophen das glückselige Leben zukommen wird; wenn sie Tugend der Seele oder Lust ist, dann kommt sie ebenfalls diesen, sei es ausschließlich, sei es vorzugsweise, zu. Denn die Tugend ist das Wesentlichste von dem, was wir besitzen, und das Erfreulichste von allem ist, wenn man eins mit dem anderen vergleicht, die Einsicht. Ebenso, wenn einer behauptet, daß alles dies zusammen die Glückseligkeit ausmache, so hat man sie nach der Einsicht zu bestimmen.

XXXIV

Also müssen alle philosophieren, die dazu fähig sind. Denn dies ist entweder das vollkommene Leben selber, oder es ist doch, um es mit einem Worte zu sagen, für die Seelen am meisten Ursache dafür. Hier freilich, da unser Geschlecht gegen seine Natur scheint leben zu müssen, ist das Lernen und Betrachten beschwerlich, und man wird nur mit Mühe dazu kommen, etwas wahrzunehmen, weil wir dazu untauglich und in einem der Natur widersprechenden Leben sind. Wenn wir uns aber einmal dorthin retten können, von wo wir ausgegangen sind, dann wird sich zeigen, wie viel leichter und angenehmer uns allen das vonstatten gehen wird.

Jetzt freilich leben wir abgetrennt vom Guten und betreiben das Notwendige, und die, die das am meisten tun, scheinen den Leuten am glückseligsten zu sein. [Wenn wir aber einst den Weg zum Himmel wählen und unser Leben errichten auf dem uns zugeteilten Sterne, dann werden wir philosophieren, in Wahrheit lebend und Dinge von übermäßiger Schönheit betrachtend, die Seele fest konzentrierend auf die Wahrheit, die Herrschaft der Götter betrachtend und uns stets an dieser Betrachtung erfreuend mit einer Freude ohne jeden Schmerz. Derart zur gesamten Glückseligkeit emporschreitend, werden wir den Beistand des Philosophierens erfahren. Darum müssen wir es ergreifen als die ernsthafteste Sache und als die, die uns am meisten angeht.]

2. DIE KATEGORIENLEHRE

Von der römischen Kaiserzeit an bis an die Schwelle unseres 19. Jahrhunderts sah man in Aristoteles vorzugsweise den Schöpfer der Logik, also derjenigen Wissenschaft, die die Formen des Wissens und des Wißbaren gliederte und zwischen richtigem und unrichtigem, zwischen einleuchtendem und betrügerischem Argumentieren unterscheiden lehrte. Das Organon, *der Textkomplex, der die Logik umfaßt, ist schon in der Antike so oft kommentiert worden, wie kein anderer Abschnitt des aristotelischen Œuvres. Die Grundzüge der Logik gehörten zum unentbehrlichen Bildungsgut, und die großen metaphysischen Systeme des spätesten Neuplatonismus wie des christlichen Mittelalters werden durch eben diese Logik regiert.*

Dennoch konnte es nicht in Frage kommen, größere Teile des Organon in die vorliegende Auswahl aufzunehmen. Die Schwierigkeit besteht zunächst und vor allem darin, daß gerade die sachlich bedeutendsten Darlegungen von einer derartigen Technizität sind, daß sie schon in der griechischen Ursprache streckenweise nur mit Kommentar wirklich verstanden werden können. Der Übersetzer vollends steht vor der Alternative, entweder genau zu übersetzen und damit unverständlich zu werden oder aber zu umfangreichen Paraphrasen und Erläuterungen seine Zuflucht zu nehmen. Beides ist gleich unbefriedigend. Man mag sich damit trösten, daß der Einfluß der Logik auf dasjenige, was Aristoteles als seine Philosophie im eigentlichen Sinne vorgetragen hat, verhältnismäßig begrenzt ist. Anders gesagt: Man braucht nicht das ganze Instrumentar der Logik zu beherrschen, um die Kosmologie oder Ethik des Aristoteles zu begreifen.

Doch wenigstens ein wichtiges Stück darf nicht fehlen. An zahlreichen Stellen spricht Aristoteles von einer Reihe von Begriffen, die vor allen anderen dazu dienen, jedem Seienden seinen Ort anzuweisen. Zuweilen nennt er sie Kategorien. *Meist erwähnt er sie derart summarisch, daß es offensichtlich wird, daß er ein bestimmtes grundlegendes Lehrstück meint, dessen Kenntnis er bei seinen Hörern und Lesern ohne weiteres voraussetzen kann.*

Und nun besitzen wir tatsächlich einen Text, der diese Kategorien zum Gegenstand hat, freilich – fatalerweise – in einer doppelt verstümmelten Gestalt. Erstens setzt er eine feste Zehnzahl von Kategorien voraus. Aber nur vier dieser Kategorien werden wirklich behandelt. Der Rest muß sehr früh untergegangen sein und ist in unserer Überlieferung durch eine kümmerliche Anmerkung ersetzt, die nur zeigt, daß man sich angesichts der Lücke nicht recht zu helfen wußte. Zweitens zeigt auch der erhaltene Text teilweise eine depravierte Gestalt. Was ursprünglich eine energisch geführte Untersuchung des Aristoteles selbst gewesen sein muß, ist zum Hand- und Schulbuch abgesunken. Zuweilen liegt eine gewisse Unordnung vor, zuweilen eine etwas gar zu primitive Umständlichkeit und Pedanterie im Ausdruck, Eigenheiten, die auch eine Übersetzung zu verwischen nicht das Recht hat.

Aber der Kern ist aristotelisch und wichtig: nicht nur, weil wir da (wie schon angedeutet) eine der wenigen logischen Doktrinen haben, auf die Aristoteles auch in den philosophischen Diskussionen immer wieder Bezug nimmt, sondern auch, weil die Kategorienlehre ein Endprodukt einer überaus reichen philosophischen Entwicklung darstellt.

Zehn Kategorien gibt es. Unser Text zählt sie am Ende seiner Einleitung auf. Es ist aber keine Frage, daß es sich nicht um ein ursprüngliches Ganzes, nicht um ein organisches System von Begriffen handelt. Man wird schon die ersten sechs Kategorien von den spätern vier abtrennen, und auch darüber hinaus entbehrt das System der Evidenz. Die Frage besteht, ob nicht die Zehnzahl als solche erzwungen werden sollte, weil sie eine bestimmte spekulative Bedeutung besaß.

Genau genommen hat nahezu jede der Kategorien ihre eigene Geschichte und Provenienz. Ich deute nur weniges an.

Vom Sein als einem klar umgrenzten, einen, ewigen und unveränderlichen, nur geistig erkennbaren hatte zuerst Parmenides gesprochen. Von Seiendem als von unwandelbaren Wesenheiten redeten, wenn auch in sehr verschiedener Weise, Demokrit und Platon. In der uns vorliegenden aristotelischen Kategorienlehre heißt Wesenheit ein doppeltes: einmal das sinnfällig vorhandene Einzelne, das Gegenwärtigkeit besitzt, dagegen allerdings weder Eindeutigkeit noch Unveränderlichkeit; sodann das als Art und Gattung faßbare eigentliche Wesen, das nie als solches erscheint, dafür aber als in sich unveränderlich den alleinigen Gegenstand aller Wissenschaft bildet.

Die Quantität ist die in gewisser Weise beherrschende Kategorie bei manchen der spätern Vorsokratiker, Empedokles und Demokrit vor allem. Der demokritische Atomismus ist der großangelegte Versuch, alles Werden auf geometrisch-quantitative Verschiebungen unveränderlicher Seinseinheiten zu reduzieren. Durch Zusammensetzung und Aufteilung ensteht Alles. Dem gegenüber ist es das unermüdliche Bestreben des Aristoteles selbst, der Frage nach der Quantität diejenige nach der Qualität entgegenzustellen. Er hält daran fest, daß es Elementarqualitäten gibt, die nicht weiter auf Quantitäten reduziert werden können. Dabei kommt ihm, wie er selber gedacht haben mag, zustatten, daß die Kategorie der Qualität anders als diejenige der Quantität sowohl die Kosmologie wie auch die Ethik gleichmäßig zu umgreifen scheint: gerecht und anständig ist für Aristoteles eine Qualität genau so wie warm und trocken.

Die Kategorie der Relation sodann hat wieder ihre eigene Geschichte. Ihre Entwicklung ist deutlich ein Werk der Sophistik. Man mag sie, von Platon her gesehen, einen Gegenbegriff zur Wesenheit nennen. Denn sie umfaßt all das Seiende, das gerade nicht unwandelbar in sich selbst beruht, sondern auf anderes bezogen ist und von anderem her seine jeweilige Bedeutung erhält.

Elementar sind natürlich die Kategorien von Ort und Zeit, doch auch ihre philosophische Entfaltung gehört der Sophistik an. Sie stellt zuerst die radikale Frage, ob alles, was ist, an einem Ort sein müsse, und scheint auch gefragt zu haben, wie die Situation des Jetzt zwischen Vergangenheit und Zukunft aufzufassen sei.

Über die Herkunft und Tragweite der Kategorien «Lage» und «Besitzen» ist es schwer zu urteilen, schon weil uns die Ausführungen des Aristoteles darüber verloren sind. «Bewirken» und «Erleiden» endlich sind ein Paar, das schon bei Platon auftritt und in der hellenistischen Philosophie eine überragende Bedeutung erhalten hat.

Hinzuweisen ist noch auf zwei Begriffe, die in dem nachfolgenden Texte bemerkenswert häufig erscheinen. Das eine ist der Begriff des Gegensatzes.

Der Gegensatz spielt in der griechischen Philosophie von den ältesten Zeiten bis auf Aristoteles eine ungeheure Rolle. Schon aus dem Chaos Hesiods und aus dem Unbegrenzten Anaximanders gehen Gegensätze hervor, zumal der elementarste unter ihnen, derjenige von Licht und Finsternis. Die Welt des Meinens bei Parmenides ist aufgebaut auf dem Gegensatz von Sein und Nichtsein; bei Empedokles haben wir Liebe und Streit, und vollends bei Aristoteles selbst ist der Kosmos ohne das stete Zusammen- und Gegeneinander-Wirken von Gegensätzen gar nicht denkbar. Kein Wunder also, daß bei jeder der Kategorien die Frage aufgeworfen wird, ob in ihrem Bereich Gegensätze vorkommen.

Dem Gegensatz nahe verwandt ist der Begriff des Mehr–Weniger. Seine Bedeutung hat er wohl zunächst im Bereich der platonischen Ontologie erhalten. Denn das Reich des reinen Seins, der unwandelbaren Idee ist gerade dadurch charakterisiert, daß es in ihm kein Mehr und Weniger geben kann. Alles ist, was es ist. Mit dem Mehr oder Weniger, dem Steigen und Sinken beginnt die Welt des Werdens und Vergehens, und auf diesem Hintergrund ist es zu verstehen, wenn auch bei Aristoteles die Frage immer wieder auftaucht, ob in dieser oder jener Kategorie ein Mehr oder Weniger möglich sei.

Übersetzt wird im folgenden Aristot. Categ. p. 1a1–11a38 ed. L. Minio-Paluello (2. ed. 1956).

DIE KATEGORIEN

1. Gleichbenannt heißen diejenigen Dinge, bei denen nur der Name gemeinsam, der mit dem Namen gemeinte Wesensbegriff aber verschieden ist; wie etwa «Lebewesen» sowohl von einem wirklichen Menschen wie auch von einem Porträt ausgesagt wird. Da ist nur der Name gemeinsam, der mit dem Namen gemeinte Wesensbegriff aber ein verschiedener. Wenn man nämlich feststellt, was in jedem der beiden Fälle das «Lebewesen-Sein» bedeutet, wird man hier wie dort zu einem besondern Begriff gelangen.

Gleichbedeutend heißen diejenigen Dinge, bei denen sowohl der Name gemeinsam wie auch der mit dem Namen gemeinte Wesensbegriff derselbe ist. So wird «Lebewesen» sowohl vom Menschen wie vom Rinde ausgesagt. Bei beiden ist sowohl der Name gemeinsam wie auch der Wesensbegriff derselbe. Wenn man nämlich feststellt, was in jedem der beiden Fälle das «Lebewesen-Sein» bedeutet, so wird man hier wie dort zu einem und demselben Begriff gelangen.

Wortverwandt sind diejenigen Dinge, die mit verschiedenen Ableitungen von demselben Worte benannt werden. So wird von der Grammatik der Grammatiker, von der Tapferkeit der Tapfere abgeleitet.

2. Alle Aussagen befinden sich entweder in einer Verflechtung oder außerhalb einer solchen. In Verflechtung steht «ein Mensch läuft», «ein Mensch siegt», ohne Verflechtung ist: «Mensch», «Rind», «läuft», «siegt».

Vom Seienden wird das eine von einem Zugrundeliegenden ausgesagt, ohne aber an einem Zugrundeliegenden zu sein: «Mensch» wird von einem beliebigen Menschen als dem Zugrundeliegenden ausgesagt, ist aber nicht an einem Zugrundeliegenden.

Anderes ist umgekehrt an einem Zugrundeliegenden, ohne von einem Zugrundeliegenden ausgesagt zu werden. «An einem Zugrundeliegenden» nenne ich solches, was sich an einem andern befindet, ohne ein Teil von diesem zu sein, was aber doch abgetrennt von demjenigen, an dem es ist, unmöglich bestehen kann. So ist die Grammatik in der Seele als an dem Zugrundeliegenden, wird aber von keinem Zugrundeliegenden ausgesagt; das Weiße ist am Körper als an dem Zugrundeliegenden (denn jede Farbe ist an einem Körper), wird aber von keinem Zugrundeliegenden ausgesagt.

Wieder anderes wird sowohl von einem Zugrundeliegenden ausgesagt als ist auch an einem Zugrundeliegenden. So ist die Wissenschaft an der Seele als an einem Zugrundeliegenden, wird aber auch von der Grammatik als von dem ihr Zugrundeliegenden ausgesagt.

Anderes endlich ist weder an einem Zugrundeliegenden noch wird es von einem solchen ausgesagt, wie etwa ein einzelner Mensch oder ein einzelnes Pferd. Dergleichen ist weder an einem Zugrundeliegenden noch wird es von einem Zugrundeliegenden ausgesagt. Allgemein gesagt werden die unteilbaren Einheiten von keinem Zugrundeliegenden mehr ausgesagt; wohl aber können sie gelegentlich an einem Zugrundeliegenden sein. So ist eine bestimmte Art von Grammatik an einem Zugrundeliegenden.

3. Wo nun eine bestimmte Aussage von einem andern als von einem Zugrundeliegenden gemacht wird, so wird alles, was vom Ausgesagten gilt, auch vom Zugrundeliegenden gesagt werden können. So wird «Mensch» von einem beliebigen Menschen ausgesagt, und «Lebewesen» vom «Menschen»; also wird «Lebewesen» auch von dem beliebigen Menschen ausgesagt werden. Denn der beliebige Mensch ist sowohl «Mensch» wie auch «Lebewesen».

Artverschiedenes, das einander nicht gegenseitig untergeordnet ist, besitzt auch Eigentümlichkeiten, die der Art nach verschieden sind; so das «Lebewesen» und die «Wissenschaft». Eigentümlichkeiten des Lebewesens sind «befußt», «geflügelt», «im Wasser lebend» und «zweifüßig». Keine von ihnen kommt der Wissenschaft zu. Denn keine Wissenschaft unterscheidet sich von einer andern dadurch, daß sie zweifüßig ist. Wo aber die Gattungen einander untergeordnet sind, kann es durchaus vorkommen, daß die Eigentümlichkeiten dieselben sind. Das Übergeordnete kann von den subsumierten Gattungen ausgesagt werden, derart, daß die Zahl der Eigentümlichkeiten des Ausgesagten genau so groß sein wird wie die der Eigentümlichkeiten des Zugrundeliegenden.

4. Von dem, was außerhalb jeder Verflechtung ausgesagt wird, bedeutet ein jedes entweder eine Wesenheit oder eine Quantität oder eine Qualität oder eine Relation oder einen Ort oder eine Zeit oder eine Lage oder ein Besitzen oder ein Bewirken oder ein Erleiden.

Wesenheit ist, um es im Umriß zu sagen: Mensch, Pferd. (1)
Quantität ist: zwei Ellen lang, drei Ellen lang. (2)
Qualität ist: weiß, grammatisch gebildet. (3)
Relation ist: doppelt, halb, größer. (4)
Ort ist: im Lykeion, auf dem Markte. (5)
Zeit ist: gestern, vergangenes Jahr. (6)
Lage ist: es ist aufgestellt, er sitzt. (7)
Besitzen ist: er hat Schuhe an, er ist bewaffnet. (8)
Bewirken ist: Schneiden, Brennen. (9)
Erleiden ist: Geschnitten werden, gebrannt werden. (10)

Jeder der genannten Begriffe steht an und für sich in keinerlei Bejahung. Wenn sie aber miteinander verflochten werden, entsteht eine Bejahung. Jede Bejahung nämlich scheint entweder wahr oder falsch zu sein. Was aber in keinerlei Verflechtung steht, ist weder wahr noch falsch, etwa: Mensch, weiß, er läuft, er siegt.

5. Wesenheit im hauptsächlichsten, primären und überwiegenden Sinne ist dasjenige, was weder von einem Zugrundeliegenden ausgesagt wird noch an einem Zugrundeliegenden ist, wie etwa ein beliebiger Mensch, ein beliebiges Pferd.

Wesenheiten zweiter Art sind diejenigen, die als Arten die primären Wesenheiten in sich umfassen, also die Arten selbst wie auch die Gattungen, die den Arten übergeordnet sind. So fällt etwa der beliebige Mensch unter die Art «Mensch», und die dieser Art übergeordnete Gattung ist «Lebewesen». Demgemäß sind «Mensch» und «Lebewesen» Wesenheiten zweiter Ordnung.

Es ergibt sich aus dem Gesagten, daß dort, wo etwas von einem Zugrundeliegenden ausgesagt wird, sowohl der Name wie auch der Wesensbegriff von dem Zugrundeliegenden ausgesagt werden muß. So wird «Mensch» von einem beliebigen Menschen als dem Zugrundeliegenden ausgesagt, und zwar sowohl der Name (denn man wird den beliebigen Menschen als «Mensch» bezeichnen) wie auch der Wesensbegriff des Menschen (denn der beliebige Mensch ist auch «Mensch»). Wo aber etwas an einem Zugrundeliegenden ist, da wird in den meisten Fällen weder der Name noch der Wesensbegriff vom Zugrundeliegenden ausgesagt werden. Nur zuweilen kann der Name vom Zugrundeliegenden ausgesagt werden, der Wesensbegriff hingegen auf keinen Fall. So kann «weiß», das am Körper als an dem ihm Zugrundeliegenden ist, auch vom Zugrundeliegenden selbst ausgesagt werden – wir sprechen ja von einem weißen Körper –; doch niemals wird der Wesensbegriff des Weißen auch vom Körper ausgesagt werden können. Alles übrige wird entweder von den primären Wesenheiten als dem Zugrundeliegenden ausgesagt oder ist an ihnen als am Zugrundeliegenden. Das erweist sich an allem Einzelnen, was zur Hand ist. «Lebewesen» wird vom «Menschen» ausgesagt, also auch von einem beliebigen Menschen. Wäre es nämlich von keinem beliebigen Menschen aussagbar, so auch nicht vom Menschen überhaupt. Desgleichen ist die Farbe am Körper, also auch an einem beliebigen Körper. Denn fände sie sich nicht an irgendeinem einzelnen, so würde sie sich auch nicht am Körper überhaupt befinden.

Existierten also die primären Wesenheiten nicht, wäre es unmöglich, daß vom andern irgend etwas existierte. Denn alles andere wird von jenen entweder als dem Zugrundeliegenden ausgesagt oder ist an jenen als am Zugrundeliegenden. Wenn also die primären Wesenheiten nicht existierten, könnte auch nichts anderes existieren.

Von den Wesenheiten zweiter Ordnung ist die Art in höherm Grade Wesenheit als die Gattung. Denn sie ist näher bei der primären Wesenheit. Will man nämlich eine Wesenheit erster Ordnung daraufhin bestimmen, was sie sei, so wird es einleuchtender und sachgemäßer sein, die Art anzugeben als die Gattung. So ist es einleuchtender, einen beliebigen Menschen als «Menschen» zu bestimmen denn als «Lebewesen»; denn jenes ist dem einzelnen Menschen eher eigentümlich, dieses aber viel allgemeiner. Ebenso wird man einen beliebigen Baum einleuchtender als «Baum» bestimmen denn als «Pflanze».

Weiterhin werden die primären Wesenheiten darum vorzugsweise Wesenheiten genannt, weil sie allen andern zugrundeliegen und weil alles andere von ihnen ausgesagt wird oder an ihnen ist. Wie aber die primären Wesenheiten sich zum andern verhalten, so verhält sich die Art zur Gattung. Die Art liegt der Gattung zugrunde, da die Gattungen von den Arten ausgesagt werden, aber nicht umgekehrt die Arten von den Gattungen. So ist denn auch unter diesem Gesichtspunkt die Art mehr Wesenheit als die Gattung.

Von der Gesamtheit der Arten, die nicht Gattungen sind, ist keine eher Wesenheit als die andere. Denn es ist genau ebenso sachgemäß, von einem beliebigen Menschen «Mensch» auszusagen wie von einem beliebigen Pferde «Pferd». Desgleichen ist auch von den primären Wesenheiten keine eher Wesenheit als die andere. Denn der beliebige Mensch ist durchaus nicht eher Wesenheit als das beliebige Rind.

Sinnvollerweise werden nächst den primären Wesenheiten im übrigen nur noch die Arten und Gattungen als Wesenheiten zweiter Ordnung bezeichnet. Denn nur sie charakterisieren die primären Wesenheiten, wenn sie von ihnen ausgesagt werden. Wenn nämlich einer festhalten will, was ein beliebiger Mensch ist, so wird er sachgemäß reden, wenn er Art und Gattung angibt (und zwar wird man erst noch deutlicher sein, wenn man ihn «Mensch» als wenn man ihn «Lebewesen» nennt). Macht man aber irgendeine andere Aussage, so wird sie unsachgemäß sein; etwa wenn man «weiß» oder «er läuft» oder sonst etwas dergleichen aussagt. Sinnvollerweise wird also unter allem nur jenes Wesenheit genannt.

Weiterhin heißen die primären Wesenheiten darum vorzugsweise Wesenheiten, weil sie allem andern zugrundeliegen. Wie nun die primären Wesenheiten sich zu allem andern verhalten, so verhalten sich auch die Arten und Gattungen der primären Wesenheiten zu allem übrigen. Denn von ihnen wird alles übrige ausgesagt. Wenn man nämlich einen beliebigen Menschen «grammatisch gebildet» nennt, wird man auch vom «Menschen» und vom «Lebewesen» «grammatisch gebildet» aussagen können usw.

Gemeinsam für alle Wesenheiten ist es, nicht an einem Zugrundeliegenden zu sein. Die primäre Wesenheit nämlich wird weder von einem Zugrundeliegenden ausgesagt noch ist sie an einem Zugrundeliegenden. Von den Wesenheiten zweiter Ordnung ist es in demselben Sinne klar, daß sie nicht an einem Zugrundeliegenden sind. Denn «Mensch» wird zwar von einem beliebigen Menschen als dem Zugrundeliegenden ausgesagt, ist aber nicht an einem Zugrundeliegenden. Denn der «Mensch» ist nicht an einem beliebigen Menschen. Desgleichen wird «Lebewesen» von einem beliebigen Menschen als dem Zugrundeliegenden ausgesagt, ist aber nicht an einem beliebigen Menschen.

Auch kann bei dem, was an einem Zugrundeliegenden ist, der Name zuweilen vom Zugrundeliegenden selbst ausgesagt werden, dagegen niemals der Wesensbegriff. Bei den Wesenheiten zweiter Ordnung wird hingegen sowohl der Name wie auch der Wesensbegriff vom Zugrundeliegenden ausgesagt: denn vom beliebigen Menschen wird sowohl der Wesensbegriff des Menschen wie auch derjenige des Lebewesens ausgesagt.

Wesenheit gehört also niemals zu dem, was an einem Zugrundeliegenden ist.

Dies ist jedoch nicht bloß der Wesenheit eigentümlich, sondern auch die Differenz gehört zu dem, was nicht an einem Zugrundeliegenden sein kann. Denn «befußt» und «zweifüßig» wird zwar vom Menschen als dem Zugrundeliegenden ausgesagt, ist aber nicht an einem Zugrundeliegenden; das «befußt» und «zweifüßig» ist nicht am Menschen. Der Begriff der Differenz wird ausgesagt von dem, von dem die Differenz ausgesagt wird. Wie nämlich das «befußt» vom Menschen ausgesagt wird, so wird auch der Wesensbegriff des «befußt» vom Menschen ausgesagt; denn der Mensch ist befußt.

Es soll uns nicht beunruhigen, daß die Teile der Wesenheiten an ihrem Ganzen als an einem Zugrundeliegenden sind. Das zwingt uns keineswegs, sie nun etwa nicht als Wesenheiten aufzufassen. Denn daß etwas an einem Zugrundeliegenden ist, ist nicht in dem Sinne gemeint, daß etwas als Teil sich an einem andern befindet.

Von Wesenheiten und Differenzen gilt, daß sie in allen Fällen gleichbedeutend ausgesagt werden. Denn alle Aussagen ihrer Art werden entweder von den unteilbaren Einheiten ausgesagt oder von den Arten. Mit den primären Wesenheiten läßt sich überhaupt keine Aussage machen, da sie ja von keinem Zugrundeliegenden ausgesagt werden. Von den Wesenheiten zweiter Ordnung aber wird die Art von der unteilbaren Einheit ausgesagt und die Gattung sowohl von der Art wie auch von der unteilbaren Einheit. Desgleichen werden auch die Differenzen von den Arten und von den unteilbaren Einheiten ausgesagt. Unter den Wesensbegriff der Arten und der Gattungen fallen die primären Wesenheiten, unter denjenigen der Gattung die Arten.

Alles, was nämlich vom Ausgesagten gilt, wird auch vom Zugrundeliegenden gelten.

Unter den Wesensbegriff der Differenzen fallen die Arten und die unteilbaren Einheiten. Gleichbedeutend nannten wir doch dasjenige, das einen gemeinsamen Namen und einen identischen Wesensbegriff besitzt. In diesem Sinne wird alles, was von den Wesenheiten und den Differenzen ausgesagt wird, gleichbedeutend ausgesagt.

Jede Wesenheit scheint ein bestimmtes Einzelnes zu meinen. Bei den Wesenheiten erster Ordnung ist es unbestreitbar wahr, daß sie ein bestimmtes Einzelnes meinen. Denn was sichtbar gemacht wird, ist eine unteilbare und auch zahlenmäßige Einheit. Bei den Wesenheiten zweiter Ordnung scheint auf ähnliche Weise nach der Form der Äußerung ein bestimmtes Einzelnes gemeint zu werden, wenn man etwa «Mensch» oder «Lebewesen» sagt. Doch dies trifft nicht zu. Vielmehr wird eher ein Qualitatives gemeint. Denn das Zugrundeliegende ist da nicht zahlenmäßig eines wie im Falle der primären Wesenheit, sondern «Mensch» und «Lebewesen» wird von vielem ausgesagt. Allerdings wird nicht schlechthin ein

Qualitatives gemeint, wie etwa «weiß». Denn «weiß» bezeichnet überhaupt nichts anderes als eine Qualität, Art und Gattung dagegen grenzen das Qualitative an einer Wesenheit ab. Sie meinen eine qualifizierte Wesenheit. Und zwar reicht bei der Gattung die Abgrenzung weiter als bei der Art. Wer «Lebewesen» sagt, umfaßt mehr als wer «Mensch» sagt.

Den Wesenheiten ist auch eigentümlich, daß sie keinen Gegensatz haben. Denn was sollte der primären Wesenheit entgegengesetzt sein? Wie es zum beliebigen Menschen keinen Gegensatz gibt, so auch nicht zum «Menschen» oder zum «Lebewesen». Diese Eigenschaft ist freilich nicht der Wesenheit allein eigentümlich. Sie teilt sie mit vielem andern, etwa mit der Quantität. Dem «zwei Ellen Langen» ist nichts entgegengesetzt, auch nicht der Zahl zehn, noch anderm dergleichen, außer man wolle behaupten, das Viele sei dem Wenigen entgegengesetzt und das Große dem Kleinen. Von den bestimmtenQuantitäten ist aber keine einer andern entgegengesetzt.

Die Wesenheit scheint auch kein Mehr und Weniger zu besitzen. Ich meine hier nicht, daß keine Wesenheit in höherm Grade Wesenheit sein kann als eine andere (dies wurde bereits festgestellt), sondern daß jede einzelne Wesenheit nicht mehr oder weniger dasjenige heißen kann, was sie ist. Wenn etwa die Wesenheit «Mensch» in Frage steht, so gibt es nicht mehr oder weniger «Mensch», weder beim einzelnen für sich selbst noch im Vergleich des einen mit dem andern. Kein Mensch ist mehr Mensch als ein anderer, so wie etwa das eine Weiße mehr weiß ist als ein anderes oder wie das eine Schöne mehr schön ist als das andere. Der Sache selbst kann in dieser Hinsicht ein mehr oder weniger zugesprochen werden, wenn etwa ein weißer Körper jetzt mehr weiß genannt werden kann als zuvor oder wenn ein warmer Körper mehr oder weniger warm heißen kann. Von der Wesenheit wird nichts derart ausgesagt. Denn vom Menschen wird nicht gesagt, er sei jetzt mehr Mensch als er zuvor war, noch sonst von irgend etwas unter allem, was Wesenheit ist. Also scheint es ausgeschlossen, daß die Wesenheit ein Mehr oder Weniger zuläßt.

Die auffallendste Eigenart der Wesenheit scheint darin zu bestehen, daß sie, wiewohl zahlenmäßig eine und dieselbe, dennoch die Gegensätze aufzunehmen vermag. Bei allem andern wird man gewiß nichts anführen können, was zahlenmäßig eines und dennoch für die Gegensätze aufnahmefähig ist. So wird die Farbe, die zahlenmäßig eine und dieselbe ist, nicht schwarz und weiß sein; desgleichen wird ein und dasselbe Handeln nicht schlecht und edel sein, und so auch alles Übrige, soweit es keine Wesenheit ist. Die Wesenheit dagegen ist, wiewohl zahlenmäßig eines und dasselbe, aufnahmefähig für die Gegensätze. So ist ein beliebiger Mensch als einer und derselbe bald weiß, bald schwarz, warm und kalt, schlecht und edel.

Diese Erscheinung findet sich nirgendwo sonst, es sei denn, man wolle geltend machen, sie treffe auch auf die Aussage und die Meinung zu. Denn eine und dieselbe Aussage scheint wahr und falsch sein zu können: so kann es wahr sein, daß jemand sitzt; wenn er aber aufsteht, wird dieselbe Aussage falsch. So auch bei der Meinung. Man kann mit Recht meinen, daß jemand sitzt; wenn jener aber aufgestanden ist, so wird dieselbe Meinung über den Betreffenden falsch sein.

Aber auch wenn man dies anerkennen mag, so ist doch die Art und Weise verschieden. Denn im Falle der Wesenheiten verwandeln diese sich selbst und werden aufnahmefähig für die Gegensätze: durch Verwandlung ist das Warme kalt geworden (es hat sich ja verändert), das Weiße schwarz, das Schlechte edel, und ebenso ist in allen andern Fällen die Wesenheit selbst aufnahmefähig für die Verwandlung und damit auch für die Gegensätze; Aussage und Meinung jedoch verbleiben an sich völlig unbewegt; nur dadurch, daß die Sache selbst sich bewegt, werden sie vom Gegensatz berührt. Die Aussage nämlich, daß jemand sitzt, bleibt dieselbe, doch, wenn die Sache sich bewegt, wird jene bald wahr, bald falsch. Dasselbe gilt von der Meinung.

So wird es wohl der Art und Weise nach eine Eigenart der Wesenheit sein, daß sie gemäß ihrer eigenen Veränderung aufnahmefähig ist für die Gegensätze. Wollte man aber weiterhin zugestehen, daß Meinung und Aussage für die Gegensätze aufnahmefähig seien, so ist dies doch nicht wahr. Denn Aussage und Meinung können nicht darum aufnahmefähig für die Gegensätze genannt werden, weil sie selbst etwas aufnehmen, sondern weil an einem anderen eine Veränderung geschehen ist. Dadurch nämlich, daß die Sache selbst ist oder nicht, kann die Aussage wahr oder falsch genannt werden, nicht aber deswegen, weil diese selbst die Gegensätze aufzunehmen vermöchte. Allgemein gesagt vermag nämlich nichts in der Aussage oder der Meinung selbst eine Veränderung hervorzu rufen; da also an ihnen nichts geschieht, sind sie auch nicht aufnahmefähig für die Gegensätze. Dadurch aber, daß die Wesenheit selbst die Gegensätze aufnimmt, wird sie aufnahmefähig für die Gegensätze genannt. Sie nimmt ja Krankheit und Gesundheit, Weiß und Schwarz und alles dieser Art an, und deshalb wird sie aufnahmefähig für die Gegensätze genannt.

Demnach ist es eine Eigentümlichkeit der Wesenheit, daß sie, wiewohl zahlenmäßig eine und dieselbe, für die Gegensätze aufnahmefähig ist. Soviel also über die Wesenheit.

6. Die Quantität ist teils abgeteilt, teils kontinuierlich. Sie besteht teils aus Dingen, deren innere Teile eine bestimmte Lage zueinander haben, teils aus solchen, die keine solche Lage haben. Abgeteilt sind Zahl und Rede, kontinuierlich sind Linie, Fläche, Körper, dazu auch Zeit und Ort.

Die Teile der Zahl nämlich haben keine gemeinsame Grenze, an der sich eben diese Teile berührten. Wenn etwa die fünf ein Teil der zehn ist, so berühren sich die eine und die andere fünf an keiner gemeinsamen Grenze, sondern sie sind getrennt. Desgleichen hängen die drei und die sieben an keiner gemeinsamen Grenze zusammen; und allgemein kann man nirgendwo bei der Zahl eine gemeinsame Grenze ihrer Teile feststellen, sondern diese sind immer getrennt. Also gehört die Zahl zum Abgetrennten.

Zum Abgetrennten gehört auch die Rede (daß die Rede eine Quantität darstellt, ist evident. Denn sie wird an langen und kurzen Silben abgemessen. Ich meine natürlich die durch die Stimme entstehende Rede). Die Teile berühren sich auch da nirgendwo an einer gemeinsamen Grenze. Denn es gibt keine gemeinsame Grenze, an der sich die Silben berühren, sondern jede ist abgetrennt für sich.

Die Linie dagegen ist kontinuierlich. Da läßt sich eine gemeinsame Grenze feststellen, an der sich ihre Teile berühren, nämlich der Punkt. Bei der Fläche ist es die Linie (demnach sind auch die Teile einer Fläche an einer gemeinsamen Grenze miteinander verbunden). Desgleichen kann man auch am Körper eine gemeinsame Grenze feststellen, die Linie oder die Fläche, an der sich die Teile des Körpers berühren. Derselben Art sind endlich auch Zeit und Ort. Denn die gegenwärtige Zeit berührt sich mit der vergangenen und der künftigen. Ebenso gehört auch der Ort zum Kontinuierlichen. Denn einen bestimmten Ort nehmen die Teile des Körpers ein, die doch an einer gemeinsamen Grenze einander berühren. Also müssen auch die Teile des Ortes, die die einzelnen Teile des Körpers enthalten, an derselben Grenze einander berühren, an der dies auch die Teile des Körpers tun. So dürfte also auch der Ort kontinuierlich sein. Denn seine Teile hängen an einer gemeinsamen Grenze zusammen.

Weiterhin haben die Dinge entweder Teile, die eine bestimmte Lage zueinander besitzen, oder aber Teile, die keine solche Lage haben. So haben die Teile einer Linie eine bestimmte Lage zueinander. Denn jeder von ihnen liegt an einem bestimmten Orte, und man kann feststellen und angeben, wo ein jeder in der Fläche liegt und mit welchem von den übrigen Teilen er sich berührt. Ebenso haben auch die Teile der Fläche eine bestimmte Lage; denn auch da könnte man angeben, wo jeder einzelne liegt und welche von ihnen einander berühren. Dasselbe gilt auch vom Körper und vom Orte.

Bei der Zahl hingegen vermag man nicht zu erkennen, daß sich die Teile in einer bestimmten Lage zueinander befinden oder irgendwo liegen, oder welche Teile einander berühren. Ebensowenig ist dies bei der Zeit möglich. Denn keiner der Teile der Zeit hat Bestand. Was aber keinen Bestand hat, wie könnte dies eine bestimmte Lage haben? Eher könnte man sagen, daß sie eine bestimmte Ordnung besitzen, sofern der eine Teil der Zeit früher ist, der andere später. Das gilt auch von der Zahl, sofern in der Reihe die eins vor der zwei und die zwei vor der drei kommt. So zeigt sie eine gewisse Ordnung, aber eine Lage wird man nicht feststellen können. Dasselbe gilt endlich von der Rede. Denn keiner ihrer Teile hat Bestand, sondern jeder wird einmal ausgesprochen und ist dann nicht mehr zu fassen, so daß es auch da keine Lage der Teile geben kann, da ja keiner Bestand hat.

Also besteht das eine aus Teilen, die eine bestimmte Lage haben, das andere aus solchen, die dies nicht haben.

Quantitäten im eigentlichen Sinne sind nur die genannten. Alles Übrige ist es nur akzidentell. Denn im Blick auf jene sprechen wir beim andern von Quantitäten: Wir nennen ein Weißes viel, weil es eine große Fläche hat, und eine Handlung lang, weil ihre Zeitdauer lange ist. Ebenso nennen wir eine Bewegung groß. An sich genommen ist keines davon eine Quantität. Wenn man angeben will, wie lange eine Handlung daure, wird man sie durch die Zeit bestimmen, indem man sie etwa ein Jahr dauernd oder dergleichen nennt; und wenn man die Quantität des Weißen bestimmt, wird man dies mit Hilfe der Fläche tun. Denn so umfangreich die Fläche ist, so umfangreich wird auch das Weiße sein. Also ist nur das Genannte Quantität im eigentlichen Sinne; vom Übrigen ist es keines, außer nur akzidentellerweise.

Weiterhin gibt es bei der Quantität keinen Gegensatz (evident gibt es keinen solchen bei bestimmten Quantitäten, etwa beim zwei oder drei Ellen Langen oder bei einer Fläche und dergleichen), es sei denn, man sage, das Viele sei dem Wenigen entgegengesetzt und das Große dem Kleinen. Doch alle diese Dinge sind nicht Quantitäten, sondern Relationen. Denn nichts wird an sich groß oder klein genannt, sondern nur im Bezug auf anderes. So kann ein Berg klein und ein Hirsekorn groß genannt werden, weil dieses größer, jener aber kleiner ist als seinesgleichen. Der Bezug auf anderes ist also klar. Denn wenn von groß und klein an sich gesprochen würde, würde man niemals den Berg klein, das Hirsekorn aber groß nennen können. Ebenso sagen wir, daß es in einem Dorfe viele Menschen gebe, in Athen aber wenige, auch wenn es hier um ein Vielfaches mehr sind als dort; in einem Hause sprechen wir von vielen Leuten und im Theater von wenigen, auch wenn es hier sehr viel mehr sind als dort.

Weiterhin bezeichnet das zwei oder drei Ellen Lange und dergleichen eine Quantität; groß und klein aber bezeichnen keine Quantität, sondern eher eine Relation. Denn im Bezug auf anderes wird groß und klein festgestellt. Also ist es klar, daß es sich da um Relationen handelt.

Ferner mag man sie als Quantitäten auffassen oder nicht, in jedem Falle gibt es zu ihnen keinen Gegensatz. Denn was nicht an sich gefaßt werden kann, sondern nur im Bezug auf anderes, wie kann es dazu einen Gegensatz geben?

Wenn ferner groß und klein Gegensätze wären, so würde eines und dasselbe die Gegensätze gleichzeitig aufnehmen und mit sich selbst in einen Gegensatz geraten. Denn dasselbe kann gleichzeitig groß und klein sein: im Verhältnis zu dem einen nämlich klein, im Verhältnis zu einem andern groß. So wird also dasselbe in demselben Augenblick sowohl groß wie auch klein sein, also die Gegensätze gleichzeitig annehmen. Es scheint indessen nichts gleichzeitig die Gegensätze annehmen zu können. So ist zwar die Wesenheit gewiß aufnahmefähig für die Gegensätze, aber sie kann nicht gleichzeitig gesund und krank, weiß und schwarz sein oder irgendein anderes Gegensatzpaar gleichzeitig aufnehmen. Außerdem würde dadurch eines mit sich selbst in einen Gegensatz treten. Wenn nämlich das Große dem Kleinen entgegengesetzt ist und eines und dasselbe sowohl groß wie auch klein ist, so wird jenes mit sich selbst im Gegensatz sein. Aber es ist unmöglich, daß etwas mit sich selbst in einem Gegensatz stehen könnte.

Also ist nicht das Große dem Kleinen entgegengesetzt, noch das Viele dem Wenigen, so daß kein Gegensatz eintreten kann, selbst wenn man diese Dinge nicht zu denRelationen, sondern zu den Quantitäten rechnen wollte.

Am ehesten scheint die Gegensätzlichkeit bei der Quantität im Bereich des Ortes aufzutreten. Denn man setzt das Oben als Gegensatz zum Unten und nennt den Ort in der Mitte «unten», da die Mitte den größten Abstand zur Peripherie des Kosmos hat. Es scheint, daß man auch die Definition der andern Gegensätze von da her ableitet. Denn was in einer und derselben Gattung den größten Abstand voneinander hat, bestimmt man als Gegensatz.

Die Quantität, etwa das zwei Ellen Lange, scheint nicht das Mehr und Weniger anzunehmen. Denn es ist nicht eines mehr zwei Ellen lang als ein anderes. Desgleichen wird nicht bei der Zahl die drei mehr drei genannt als die fünf, oder die eine drei mehr als die andere drei. Ebenso ist auch nicht die eine Zeit mehr Zeit als die andere. Und überhaupt ist auf alles Erwähnte das Mehr und Weniger in keiner Weise anwendbar. Also nimmt die Quantität das Mehr und Weniger nicht an.

Der Quantität eigentümlich ist es, daß sie gleich und ungleich genannt wird. Denn jede der genannten Quantitäten wird gleich und ungleich genannt, so ein Körper oder eine Zahl oder eine Zeit. Und derart kann auch von allem Übrigen, was genannt wurde, das gleich und ungleich ausgesagt werden. Alles, was jedoch nicht Quantität ist, scheint nicht eigentlich gleich und ungleich genannt werden zu können. Ein Zustand wird nicht eigentlich gleich oder ungleich genannt, sondern eher ähnlich. Ebenso ist ein Weißes nicht eigentlich gleich und ungleich, sondern ähnlich. Es ist also der Quantität eigentümlich, daß von ihr gleich und ungleich ausgesagt wird.

7. Relationen heißen solche Dinge, die als solche anderem zugehörig oder sonst irgendwie auf anderes bezogen genannt werden. So ist das Größere als solches anderem zugehörig – es wird ja größer als ein anderes genannt –, und ebenso ist das Doppelte als solches einem andern zugehörig –, denn es ist das Doppelte von einem andern – und ebenso das übrige dieser Art.

Zu den Relationen gehören aber auch Dinge wie der Habitus, der Zustand, die Wahrnehmung, die Wissenschaft, die Lage. Denn all dies ist als solches einem andern zugehörig und ist sonst nichts Anderes. Denn der Habitus heißt Habitus von irgend etwas, die Wissenschaft Wissenschaft von etwas und die Lage Lage von etwas und so fort.

Relation ist also etwas, was als solches einem andern zugehörig oder sonst irgendwie auf anderes bezogen ist. So heißt ein Berg groß im Bezug auf einen anderen – denn der Berg wird groß im Bezug auf irgend etwas genannt –, und das Ähnliche heißt einem andern ähnlich, und in derselben Weise wird auch alles Verwandte auf etwas bezogen ausgesagt.

Weiterhin sind Liegen, Stehen und Sitzen bestimmte Lagen, und die Lage gehört zu den Relationen. Doch das sich hingelegt haben, das sich hingestellt oder gesetzt haben sind an sich keine Lagen, wohl aber dem Worte nach mit den genannten Lagen verwandt.

Es gibt bei den Relationen auch eine Gegensätzlichkeit. So ist die Tugend der Schlechtigkeit entgegengesetzt, und jedes von beiden ist eine Relation; ebenso Wissen und Unwissenheit. Doch gibt es nicht bei allen Relationen einen Gegensatz. Denn dem Doppelten oder dem Dreifachen und dergleichen steht kein Gegensatz gegenüber.

Die Relationen scheinen auch das Mehr und Weniger anzunehmen. Denn man redet von mehr oder weniger Ähnlichem, mehr oder weniger Ungleichem, und dies beides sind Relationen. Denn das Ähnliche nennt man ähnlich zu etwas und das Ungleiche einem andern ungleich. Doch nimmt nicht alles das Mehr und Weniger an. Denn man spricht nicht von einem mehr oder weniger Doppelten und dergleichen.

Alle Relationen zeigen Reziprozität. So heißt der Diener Diener eines Herrn und der Herr Herr eines Dieners. Das Doppelte ist doppelt vom Halben und das Halbe ein Halbes vom Doppelten; das Größere ist größer als das Kleinere und das Kleinere kleiner als das Größere und so weiter. Nur verwendet der Sprachgebrauch zuweilen andere Wortformen. So heißt die Wissenschaft Wissenschaft vom Wißbaren, und das Wißbare ist wißbar für die Wissenschaft; die Wahrnehmung ist Wahrnehmung des Wahrnehmbaren, und das Wahrnehmbare ist wahrnehmbar für die Wahrnehmung.

Zuweilen freilich scheint keine Reziprozität vorzuliegen, wenn man nämlich nicht genau entsprechend formuliert, sondern sich darin verfehlt. Wenn man etwa den Flügel auf den

Vogel bezieht, so bezieht sich nicht umgekehrt der Vogel auf den Flügel. Es ist eben schon die erste Aussage: Flügel des Vogels nicht korrekt formuliert: denn der Flügel gehört nicht zum Vogel, sofern er Vogel ist, sondern sofern er beflügelt ist (es haben ja viele andere Tiere, die keine Vögel sind, auch Flügel). Wenn man also korrekt formuliert, entsteht auch Reziprozität: der Flügel ist Flügel eines Beflügelten, und das Beflügelte ist beflügelt durch den Flügel.

Zuweilen ist man auch gezwungen, neue Worte zu bilden, wenn der Begriff, auf den man sich beziehen muß, nicht vorhanden ist. Wenn man etwa vom Steuerruder des Schiffes spricht, so ist die Aussage nicht korrekt: denn das Steuerruder gehört nicht zum Schiff, sofern es ein Schiff ist, da es Schiffe gibt, die kein Steuerruder besitzen. Es kommt auf diese Weise auch keine Reziprozität zustande. Denn das Schiff heißt nicht Schiff im Bezug auf das Steuerruder. Korrekter wäre also wohl die Aussage, wenn man etwa sagen wollte, das Steuerruder sei Steuerruder eines Steuerbaren oder ähnlich (es fehlt nämlich das angemessene Wort). Dann entsteht Reziprozität, wenn korrekt formuliert wird: das Steuerbare ist steuerbar im Hinblick auf das Steuerruder. Dasselbe gilt auch im übrigen. So wird der Kopf korrekter auf das Kopftier als auf das Lebewesen bezogen. Denn das Lebewesen hat nicht als Lebewesen einen Kopf, da viele Lebewesen keinen Kopf haben. In den Fällen also, wo keine Wörter zur Verfügung stehen, wird man die Dinge am leichtesten erfassen, wenn man die Begriffe für das Reziproke vom Primären ausgehend bildet, wie in den vorausgenannten Fällen vom Flügel das Beflügelte und vom Steuerruder das Steuerbare. Alle Relationen also zeigen, wenn sie korrekt formuliert werden, ein Reziprokverhältnis. Freilich wenn man sie an Beliebiges anknüpft und nicht an das, was gemeint ist, kommt dieses Verhältnis nicht zustande.

Ich meine nun, daß auch dort, wo ein anerkanntes Reziprokverhältnis existiert und die Namen dafür zur Verfügung stehen, das Verhältnis nicht zum Ausdruck kommt, wenn man die Aussage auf etwas Akzidentelles bezieht, und nicht auf das, was gemeint ist. Wenn also etwa der Diener nicht auf den Herrn bezogen wird, sondern auf den Menschen oder den Zweifüßler und dergleichen, so entsteht keine Reziprozität. Denn die Aussage ist nicht korrekt.

Ferner wird das Verhältnis nur dann gleichmäßig ausgesagt werden, wenn die Aussage sich korrekt auf das bezieht, was gemeint ist, wenn ferner alles andere ausgeschaltet wird, was bloßes Akzidens ist, und wenn demnach nur das festgehalten wird, worauf die Beziehung korrekterweise geht. So wird der Diener immer nur dann auf den Herrn bezogen bestimmt sein, wenn er sich nur auf den Herrn bezieht und alles andere ausgeschaltet ist, was dem Herrn akzidentellerweise zukommt, daß er Zweifüßler ist, daß er für Wissenschaft aufnahmefähig ist und daß er Mensch ist, so daß also nur das eine übrig bleibt, daß er Herr ist. Denn der Diener ist Diener des Herrn. Wenn sich aber die Aussage nicht korrekt auf das bezieht, was gemeint ist, dabei aber alles andere ausgeschaltet wird und nur dasjenige übrig bleibt, worauf sich die Aussage bezieht, so wird die Relation nicht zustande kommen. Dann wird der Diener auf den Menschen bezogen und der Flügel auf den Vogel, und beim Menschen wird ausgeschaltet, daß er Herr ist. Dann aber existiert eine Relation des Dieners zum Menschen gar nicht mehr: denn wo es keinen Herrn gibt, gibt es auch keinen Diener. Dasselbe geschieht, wenn man beim Vogel das Beflügelte ausschaltet. Dann wird der Flügel in keiner Relation mehr stehen. Wo es nämlich kein Beflügeltes gibt, wird es auch keinen Flügel von etwas geben.

Also muß man die Aussage sich korrekt beziehen lassen. Wenn das Wort zur Verfügung steht, ist sie leicht zu machen;

steht es nicht zur Verfügung, ist man wohl gezwungen Worte zu bilden.

In diesem Sinne ist es klar, daß alle Relationen reziprok ausgesagt werden können.

Es scheint ferner, daß die Relationen ihrer Natur nach gleichzeitig auftreten. In den meisten Fällen ist es in der Tat so. Denn das Doppelte und das Halbe bestehen gleichzeitig, und wo das Halbe ist, ist auch das Doppelte, und wo der Diener ist, ist auch der Herr und so fort. Dieses hebt sich auch gegenseitig auf. Wo es das Doppelte nicht gibt, gibt es auch das Halbe nicht, und wo das Halbe nicht, auch nicht das Doppelte und so auch bei allem Derartigen.

Indessen scheint es nicht bei allen Relationen zuzutreffen, daß sie ihrer Natur nach gleichzeitig sind. Das Wißbare scheint doch wohl vor der Wissenschaft zu existieren. Denn in den meisten Fällen eignen wir uns die Wissenschaft an von Sachen, die schon zuvor vorhanden sind. Nur selten oder überhaupt nicht mag man konstatieren, daß die Wissenschaft zugleich mit dem Wissensgegenstand entsteht. Weiterhin hebt zwar die Vernichtung des Wissensgegenstands die Wissenschaft mit auf, doch wird mit der Wissenschaft keineswegs auch der Wissensgegenstand mit aufgehoben. Wo nämlich der Wissensgegenstand nicht existiert, existiert auch keine Wissenschaft – denn sie wäre ja Wissenschaft von nichts mehr –, wenn aber die Wissenschaft nicht vorhanden ist, ist es keineswegs ausgeschlossen, daß es einen Wissensgegenstand gebe. So ist gewiß die Quadratur des Kreises ein Wissensgegenstand, obwohl eine Wissenschaft von ihm bis heute noch nicht vorhanden ist. Aber als Wissensgegenstand existiert sie. Weiterhin wird mit dem Lebewesen auch die Wissenschaft aufgehoben; dennoch kann es sehr wohl viele Wissensgegenstände geben.

Ähnlich wie hier verhält es sich auch mit der Wahrnehmung. Der Wahrnehmungsgegenstand scheint vor der Wahrnehmung zu existieren. Denn wenn der Wahrnehmungsgegenstand vernichtet wird, hebt er auch die Wahrnehmung mit auf, während mit der Wahrnehmung zusammen der Wahrnehmungsgegenstand keineswegs auch aufgehoben wird. Die Wahrnehmungen beziehen sich nämlich auf den Körper und sind am Körper, und wenn der Wahrnehmungsgegenstand aufgehoben wird, wird auch der Körper aufgehoben – denn zu den Wahrnehmungsgegenständen gehört gerade auch der Körper –, und wenn der Körper nicht mehr existiert, ist auch die Wahrnehmung aufgehoben, so daß demnach der Wahrnehmungsgegenstand auch die Wahrnehmung mit aufhebt. Doch für die Wahrnehmung dem Wahrnehmungsgegenstand gegenüber gilt dies nicht. Wenn nämlich das Lebewesen vernichtet ist, ist auch die Wahrnehmung aufgehoben, der Wahrnehmungsgegenstand aber bleibt bestehen, nämlich Körper, Warmes, Süßes, Bitteres, und was sonst alles noch Wahrnehmungsgegenstände sind.

Endlich existiert die Wahrnehmung zugleich mit der Wahrnehmungsbegabtheit – denn Lebewesen und Wahrnehmung entstehen gleichzeitig –, der Wahrnehmungsgegenstand jedoch existiert schon bevor es eine Wahrnehmung gibt; Feuer, Wasser und dergleichen, woraus auch das Lebewesen gebildet ist, existieren schon, bevor überhaupt das Lebewesen oder die Wahrnehmung vorhanden sind. So scheint es also, daß der Wahrnehmungsgegenstand vor der Wahrnehmung existiert.

Es erhebt sich die Frage, ob keinerlei Wesenheit unter die Relationen fällt, wie es scheint, oder ob dies bei einigen Wesenheiten zweiter Ordnung möglich ist. Bei den primären Wesenheiten trifft es zu. Weder als ganze noch in ihren Teilen werden sie als Relationen bezeichnet. Denn der beliebige Mensch heißt nicht beliebiger Mensch im Bezug auf einen andern, noch ein beliebiges Rind Rind im Bezug auf ein beliebiges anderes. Desgleichen die Teile: eine beliebige Hand heißt nicht so im Bezug auf einen beliebigen Einzelnen, sondern ist die Hand eines Einzelnen, und ein beliebiger Kopf heißt nicht beliebiger Kopf im Bezug auf einen beliebigen Einzelnen, sondern ist der Kopf eines Einzelnen.

Ebenso ist es bei den Wesenheiten zweiter Ordnung, mindestens bei den meisten. So heißt der Mensch nicht Mensch im Bezug auf einen anderen,noch das Rind Rind im Bezug auf etwas anderes oder das Holz Holz im Bezug auf etwas anderes, sondern es heißt Besitztum eines anderen. In diesen Fällen ist es also klar, daß keine Relation vorliegt. Bei einigen der Wesenheiten zweiter Ordnung kann man hingegen schwanken. So heißt der Kopf Kopf von etwas und die Hand Hand von etwas und so fort, so daß man annehmen könnte, daß es sich hier um Relationen handelt.

Falls nun die von der Relation gegebene Definition ausreichend ist, dürfte es überaus schwer oder gar unmöglich sein, nachzuweisen, daß keine Wesenheit als Relation bezeichnet werden kann. Ist sie aber nicht ausreichend, sondern ist das Relative dasjenige, dessen Sein identisch ist mit dem sich irgendwie zu etwas Verhalten, so ließe sich wohl dazu noch etwas sagen. Die erste Definition paßt zu allem Relativen, doch besteht sein Relativ-Sein keineswegs nur darin, als etwas bezeichnet zu werden, was zu einem anderen gehört. Aus der zweiten Bestimmung aber ergibt es sich, daß jemand, der definitorisch ein Relatives kennt, ebenso definitorisch jenes kennen wird, auf das hin das erste genannt wird. Das ergibt sich auch aus dem Relativen selbst. Weiß nämlich jemand von diesem bestimmten Dinge, daß es ein Relatives ist, und ist das Sein des Relativen identisch mit dem sich irgendwie zu etwas Verhalten, so kennt er auch jenes, zu dem sich dieses irgendwie verhält. Kennt er nämlich überhaupt nicht dasjenige, zudem sich dieses irgendwie verhält, so wird er auch nicht wissen, ob sich dieses zu einem andern irgendwie verhält.

Dies ist auch im einzelnen deutlich. Wenn etwa jemand definitorisch weiß, daß dieses da ein Doppeltes ist, weiß er sogleich auch definitorisch, wovon dies ein Doppeltes ist – wenn er nämlich nichts Bestimmtes kennt, von dem dies das Doppelte ist, weiß er überhaupt auch nicht, ob es überhaupt ein Doppeltes ist. Ebenso wenn einer weiß, daß dieses da schöner ist, muß er auch mit Notwendigkeit definitorisch wissen, im Vergleich womit dieses schöner ist (denn unbestimmt wird er nicht wissen können, daß dieses schöner ist als ein Häßlicheres. Daraus entsteht nämlich bloß eine Vermutung und kein Wissen. Denn daß etwas schöner ist als ein Häßlicheres, kann man nicht mehr eine genaue Kenntnis nennen; es könnte sich ja so treffen, daß es gar nichts Häßlicheres gäbe als es). Offensichtlich ist es also notwendig: Wenn jemand definitorisch ein Relatives kennt, wird er auch definitorisch jenes kennen, auf das hin dieses genannt wird.

Was nun den Kopf und die Hand und alle derartigen Wesenheiten angeht, so kann man von ihnen definitorisch wissen, was ein jedes ist, ohne daß es notwendig wäre zu wissen, auf was hin es genannt wird. Man braucht nicht definitorisch zu wissen, wessen Kopf dies ist und wessen Hand. Also handelt es sich da nicht um Relationen. Sind dies aber keine Relationen, so kann man mit Recht behaupten, daß keine Wesenheit eine Relation sei. Immerhin dürfte es schwierig sein, sich über solche Fragen kategorisch zu äußern, ohne sie zuvor vielfach überprüft zu haben. Aber in jedem einzelnen Falle die Probleme aufzuwerfen, ist nicht unnütz.

8. Qualität nenne ich den Bereich, in dem bestimmte Eigenschaften ausgesagt werden. Doch gehört die Qualität zu den Dingen, die mehrfache Bedeutungen haben.

Als die eine Art von Qualität sollen Habitus und Zustand bezeichnet werden. Der Habitus unterscheidet sich vom Zustand dadurch, daß er beständiger und dauerhafter ist. Solcher

Art sind die Wissenschaften und Tugenden. Die Wissenschaft scheint zum Beständigen und schwer Verrückbaren zu gehören, auch wenn man sie sich nur in mäßigem Umfang angeeignet hat – es sei denn, es entstehe eine große Veränderung infolge von Krankheit oder eines ähnlichen Ereignisses. Dasselbe gilt von der Tugend. Gerechtigkeit, Besonnenheit und alles dieser Art unterliegen offensichtlich nicht leicht der Bewegung oder der Veränderung. Zustände dagegen nennen wir, was leicht beweglich ist und umschlägt, etwa Wärme, Abkühlung, Krankheit und Gesundheit und dergleichen. Ihnen gemäß verhält sich der Mensch irgendwie, doch rasch verliert er die Wärme und wird kalt und gerät aus der Gesundheit in die Krankheit. Ebenso ist es auch beim anderen, es sei denn, daß irgendeiner dieser Zustände infolge der Menge der Zeit bereits zur Natur geworden und unheilbar oder doch schwer zu erschüttern ist und insofern vielleicht geradezu Habitus genannt werden kann. Offensichtlich besteht also die Absicht, dasjenige Habitus zu nennen, was dauerhafter und schwerer beweglich ist. Wer nämlich das Wissen nicht wirklich festhält, sondern leicht beweglich ist, bei solchen redet man nicht von einem Habitus, sondern diese befinden sich im Verhältnis zur Wissenschaft in einem gewissen Zustande, einem schlechtern oder einem bessern. Demnach unterscheiden sich Habitus und Zustand dadurch, daß der eine labil ist, der andere aber dauerhafter und schwerer beweglich.

Die Habitus sind auch Zustände, die Zustände jedoch nicht notwendigerweise Habitus. Wer nämlich einen Habitus besitzt, befindet sich auch in einem irgendwie entsprechenden Zustand; das Umgekehrte gilt jedoch durchaus nicht immer.

Eine andere Art von Qualität gilt dort, wo wir von guten Faustkämpfern oder Schnelläufern reden oder von Menschen mit gesunder oder kränklicher Konstitution, oder allgemein, wo es sich um eine physische Fähigkeit oder Unfähigkeit handelt. Denn in jedem dieser Fälle spricht man nicht von einem bestimmten Zustande, sondern von der natürlichen Fähigkeit, etwas leicht zu tun oder für ein Leiden nicht anfällig zu sein. So spricht man von guten Faustkämpfern und Schnelläufern nicht in dem Sinne, daß sie in einem bestimmten Zustande sind, sondern so, daß sie die natürliche Fähigkeit besitzen, etwas schnell zu vollbringen. Eine gesunde Konstitution sprechen wir dem zu, der die natürliche Fähigkeit hat, nicht leicht von etwas Beliebigem angegriffen zu werden, und Kränklichkeit dem, der unfähig ist, nicht angegriffen zu werden. Ähnlich verhält es sich mit Härte und Weichheit. Denn hart heißt das, was die Fähigkeit hat, sich nicht leicht zerteilen zu lassen, weich dasjenige, was eben dazu unfähig ist.

Eine dritte Art der Qualität sind passive Qualitäten und Eigenschaften. Gemeint sind etwa Süße, Bitterkeit, Herbheit und alles damit Verwandte, ferner Wärme, Kälte, Weiße und Schwärze. Daß nun dies Qualitäten sind, ist evident. Denn was sie besitzt, wird nach ihnen qualifiziert. So heißt der Honig süß, weil er die Süße angenommen hat, und der Körper weiß, weil er die Weiße angenommen hat und so fort. Passiv heißen diese Qualitäten nicht etwa, weil die Dinge, die die Qualitäten angenommen haben, nun eine Einwirkung erfahren hätten. Denn weder heißt der Honig süß, weil er eine Einwirkung erfahren hätte noch das andere dieser Art. Ähnlich heißen auch Wärme und Kälte nicht etwa deshalb passive Qualitäten, weil die Dinge, die sie angenommen haben, eine Einwirkung erlitten hätten. Sondern passive Qualitäten heißen sie, weil jede der genannten Qualitäten im Felde der Wahrnehmung eine Einwirkung verursacht. Die Süße erzeugt eine Wirkung auf den Geschmack, die Wärme auf das Tasten und so auch das übrige. Weiße und Schwärze allerdings und die übrigen Farben heißen nicht in demselben Sinne wie das Genannte passive Qualitäten, sondern, weil sie selbst durch eine Einwirkung entstanden sind. Daß viele Veränderungen der Farben durch Einwirkung entstehen, ist klar: Man wird rot, wenn man sich schämt, blaß, wenn man erschrickt und so fort. Und wenn jemand seiner Natur nach derartigen Einwirkungen unterliegt, so ist anzunehmen, daß er eine entsprechende Farbe besitzt. Derjenige Zustand nämlich, der sich vorübergehend infolge einer Beschämung am Körper zeigte, dürfte sich wohl auch in derselben Weise als Folge eines natürlichen Vorganges ergeben, so daß natürlicherweise auch eine ähnliche Farbe entsteht.

Alles was nun an derartigen Symptomen in bestimmten schwer veränderbaren und dauerhaften Einwirkungen seinen Ursprung hat, wird Qualitäten genannt. Denn mag auf Grund eines natürlichen Vorganges eine blasse oder dunkle Farbe entstanden sein, wird man diese eine Qualität nennen – denn durch sie werden wir qualifiziert –, oder mag die Blässe und Schwärze durch eine lange Krankheit oder durch die Hitze hervorgerufen worden sein, nicht leicht wieder verschwinden oder gar für das Leben bleiben, so wird man auch dies eine Qualität nennen, – denn auch dadurch werden wir qualifiziert. Was aber, einmal entstanden, sich leicht wieder auflöst und rasch verschwindet, nennt man Einwirkungen. Durch sie wird man nämlich nicht qualifiziert. Denn wer einmal errötete, weil er sich schämte, wird nicht rotfarbig genannt, und wer einmal erblaßte, weil er sich fürchtete, heißt nicht blaß, sondern man sagt, er habe eine Einwirkung erlitten. Also sind dergleichen Dinge Einwirkungen, aber nicht Qualitäten.

In ähnlicher Weise wird auch von passiven Qualitäten und Einwirkungen bei der Seele gesprochen. Was nämlich gleich bei der Geburt durch gewisse Einwirkungen zustande kommt, heißt Qualität, wie etwa das manische Außer-sich-sein oder der Zorn und dergleichen. Denn die Jähzornigen oder Maniker werden dadurch qualifiziert. Aber auch wo wir es mit Zuständen des Außer-sich-seins zu tun haben, die nicht von Natur, sondern durch bestimmte andere Ereignisse entstanden sind und die schwer zu beseitigen oder überhaupt unveränderbar sind, auch da handelt es sich um Qualitäten. Denn auch danach wird man qualifiziert. Was aber entsteht und sich rasch wieder beruhigt, sind Einwirkungen, so, wenn jemand im Schmerze besonders leicht zum Zorne neigt. Wer unter einer solchen Einwirkung besonders zornmütig ist, heißt nicht jähzornig, sondern einer, der eben unter einer Einwirkung steht. Also sind dies Einwirkungen, aber keine Qualitäten.

Eine vierte Art der Qualität ist die Form und die bei jedem Einzelnen auftretende Gestalt, dazu weiterhin Geradheit und Gebogenheit und dergleichen. Denn nach jedem dieser Dinge wird etwas qualifiziert. Es wird qualifiziert dadurch, daß es drei- oder viereckig ist, gerade oder krumm; ebenso wird ein jedes durch die Gestalt qualifiziert. Das Dünne, Dichte, Rauhe und Glatte scheinen Qualitäten zu meinen, doch ist anzunehmen, daß sie in Wirklichkeit der Aufteilung der Qualitäten fremd sind. Denn all das scheint eher eine bestimmte Lage der Teile anzuzeigen. Dichte liegt vor, wo die Teile nahe beieinander liegen, Dünne, wo sie voneinander entfernt sind. Glatt ist das, dessen Teile gewissermaßen auf einer Geraden liegen, rauh dagegen dasjenige, wo sie bald hervorragen, bald ausfallen.

Vielleicht könnte sich noch eine andere Art der Qualität ergeben, doch die geläufigsten sind die genannten.

Qualitäten sind also die genannten, und qualifiziert heißen die Dinge durch Wortableitungen von ihnen oder anderswie im Zusammenhang mit ihnen. In den meisten, ja fast in allen Fällen haben wir Wortableitungen: Von der Weiße wird der Weiße abgeleitet, von der Grammatik der Grammatiker, von der Gerechtigkeit der Gerechte und so fort. In einzelnen Fällen aber haben die Qualitäten keinen Namen, so daß es auch nicht möglich ist, von ihnen Wortableitungen zu bilden. So läßt sich der, der nach seiner natürlichen Fähigkeit ein guter Schnelläufer oder Faustkämpfer ist, dem Worte nach von keiner Qualität ableiten. Denn für die Fähigkeiten selbst, auf Grund deren jene qualifiziert werden, gibt es keine Namen, während die Kunst, auf Grund deren sie Faustkämpfer oder Ringkämpfer werden und ihrer Verfassung nach so genannt werden, durchaus einen Namen besitzt: Man spricht ja von Faustkämpferkunst und Ringkunst, und wer sie sich angeeignet hat, wird durch eine Wortableitung davon qualifiziert. Zuweilen gibt es zwar einen Namen der Qualität und dennoch wird die entsprechende Qualifikation nicht dem Worte nach von ihr abgeleitet: So gehört zur Tugend der Anständige; denn dadurch, daß er die Tugend besitzt, heißt einer anständig, wobei das Wort nicht etwa von der Tugend abgeleitet wird. Doch kommt dieser Fall nicht häufig vor.

Die Qualifikationen werden also durch Wortableitungen von den genannten Qualitäten oder anderswie im Zusammenhang mit ihnen bezeichnet.

Im Bereiche der Qualität gibt es auch Gegensätzlichkeit, wie etwa die Gerechtigkeit der Ungerechtigkeit, die Weiße der Schwärze entgegengesetzt sind und so fort; dem entsprechen auch die entgegengesetzten Qualifizierungen als ungerecht und gerecht, als weiß und schwarz. Doch gilt dies nicht in allen Fällen. Denn zu den Qualifikationen als rotblond oder blaß und dergleichen Farben gibt es keinen Gegensatz.

Weiterhin wenn von zwei Gegensätzen der eine eine Qualität ist, so wird es auch der andere sein. Dies wird klar, wenn man die anderen Kategorien zur Hand nimmt. Wenn etwa die Gerechtigkeit der Ungerechtigkeit entgegengesetzt ist und die Gerechtigkeit eine Qualität darstellt, dann ist also auch die Ungerechtigkeit eine Qualität. Denn keine andere der Kategorien paßt auf die Ungerechtigkeit, weder die Quantität noch die Relation noch der Ort noch sonst etwas dergleichen außer eben nur der Qualität. Dasselbe gilt auch von den andern Gegensätzen im Bereiche der Qualität.

Die Qualitäten nehmen auch das Mehr und Weniger an. Denn das eine heißt mehr oder weniger weiß im Verhältnis zu einem anderen, und das eine gerechter als das andere. Weiterhin kann das eine selbst eine Zunahme erfahren: Was weiß ist, kann noch weißer werden. Dies gilt freilich nicht überall, aber doch in den meisten Fällen. Man kann sich nämlich fragen, ob das eine mehr Gerechtigkeit sei als das andere, und ebenso bei den anderen Zuständen. Es gibt nämlich solche, die diesen Punkt bestreiten. Sie behaupten, daß man nicht eigentlich sagen könne, das eine sei mehr oder weniger Gerechtigkeit als das andere, noch auch, das eine sei mehr oder weniger Gesundheit als das andere; doch geben sie durchaus zu, daß der eine weniger die Gesundheit besitze als der andere oder weniger die Gerechtigkeit als der andere, und ebenso die Grammatik und die andern Zustände. In der Tat nimmt dasjenige, was in diesem Sinne ausgesagt wird, unbestritten das Mehr und Weniger an. Der eine heißt grammatisch gebildeter als der andere und gerechter und gesünder und so fort.

Dreieck und Viereck freilich scheinen ein Mehr nicht anzunehmen und ebensowenig eine der andern Figuren. Denn was der Definition des Dreiecks oder des Kreises gehorcht, ist alles gleichermaßen Dreieck oder Kreis, und auch, wo dieser Definition nicht entsprochen wird, kann man nicht von einem hier Mehr und dort Weniger sprechen. Denn das Viereck ist durchaus nicht eher ein Kreis als das Rechteck; es entspricht einfach keines von beiden der Definition des Kreises. Allgemein gesagt: Wo nicht beide Dinge unter dieselbe vorausgesetzte Definition fallen, wird man nicht vom einen ein Mehr, vom andern ein Weniger aussagen können. Demnach nehmen nicht alle Qualitäten das Mehr und Weniger an.

Von den genannten Merkmalen ist keines der Qualität eigentümlich. Doch ähnlich und unähnlich scheinen nur von den Qualitäten ausgesagt zu werden. Denn eines ist einem andern nur insofern ähnlich, als es qualifiziert ist. Es dürfte also der Qualität eigentümlich sein, daß von ihr ähnlich und unähnlich ausgesagt werden.

Man soll sich aber nicht dadurch verwirren lassen, daß jemand behaupten könnte, wir hätten uns zwar vorgenommen, über die Qualität zu reden, würden aber eine Menge von Relationen einbeziehen; Habitus und Zustand seien doch Relationen. In fast allen diesen Dingen nämlich gehören die Gattungen zu den Relationen, das Einzelne aber niemals. Die Wissenschaft, die eine Gattung ist, wird als das, was sie ist, im Blick auf anderes ausgesagt; sie ist ja die Wissenschaft von etwas. Beim Einzelnen wird aber keines als das, was es ist, im Blick auf anderes ausgesagt. So heißt die Grammatik nicht Grammatik von etwas noch die Musik Musik von etwas. Nur falls auch sie im Sinne der Gattung aufgefaßt werden, kommt die Relation zur Sprache. So heißt dann die Grammatik die Wissenschaft von etwas, aber nicht die Grammatik von etwas, und desgleichen die Musik Wissenschaft von etwas, aber nicht die Musik von etwas. Die Einzelwissenschaft also gehört nicht zur Relation. Qualifiziert aber werden wir vom Einzelnen her. Denn dieses Einzelne besitzen wir: Wir heißen wissend, weil wir eine der einzelnen Wissenschaften besitzen. Demnach dürften auch diese Einzelwissenschaften Qualitäten sein, durch die wir je nachdem qualifiziert sind. Relationen sind sie nicht. Fernerhin, selbst wenn eines und dasselbe eine Qualität und eine Relation ist, ist es keineswegs unvernünftig, daß es in beiden Gattungen aufgeführt wird.

(Hier bricht der Zusammenhang ab)

3. DIE GRUNDLEGUNG DER METAPHYSIK

Die beiden ersten Bücher der Metaphysik zählen nicht nur mit Recht zu den berühmtesten, gedanken- und materialreichsten Texten des Aristoteles. Es läßt sich auch an ihnen so klar wie kaum irgendwo sonst verfolgen, wie ein im Kerne einfacher systematischer Aufbau Stück um Stück durch Ergänzungen und Zusätze zerdehnt und dann auseinander geschnitten wurde, bis schließlich das unförmige und sonderbare Gebilde entstand, das wir heute lesen. Wir brauchen uns hier nicht mit der verfänglichen Frage zu befassen, wie weit Aristoteles selbst und wie weit der Redaktor theophrastischer Zeit für diesen Prozeß verantwortlich ist. Uns genügt hier die Feststellung des Tatbestandes als solchen – über den wir übrigens nicht klagen wollen, da wir ihm die Erhaltung einer ganzen Reihe überaus wichtiger Bruchstücke aristotelischer Darlegungen verdanken.

Die ursprüngliche Absicht des Textes ist die, zu einer umfassenden Untersuchung über die erste Ursache alles Seienden ein Vorwort zu liefern. Derartige Vorworte pflegen im Umkreis des Aristoteles ganz natürlicherweise zwei Fragen zu beantworten: Erstens, welches der genaue Gegenstand der Untersuchung sei, und zweitens, aus welchen Gründen es für den Verfasser und den Leser wertvoll sei, sich gerade mit diesem Gegenstande zu beschäftigen.

Als Gegenstand wird die erste Ursache genannt. Darunter kann man sich aber noch nicht viel vorstellen. Es bedarf vielmehr zur Erläuterung eines doppelten Nachweises. Einmal muß von der Kette der Wirkungen und Ursachen überhaupt gesprochen und gezeigt werden, daß diese Kette nicht ins Unbegrenzte zurücklaufen kann. Sie hängt mit Notwendigkeit an einer ersten Ursache, die nicht mehr Wirkung einer noch weiter zurückliegenden Ursache, sondern reine Ursache ist. Diese Tat-

sache ist fundamental, aber doch verhältnismäßig leicht zu entwickeln. Komplizierter ist der zweite Punkt. Es gibt vier verschiedene Typen von Ursachen. Jedes Werden wird bestimmt erstens durch die Materialursache, die den Stoff liefert, zweitens durch die Formursache, die den Stoff gestaltet, drittens durch die Bewegungsursache, die die Gestaltung des Stoffes in Gang bringt und viertens die Zweckursache, die der Bewegung die richtige Richtung auf die zu verwirklichende Gestalt hin verleiht. Aristoteles war stolz auf dieses Schema der vier Ursachen. Er nahm mit Recht das Verdienst für sich in Anspruch, es im eigentlichen Sinne entdeckt zu haben. Umso wichtiger war es ihm, es sowohl an den Sachen selbst zu demonstrieren, wie auch an der bisherigen Geschichte der Philosophie nachzuweisen, daß schon die ältern Philosophen keine andern Typen von Ursachen gekannt hätten; alles was sie, wie unbeholfen, unklar und unvollständig auch immer, über die Verursachung des Weltwerdens gelehrt hatten, ließ sich als eine Vorahnung des aristotelischen Schemas interpretieren und bestätigte damit auf historischem Wege dessen Richtigkeit.

Die besondere Wichtigkeit des Gegenstandes und das Interesse, das er beanspruchen darf, ergeben sich daraus, daß der Mensch von Natur auf das Wissen hin angelegt ist. Und zwar geht sein Streben mit innerer Notwendigkeit sowohl auf die reinste Form des Wissens selbst wie auch auf den vornehmsten Gegenstand. Nur dort also, wo sich eine wissenschaftlich-philosophische Erkenntnis auf die erste Ursache alles Seienden richtet, findet die ursprüngliche Anlage des Menschen ihre Verwirklichung. Das ergibt sich sowohl systematisch aus dem Aufbau der Wissensformen, die mit der Wahrnehmung des hier und jetzt sichtbaren Gegenstandes beginnen und mit der Erkenntnis des Allgemeinen enden, wie auch geschichtlich aus der Tatsache, daß die Philosophie als Einsicht in die ersten Ursachen genau das ausmacht, was wir unter «Weisheit» zu verstehen pflegen, und daß sie in eben diesem Sinne den Höhepunkt in der kulturellen Entwicklung der Menschheit bildet.

Dieser Aufbau ist an sich einleuchtend und charakteristisch aristotelisch. Nicht nur die Lehre von den vier Ursachen ist ihm eigentümlich, sondern auch das Argumentieren mit der Steigerungsfähigkeit: Da der Mensch das Wissen schon auf der primitivsten Stufe begehrt, so folgt, daß sein eigentliches Ziel das vollkommene Wissen vom vollkommenen Gegenstand sein muß. Unverwechselbar dem Aristoteles angehörig ist auch die Berücksichtigung der historischen Traditionen im weitesten wie im engsten Sinne.

Der Text, den wir nun aber vor uns haben, hat diesen Aufbau merkwürdig zerrissen und aus dem Gleichgewicht gebracht. Zwei Störungen sind auf den ersten Blick zu konstatieren. Einmal ist die systematische Begründung der Lehre von den vier Ursachen von ihrer geschichtlichen Bestätigung vollständig abgetrennt worden. Das erste Buch der Metaphysik bringt ausschließlich den kritischen Rückblick auf die Problematik des Ursachenbegriffs bei den ältern Philosophen, während für die systematische Beweisführung mit einer erstaunlichen Nonchalance auf anderweitige naturphilosophische Untersuchungen verwiesen wird. In der Tat findet sie sich im dritten und siebenten Kapitel des zweiten Buches der Physik. Sodann ist auch der Fundamentalgedanke, daß die Kette der Wirkungen und Ursachen zwangsläufig bei einer ersten Ursache enden muß, ausgesondert und im zweiten Kapitel des zweiten Buches unserer Metaphysik geradezu «versteckt» worden, umgeben von Texten, die man teilweise als Varianten zum ersten Buche auffassen darf. Dieses zweite Buch ist ja überhaupt auffallend viel kürzer als das erste und auch die spätern Bücher. Wenn wir eine zufällig erhaltene antike Notiz richtig deuten, so enthält es Textmaterial, das in den Manuskripten eines Aristotelesschülers auftauchte, kurze Zeit nachdem die Redaktion des ersten Buches abgeschlossen worden war.

Wir erhalten damit einen Einblick in einen recht verwickelten literarischen Prozeß. In einer ursprünglichen Fassung der Einleitung zur Metaphysik als zur Wissenschaft von der ersten Ursache war der Nachweis der Begrenztheit der Ursachenkette völlig unentbehrlich. Dennoch muß er in der Textmasse, die dem Redaktor des ersten Buches der Metaphysik vorlag und die er zusammenarbeitete, ausgefallen sein. Er trat aus dem Nachlaß des Aristoteles erst wieder ans Licht, als es zu spät war, ihn noch in jenes Buch einzufügen. So geriet er denn in einen Anhang.

Aber der Schwierigkeiten ist damit noch lange kein Ende. In den zwei ersten Kapiteln liegt der Akzent evident auf dem einzigartigen Rang der Wissenschaft von der ersten Ursache. Diesen Rang nachdrücklich hervorzuheben hat sich Aristoteles auch in mehreren seiner publizierten Schriften veranlaßt gesehen. Es wäre merkwürdig, wenn es anders gewesen wäre. Als Philosoph und erst recht als vielfach angefeindeter Schulgründer hatte er allen Grund, auf die Bedeutung der Sache, die er vertrat, aufmerksam zu machen. In seiner Mahnschrift zur Philosophie *muß er dies getan haben und nicht minder in seinem Dialog* Über die Philosophie. *Man darf sich vielleicht vorstellen, daß in jener Schrift der systematische, in dieser der historische Gesichtspunkt im Vordergrund gestanden hat. Wie dem auch sei, in jedem Falle hat die Forschung der Aristoteliker in den letzten Jahrzehnten gezeigt, daß diese beiden Kapitel umfangreiche Anleihen bei den publizierten Schriften gemacht haben, teilweise wörtlich, teilweise in der Form von Zusammenfassungen. Es wird Aristoteles selbst gewesen sein, der sich nicht scheute, zu Selbstzitaten zu greifen, wo ihm die einmal gefundene Formulierung glücklich und zweckdienlich erschien. Aber selbst der Leser, der keinen griechischen Text vor sich hat, wird gewisse Gedankensprünge und Wechsel in der Tonlage bemerken, die in eben dieser Entstehungsweise der beiden Kapitel ihre Erklärung finden.*

Die Kapitel 3–10 wiederum sind zu einer umfangreichen kritischen Darstellung der ältern Philosophie zerdehnt. Unschätzbar ist ihr Wert für den Historiker. Es ist aber auch nicht zu verkennen, daß die Ausführlichkeit der Behandlung beträchtlich über das hinausgeht, was für den Zusammenhang notwendig gewesen wäre. Die Kapitel 3–4 befassen sich darstellend mit der ionischen Naturphilosophie, das 5. mit den italischen Pythagoreern, das 6. mit Platon. Kapitel 7 resümiert und 8–9 liefert die Kritik der aufgeführten Theorien, und zwar 8 die der Ionier und Pythagoreer und das sehr umfangreiche 9. Kapitel die Kri-

tik an der Ideenlehre Platons. Kapitel 10 resümiert abermals und wirkt wie eine Variante zu Kapitel 7.

Die Unübersichtlichkeit des gesamten Komplexes kann summarisch auf zwei Hauptursachen zurückgeführt werden.

Die eine läßt sich dahin formulieren, daß der geschichtliche Rückblick von zwei verschiedenen Konzeptionen beherrscht wird. Nach der einen war es das Anliegen des Aristoteles, die Naturphilosophie von Thales an planmäßig durchzumustern und an ihr die allmähliche Entwicklung des Denkens von einem höchst einfachen Ursachenbegriff bis zu der ausgebildeten Lehre von den vier Ursachen abzulesen. Nach der andern Konzeption sollte die aristotelische Auffassung ausschließlich mit derjenigen Doktrin konfrontiert werden, der sich der Philosoph entscheidend verpflichtet fühlte und von der er sich gerade darum ausdrücklich zu distanzieren wünschte: Es war die Lehre Platons, die ihrerseits zu ihrer geschichtlichen Erläuterung eines Rückblicks auf die Lehre der Pythagoreer nicht entbehren konnte. Diese beiden Konzeptionen stehen in unserm Texte ziemlich unverbunden nebeneinander; und beide scheinen sich (ähnlich wie unsere zwei ersten Kapitel) teilweise auf Material zu stützen, das Aristoteles anderweitig schon publiziert hatte. Für den Platon-Teil ist der Nachweis vor einigen Jahren entscheidend geführt worden. Benutzt ist die Sonderschrift Über die Ideenlehre, *daneben auch Einzelnes aus einem historisch-kritischen Werke* Über die Pythagoreer. *Für Kapitel 3–4 wird vermutlich die Zukunft zeigen können, daß auch da eine oder gar mehrere ausführliche Darstellungen und Monographien über ionische Philosophen zugrunde liegen.*

Das zweite Hauptmoment ergibt sich aus der Sache selbst. Objektiv gesehen ist die Lehre von den vier Ursachen durchaus eine Schöpfung des Aristoteles, mögen auch allerlei platonische Elemente mitbeteiligt sein. Zu behaupten, daß die alten ionischen Philosophen bereits auf dem Wege zu dieser Lehre gewesen seien, war ein recht gewagtes Unternehmen, das nicht ohne bedenkliche Interpretationsmanöver durchzuführen war. Doktrinen, die sich als Vorstufe zur aristotelischen be-

greifen ließen, waren keineswegs immer glatt aus den Worten eines Empedokles, Anaxagoras, Demokrit und anderer zu deduzieren. Wir werden uns nicht wundern, daß Aristoteles es im Laufe seiner Bemühungen zuweilen mit verschiedenen Interpretationen versucht hat. Sie stehen in unserm Texte nebeneinander, ohne daß der Leser immer klug daraus wird, welche nun gelten soll. In einem Falle hat dieses Zusammenschieben verschiedener Entwürfe sogar zu einem flagranten Widerspruch geführt. Wer das vierte Kapitel unbefangen liest, erhält auf Seite 181 den Eindruck, die Vorsokratiker seien bis zur Entdeckung von drei Ursachentypen vorgeschritten. Unmittelbar nachher wird uns aber erklärt, die bis dahin besprochenen Philosophen hätten nur zwei Ursachentypen gekannt. Der Widerspruch kommt kurz gesagt daher, daß in eine Darstellung, die nur von den zwei Ursachentypen sprach, nachträglich ein Manuskript eingearbeitet wurde, das sich vorwiegend, wenn nicht gar ausschließlich mit der Geschichte der Zweckursache beschäftigte.

Ähnliche Unstimmigkeiten ließen sich noch mehrfach nachweisen. Der Text hat also im ganzen mit der schönen Komponiertheit eines platonischen Dialogs oder eines philosophischen Buches Ciceros sehr wenig gemein. Er stellt an die Geduld des Lesers hohe Anforderungen, und manche Stellen bedürften eigentlich eines ausführlichen Kommentars, um ganz verständlich zu werden. Dennoch handelt es sich um eines der klassischen Dokumente der abendländischen Philosophie. In großartigen Worten spricht es vom Rang der philosophischen Arbeit überhaupt. Und im geschichtlichen Rückblick nimmt zum ersten Male jene geistige Tradition Gestalt an, die noch unsere heutige Philosophie mit Aristoteles, Platon, Pythagoras und Thales verbindet.

Übersetzt wird Aristot. Metaph. 980a21–995a19 ed. W. Jaeger (1957). Eine philosophiegeschichtliche Interpretation dieses Textes wird an anderer Stelle vorgelegt werden.

METAPHYSIK A

1. Alle Menschen streben von Natur nach dem Wissen. Ein Hinweis darauf ist die Schätzung der Sinneswahrnehmungen. Denn man schätzt sie auch abgesehen von ihrer Nützlichkeit um ihrer selbst willen, und vor allen andern die durch die Augen vermittelte Wahrnehmung. Nicht bloß um handeln zu können, sondern auch ohne die Absicht zu handeln, ziehen wir das Sehen sozusagen allem anderen vor. Der Grund ist, daß diese Sinneswahrnehmung uns am meisten Kenntnisse vermittelt und viele Eigentümlichkeiten der Dinge offenbart.

Die Lebewesen sind von Natur mit der Sinneswahrnehmung begabt. Aus ihr bildet sich bei den einen Erinnerung, bei den anderen dagegen nicht. Darum sind jene verständiger und gelehriger als die anderen, die sich nicht zu erinnern vermögen. Verständig ohne zu lernen sind alle diejenigen, die keine Töne wahrnehmen können (wie etwa die Biene und wenn es noch andere derartige Tiergattungen gibt). Lernfähig sind diejenigen, die zu der Erinnerung hinzu auch noch dieses Sinnesorgan besitzen.

Die anderen Lebewesen leben mit Hilfe der Vorstellungskraft und des Gedächtnisses, an Erfahrung besitzen sie jedoch nur wenig. Das Menschengeschlecht besitzt dagegen auch Kunst und Überlegung.

Bei den Menschen entsteht aus der Erinnerung die Erfahrung. Denn eine Vielheit von Erinnerungen an eine und dieselbe Sache erhält schließlich das Gewicht Einer bestimmten Erfahrung (Es scheint auch die Erfahrung der Wissenschaft und Kunst ziemlich ähnlich zu sein, und für die Menschen ergibt sich Wissenschaft und Kunst aus der Erfahrung. Denn die Erfahrung erzeugt Kunst, wie Polos sagt, die Unerfahrenheit hingegen Glück). Kunst entsteht, wenn aus vielen Einsichten der Erfahrung eine einzige allgemeingültige Erkenntnis von gleichartigen Dingen entspringt. Denn zu wissen, daß dem Kallias in dieser oder jener Krankheit dieses bestimmte Heilmittel geholfen hat und dem Sokrates desgleichen und so der Reihe nach vielen Einzelnen, dies ist Sache der Erfahrung. Doch zu erkennen, daß allen, die als Gruppe von bestimmter Art abgrenzbar sind, in einer bestimmten Krankheit ein bestimmtes Heilmittel hilft (man mag an Schleimfieber, Gallenleiden oder hitziges Fieber denken), das ist Sache der Kunst.

Was nun das Handeln angeht, so scheint sich die Erfahrung von der Kunst nicht zu unterscheiden. Die Erfahrenen treffen es sogar besser als diejenigen, die ohne Erfahrung bloß das allgemeine Wissen besitzen. Der Grund davon ist, daß die Erfahrung das Einzelne begreift, die Kunst dagegen das Allgemeine; alles Handeln und Werden bewegt sich aber im Bereich des Einzelnen. Denn der Arzt heilt nicht einen Menschen schlechthin oder doch nur akzidentellerweise, sondern Kallias oder Sokrates oder sonst einen Einzelnen, der einen bestimmten Namen hat und dem die Wesenheit Mensch zukommt. Wenn nun einer ein Wissen ohne Erfahrung besitzt und das Allgemeine zwar kennt, nicht aber die Besonderheit des einzelnen Falles, so wird er in der Krankenpflege vielfach fehlgehen. Denn gepflegt werden muß das Einzelne.

Dennoch glauben wir, daß das Wissen und Einsehen der Kunst eher zukommt als der Erfahrung. Wir nennen auch die Künstler weiser als die Erfahrenen, da die Weisheit überall mit dem eigentlicheren Wissen verknüpft ist. Die einen kennen nämlich die Ursache, die andern aber nicht. Die Erfahrenen kennen das Daß, nicht aber das Warum. Die andern hingegen kennen das Warum und die Ursache.

Darum sind wir auch der Meinung, daß in jedem Berufe die Werkmeister an Rang höher stehen, mehr wissen und weiser sind als die Handwerker, da sie die Gründe der Arbeitsvorgänge kennen (die andern hingegen handeln, wie es zuweilen die leblosen Gegenstände tun, ohne zu wissen, was sie tun, so wie das Feuer brennt; das Unbelebte wirkt so auf Grund einer bestimmten Natur, die Handwerker dagegen auf Grund der Gewohnheit). Weiser sind sie nicht darum, weil sie im Handeln geschickter wären, sondern weil sie den Begriff besitzen und die Ursachen einsehen.

Allgemein zeigt sich der Unterschied des Wissenden und des Nichtwissenden daran, daß jener zu belehren vermag. Darum glauben wir, daß die Kunst im höhern Grade eine Wissenschaft sei als die Erfahrung. Denn sie vermag zu belehren, diese aber nicht.

Außerdem halten wir keine der Sinneswahrnehmungen für Weisheit, obschon im Bereich des Einzelnen ihre Wissensweise maßgebend ist. Sie vermögen aber in keinem Falle das Warum anzugeben. Sie sagen nicht, warum das Feuer warm ist, nur, daß es warm ist.

Es ist nun anzunehmen, daß der erste, der irgendeine über die allgemeine Wahrnehmung hinausgehende Kunst erfand, von den Menschen bestaunt wurde und zwar nicht nur, weil die Erfindung irgendwie nützlich war, sondern auch, weil man den Erfinder für weise und die anderen überragend ansah. Wie dann eine Vielzahl von Künsten erfunden wurde, die einen um der Notdurft, die anderen um der Annehmlichkeit des Lebens zu dienen, wurden stets die Erfinder der zweiten Art für weiser gehalten als diejenigen der ersten, weil ihre Wissenschaft sich nicht bloß auf den Nutzen bezog. Als dann endlich sämtliche Erfindungen der genannten Arten vollbracht waren, wurden diejenigen Wissenschaften erfunden, die weder der Bequemlichkeit noch der Notdurft dienen, und zwar zuerst in jenen Gegenden, in welchen die Menschen Muße hatten. Darum entstanden in Ägypten zuerst die mathematischen Wissenschaften, da dort der Stand der Priester über die nötige Muße verfügte.

In der Ethik ist ausgeführt worden, welches der Unterschied von Kunst, Wissenschaft und der verwandten Dinge ist. Was wir gegenwärtig im Auge haben, ist dies, daß Alle die sogenannte Weisheit auf die ersten Ursachen und die Ursprünge beziehen. Darum erscheint, wie schon bemerkt, der Erfahrene als weiser als derjenige, der nur über irgendeine Sinneswahrnehmung verfügt, der Künstler als weiser als der Erfahrene, der Werkmeister eher als der Handwerker und schließlich die betrachtende Wissenschaft eher als die verfertigende.

Daß also die Weisheit sich als Wissenschaft auf bestimmte Ursprünge und Ursachen bezieht, ist klar.

2. Da wir eben diese Wissenschaft suchen, so dürfte es zu prüfen sein, auf welche Ursachen und Ursprünge sie sich bezieht, wenn wir sie Weisheit nennen.

Eine gewisse Klarheit darüber läßt sich wohl erreichen, wenn wir die Auffassungen beiziehen, die wir vom Weisen zu haben pflegen. Wir nehmen erstens an, daß der Weise Alles wisse, soweit es möglich ist und ohne über die spezielle Wissenschaft von jedem Einzelnen zu verfügen. Zweitens verstehen wir ihn als einen, der das Schwierige zu begreifen vermag und solche Dinge, die ein Mensch nicht leicht versteht (das Wahrnehmen ist allen gemeinsam; darum ist es auch leicht und keineswegs weise). Ferner nennen wir weise denjenigen, der exakter weiß und der im Bereich jeder Wissenschaft über die Ursachen besser zu belehren vermag als die andern. Weiterhin nennen wir unter den Wissenschaften eher diejenige Weisheit, die um ihrer selbst willen und um des Wissens willen erstrebt wird, als diejenige, die man um ihrer Resultate willen betreibt. Schließlich ist die Weisheit eher befehlend als dienend. Denn der Weise hat nicht Anordnungen zu empfangen, sondern sie zu geben, und soll nicht einem andern gehorchen, sondern vielmehr der andere dem Weisen. Dies sind etwa der

Art und Zahl nach die Auffassungen, die wir vom Weisen und von der Weisheit haben.

Alles zu wissen ist nun notwendigerweise die Sache desjenigen, der vorzugsweise die Wissenschaft vom Allgemeinen besitzt; denn dieser kennt in gewisser Weise alles Zugrundeliegende. Zugleich ist das Allgemeinste auch für die Menschen am schwierigsten zu erkennen, da es von den Sinneswahrnehmungen am weitesten entfernt ist. Die genauesten Wissenschaften sind fernerhin diejenigen, die sich vorzugsweise mit den Prinzipien befassen; denn diejenigen, die mit weniger Voraussetzungen arbeiten, sind exakter als diejenigen, bei denen solche zugefügt werden müssen; so ist die Arithmetik exakter als die Geometrie.

Auch vermag die Wissenschaft, die die Ursachen betrachtet, in besonderem Maße zu belehren, da ja das Belehren darin besteht, die Ursachen von jedem einzelnen angeben zu können. Das Erkennen und Wissen um des Erkannten selbst willen kommt sodann am meisten derjenigen Wissenschaft zu, die das Wißbarste zum Gegenstand hat. Wer nämlich das Wissen um seiner selbst willen erstrebt, wird am ehesten diejenige Wissenschaft erstreben, die am meisten Wissenschaft ist. Dies ist die Wissenschaft des Wißbarsten. Denn am wißbarsten sind die Prinzipien und die Ursachen, sofern durch sie und von ihnen her alles übrige begriffen wird und nicht etwa umgekehrt.

Am meisten befehlend und den dienenden Wissenschaften voranstehend ist endlich diejenige, die weiß, zu welchem Zwecke jedes einzelne getan werden soll. Dieser ist für jedes einzelne das Gute, allgemein in der gesamten Natur das Beste. All dies Gesagte läßt den Begriff der Weisheit, nach dem wir fragten, auf eine und dieselbe Wissenschaft fallen. Es muß diejenige Wissenschaft sein, die nach den ersten Ursprüngen und Ursachen forscht. Denn auch das Gute und der Endzweck sind eine der Ursachen.

Daß es sich nicht um eine hervorbringende Wissenschaft handelt, zeigt sich schon an den ersten, die philosophiert haben. Denn aus Verwunderung haben die Menschen in der Gegenwart und schon am Anfang zu philosophieren begonnen. Zuerst haben sie das vor ihren Augen liegende Unbegreifliche angestaunt. Dann schritten sie langsam weiter und stellten sich allmählich größere Fragen, wie etwa diejenigen nach den wechselnden Zuständen des Mondes, nach der Sonne und den Sternen und nach der Entstehung des Alls.

Wer nun Fragen aufwirft und staunt, ist sich bewußt, unwissend zu sein (darum ist auch ein Freund von Geschichten in gewisser Weise ein Freund der Weisheit. Denn die Geschichten sind aus erstaunlichen Dingen zusammengesetzt). Da sie aber philosophierten, um der Unwissenheit zu entgehen, so ergibt es sich, daß sie die Wissenschaft gesucht haben um des Wissens willen und nicht wegen irgendeines Nutzens. Dies bezeugt auch der faktische Ablauf: erst nachdem alles Notwendige ebenso wie alles zur Erleichterung und Bequemlichkeit des Lebens beschafft war, begann man nach dieser Art von Einsicht zu suchen. Offensichtlich erstreben wir sie also um keines anderweitigen Nutzens willen, sondern wie wir von einem Menschen sagen, daß er frei ist, weil er für sich selbst und nicht für einen anderen da ist, so suchen wir auch diese Wissenschaft, weil sie als einzige unter allen frei ist. Denn nur sie besteht um ihrer selbst willen.

Darum könnte man mit Recht vermuten, daß ihre Aneignung gar nicht Sache des Menschen sei. Denn die Natur der Menschen ist vielfach geknechtet, so daß man mit Simonides sagen könnte: «Gott allein mag wohl diese Gabe besitzen», dem Menschen aber zieme es nicht, eine andere Wissenschaft zu suchen als diejenige, die seinen Maßen entspricht. Wenn also die Dichter wahr reden und das Göttliche von Natur neidisch ist, dann ist allerdings anzunehmen, daß der Neid sich gerade in diesem Punkte offenbart, und dann haben alle diejenigen Unglück, die überflüssigen Scharfsinn aufwenden. Aber weder ist es denkbar, daß das Göttliche Neid empfinde (es gilt vielmehr das Sprichtwort «Vieles lügen die Dichter»), noch darf man irgendeine Wissenschaft an Rang höher stellen als eben diese. Denn die göttlichste ist auch die ehrwürdigste. Und dies kann sie nur in einem doppelten Sinne sein: die göttliche Wissenschaft ist sie erstens, wenn vorzugsweise die Gottheit sie besitzt und zweitens, wenn sie eine Wissenschaft von den göttlichen Dingen ist. Auf die von uns gesuchte Wissenschaft allein trifft beides zu. Denn Gott ist doch wohl für alle Wesen eine der Ursachen und eine Art von Ursprung, und eine darauf bezogene Wissenschaft dürfte doch wohl wiederum Gott entweder als einziger oder doch vorzugsweise besitzen. Der Lebensnotdurft dienen gewiß alle andern Wissenschaften mehr als diese, kostbarer aber ist keine.

Ihre Erwerbung wird freilich auf das Gegenteil von dem hinauslaufen, was die Menschen am Anfang suchten. Denn Alle beginnen, wie wir gesagt haben, damit, darüber zu staunen, ob sich die Dinge wirklich so verhalten; beim Automatentheater ebenso wie angesichts der Sonnenwende oder beim inkommensurablen Verhältnis der Diagonale (denn alle, die die Ursache noch nicht begriffen haben, wundern sich darüber, daß etwas mit dem kleinsten Maße nicht sollte gemessen werden können). Dies muß nun aber ins Gegenteil und ins Bessere, wie das Sprichwort sagt, hinauslaufen, wie es denn auch bei den genannten Problemen geschieht, wenn man sich belehrt. Schließlich würde ein Geometer sich über nichts so sehr wundern wie darüber, daß die Diagonale kommensurabel wäre.

Welches also die Natur der gesuchten Wissenschaft ist und welches das Ziel, das unsere Frage und die gesamte Untersuchung erreichen soll, ist damit festgestellt.

3. Es ist also klar, daß wir uns die Wissenschaft von den ursprünglichen Ursachen aneignen müssen; wir behaupten ja in jedem einzelnen Falle, daß wir wissen, wenn wir die erste Ursache glauben erkannt zu haben.

Von Ursachen reden wir nun in vier verschiedenen Weisen. Die eine Ursache nennen wir das Wesen und das Was-sein (denn das Warum wird zurückgeführt auf die nächste Wesensbestimmung; und eben die erste Antwort auf die Frage nach dem Warum ist die Ursache und der Ursprung), eine zweite die Materie und das Substrat, eine dritte den Ursprung der Bewegung und eine vierte schließlich, die der soeben genannten Ursache entgegengesetzt ist, nämlich den Zweck und das Gute; denn dieses ist das Ziel allen Werdens und aller Bewegung.

Untersucht haben wir diese Dinge schon ausreichend in der Lehre von der Natur. Doch müssen wir nun auch diejenigen berücksichtigen, die vor uns zur Erforschung des Seins geschritten sind und über die wahre Wirklichkeit philosophiert haben. Offensichtlich reden auch sie von irgendwelchen Ursprüngen und Ursachen. Dies zu prüfen wird für unsere gegenwärtige Untersuchung von Nutzen sein. Denn entweder werden wir dabei noch eine weitere Art von Ursachen entdecken, oder wir werden uns auf die soeben genannten um so sicherer verlassen können.

Von denen, die zuerst philosophiert haben, haben die meisten geglaubt, daß die Ursprünge von Allem ausschließlich im Bereich der Materie lägen. Denn als Element und als Ursprung der Dinge bezeichneten sie dasjenige, aus welchem alle Wesen sind und «aus welchem sie als erstem entstehen und in welches sie als letztes vergehen»; derart, daß die Wesenheit als solche bestehen bleibt und nur ihre Zustände sich verändern.

Darum meinen sie auch, daß nichts wird oder zugrunde geht, da jene besagte Natur sich dauernd behauptet, wie wir ja auch von Sokrates nicht sagen, daß er schlechthin wird, wenn er schön oder musikverständig wird, noch auch, daß er zugrunde geht, wenn er eben diese Eigenschaften wieder verliert, da ja als Substrat Sokrates selbst bestehen bleibt. Ebenso soll es bei allen andern Dingen stehen: denn stets existiere eine bestimmte Natur (entweder eine einzige oder mehrere), aus der das übrige entstünde, während sie selbst sich behaupte.

Hinsichtlich der Zahl und der Art eines solchen Ursprungs sind nicht alle derselben Ansicht. Thales, der Begründer dieser Weise der Philosophie, sagt, es sei das Wasser (deshalb behauptete er auch, die Erde sei auf dem Wasser). Möglicherweise gelangte er zu dieser Annahme, weil er sah, daß die Nahrung aller Wesen feucht sei und daß das Warme selbst aus dem Wasser entstünde und das Belebte durch es lebe (und das, woraus alles wird, ist der Ursprung von allem); dies mag ihn also zu der Annahme geführt haben und außerdem, daß die Samen aller Wesen ihrer Natur nach feucht seien; das Wasser aber begründet die Natur des Feuchten.

Es gibt auch einige, die glauben, daß schon in den ältesten Zeiten diejenigen, die längst vor dem gegenwärtigen Menschengeschlecht lebten und als erste Theologie lehrten, hinsichtlich der Natur dieselbe Ansicht gehabt haben. Denn sie nannten in ihren Dichtungen Okeanos und Tethys die Eltern des Werdens, und als Schwur der Götter nannten sie das Wasser, nämlich die von ihnen so genannte Styx; am ehrwürdigsten aber ist das Älteste, und der Schwur ist das Ehrwürdigste.

Ob dies nun tatsächlich eine alte und aus früher Zeit überlieferte Lehre von der Natur ist, dürfte kaum festzustellen sein. Doch von Thales wird ausdrücklich berichtet, er habe sich so über die erste Ursache geäußert (Hippon hier einzureihen, dürfte nicht der Mühe wert sein, da seine Behauptungen gar zu billig sind). Anaximenes und Diogenes stellen die Luft dem Wasser voran und setzen unter den einfachen Körpern vorzugsweise sie als Ursprung an. Hippasos von Metapont und

Heraklit von Ephesos nennen das Feuer. Empedokles nennt sämtliche vier einfachen Körper, indem er den genannten die Erde zufügt als vierten; diese sind nach seiner Lehre dauerhaft vorhanden und erfahren kein Werden außer im Bezug auf größere und geringere Quantitäten; sie verbinden und sondern sich zu Einem und aus Einem. Anaxagoras aus Klazomenai ist zeitlich älter als Empedokles, in seinen Leistungen aber fortgeschrittener und behauptet, die Masse der Ursprünge sei unbegrenzt; denn nahezu alle homogenen Stoffe, wie Wasser oder Feuer, entstehen und vergehen, wie er sagt, lediglich insofern, als sie sich zusammenschließen und wieder trennen. In einem andern Sinne entstünden und vergingen sie in keiner Weise, sondern hätten ewigen Bestand.

Aus diesen Theorien möchte man wohl nur auf eine einzige Ursache folgern, nämlich diejenige, der wir den Charakter der Materie zugeteilt haben. Doch wie sie nun in dieser Richtung weitergingen, zeigte ihnen die Sache selbst den Weg und zwang ihnen die nächste Frage auf. Mag auch noch so sehr feststehen, daß alles Werden und Vergehen aus einem einzigen oder mehreren Grundstoffen hervorgeht, warum geschieht dies und was ist davon die Ursache? Denn das Substrat bewirkt ja seine Veränderungen nicht selbst, genauer: das Holz etwa oder das Erz ist nicht jedes für sich selbst die Ursache seiner Umgestaltung; weder macht das Holz ein Möbelstück, noch das Erz eine Statue, sondern die Ursache dieser Umgestaltung ist anderswo. Danach zu fragen bedeutet, nach der nächsten Art der Ursache zu fragen, derjenigen, die wir Ursprung der Bewegung nennen möchten.

Diejenigen nun, die ganz am Anfang mit derartigen Untersuchungen in Berührung kamen und behaupteten, das Substrat sei ein einziges, machten sich darüber weiter keine Sorgen. Andere dagegen von denen, die nur ein Einziges lehren, ließen sich gewissermaßen von dieser ihrer Fragestellung überwältigen und behaupten, daß das Eine unbewegt sei und ebenso die gesamte Natur, und dies nicht nur in Hinsicht auf Entstehen und Vergehen (denn dies war schon ein alter Gedanke und allen gemeinsam), sondern auch in Hinsicht auf jede andere Art von Veränderung. Dies ist die diesen eigentümliche Lehre.

Von denen nun, die behaupteten, daß das All eines sei, kam keiner darauf, jene zweite Ursache zu berücksichtigen, außer gerade Parmenides, und dieser nur so weit, als er nicht bloß eine einzige, sondern in gewisser Weise zwei Ursachen ansetzt. Diejenigen aber, die mehrere Ursprünge annehmen, haben eher die Möglichkeit, dorthin zu gelangen, so etwa diejenigen, die vom Warmen und Kalten oder von Feuer und Erde ausgehen. Denn das Feuer wählen sie, weil es seiner Natur nach bewegend ist, Wasser, Erde und dergleichen aber aus dem entgegengesetzten Grunde.

Nachdem sie diese und ähnliche Ursprünge angenommen hatten, die doch nicht ausreichten, die Natur der Dinge hervorzubringen, wurden sie ein zweites Mal von den Tatsachen selbst, wie wir schon sagten, gezwungen, der nächsten Art von Ursache nachzuforschen.

Denn daß die einen Dinge sich gut und schön verhalten, die andern gut und schön herauskommen – daß davon Feuer, Erde oder anderes dergleichen die Ursache sein könne, dies ist weder an sich wahrscheinlich, noch dürften jene dies angenommen haben. Es wäre auch nicht richtig gewesen, eine so große Aufgabe einem Automatismus oder dem Zufall anzuvertrauen. Freilich machte derjenige, der erklärte, es steckte wie in den Lebewesen, so auch in der Allnatur ein Geist, der die Ursache der Schönheit und aller Ordnung sei, den Eindruck eines Nüchternen im Vergleich zu dem gedankenlosen Gerede der Früheren. Ausdrücklich ist, wie wir wissen, zuerst Anaxagoras diesen Anschauungen nahegetreten; man hat aber Grund zu glauben, daß schon zuvor Hermotimos von Klazomenai dies gelehrt hat.

Wer diese Auffassung vertrat, nannte als Ursprung der Dinge gleichzeitig die Ursache des Vollkommen-Seins wie auch diejenige, von der die Dinge ihre Bewegung haben.

4. Man könnte vielleicht vermuten, daß Hesiod als erster in dieser Richtung geforscht habe und wer sonst noch den Eros oder die Begierde als Ursprung unter den Dingen angesetzt hat, wie etwa Parmenides. Denn wie er das Werden des Alls in Gang setzt, sagt er «Als ersten unter allen Göttern erdachte die Göttin den Eros». Hesiod hinwiederum sagt: «Als erstes von allem war das Chaos da, und dann die breitbrüstige Erde sowie Eros, der unter allen Unsterblichen hervorragt.» Er empfindet es also als notwendig, daß unter den Wesen eine Ursache vorhanden sei, die die Dinge in Bewegung bringt und zusammenführt. Wie man nun diese Zeugnisse anordnen soll im Blick auf die Frage, wer der erste war, mag sich später feststellen lassen.

Da es sich weiterhin zeigte, daß in der Gesamtnatur auch der Gegensatz des Guten vorhanden ist, also nicht nur die Ordnung und das Schöne, sondern auch die Unordnung und das Häßliche und daß es überdies mehr Schlechtes gibt als Gutes und mehr Häßliches als Schönes, so führte ein anderer Liebe und Streit ein, jene als Ursache für das eine, diesen als Ursache für das andere. Wenn man nämlich konsequent ist und nicht auf die kindliche Ausdrucksweise, sondern auf die Meinung des Empedokles achtet, wird man finden, daß die Liebe die Ursache des Guten, der Streit die Ursache des Schlechten ist. Wenn also einer behaupten wollte, daß Empedokles auf eine gewisse Weise und überdies als erster das Schlechte und das Gute zu Ursprüngen erklärt habe, so wird er wohl recht haben. Es ist ja auch das Gute an sich die Ursache von allem Guten.

Durch diese also, die wir nannten, und bis zu diesem Zeitpunkte wurden zwei von den Ursachen berührt, die wir in den Untersuchungen über die Natur unterschieden haben: die Materie und der Ursprung der Bewegung; dies freilich auf eine undeutliche und in keiner Weise klare Art, so wie es im Kampfe die Ungeübten zu tun pflegen; denn jene schlagen um sich und tun auf diese Weise oftmals einen guten Hieb, doch ohne jede Ausbildung. Genau so scheinen auch diese gar nicht zu wissen, was sie sagen; denn augenscheinlich wenden sie es gar nicht an, außer ganz gelegentlich. Anaxagoras etwa benutzt den Geist als Werkzeug bei der Bildung des Kosmos, und wenn er sich nicht zu erklären vermag, aus welcher Ursache der Kosmos mit Notwendigkeit ist, wie er ist, dann zieht er ihn heran. Aber in den andern Fällen nennt er eher jede andere Ursache des Geschehens als den Geist. Empedokles verwendet seine Ursachen in größerm Umfange als Anaxagoras, aber auch nicht hinlänglich, und selbst wo er es tut, gelangt er zu keiner Folgerichtigkeit. Denn an vielen Stellen ist es bei ihm die Liebe, die sondert, und der Streit, der verbindet. Wenn nämlich unter der Wirkung des Streites das All in die Elemente auseinandertritt, dann vereinigt sich alles Feuer zu einem Ganzen und ebenso ein jedes der übrigen Elemente. Und wenn sie dann wieder unter der Wirkung der Liebe zu einer Einheit zusammenkommen, so müssen sich notwendig aus jedem Element die einzelnen Teile wieder aussondern.

Empedokles hat nun im Vergleich zu den Früheren als erster den Begriff der Ursache ausdrücklich aufgeteilt, indem er erstens nicht nur einen einzigen Ursprung der Bewegung ansetzte, sondern verschiedene und entgegengesetzte, und zweitens als erster im Bereich der Materie die vier Elemente lehrte; allerdings verwendet er sie nicht als vier, sondern lediglich als zwei, indem er das Feuer für sich nimmt und die übrigen drei, Erde, Luft und Wasser als eine einzige, jenem entgegengesetzte Natur. Dies kann man aus seinen Versen ablesen.

Dieser also hat, wie wir bemerkten, die Ursprünge in solcher Art und Zahl angenommen.

Leukippos nun und sein Gefährte Demokrit bezeichnen als Elemente das Volle und das Leere und nennen jenes seiend, dieses nicht-seiend: das Volle und das Feste ist das Seiende, das Leere aber das Nicht-seiende (darum sagen sie auch, daß das Seiende nicht eher sei als das Nicht-seiende und so auch der Körper nicht eher als das Leere), und diese beiden sind die Ursachen der Dinge im Sinne der Materie. Und wie nun diejenigen, die die zugrunde liegende Wesenheit als eine ansetzen und das übrige durch deren wechselnde Zustände entstehen lassen, indem sie das Dünne und das Dichte als die ursprünglichen Zustände nehmen, auf dieselbe Weise nennen auch diese die Differenzierungen als die Ursachen alles Weiteren. An solchen Differenzierungen führen sie drei auf, die Gestalt, die Anordnung und die Lage. Sie sagen ausdrücklich, daß sich das Seiende nur durch «Formung», «Verbindung» und «Wendung» differenziere, wobei sie unter «Formung» die Gestalt verstehen, unter «Verbindung» die Anordnung und unter «Wendung» die Lage. Und zwar unterscheidet sich A von N durch die Gestalt, AN von NA durch die Anordnung, endlich Z von N durch die Lage. Die Frage nach der Bewegung, woher und wie sie den Dingen zukommt, haben sie ähnlich wie die anderen leichtfertig abgetan.

So weit scheinen also die Früheren den zwei Ursachen, die wir bisher genannt haben, nachgeforscht zu haben.

5. Gleichzeitig mit ihnen und noch vor ihnen kamen die sogenannten Pythagoreer als erste mit der Mathematik in Berührung und trieben sie voran; und da sie sich ausschließlich mit ihr beschäftigten, meinten sie, daß ihre Prinzipien zugleich die Prinzipien aller Dinge seien.

Weil nun in der Mathematik die Zahlen von Natur am Anfang stehen und jene viele Ähnlichkeiten zu entdecken glaubten an den Zahlen mit den seienden und werdenden Dingen eher als an Feuer, Erde und Wasser (so nannten sie etwa die eine Zahlenform Gerechtigkeit, eine andere Seele und Geist, eine dritte den rechten Augenblick und ähnlich sozusagen alles andere) und weil sie schließlich bemerkten, daß die wechselnden Formen und Proportionen des musikalischen Zusammenklangs auf Zahlen beruhen – da also alle Dinge ihrer Natur nach Abbildungen der Zahlen und die Zahlen selbst die Prinzipien der gesamten Natur zu sein schienen, so nahmen sie an, daß die Elemente der Zahlen gleichzeitig die Elemente aller Dinge seien und daß der gesamte Himmel einen musikalischen Zusammenklang und eine Zahl darstelle. Und alles, was sie an anerkannten Beziehungen fanden zwischen den Zahlen und den musikalischen Zusammenklängen und den Zuständen und Teilen des Himmels und der Gesamtheit der Weltordnung, das sammelten sie und brachten es in ein System.

Wenn aber irgendwo eine Lücke blieb, so bemühten sie sich eifrig, ihre gesamte Theorie tadellos zu verklammern. Ich denke etwa an folgendes: Da die Zehnzahl die vollkommene Zahl zu sein und die ganze Natur der Zahlen in sich zu umfassen scheint, so behaupten sie, daß auch die Dinge, die sich am Himmel bewegen, zehn seien; da aber nur neun sichtbar sind, so haben sie als zehntes die Gegenerde erfunden. Doch diese Anschauungen haben wir anderswo eingehender diskutiert.

Der Grund, weshalb wir darauf zu sprechen gekommen sind, ist dieser, auch bei ihnen festzustellen, welche Ursprünge sie annehmen und wie sich diese in die genannte Reihe der Ursachen einfügen. Es scheint nun, daß sie die Zahl für den Ursprung halten, als Materie der Dinge und auch zur Begründung ihrer Zustände und Verhaltensweisen. Als Elemente der Zahl nennen sie das Grade und Ungrade und zwar das eine als begrenzt, das andere als unbegrenzt; die Eins bestünde aus beidem, da sie sowohl grad wie auch ungrad sei; von der Eins sei die Zahl abgeleitet, und aus Zahlen bestünde, wie schon gesagt, der ganze Himmel.

Andere aus derselben Gruppe nennen als Ursprung die Zehn und zwar in zwei Parallelreihen: Grenze und Unbegrenztes, Ungrades und Grades, Eines und Vielzahl, Rechts und Links, Männlich und Weiblich, Ruhend und Bewegt, Gerade und Krumm, Licht und Dunkel, Gut und Schlecht, Rationales und Irrationales.

Auf diese Weise scheint es auch Alkmeon von Kroton zu meinen, mag nun er es von jenen oder jene von ihm übernommen haben. Denn die Lebenszeit Alkmeons fiel in das Greisenalter des Pythagoras, und seine Lehre war diesen ähnlich. Denn er sagt, daß der meisten menschlichen Dinge zwei seien, indem er damit die Gegensätze meint, doch nicht eine umgrenzte Gruppe wie jene, sondern beliebige wie Weiß–Schwarz, Süß–Bitter, Gut–Schlecht, Groß–Klein. Er ließ es also bei völlig unbestimmten Aussagen bewenden; die Pythagoreer dagegen präzisierten, wie viele und welche Gegensätze es seien. Aus beiden ist demnach so viel zu entnehmen, daß die Ursprünge der Dinge Gegensätze sind; doch wie viele und welche es sind, sagen nur die einen.

Wie man dies ferner mit den genannten Ursachentypen in Beziehung setzen kann, tritt bei ihnen nicht klar hervor. Es scheint aber doch, daß sie die Elemente als Materie auffassen. Denn sie sagen, daß aus ihnen als Bestandteilen das Wesen zusammengesetzt und geformt sei.

Was nun die Frühen, die mehrere Elemente der Natur lehren, gemeint haben, läßt sich aus dem Gesagten hinlänglich entnehmen. Es gibt allerdings auch solche, die vom All als von einer einzigen Natur gesprochen haben, freilich nicht alle auf dieselbe Weise, weder im Blick auf die Zweckmäßigkeit, noch im Blick auf die Übereinstimmung mit dem Naturgemäßen. Mit der gegenwärtigen Frage nach den Ursachen hat eine Untersuchung über sie nichts zu tun (denn sie setzen nicht wie einige der Naturforscher ein Einziges voraus und lassen aus diesem Einen als aus einer Materie das Seiende entstehen, sondern sie meinen es anders: jene geben die Bewegung zum Einen dazu und erzeugen auf diese Weise das All, diese dagegen bezeichnen es als unbewegt). Immerhin darf im Zusammenhang der gegenwärtigen Frage Folgendes bemerkt werden. Parmenides scheint sich an das Eine dem Begriff nach zu halten, Melissos dagegen es im Sinne der Materie zu meinen, weshalb denn auch der eine es begrenzt, der andere unbegrenzt nennt. Xenophanes wiederum, der als erster unter diesen von dem Einen sprach (es heißt, daß Parmenides sein Schüler gewesen sei), hat überhaupt nichts klar formuliert und scheint weder die eine noch die andere jener beiden Auffassungen zu vertreten; mit Rücksicht auf die Gesamtheit des Himmels nennt er das Eine Gott. Diese nun haben, wie wir sagten, aus der gegenwärtigen Untersuchung auszuscheiden, vor allem da zwei von ihnen, nämlich Xenophanes und Melissos, etwas gar zu primitiv sind.

Parmenides freilich scheint in seinen Aussagen etwas aufmerksamer zu sein. Da er glaubt, daß neben dem Seienden das Nichtseiende nicht existiere, so meint er, es könne mit Notwendigkeit nur ein einziges Seiendes sein und sonst nichts (dies haben wir in den Untersuchungen über die Natur genauer behandelt); doch gezwungen, sich den Erscheinungstatsachen zu fügen, und in der Annahme, daß es dem Begriff nach nur Eines, der Wahrnehmung nach dagegen Vieles gebe, setzt er an anderer Stelle zwei Ursachen und zwei Ursprünge an, das Warme und das Kalte, womit er Feuer und Erde meint. Von diesen beiden rückt er das Warme zum Seienden und das andere zum Nichtseienden.

Aus dem Gesagten ergibt sich nun, daß von den Weisen, die sich bisher an der Forschung beteiligt haben, folgende Lehren überliefert sind. Die Ältesten haben den Ursprung als körperlich aufgefaßt (denn Feuer, Wasser und dergleichen sind Körper) und haben bald einen, bald mehrere körperliche Ursprünge angenommen, in beiden Fällen im Sinne der Materie. Andere haben eben diese Ursache angesetzt und dazu die Bewegungsursache, diese wiederum bald als eine, bald als zwei. Bis zum Auftreten der Italiker und von diesen abgesehen haben die übrigen verschwommener über diese Dinge gesprochen. Klar ist nur, daß sie, wie wir sagten, zwei Ursachen verwendet haben und von diesen die eine, nämlich die Bewegungsursache, bald als eine, bald als zwei auffassen.

Die Pythagoreer haben in derselben Weise zwei Ursprünge genannt; doch haben sie als eine ihnen eigentümliche Lehre beigefügt, daß sie das Begrenzte und Unbegrenzte und das Eine nicht von irgendwelchen andern Dingen aussagten, etwa vom Feuer oder von der Erde und dergleichen, sondern daß das Unbegrenzte an sich und das Eine an sich das Wesen derjenigen Dinge bezeichnete, von denen sie es aussagten; und darum sei denn auch das Wesen von Allem die Zahl.

Über diese Dinge äußerten sie sich also in der genannten Weise, und fernerhin über die Wesensursache. Sie begannen nämlich darüber zu sprechen und Definitionen zu versuchen, freilich auf gar zu naive Art. Sie definierten völlig oberflächlich, und wo gerade eine Definition auf eine Sache paßte, meinten sie gleich, sie hätten das Wesen der Sache: wie wenn etwa einer meinen wollte, das Doppelte und die Zwei seien eines und dasselbe, weil die Zwei nun gerade als ein Doppeltes aufgefaßt werden kann; doch dürfte deswegen das Wesen des Doppelten und dasjenige der Zwei noch keineswegs dasselbe sein. Andernfalls wäre ein und dasselbe Wesen zugleich vieles, was denn auch jenen begegnete. Die frühern Philosophen und die übrigen haben also diese Reihe von Lehren überliefert.

6. Auf die genannten Doktrinen folgte die Lehre Platons. In vielen Punkten folgte sie ihnen, in Einigem wies sie gegenüber der Philosophie der Italiker auch eigene Züge auf. Platon war nämlich von Jugend auf vertraut zunächst mit Kratylos und den Lehren Heraklits, daß nämlich alle Sinnesdinge in dauerndem Flusse seien und eine Erkenntnis von ihnen nicht möglich sei. Diese Ansicht hielt er auch später noch fest. Auf der andern Seite bemühte sich Sokrates zwar nur um die Ethik und in keiner Weise um die Gesamtnatur; doch in eben jenem Bereich forschte er nach dem Allgemeinen und richtete seine Aufmerksamkeit als erster auf die Wesensdefinitionen. Dies übernahm Platon von Sokrates und glaubte nun, daß es sich nicht auf die Sinnesdinge, sondern auf anderes bezöge. Denn von einem Sinnesding eine allgemeingültige Wesensbestimmung zu geben sei unmöglich, da jene ja in ständiger Veränderung begriffen seien. Diese anderen Dinge nannte er Ideen; von den Sinnesdingen insgesamt könne nur neben ihnen und auf sie bezogen die Rede sein. Die Sinnesdinge, die dieselben Namen hätten wie die Ideen, stünden im Verhältnis der Teilhabe zu ihnen.

Daran war nur der Name «Teilhabe» neu. Die Pythagoreer nämlich lehren, daß die Dinge im Verhältnis der Nachahmung zu den Zahlen stünden. Platon dagegen verwendet statt dessen einfach das andere Wort. Was aber unter der Teilhabe oder Nachahmung der Ideen zu verstehen sei, danach zu fragen überließen sie anderen.

Weiterhin lehrt er, daß zwischen den Sinnesdingen und den Ideen die mathematischen Dinge in der Mitte stünden, von den Sinnesdingen dadurch unterschieden, daß sie ewig und unbewegt seien, von den Ideen dadurch, daß es jeweils viele ähnliche gebe, während jede Idee immer nur als eine existiert.

Da weiterhin die Ideen die Ursachen alles übrigen seien, so

nahm er an, daß die Elemente der Ideen gleichzeitig auch die Elemente aller Wesen seien. Und zwar setzte er als die ursprüngliche Materie das Große und das Kleine an, als die ursprüngliche Wesenheit das Eine. Aus jenem nämlich und in Teilhabe am Einen bestünden die Ideen.

Darin, daß das Eine selbst eine Wesenheit sei und es nicht von irgendeinem andern Seienden ausgesagt werde, lehrte er ähnlich wie die Pythagoreer. Auch darin, daß die Zahlen die Wesensursache für die andern Dinge seien, befand er sich mit ihnen in Übereinstimmung. Ihm eigentümlich ist dagegen die Lehre, daß an die Stelle des Unbegrenzten als eines Einen die Zweiheit tritt und daß das Unbegrenzte auf das Große und Kleine zurückgeführt wird. Ferner stellt er die Zahlen neben die Sinnesdinge, wogegen jene behaupten, daß die Zahlen die Sachen selbst seien. Endlich bilden für sie die mathematischen Dinge keine Zwischenschicht.

Das Eine und die Zahlen neben den Sachen anzusetzen und nicht so wie die Pythagoreer, ferner die Ideen einzuführen wurde ermöglicht durch die Erforschung der Logik (die Früheren nämlich standen der Dialektik noch ferne); daß er als die andere Elementarwesenheit die Zweiheit annahm, kam daher, daß sich aus ihr aufs beste alle Zahlen, abgesehen von den Primzahlen, bilden ließen wie aus einer Wachsmasse.

In Wirklichkeit ist es allerdings genau umgekehrt; denn so hat es keinen Sinn. Die Platoniker nämlich behaupten, daß aus der Materie Vieles entsteht, während die Idee nur ein einziges Mal zeugt. In Wirklichkeit jedoch entsteht aus einem Quantum Materie nur ein einziger Tisch, während anhand der Idee der eine Handwerker viele Tische verfertigen kann. Genau so verhält sich das Männliche zum Weiblichen. Das Weibliche wird durch eine einzige Begattung trächtig, das Männliche dagegen schwängert viele. Und dabei sind diese Relationen Nachbildungen jener Ursprünge.

In diesem Sinne also hat Platon im Bezug auf unsere Fragen gelehrt. Aus dem Gesagten ergibt sich klar, daß er nur zwei Typen von Ursachen verwendet, die Wesensursache und die Materialursache (die Ideen nämlich sind die Ursache des Was-Seins für die andern Dinge, und für die Ideen wiederum ist es das Eine). Es zeigte sich auch, welches die Materie ist, die in den Sinnesdingen das Substrat für die Ideen, in den Ideen das Substrat für das Eine bildet: die Zweiheit, das Große und das Kleine.

Endlich teilte er jedem der beiden Elemente entsprechend die Ursache von Gut und Schlecht zu, wie es nach unserer Darstellung schon einige der frühern Philosophen versucht haben, Empedokles und Anaxagoras.

7. So haben wir denn kurz und in den Hauptpunkten überblickt, welche Philosophen sich über die Ursprünge und die wahre Wirklichkeit geäußert haben und wie sie es getan haben. Festhalten dürfen wir daran, daß von denen, die über den Ursprung und die Ursache gesprochen haben, kein einziger über die in unsern Untersuchungen über die Natur umgrenzte Reihe hinausgegangen ist; augenscheinlich zielen alle, wie undeutlich auch immer, nur auf jene.

Die einen nämlich bezeichnen als Ursprung die Materie, mögen sie nun einen oder mehrere ansetzen und mögen sie ihn als einen Körper oder als ein Unkörperliches auffassen, wie es etwa Platon tut, wenn er vom Großen und Kleinen spricht oder die Italiker, wenn sie vom Unbegrenzten reden. Empedokles wiederum nennt Feuer, Erde, Wasser und Luft, Anaxagoras die Grenzenlosigkeit der gleichartigen Teilchen. Diese alle haben sich also an diese Art von Ursache gehalten, ebenso wie diejenigen, die die Luft oder das Feuer oder das Wasser annahmen oder etwas, was dichter sei als das Feuer und dünner als die Luft. Denn auch auf diese Weise haben einige das erste Element charakterisiert. Diese haben sich also ausschließlich an diese eine Ursache gehalten, andere nahmen die Bewegungsursache dazu, diejenigen nämlich, die die Freundschaft und den Streit oder den Geist oder die Liebe zu einem Ursprung machen.

Das Was-Sein und die Wesensursache dagegen hat keiner klar herausgearbeitet, am ehesten noch diejenigen, die die Ideen annehmen; denn sie fassen das Verhältnis der Ideen zu den Sinnesdingen und des Einen zu den Ideen weder als Materialursache auf noch als Bewegungsursache – vielmehr behaupten sie, daß die Ideen Ursache der Unbewegtheit und des in der Ruhe Seins seien –, sondern die Ideen verschaffen jedem einzelnen der andern Dinge das Was-Sein, und desgleichen das Eine den Ideen.

Daß endlich das Handeln, die Veränderungen und die Bewegungen eine Ursache haben, um derentwillen sie geschehen, das meinen sie zwar in gewisser Weise, sagen es aber nicht so, wie wir es annehmen und wie es sich tatsächlich verhält. Wer nämlich den Geist oder die Freundschaft einführt, setzt sie zwar als ein Gutes im Sinne der Ursache an, sagt aber nicht, daß um ihretwillen etwas von den Dingen sei oder werde, sondern vielmehr, daß von ihnen die Bewegungen ausgingen. Genau auf dieselbe Weise lassen diejenigen, die diese Art von Natur in dem Einen oder dem Seienden erblicken, zwar das Wesen durch sie verursacht sein; doch daß um ihretwillen irgendetwas sei oder werde, sagen sie nicht, so daß sie also vom Guten als einer Ursache ebensosehr reden wie nicht reden. Sie beanspruchen sie nicht schlechthin, sondern bloß beiläufig.

Daß wir nun die Ursachen nach Zahl und Eigenart richtig abgeteilt haben, scheinen uns alle diese Philosophen zu bestätigen, die nicht in der Lage waren, noch eine andere Art von Ursachen ausfindig zu machen. Außerdem hat sich klar ergeben, daß auf diesem oder doch einem ähnlichen Wege alle Ursachen erforscht werden müssen.

Was nun freilich die Aussagen jedes Einzelnen und seine Auffassung von den Ursprüngen angeht, so haben wir jetzt die sich ergebenden Schwierigkeiten nachzuweisen.

8. Daß alle diejenigen, die das Ganze als Eines ansetzen und eine einzige Natur als Materialursache annehmen und zwar eine solche, die Körperlichkeit und Dimensionen besitzt, auf vielfache Weise in die Irre gehen, ist offensichtlich.

Erstens geben sie damit nur die Elemente des Körperlichen an, nicht aber des Unkörperlichen, obschon es doch auch dieses gibt. Weiterhin bemühen sie sich zwar, die Ursachen von Werden und Vergehen zu nennen und über alle Naturerscheinungen zu sprechen, unterschlagen aber dabei die Bewegungsursache. Ferner berücksichtigen sie niemals die Wesensursache und das Was-Sein und setzen außerdem leichthin jeden einzelnen der einfachen Körper, von der Erde abgesehen, als Ursprung an, ohne daran zu denken, wie sie dann das wechselseitige Werden der Elementarkörper auseinander, also von Feuer, Wasser, Erde und Luft, bewerkstelligen wollen. Sie entstehen nämlich auseinander teils durch Zusammenziehung, teils durch Auflockerung; doch kommt es sehr darauf an, was man da als das Primäre und was als das Sekundäre ansieht. Auf der einen Seite könnte man behaupten, am elementarsten sei derjenige Körper, aus dem primär alles übrige durch Zusammenziehung entstünde. Dies wäre dann der feinteiligste und leichteste der Körper. Mit dieser Überlegung stimmen am genauesten diejenigen überein, die das Feuer zum Ursprung machen. Doch auch alle andern sind der Meinung, daß der elementarste unter den Körpern eben diese Eigenschaften haben muß. Denn keiner von denen, die einen einzigen Ursprung annahmen, hat die Erde als solchen bezeichnet, offensichtlich wegen ihrer Massigkeit. Von den übrigen Elementen hat aber jedes seinen Parteigänger gefunden, hier das Feuer, dort das Wasser, dort die Luft. Und dennoch: Warum wird denn nicht auch die Erde genannt, was doch den Menschen im allgemeinen am nächsten liegt? Sie meinen doch, daß Alles aus Erde sei, und Hesiod erklärt ausdrücklich, daß die Erde als erster von den Körpern entstanden sei; so alt also und so volkstümlich ist diese Auffassung.

Nach der genannten Theorie freilich hat streng genommen nur derjenige recht, der das Feuer als Ursprung annimmt und kein anderer, auch nicht derjenige, der den Ursprung als dichter als die Luft, aber feiner als das Wasser beschreibt.

Wenn freilich umgekehrt das in der Entwicklung Spätere der Natur nach früher ist und das Massierte und Zusammengezogene in der Entwicklung erst später auftritt, dann müßte das Gegenteil gelten: dann wäre das Wasser ursprünglicher als die Luft und die Erde ursprünglicher als das Wasser. Soviel also über diejenigen, die eine einzige Ursache in dem genannten Sinne gelehrt haben.

Dasselbe gilt aber auch für diejenigen, die mehrere dieser Art angenommen haben, wie etwa Empedokles die Materie aus vier Körpern bestehen läßt. Denn auch er gerät teils in dieselben, teils in besondere Irrtümer. Erstens sehen wir, daß diese Körper auseinander gegenseitig entstehen, so daß also keineswegs Feuer und Erde dauernd sich selbst gleich bleiben (in den Untersuchungen über die Natur ist näher darüber gesprochen). Außerdem muß man bemerken, daß er über die Frage, ob die Ursache des Bewegten als eine oder als zwei anzusetzen sei, weder richtig noch überhaupt glaubhaft gehandelt hat. Allgemein endlich müssen diejenigen, die diese Theorie vertreten, die qualitative Veränderung unterschlagen. Denn nach ihnen kann weder aus dem Warmen Kaltes noch aus dem Kalten Warmes entstehen; andernfalls nämlich würden die entgegengesetzten Körper sich modifizieren, und es existierte eine Natur, die sowohl zu Feuer wie zu Wasser werden könnte, was jener durchaus ablehnt.

Wenn man sodann behaupten wollte, daß Anaxagoras zwei Elemente annimmt, würde man wohl dem Sinne seiner Darlegungen entsprechen, wie er sich mit Notwendigkeit bei der Prüfung seiner Worte ergibt, obschon er selbst die Dinge nicht genügend gegliedert hat. Allerdings ist es zunächst völlig unsinnig zu behaupten, daß «im Ursprung alles vermischt war», einmal weil das Ungemischte noch vor der Mischung existiert haben muß, ferner weil überhaupt nicht Beliebiges mit Beliebigem sich mischen kann, und endlich weil dann die Eigenschaften und Zustände von den Wesenheiten abgetrennt würden; denn wo es Vermischung gibt, gibt es auch Abtrennung. Falls man aber aufmerksam zu explizieren sucht, was er in Wirklichkeit sagen will, könnte sich ergeben, daß er durchaus Brauchbares sagt. Solange nämlich noch nichts abgesondert war, konnte offensichtlich noch nichts Bestimmtes über jene Wesenheit ausgesagt werden, d.h. sie konnte noch nicht als weiß oder schwarz oder grau oder nach einer andern Farbe bezeichnet werden, sondern war notwendigerweise farblos. Andernfalls hätte sie ja eine bestimmte dieser Farben. Auf Grund derselben Überlegung besaß sie auch keinen Geschmack noch anderes dergleichen. Es konnte überhaupt von ihr weder eine Qualität noch eine Quantität noch ein Was ausgesagt werden. Denn sonst wäre sie sogleich gattungsmäßig differenziert gewesen, und dies ist unmöglich, solange alles vermischt ist. Im andern Falle wäre ja bereits eine Abtrennung eingetreten.

Er sagt nun weiter, daß «Alles vermischt gewesen sei außer dem Geiste». Dieser allein sei «unvermischt und rein». Daraus ergibt sich, daß er als Ursprünge nennt einmal das Eine (nämlich als das Einfache und Unvermischte) und das andere in dem Sinne, in dem wir das Unbestimmte auffassen, bevor es bestimmt worden ist und an einer Gestaltung teilgenommen hat. Was er ausdrücklich sagt, ist also weder richtig noch klar, aber was er meint, kommt den Theorien der Späteren und den wirklichen Verhältnissen nahe. Doch alle diese Lehren betreffen ausschließlich die Untersuchungen über Werden, Vergehen und Bewegung; denn sie fragen nur nach der entsprechenden Wesenheit und deren Ursprüngen und Ursachen. Diejenigen aber, die die Gesamtheit des Seienden in den Blick zu bekommen suchen und dieses Seiende in Wahrnehmbares und Nicht-Wahrnehmbares unterscheiden, dehnen ihre Untersuchungen natürlich auf beide Gattungen aus. Darum wird man sich eher bei ihnen aufhalten und fragen, was sie in Hinsicht auf unser gegenwärtiges Problem Richtiges oder Falsches gesagt haben.

Die sogenannten Pythagoreer nun ziehen noch absonderlichere Ursprünge und Elemente heran als die Naturphilosophen. Der Grund ist, daß sie sie nicht aus den Sinnesdingen bezogen; denn die mathematischen Dinge sind ohne Bewegung, abgesehen vom Bereiche der Astronomie. Sie befassen sich aber doch ausschließlich mit der bewegten Natur. Sie weisen den Ursprung des Weltalls nach, untersuchen genau seine Teile, Zustände und Leistungen und beanspruchen die Ursprünge und Ursachen nur dazu, wie wenn sie mit den andern Naturphilosophen darin einig gingen, daß das Seiende im Wahrnehmbaren bestünde und in dem, was der sogenannte Himmel umschließt. Dabei sind die Ursachen und Ursprünge, die sie nennen, durchaus dazu geeignet, auch zur höhern Schicht des Seienden aufzusteigen; sie sind dieser sogar eher angemessen als den Untersuchungen über die Natur.

Auf welche Weise allerdings die Bewegung zustande kommt, wenn nur das Begrenzte und Unbegrenzte, das Grade und Ungrade vorhanden ist, erklären sie nicht; auch nicht, wie ohne Bewegung und Veränderung das Entstehen und Vergehen zustande kommen kann oder auch die Leistungen der am Himmel kreisenden Körper.

Weiterhin, auch wenn man ihnen zugeben wollte, daß aus den genannten Ursprüngen die quantitative Größe abgeleitet sei, oder wenn dies bewiesen würde, so bliebe doch die Frage, wieso von den Körpern der eine leicht, der andere schwer ist. Denn aus ihren Voraussetzungen und Aussagen ergibt sich, daß sie genau so sehr von den mathematischen Körpern reden wie von den wahrnehmbaren; darum sagen sie auch nichts über Feuer, Erde und die verwandten Körper, offenbar, weil sie über die wahrnehmbaren Körper nichts Spezifisches zu sagen haben.

Wie muß man es fernerhin auffassen, daß die Zustände der Zahl und die Zahl selbst Ursache sein sollen dessen, was von Anfang an und jetzt am Himmel existiert und geschieht, daß aber neben dieser Zahl, aus der der Kosmos aufgebaut ist, keine andere Art von Zahl angenommen wird? Wenn sie nämlich in der einen Region «Meinung» und «Treffen» ansetzen, etwas darüber oder darunter «Ungerechtigkeit» und «Scheidung» oder «Mischung» und als Beweis dafür anführen, daß jedes davon eine Zahl sei, und wenn es sich weiterhin ergibt, daß an unserm Orte bereits eine Fülle von zusammengesetzten Größen verhanden ist, weil eben diese Zustände sich an den entsprechenden Orten einfinden, ist nun die Zahl, die für alle diese Dinge genannt wird, eine und dieselbe wie die Zahl am Himmel? Oder sind dies zwei verschiedene Arten von Zahlen? Platon jedenfalls nennt sie verschieden. Auch er lehrt zwar, daß diese Dinge Zahlen seien und ebenso deren Ursachen, aber die verursachenden Zahlen nennt er intelligibel, die andern wahrnehmbar.

9. Damit lassen wir nun die Pythagoreer auf sich beruhen; was wir über sie bemerkt haben, genügt.

Diejenigen aber, die die Ideen als Ursachen annehmen, haben erstens im Bestreben, die Ursachen der bei uns vorhandenen Dinge zu greifen, eine zweite Reihe von Dingen eingeführt, die jenen an Zahl völlig gleich sind, genau wie jemand, der etwas abzählen will und glaubt, eine geringere Zahl nicht bewältigen zu können, sie also vermehrt und dann zählt; die Zahl der Ideen ist nämlich genau gleich – oder jedenfalls nicht geringer – als diejenige der Dinge, deren Ursachen sie darstellen sollen und von denen jene ausgingen, um zu den Ideen zu gelangen. Bei jedem einzelnen gibt es nämlich ein Gleichnamiges sowohl dort, wo es Eines gibt, das vieles umgreift, wie auch bei den Wesenheiten, bei dem hier Vorhandenen wie auch beim Ewigen.

Weiterhin führt keiner der Wege, auf denen wir zu beweisen suchen, daß die Ideen existieren, wirklich zu diesem Ergebnis. In einigen Fällen ergibt sich kein zwingender Schluß, in anderen ergeben sich Ideen von Dingen, von denen wir es gar nicht vermuten. Nach dem Beweis aus den Wissenschaften wird es Ideen von allem geben, von dem es eine Wissenschaft gibt. Nach dem Beweis aus der Einheit, die vieles umgreift, gibt es Ideen auch von Negationen; nach dem Beweis aus der Denkbarkeit des schon nicht mehr Vorhandenen Ideen auch vom Vergangenen, da ja von solchem ein Vorstellungsbild übrigbleibt. Von den strikteren Beweisen führen die einen auf Ideen von Relationen, die nach unserer Anschauung keine für sich bestehende Gattung darstellen, die andern auf den «dritten Menschen».

Ganz allgemein beseitigen die Beweise für die Ideen gerade das, was uns noch wichtiger ist als die Existenz der Ideen. Es ergibt sich nämlich, daß nicht die Zweiheit am Anfang steht, sondern die Zahl; daß die Relation früher ist als das für sich Seiende; es entstehen auch alle jene Konsequenzen, die einige aus der Lehre von den Ideen entwickelt haben und die im Widerspruch zu deren eigenen Prinzipien stehen.

Ferner wird es nach der Grundanschauung, derzufolge wir die Existenz der Ideen annehmen, nicht bloß Ideen von Wesenheiten geben, sondern auch von vielem anderem: einheitliche Begriffe gibt es ja nicht nur bei Wesenheiten, sondern auch bei den andern Dingen, und Wissenschaften nicht allein von einer Wesenheit, sondern auch anderswo, und so tauchen noch zahllose andere Schwierigkeiten dieser Art auf. Nach der innern Notwendigkeit aber und nach den Anschauungen von ihnen kann es Ideen nur von den Wesenheiten geben, wenn nämlich eine Teilnahme an den Ideen möglich sein soll. Denn eine solche Teilnahme beruht ja nicht auf Zufälligkeiten, sondern auf einem Wesen, das für sich besteht und nicht bloß als Eigenschaft eines andern Subjekts. Ich meine es so: Wenn etwas an der Idee des Doppelten teilhat, so hat es auch an der des Ewigen teil, aber nur beiläufig; denn das Doppelte ist akzidentell auch ewig. Die Ideen müssen aber immer wesenhaft sein.

Wesenheit meint aber hier wie dort dasselbe. Oder was soll es sonst bedeuten, wenn man sagt, es existiere etwas «neben» dem hier Vorhandenen, nämlich das Eine, das vieles übergreift? Wenn nun aber das Wesen der Ideen und des an ihnen Teilhabenden dasselbe ist, dann wird es für sie etwas Gemeinsames geben. (Denn wieso wäre die Zweiheit als solche eine und dieselbe bei vergänglichen Zweiheiten und bei einer Vielzahl ewiger Zweiheiten, dagegen nicht bei der Idee der Zweiheit und einer beliebigen Zweiheit?) Wenn aber das Wesen nicht dasselbe ist, dann wären sie bloß gleichnamig, also so wie wenn jemand den lebenden Kallias einen Menschen nennte und ebenso eine Holzstatue, ohne auf irgendeine Übereinstimmung zu achten.

Vor allem aber wird man sich fragen müssen, was denn die Ideen nützen sollen, sei es bei den ewigen Dingen in der wahrnehmbaren Welt, sei es beim Entstehenden und Vergehenden. Sie können ja weder Bewegung noch Veränderung verursachen. Außerdem tragen sie auch zu der Wissenschaft von den übrigen Dingen nichts bei; denn sie stellen nicht deren Wesen dar; sonst wären sie in ihnen drin. Ebensowenig tragen sie zu ihrer Existenz bei, da sie im Teilhabenden nicht vorhanden sind; nur unter dieser Voraussetzung könnten sie vielleicht als Ursache gelten, daß etwa das Weiße an sich mit dem andern Weißen gemischt wird. Aber eine derartige Hypothese ist allzuleicht zu widerlegen. Anaxagoras hat sie als erster vertreten, dann Eudoxos und einige andere. Es ist einfach, auf vielfache Weise die Unmöglichkeit einer solchen Lehre nachzuweisen.

Es entsteht auch nicht das übrige aus den Ideen auf irgendeine normale Art. Endlich zu behaupten, daß sie Urbilder seien und daß das andere in diesem Sinne an ihnen teilhabe, ist nichts als ein leeres Gerede und dichterische Wendung. Denn was soll da in Tätigkeit sein mit dem Blick auf die Ideen? Es kann ja etwas ähnlich sein oder werden, ohne daß es einem andern nachgebildet ist, wie denn jemand Sokrates ähnlich sein kann, mag nun Sokrates da sein oder nicht, oder mag er gar ewig sein. Außerdem wird ein und dasselbe Ding mehrere Urbilder haben, also auch Ideen; beim Menschen etwa das Lebewesen und das Zweifüßige und außerdem noch die Idee des Menschen. Ferner wären die Ideen nicht bloß Urbilder der Sinnesdinge, sondern auch voneinander, etwa die Gattung im Sinne der Gattung von Ideen. Da wäre denn dasselbe sowohl Urbild wie auch Abbild.

Weiterhin erscheint es unmöglich, daß die Wesenheit abgetrennt sein soll von dem, dessen Wesenheit sie ist. Wie können also die Ideen die Wesenheiten der Dinge und gleichzeitig von ihnen abgetrennt sein? Im Phaidon steht freilich, daß die Ideen die Ursachen von Sein und Werden seien. Aber trotz den Ideen kann doch das an ihnen Teilhabende nicht entstehen, solange nicht etwas da ist, was die Bewegung in Gang bringt; umgekehrt kann eine Menge entstehen, wie etwa ein Haus oder ein Fingerring, wovon es nach unserer Behauptung keine Ideen gibt. Also kann auch alles übrige existieren und entstehen aus ähnlichen Ursachen wie die soeben genannten

Dinge ‹die anerkanntermaßen ohne die Zuhilfenahme der Ideen entstehen›.

Wenn weiterhin die Ideen Zahlen sind, wie sollen sie dann Ursachen sein? Etwa so, daß die Dinge selbst wiederum andere Zahlen sind, also diese Zahl ein Mensch, diese Sokrates, jene Kallias? Wieso sind dann aber jene Zahlen die Ursache von diesen? Es macht ja keinen Unterschied, daß die einen ewig sind und die andern nicht. Bestehen die Dinge aber in Zahlenverhältnissen, etwa musikalischer Art, so muß es offenbar ein Bestimmtes geben, von dem diese Verhältnisse ausgesagt werden. Wenn dieses die Materie ist, so werden augenscheinlich auch die Idealzahlen bestimmte Verhältnisse bestimmter Gegebenheiten untereinander sein. Ich meine es folgendermaßen: Wenn Kallias ein zahlenmäßiges Verhältnis von Feuer, Erde, Wasser und Luft ist, so wird die Idealzahl ein entsprechendes Verhältnis zwischen andern Gegebenheiten ausdrücken. Und die Idee des Menschen, mag sie eine Zahl sein oder nicht, wird in jedem Falle das zahlenmäßige Verhältnis bestimmter Dinge sein und nicht selbst eine Zahl. Die Idee wird also dadurch keineswegs zur Zahl.

Weiterhin entsteht aus vielen Zahlen eine einzige Zahl; wie aber entsteht aus vielen Ideen eine einzige Idee? Wenn aber die neue Zahl nicht aus ihren Komponenten entsteht, sondern aus den Einheiten in den Komponenten, etwa bei der Zahl Zehntausend, wie verhält es sich dann mit den Einheiten? Sind sie gleichartig, so ergibt sich viel Unsinniges, und sind sie nicht gleichartig, dann sind weder sie es untereinander noch auch die gesamten sonstigen Zahlen untereinander. Aber worin sollen sie sich denn unterscheiden, da sie doch unveränderbar sind? Das alles ist weder wahrscheinlich noch im Gedanken widerspruchsfrei.

Ferner muß man notwendigerweise eine andere Gattung von Zahlen ansetzen als Gegenstand der Arithmetik und des gesamten «Zwischenbereichs», wie es einige nennen. Aber wie und aus welchen Prinzipien entsteht sie? Und warum muß es diesen Zwischenbereich geben zwischen unserm Bereich und demjenigen der Ideen?

Ferner müssen die in jeder der beiden Zweiheiten enthaltenen Einheiten von einer frühern Zweiheit abgeleitet werden, was eine Unmöglichkeit ist. Und warum ist die Zahl, die summiert wird, eine Einheit? Und überdies: Wenn die Einheiten untereinander verschieden sind, so müßte man vorgehen wie diejenigen, die vier oder zwei Elemente annehmen. Jeder von diesen spricht nicht von einem gemeinsamen Elemente, etwa dem Körper, sondern von Feuer und Erde, mag es den Körper als das Gemeinsame geben oder nicht. Faktisch wird also so von der Einheit geredet, als ob Feuer und Erde aus gleichartigen Teilen bestünden. Wenn es aber so ist, dann sind die Zahlen nicht Wesenheiten, sondern vielmehr: Wenn es tatsächlich ein Ideen-Eins gibt und dieses der Ursprung ist, so wird eben das Eins in verschiedenen Bedeutungen gebraucht. Anders ist es unmöglich.

Wenn wir die Wesenheiten auf ihre Ursprünge zurückführen wollen, so setzen wir die Längen aus Kurz und Lang, also aus einem Kleinen und Großen zusammen, desgleichen die Fläche aus Breit und Schmal und den Körper aus Hoch und Niedrig. Wie wird dann aber die Fläche eine Linie oder der Körper eine Linie und eine Fläche enthalten? Denn das Breite und das Schmale, das Hohe und das Niedrige sind verschiedene Gattungen. Es wird ja auch nicht einmal eine Zahl in ihnen enthalten sein, weil das Viele und Wenige von dem Genannten abermals verschieden ist, und auch nicht eine höhere Ausdehnung in der niederen. Desgleichen ist auch das Breite nicht die dem Hohen zugeordnete Gattung, da sonst der Körper zu einer Fläche würde. Und woher sind die Punkte in diesen Gebilden vorhanden? Gegen die Gattung der Punkte polemisierte Platon und nannte sie eine Theorie der Geometer; er selbst nannte als Ursprung der Linie, und zwar immer wieder, die unteilbaren Linien. Aber es muß auch an ihnen Grenzen geben. Nach demselben Prinzip, nach dem es Linien gibt, wird es also auch Punkte geben.

Während schließlich ganz allgemein die Weisheit nach der Ursache der sichtbaren Dinge forscht, haben wir dies vernachlässigt, da wir ja über diejenige Ursache, die den Ursprung der Veränderung bildet, nichts sagen; in der Meinung, das Wesen der sichtbaren Dinge zu erfassen, setzen wir andere Wesenheiten an, doch wie diese das Wesen jener sein können, darüber sagen wir nur nichtiges Zeug. Denn mit dem «Teilhaben» ist, wie wir schon vorhin bemerkt haben, nichts anzufangen. Auch über das, was, wie wir sehen, die Ursache der Wissenschaften ist und um dessentwillen jeder Geist und jede Natur schafft, auch mit dieser Ursache, die wir doch einen der Ursprünge nennen, haben die Ideen nichts zu schaffen, sondern für die Heutigen hat sich die Philosophie in Mathematik verwandelt, obwohl sie behaupten, man müsse sich mit dieser nur um der andern Fragen willen befassen.

Man könnte weiterhin behaupten, daß die als Materie zugrunde gelegte Wesenheit zu mathematisch aufgefaßt werde und daß sie, nämlich das Große und Kleine, eher eine spezifische Eigenschaft der Wesenheit der Materie sei als die Materie selbst, ähnlich also wie die Naturphilosophen das Dünne und das Dichte als die ersten Differenzierungen des Substrats bezeichnen; sozusagen als Übermaß und Mangel.

Was weiterhin die Bewegung angeht, wenn es in dieser Welt Bewegung gibt, so bewegen sich offenbar auch die Ideen. Tun sie es nicht, woher kommt dann die Bewegung? Die gesamte Naturphilosophie steht da auf dem Spiele.

Was leicht zu sein scheint, zu beweisen, daß alles eine Einheit ist, das kommt so nicht zustande. Denn gemäß der Darlegung wird nicht alles Eins, sondern vielmehr zur Idee des Einen, falls man alle Voraussetzungen annimmt. Und nicht einmal dies, wenn man nicht auch noch zugibt, daß das Allgemeine eine Gattung sei, was doch in einigen Fällen unmöglich ist. Unhaltbar ist auch, was nach den Zahlen über Längen, Flächen und Körper gesagt wird, was sie sind, wie sie zustande kommen und welche Eigenschaften sie haben. Sie können ja weder Ideen sein (denn sie sind keine Zahlen) noch den Zwischenbereich darstellen (denn jener ist mathematisch), noch dem Vergänglichen angehören, sondern scheinen offenbar noch eine vierte Gattung zu bilden.

Überhaupt wird, wer die Elemente des Seienden sucht, ohne zuvor die vielfachen Bedeutungen dieses Begriffs zu unterscheiden, diese unmöglich finden können, vor allem, wenn man nur geradezu fragt, aus welchen Elementen es ist. Denn aus welchen Elementen das Bewirken und Erleiden oder das Gerade besteht, läßt sich gar nicht sagen. Nur bei den Wesenheiten hat diese Frage einen Sinn. Es ist also nicht wahr, wenn man die Elemente «aller Dinge» zu suchen oder zu besitzen beansprucht. Wie sollte einer auch die Elemente «von Allem» kennenlernen? Offensichtlich könnte man zuvor überhaupt kein Wissen besitzen. Wie nämlich einer, der die Geometrie lernt, manches wohl schon vorher weiß, freilich nichts von dem, was diese Wissenschaft betrifft und was er erst lernen muß, so ist es auch bei den andern Dingen. Wenn es also «eine Wissenschaft von Allem» gäbe, wie einige behaupten, so würde man überhaupt nichts wissen, bevor man sich diese angeeignet hätte. Aber jedes Lernen geschieht dadurch, daß man Alles oder Einiges schon zuvor kennt, und zwar sowohl das Lernen durch Beweis wie auch dasjenige durch Definitionen (denn da muß man zuvor die Elemente der Definition kennen und besitzen). Desgleichen dasjenige durch Induktion. Sollte aber jenes Wissen uns mitgeboren sein, so wäre es erstaunlich, daß wir ohne es zu bemerken die höchste der Wissenschaften besäßen.

Wie will man ferner erkennen, aus welchen Elementen die Dinge sind, und wie wird dies klar werden? Denn auch da gibt es Schwierigkeiten. Man kann in Zweifel geraten wie bei gewissen Silben. Denn einige sagen, daß das ZA aus S und D und A bestehe, andere dagegen, daß es sich um einen andern Laut handle, der gar nicht geläufig sei.

Wie kann man ferner einen wahrnehmbaren Gegenstand kennenlernen, wenn man nicht die entsprechende Wahrnehmung besitzt? Das müßte man aber, wenn Alles dieselben Elemente besäße, aus denen es so entstünde, wie die zusammengesetzten Laute aus den zugehörigen Elementen bestehen.

10. Daß also Alle augenscheinlich die in der Physik genannten Ursachen suchen und wir neben diesen keine andern zu nennen haben, ist aus den vorstehenden Ausführungen klar. Freilich kommen sie nur undeutlich vor. In einer gewissen Weise sind alle schon genannt worden, auf eine andere Weise dagegen noch überhaupt nicht. Denn der Anfang der Philosophie gleicht auf allen Gebieten einem Stammeln, da sie da noch jung ist und in ihren Anfängen steht. So sagt etwa Empedokles, daß der Knochen auf Grund eines bestimmten Verhältnisses besteht; dieses ist also das Was-Sein und die Wesenheit des Gegenstandes. Aber notwendigerweise hätte auch vom Fleisch und allem andern das entsprechende Verhältnis angegeben werden müssen, oder dann überhaupt nicht. Denn auf Grund dieses Verhältnisses existiert Fleisch, Knochen und alles andere und nicht wegen der Materie, die er nennt, Feuer, Erde, Wasser und Luft. Wenn das ein anderer gesagt hätte, hätte er dem wohl zustimmen müssen, selbst aber hat er es nicht klar gesagt.

Darüber ist indessen schon früher geredet worden. Jetzt wollen wir die Schwierigkeiten, die sich in diesen Dingen ergeben, noch einmal aufnehmen. Denn aus ihnen können wir wohl Klarheiten gewinnen, die bei den spätern Schwierigkeiten nützlich sein können.

METAPHYSIK α

1. Die Untersuchung der wahren Wirklichkeit ist teils schwierig, teils leicht. Dies zeigt die Tatsache, daß kein einziger sie hat befriedigend durchführen können, daß aber auch niemand vollständig in die Irre ging. Jeder hat irgend etwas zur Kenntnis der Natur beigetragen; der Einzelne hat keinen oder nur geringe Fortschritte erzielt, aber aus der Summe von allem entsteht doch etwas Bedeutendes. Es scheint sich also so zu verhalten, wie wir im Sprichwort sagen: Wer wird die Türe verfehlen? Insofern also ist sie leicht. Daß man aber ein Ganzes erfassen und doch einen Teil verfehlen kann, das zeigt ihre Schwierigkeit. Vielleicht aber gibt es überhaupt Schwierigkeiten nach zwei Weisen, derart, daß deren Ursache nicht in den Sachen, sondern in uns selbst liegt. Wie sich nämlich die Augen der Nachtvögel zum Tageslicht verhalten, so verhält sich auch der Geist in unserer Seele zu dem, was doch der Natur nach das klarste von allem ist.

Man muß aber nicht nur jenen dankbar sein, deren Ansicht man sich zugesellen möchte, sondern auch denjenigen, die sich bloß oberflächlicher geäußert haben. Denn auch sie haben etwas beigetragen. Sie haben nämlich die richtige Haltung schon eingeübt. Hätte es nämlich Timotheos nicht gegeben, so hätten wir einen bedeutenden Teil der Liederdichtung nicht erhalten; es hätte aber keinen Timotheos gegeben, wäre ihm nicht Phrynis vorausgegangen. Dasselbe gilt auch hinsichtlich derjenigen, die sich über die wahre Wirklichkeit ausgesprochen haben. Von einigen übernehmen wir bestimmte Lehren, andere wiederum waren die Ursache, daß jene auftreten konnten.

Es ist auch richtig, die Philosophie die Wissenschaft von der wahren Wirklichkeit zu nennen. Denn die Wahrheit ist das Ziel der Betrachtung, die Tat aber dasjenige der Praxis. Denn wenn auch die Praktiker untersuchen, wie sich die Dinge verhalten, so haben sie doch nicht das Ewige, sondern das auf einen Zweck Bezogene und Gegenwärtige vor Augen.

Die wahre Wirklichkeit verstehen wir aber nicht ohne die Ursache. Jedes Ding besitzt eine ihm eigentümliche Eigenschaft im höchsten Grade und mehr als die andern, während die andern Dinge die entsprechende Eigenschaft im Blick auf es haben: So ist das Feuer das wärmste und auch für die andern Dinge die Ursache ihres Warmseins. Demgemäß ist auch das Wahrste dasjenige, was für das Sekundäre die Ursache seines Wahr-seins ist. Darum sind die Ursprünge des ewig Seienden mit Notwendigkeit auch ewig die wahrsten; sie sind nicht bloß gelegentlich wahr, und es gibt nichts, was für sie die Ursache des Seins wäre; vielmehr sind sie die Ursache für alles andere. Wie also ein jedes sich verhält an Sein, so verhält es sich auch an Wahrheit.

2. Daß es nun aber einen Ursprung gibt und daß die Ursachen des Seienden nicht unbegrenzt sind, weder im Zurücklaufen noch der Art nach, ist klar. Denn weder kann, was die Materie angeht, unbegrenzt das eine aus dem andern hervorkommen, so daß etwa das Fleisch aus der Erde entstünde, die Erde aus der Luft, die Luft aus dem Feuer und so fort ohne Ende; noch ist dies beim Bewegungsursprung möglich, so daß der Mensch durch die Luft bewegt würde, diese durch die Sonne, diese durch den Streit und so weiter ohne Grenze. Desgleichen kann auch die Zweckursache nicht ins Unbegrenzte verlaufen, etwa daß das Spazierengehen der Gesundheit wegen erfolgt, diese wegen der Glückseligkeit notwendig ist, die

Glückseligkeit wieder um eines andern willen und so endlos eines um eines andern willen.

Dasselbe gilt endlich auch bei der Wesensursache. Bei den Mittelgliedern nämlich, zu denen es ein Nachgeordnetes und ein Vorgeordnetes gibt, muß das Vorgeordnete notwendigerweise die Ursache des Nachfolgenden sein. Wenn wir nämlich angeben müßten, welches von den drei Stücken nun Ursache ist, würden wir das erste nennen: gewiß nicht das letzte, weil das Schlußglied Ursache von nichts mehr ist; aber auch nicht das mittlere, weil es nur Ursache von einem ist. Dabei macht es keinen Unterschied, ob diese Abfolge einmal oder mehrmals stattfindet, in begrenzter oder in unbegrenzter Zahl. Wenn nun das Grenzenlose in dieser Weise angesetzt wird, und überhaupt beim Unbegrenzten werden sämtliche Glieder Mittelglieder sein bis hinab zum letzten, uns gegenwärtigen. Gibt es aber kein erstes Glied, so gibt es überhaupt keine Ursache.

Man kann aber auch nicht nach unten ins Unbegrenzte gehen und oben einen Anfang ansetzen, etwa daß aus dem Feuer Wasser, aus diesem Erde und so immer wieder eine andere Gattung entstünde. Das Entstehen des einen aus dem andern vollzieht sich nämlich auf zweierlei Weise, entweder wie aus dem Kinde durch Veränderung ein Mann oder wie aus Wasser Luft wird.

Aus dem Kinde wird ein Mann in dem Sinne, daß aus einem Werdenden ein Gewordenes und aus dem sich Vollendenden ein Vollendetes wird; es gibt da nämlich immer eine Zwischenstufe: zwischen dem Sein und dem Nichtsein das Werden und zwischen dem Seienden und dem Nichtseienden das Werdende. Der Lernende ist einer, der wissend wird, und dies wird gemeint, wenn man sagt, man werde aus einem Lernenden ein Wissender.

Im andern Falle wird aus dem Wasser Luft, indem das eine zugrunde geht.

Darum kann im ersten Falle kein gegenseitiges Zurückbiegen stattfinden: Aus dem Manne kann nicht wieder ein Kind werden; denn durch das Werden wird nicht ein wiederum Werdendes, sondern das, was nach dem Werden da ist. (So entsteht der Tag aus dem Morgen als etwas nach ihm, während der Morgen nicht aus dem Tage entsteht.) Im zweiten Falle allerdings gibt es das Zurückbiegen. Doch in beiden Fällen ist es unmöglich, ins Unbegrenzte weiterzulaufen. Denn im ersten Falle muß es für die Zwischenstufen einen Zielpunkt geben, und im zweiten Falle biegen sie ineinander gegenseitig zurück: das Werden des einen ist das Vergehen des andern.

Ebenso ist es auch unmöglich, daß das Erste, das ein Ewiges ist, untergehe. Da nämlich die Reihe des Werdens nach oben nicht unbegrenzt ist, so kann ein Erstes, durch dessen Vergehen ein anderes entstanden ist, nicht ewig sein.

Auch die Zweckursache hat ein letztes Ziel. Dieses ist nicht mehr um eines andern willen, sondern das andere ist um jenes Zieles willen. Wenn es ein derartiges Höchstes gibt, so fällt die Grenzenlosigkeit dahin, wenn aber nicht, so gibt es überhaupt keinen Zweck. Doch merken diejenigen, die das Unbegrenzte einführen, gar nicht, daß sie die Natur des Guten beseitigen; es wird ja niemand ein Handeln in Angriff nehmen ohne die Absicht, an ein Ziel zu gelangen. Außerdem würde auch der Geist nicht mehr existieren. Denn wer Geist hat, wird immer um eines Zweckes willen handeln, und dieser ist eben die Grenze. Das Ziel nämlich ist eine Grenze.

Ferner kann man auch das Was-Sein nicht auf eine immer andere Definition zurückführen, in welcher sich die Bestimmungen häufen. Denn immer ist der vorgeordnete Begriff in höherem Grade, der nachgeordnete in geringerem. Wo aber kein Erstes vorhanden ist, gibt es auch kein Nachfolgendes. Außerdem heben diejenigen, die diese Ansicht vertreten, das Wissen auf. Denn es gibt kein Wissen, solange man nicht zu unteilbaren Aussagen gelangt ist. Es gibt auch kein Begreifen, denn wie soll man ein derartiges Unbegrenztes denken können? Es ist nämlich nicht derselbe Fall wie bei der Linie, deren Teilbarkeit allerdings nicht aufhört und die man auch nicht denken kann, wenn man nicht irgendwo aufhört (deshalb kann derjenige, der eine unbegrenzte Linie durchläuft, niemals ihre einzelnen Teile abzählen); man muß sie also als Ganzes denken und ohne die Bewegung des Aufteilens zu verfolgen.

Endlich existiert keinerlei Unbegrenztes. Also ist auch der Begriff des Unbegrenzten nicht unbegrenzt.

Auch wenn schließlich die Arten der Ursachen ihrer Zahl nach unbegrenzt wären, wäre kein Erkennen möglich. Wir glauben ja dann zu wissen, wenn wir die Ursachen kennen. Es ist aber unmöglich, in einer begrenzten Zeit eine unbegrenzte Reihe zu durchlaufen.

3. Die Bereitschaft zur Belehrung richtet sich nach unserer Gewohnheit. Wie wir es gewöhnt sind, so wünschen wir es zu vernehmen, und was darüber hinaus geht, leuchtet uns nicht in gleicher Weise ein. Weil wir nicht daran gewöhnt sind, ist es uns unvertraut und fremdartig. Das Gewohnte begreifen wir. Welche Macht die Gewohnheit besitzt, zeigen uns die Gesetze und Sitten, in denen wegen der Gewöhnung das Märchenhafte und Kindische mehr gilt als die Einsicht in die Sachen selbst.

Die einen Hörer nehmen nichts an, wenn nicht mathematisch gesprochen wird, die andern dagegen, wenn nicht mit Vergleichen argumentiert wird; die dritten endlich wünschen, daß Dichterstellen zum Beleg beigebracht werden. Die einen wollen alles exakt wissen, die andern ärgert die Exaktheit, entweder weil sie die Dinge nicht miteinander verknüpfen können, oder weil sie die Kleinlichkeit ablehnen. Denn die Exaktheit hat etwas Derartiges, so daß einige meinen, sie sei genau wie im Geschäftsleben so auch in der Wissenschaft etwas Unedles.

Man muß also dazu erzogen sein, was man in jedem Falle zu fordern hat; denn es ist unvernünftig, erst dann nach der Art der wissenschaftlichen Darbietung zu fragen, wenn man sich mit der Wissenschaft selbst beschäftigt. Im einen wie im andern ist es nicht leicht, zur Klarheit zu gelangen. Mathematische Exaktheit darf man nicht in allen Bereichen verlangen, sondern nur, wo keine Materie beteiligt ist. Darum ist dieses Verfahren der Naturphilosophie nicht angemessen. Denn wohl die gesamte Natur hat Materie.

Doch wird man zunächst fragen müssen, was denn die Natur sei. Dann wird es auch klar werden, welche Gegenstände die Naturphilosophie betrifft und ob ihre Ursprünge und Ursachen von einer oder von mehreren Wissenschaften zu untersuchen sind.

4. DIE THEOLOGIE

An Berühmtheit stehen die nachfolgenden Kapitel den zwei ersten Büchern der Metaphysik nicht nach. Wie jene haben sie im Laufe der Jahrhunderte immer wieder umfangreiche und subtile Kommentare angeregt. Und wie jene verraten auch sie durch Unklarheiten, Gedankensprünge, halbe Widersprüche und auffallende Wiederholungen, daß wir nicht einen für die Publikation geschriebenen Text vor uns haben, sondern ein Manuskript, das für die Publikation bloß einigermaßen zurecht gemacht worden ist. Was aber diesen Kapiteln ihren besondern Charakter verleiht, ist die Tatsache, daß in ihnen Gedanken, die für den modernen Leser nichts von ihrer Bedeutung und Richtigkeit verloren haben, nahezu unvermittelt zusammenprallen mit Spekulationen, in deren komplizierte Absonderlichkeit wir uns nur noch mit der größten Mühe einzuleben vermögen.

Von großartiger Eindrücklichkeit ist die Linie des Gedankens, die von der Tatsache der vielfältig bewegten wahrnehmbaren Welt hinaufführt zu dem einen unbewegten Beweger. Er ist der Ursprung. Er bringt alle Bewegung in Gang, doch ohne sich selbst zu bewegen, zu verändern – ohne zu handeln. An dieser einen Stelle hat Aristoteles, so dürfen wir sagen, einem Paradoxon Einlaß in seine Philosophie gewährt. Denn das Wirken ohne zu Handeln, das er lehrt, ist ein echtes Paradoxon. Und wie er es erläutert, ist nicht weniger überraschend. Er vergleicht es einmal mit der Bewegung, die das Gedachte im Denken des Denkenden hervorruft, dann mit derjenigen, die das Geliebte im Liebenden erregt. Und der erste Beweger ist in der Tat der höchste Gegenstand allen Denkens und das letzte Ziel allen Strebens. Er ist als Sein das wahrste, als Wert der begehrenswerteste. So münden Theoria und Praxis, die sonst so streng unterschieden werden, in einen und denselben Punkt.

Wenn irgendwo, so empfinden wir es hier schmerzlich, daß in unserm Texte vom unbewegten Beweger als Ziel der höchsten Liebe nur mit wenigen Zeilen, ja, genau genommen nur mit einem einzigen Worte (1072 b 3) die Rede ist. In den verlorenen Dialogen war wohl mehr darüber gesagt. Wenn wir sie besäßen, könnten wir auch genauer erkennen, wie sich dieser Gedanke des Aristoteles zu Platons Lysis *und* Symposion *verhalten hat. Daß eine Beziehung bestand, darf mit Zuversicht angenommen werden. Doch wie sie im einzelnen beschaffen war, wissen wir nicht.*

Gefragt wird sodann nach dem Wesen des unbewegten Beweger an sich.

Er ist ganz, was er ist. Es kann an ihm weder ein «Nicht mehr» noch ein «Noch nicht» geben. Da er jenseits der Zeit steht, finden sich an ihm keine Möglichkeiten, die in der Zeit erst verwirklicht werden, so wie es bei allen Wesen in der irdischen Welt der Fall ist. Er ist reine Wirklichkeit. Das bedeutet, daß er reine Tätigkeit ist. Diese Tätigkeit ist aber keine Bewegung und erst recht keine Bewegung zu einem Geringern hin, als er selbst ist. Mit Notwendigkeit muß sie einen Gegenstand haben, der an Vollkommenheit ihm selbst ebenbürtig ist, und der nicht etwas anderes, von ihm selbst Unterschiedenes ist, auf das er sich hinbewegen müßte. Beides führt darauf, daß nur er selbst sich Gegenstand sein kann, Gegenstand des Denkens und Erkennens. So entsteht die berühmte Formel, daß der unbewegte Beweger, also Gott, «das sich selbst denkende Denken» ist.

Vieles ist damit erreicht. Das Denken überhaupt erhält damit endgültig jenen Vorrang vor dem Handeln, den es auch beim Menschen besitzt, bei welchem die Lebensform der Betrachtung derjenigen des praktischen Handelns unbedingt überlegen ist.

Wenn weiterhin Aristoteles nach Ausweis eines wichtigen Fragmentes den ursprünglichen Anstoß zu aller philosophischen Ethik im delphischen «Erkenne dich selbst» gesehen hat, so ist es eben der unbebewegte Beweger, der als einziges Wesen diese Reflexion auf sich selbst rein und vollkommen, mühelos und beständig zu vollziehen vermag.

Dem Menschen gelingt dies immer nur fragmentarisch und in der Regel bloß (wie in einer seltsamen Stelle der Eudemischen Ethik ausgeführt wird) auf dem Umweg über einen Freund, dessen philosophischer Rang demjenigen des Betrachtenden ebenbürtig ist und in dem sich der Betrachtende spiegeln soll.

Endlich kennt Aristoteles neben dem Guten, dem das Streben gilt, dem Schönen, das dem zu erkennenden Wahren nahesteht, als dritten obersten Wert noch das Lustvolle, wobei unter Lust natürlich nicht das Vergnügen zu verstehen ist, an dem auch die Tiere teilhaben können, sondern die Freude, die man gerade am vollkommenen Tun empfinden soll. Denn der Mensch ist nicht wahrhaft gut, erklärt die Nikomachische Ethik, wenn er nicht auch Lust an der Tugend hat. Aristotelisch ist es auch, daß die vollkommenste Tätigkeit die vollkommenste Lust zu erzeugen vermag. Es ergibt sich, daß dem unbewegten Beweger die höchste mögliche Lust eigen ist, und zwar wiederum nicht nur gelegentlich, sondern so ununterbrochen, wie sich sein Erkennen seiner selbst vollzieht.

Wir bemerken nebenbei, daß die Diskussion über die Möglichkeit des «Denkens des Denkens» einzelnen Abschnitten des platonischen Dialogs Charmides *nahesteht.*

Wichtiger ist, daß sich mit alledem der erste Beweger nicht allein als der Ursprung des kosmischen Lebens erweist, sondern auch in einem spezifischen Sinne als die Erfüllung dessen, was der Mensch mühsam zu sein versucht. Das Denken gehört dem ersten Beweger. Aber Aristoteles verwendet hier mit voller Absicht dasselbe Wort, das auch die höchste Fähigkeit im Menschen bezeichnet. Die Forderung «Erkenne dich selbst» ergeht an den Menschen und wird von Gott erfüllt. Und wenn die menschliche Glückseligkeit als Inbegriff des Schönen, Guten und Lustvollen beschrieben wird, so trifft dies erst recht auf die Glückseligkeit Gottes zu. So wird denn der aristotelische Gott zum Vorbild des Menschen. Dieser Gedanke ist an sich bei den Griechen weit verbreitet. Aber man wird wohl sagen dürfen, daß er bei Aristoteles mit manchen Zügen besonders deutlich hervortritt. Von ihm ist er nament-

lich zu Epikur übergegangen, mit dem Unterschied freilich, daß Epikur seinen Göttern nicht ohne Absicht Elemente des Volksglaubens zurückgegeben hat, die jener trotz aller Achtung vor den alten Traditionen preisgegeben hatte.

Gemeinsam ist dem aristotelischen Gotte und den epikureischen Göttern immerhin eines. Sie handeln nicht nach außen. Von unserm Standpunkt im Kosmos her sind sie zwar erkennbar, und wir sollen sie erkennen. Aber sie selbst wirken nicht schaffend auf den Kosmos ein. Sie haben ihre Glückseligkeit in der ewigen Ruhe, in der sie bei sich selbst sind.

Wir müssen indessen auch auf die andere, die schwer verständliche Seite der aristotelischen Theologie hinüberblicken. Der erste Beweger steht, wie dieser sein Name sagt, in einem System von Bewegungen. Von ihm hängt zunächst die ewige Kreisbewegung ab, die wir in der Region von den Fixsternen bis hinab zum Monde beobachten können, dann die Vielheit der zentripetalen und zentrifugalen Bewegungen, die in unserer sublunaren Welt zu Hause ist und durch die alles Werden und Vergehen zustande kommt. Wir lassen die verfängliche Frage beiseite, was denn an den beiden Grenzstellen zwischen dem Unbewegten und dem Kreisbewegten einerseits und dem Kreisbewegten und dem Linearbewegten anderseits das «Abhängen» konkret zu bedeuten hat. Aristoteles selbst hat darüber nichts Näheres gesagt. Es wäre auch nicht leicht gewesen, etwas zu sagen.

Was dagegen hervortritt, ist das Bemühen, den Bezirk der ewigen Kreisbewegung mit Hilfe der Astronomie zu bewältigen. Die Region der Gestirne und die Astronomie als die Wissenschaft von ihnen haben bei Aristoteles eine eigentümliche Stellung. Was da ewig ist, gehört der Theologie an, was als sichtbare Körperlichkeit erscheint, fällt in den Bereich der Naturphilosophie. Es gibt also erstens das im strengen Sinne astronomische Problem, aus wie vielen Kreisbewegungen diejenigen Bewegungen kombiniert sind, die wir die Gestirne im Laufe des Tages, Monats und Jahres vollziehen sehen. Es gibt zweitens das theologische Problem, wie jede dieser errechneten Kreisbewegungen, die alle-

samt ewig, also göttlicher Natur sind, aufzufassen sei. Aristoteles hat beiden gerecht zu werden versucht, so gut es ging.

Er war sich bewußt, selbst kein Astronom vom Fache zu sein. Mit einer Bescheidenheit, zu der in der Antike nur er fähig gewesen ist, weist er seine Leser ausdrücklich darauf hin, daß er nichts anderes könne, als sich die Ergebnisse der Fachleute zunutze zu machen. Er hält sich an das Modernste, die Theorien zweier Zeitgenossen, von denen uns Eudoxos von Knidos als weitgereister Geograph und Naturphilosoph jonischen Stiles anderweitig recht gut, Kallippos dagegen kaum bekannt ist. Nur der Aristotelesschüler Eudemos hat in seiner Geschichte der Astronomie noch einiges über Kallippos berichtet; nachher ist er trotz unserer Stelle völlig verschollen.

Je nachdem man sich an Eudoxos oder an Kallippos anschloß, kam man auf siebenundvierzig oder auf fünfundfünfzig Kreisbewegungen. Jede dieser Bewegungen ist ewig und göttlich und wird von einem unbewegten Beweger in Gang gehalten. Wir erhalten also zu unserm Erstaunen und wohl auch Befremden neben dem einen und obersten unbewegten Beweger noch fünfundfünfzig andere, die ihm gleich und doch untergordnet sind.

Hier wie oben empfinden wir es peinlich, daß uns manche der wichtigsten Texte des Aristoteles in einer so wenig kohärenten und homogenen Form überliefert sind. Die Darstellung, auf die wir angewiesen sind (und zu der einige Abschnitte aus den Untersuchungen *Über den Himmel* dazu kommen) spricht verwirrend bald vom Einen, bald von den fünfundfünfzig Bewegern und läßt eine ganze Reihe von Fragen völlig offen. Gelegentlich beschleicht uns der Verdacht, daß in unsern Kapiteln vielleicht überhaupt Texte aus verschiedener Zeit und mit verschiedener Zielsetzung zusammengeschoben worden sind. Jedenfalls ist die Forschung der Aristoteliker hier so wenig am Ende wie anderswo, und daß in den Dialogen vom einen obersten und außerkosmischen Gott wie auch von den innerkosmischen Gestirngöttern die Rede war, ist uns bezeugt.

Hier müssen wir uns mit der Feststellung begnügen, daß uns Vieles *vielleicht für immer rätselhaft bleiben wird. Doch darf dies nicht den Eindruck schmälern, welch ungeheure Anstrengung Aristoteles unternommen hat, um jene beiden Bereiche zusammenzuzwingen, die bei Platon kaum verbunden nebeneinander stehen. Aristoteles trennt nicht die Welt des Wahrnehmbaren, die dem Werden und dem Verfallen hoffnungslos überantwortet ist, von der Welt der Ideen, die allein wahrhaft sind. Der sichtbare Kosmos selbst umgreift die ganze Stufenfolge vom beliebig Vergänglichen bis hinauf zum Dauerhaften, Göttlichen und im höchsten Sinne Notwendigen. Und der eine unbewegte Beweger wohnt wohl jenseits des Kosmos, ist aber doch mit ihm verknüpft, und zwar auf doppelte Weise: einmal darin, daß alle kosmische Bewegung nur darum stattfindet, weil er ist, und zweitens darin, daß er als Denken des Denkens in Ewigkeit vorbildlich verwirklicht, was der Mensch nur in seltenen vollkommenen Augenblicken mühselig erreicht.*

Auf dieser Zusammengehörigkeit des Unbewegten und des Bewegten ruht bei Aristoteles, recht verstanden, alle Naturphilosophie und Ethik.

Die Platoniker haben diese Synthese abgelehnt, ebenso, trotz manchen Anleihen in bedeutenden Punkten, die Epikureer. Aufgenommen wurde sie von den Stoikern, aber vergröbert, pedantisch und sentimental. Mit dem Bild der Alles bis ins einzelne von innen heraus durchwaltenden Vorsehung fällt der Gedanke, der im unbewegten Beweger des Aristoteles eine subtile und reine Formung erfahren hatte, in eine handfeste Mythologie zurück. Darüber können alle Syllogismen, auf die die Stoa so stolz war, nicht hinwegtäuschen. Was in Ciceros berühmtem zweitem Buch Von der Natur der Götter *wirklich tief gedacht ist, ist aristotelisch. Der Rest ist primitiv erbaulich.*

Übersetzt wird Aristot. Metaph. 1071b3–1076a4 ed. W. Jaeger (1957).

METAPHYSIK Λ 6–10

6. Da es dreierlei Wesenheiten gibt, von denen zwei der bewegten Natur angehören, die dritte aber unbewegt ist, so haben wir nun von dieser zu zeigen, daß es mit Notwendig-

keit eine ewige und unbewegte Wesenheit geben muß. Die Wesenheiten nämlich stehen am Anfang des Seienden, und wenn sie alle vergänglich sind, so ist überhaupt Alles vergänglich. Es ist jedoch unmöglich, daß die Bewegung jemals entstand oder wieder vergeht; denn sie ist immer. Dasselbe gilt von der Zeit. Denn wo es keine Zeit gibt, gibt es auch kein Früher oder Später.

Die Bewegung ist weiterhin in derselben Weise kontinuierlich wie die Zeit selbst. Die Zeit ist nämlich entweder identisch mit der Bewegung oder eine bestimmte Eigenschaft der Bewegung. Kontinuierlich ist unter den Bewegungen aber nur die Ortsbewegung und bei dieser wiederum die Kreisbewegung.

Wenn es nun aber ein Bewegendes oder Schaffendes geben sollte, das aber nicht in Tätigkeit ist, so wird keine Bewegung zustande kommen. Denn es ist möglich, daß das, was eine Fähigkeit besitzt, sie nicht betätigt. Es würde uns also nichts nützen, sogar ewige Wesenheiten anzunehmen, wie es diejenigen tun, die die Ideenlehre vertreten, wenn nicht auch ein Prinzip mit dabei ist, das Veränderungen hervorzubringen vermag. Aber sogar dieses würde nicht ausreichen noch irgendeine andere Wesenheit neben den Ideen; solange nämlich keine Tätigkeit vorhanden ist, wird es auch keine Bewegung geben.

Dasselbe gilt auch, wenn eine Tätigkeit zwar vorliegt, aber das Wesen selbst bloß die Anlage zur Tätigkeit enthält. Denn dann wird es keine ewige Bewegung geben. Denn was bloß der Möglichkeit nach existiert, kann auch nicht-existieren. Es bedarf also eines Prinzips, dessen Wesen in der Tätigkeit besteht.

Außerdem müssen derartige Wesenheiten ohne Materie sein. Denn wenn überhaupt etwas, so müssen sie ewig sein, also reine Tätigkeit.

Doch hier liegt eine Schwierigkeit vor. Es scheint nämlich, daß alles Tätige auch die Möglichkeit des Tätigseins besitzt.

daß aber nicht alles, was die Möglichkeit besitzt, auch wirklich tätig ist. So wäre denn die Möglichkeit das Primäre. Wenn aber dies zutrifft, dann wird kein Seiendes wirklich existieren; es könnte ja als Möglichkeit sein, aber niemals in Wirklichkeit.

Auf dieselbe Unmöglichkeit gerät man, wenn man entweder wie die Theologen die Dinge aus der Nacht geboren sein läßt oder wie die Naturphilosophen annimmt, daß einmal «alle Dinge beisammen waren». Denn wie soll etwas in Bewegung gebracht werden, wenn keine tätige Ursache vorhanden ist? Es bewegt sich ja auch nicht das Bauholz selbst, sondern die Baukunst tut es. Desgleichen bringen auch die Erde und der Mutterleib nicht etwas von selbst hervor, sondern der Same gibt den Anstoß.

So nehmen denn einige, wie Leukippos und Platon, eine dauernde Tätigkeit an; sie sagen nämlich, die Bewegung sei ewig. Sie erklären aber nicht, warum dies so ist, welche Bewegung sie meinen, noch weshalb es gerade diese und nicht jene sein soll. Denn nichts bewegt sich, wie es sich gerade trifft, sondern es muß eine Konstanz vorliegen, etwa so, daß sich die Bewegung naturgemäß auf die eine Weise vollzieht, gewaltsam jedoch oder unter Einwirkung des Geistes oder eines andern Faktors auf eine andere. Welcher Art soll ferner die ursprüngliche Bewegung sein? Darauf kommt nämlich ungeheuer viel an. Aber nicht einmal Platon vermag zu überzeugen mit jenem Prinzip, das er gelegentlich nennt, nämlich dem sich selbst Bewegenden ‹also der Seele›. Er sagt ja selbst, daß die Seele nach oder höchstens gleichzeitig mit dem Himmel enstanden sei.

Die Auffassung nun, daß die Möglichkeit der Tätigkeit vorgeordnet sei, ist teils richtig, teils falsch. Darüber ist schon früher gesprochen worden. Daß die Tätigkeit vorausgeht, bezeugen sowohl Anaxagoras (denn der Geist ist Tätigkeit) wie auch Empedokles, der Liebe und Streit annimmt, wie endlich auch Leukippos und alle diejenigen, die eine ewige Bewegung lehren. Es kann also nicht eine unbegrenzte Zeit hindurch die Nacht oder das Chaos bestanden haben, sondern es existierte immer dasselbe entweder in periodischem Umschwung oder anderswie, wenn nämlich tatsächlich die Tätigkeit der Möglichkeit vorangeht. Wenn aber dasselbe sich fortwährend im Umschwung befindet, so muß es auch ein fortwährend Beharrendes geben, das in der entsprechenden Weise tätig ist. Wenn es weiterhin ein Werden und Vergehen geben soll, so muß ein anderes bestehen, das fortwährend bald so, bald anders tätig ist. Dieses muß also teils seinem eigenen Wesen, teils einem anderen gemäß tätig sein. Dieses andere ist entweder ein drittes oder das erste. Es muß das erste sein. Denn wäre es ein drittes, so wäre dieses wiederum teils Ursache des zweiten, teils eines abermals anderen. Also ist es besser, sich auf das erste zurückzubeziehen. Dieses ist folglich die Ursache des stetsfort Unveränderlichen. Für das überhaupt Veränderliche ist ein anderes Ursache und für das sich stetsfort Verändernde offensichtlich beide zusammen. Und so verhält es sich denn auch faktisch mit den Bewegungen. Was brauchen wir also andere Prinzipien zu suchen?

7. Da es sich also so verhalten kann und da die Dinge, wenn es sich nicht so verhielte, aus der Nacht entstehen würden und aus dem «Alles beisammen» und aus dem Nichtseienden: so wird man annehmen, daß sich die Probleme in der Tat auf diese Weise lösen. Es wird also etwas geben, was sich in einer unaufhörlichen Bewegung ewig bewegt, und zwar ist dies die Kreisbewegung. Dies läßt sich nicht nur aus der Überlegung, sondern auch aus den Tatsachen entnehmen. Der oberste Himmel ist also ewig.

Es gibt auch etwas, was er in Bewegung setzt. Da aber nun das gleichzeitig Bewegte und Bewegende ein Mittelding darstellt, so muß es schließlich etwas geben, was in Bewegung setzt, ohne selbst bewegt zu sein, und was ewig, wesenhaft und reine Tätigkeit ist. Auf eben diese Weise setzt das Begehrte und das Gedachte in Bewegung: es bewegt, ohne selbst bewegt zu sein. Die Prinzipien beider sind dieselben. Denn begehrt wird das, was sich als schön zeigt, und primär gewollt dasjenige, was wesenhaft schön ist. Und zwar erstreben wir es, weil wir davon überzeugt sind; wir sind nicht überzeugt, weil wir es erstreben. Denn der Ursprung ist der Gedanke.

Der Geist wird durch das Gedachte bewegt. Unter das Gedachte als solches fällt aber die eine Hälfte in der Liste der obersten Bestimmungen. In dieser Reihe steht die Wesenheit an der Spitze, und zwar die einfache und als Tätigkeit verstandene. Dabei ist zu beachten, daß das Eine und das Einfache nicht dasselbe bedeuten. Denn das Eine bezeichnet ein Maß, das Einfache aber eine besondere Beschaffenheit.

Aber auch das Schöne und das um seiner selbst willen zu Erstrebende steht in derselben Liste. Und hier ist das, was an der Spitze steht, das stetsfort Beste oder was dem entspricht.

Daß es auch beim Unbewegten die Zweckursache geben kann, zeigt die Begriffsgliederung. Der Zweck ist entweder Zweck für ein anderes oder Zweck eines anderen; das zweite kommt hier in Frage, das erste nicht. Der oberste Zweck bringt in Bewegung wie ein Geliebtes. Er bewegt das andere, das seinerseits als ein Bewegtes in Bewegung setzt. Wenn aber etwas bewegt wird, so kann es sich so oder anders verhalten. Wenn also seine Tätigkeit primär eine Ortsbewegung ist, so kann es sich entsprechend seiner Bewegungsart so oder anders verhalten, im Raume natürlich, nicht etwa der Wesenheit nach.

Wenn es aber ein Bewegendes gibt, das selbst unbewegt und in reiner Tätigkeit ist, so vermag sich dies unter keinen Umständen so oder anders zu verhalten.

Unter den Arten der Veränderung ist die Ortsbewegung die erste, und unter den Ortsbewegungen die Kreisbewegung.

Diese wird von jenem in Bewegung gebracht. Jenes ist also mit Notwendigkeit ein Seiendes, und weil notwendigerweise, dann auch vollkommenerweise. In diesem Sinne ist es Ursprung.

(Der Begriff des Notwendigen hat nämlich folgende Bedeutungen: erstens das Gewaltsame, was gegen das natürliche Streben läuft, zweitens die Conditio sine qua non, damit etwas gut wird, und drittens, was nicht bald so, bald anders zu sein vermag.)

An diesem Ursprung also hängt der Himmel und die Natur. Seine Lebensform ist ähnlich wie die beste, deren wir für kurze Zeiten fähig sind. Denn so ist jener dauernd (uns aber ist dies unmöglich), wie denn eine solche Tätigkeit auch Lust bereitet; aus demselben Grunde sind Wachsein, Wahrnehmen und Denken das Lustvollste, und bezogen darauf auch Erinnerungen und Hoffnungen.

Das Denken an sich zielt auf das an sich Beste, und das Höchstmaß des Denkens auf das Höchstmaß des Besten. Der Geist denkt sich selbst auf dem Wege über das Gedachte. Er wird nämlich selbst denkbar, wenn er das Gedachte berührt und denkt, derart, daß Denken und Gedachtes dasselbe werden. Der Geist ist nämlich dazu bereit, das Denkbare und die Wesenheit aufzunehmen, und er ist tätig dadurch, daß er es aufnimmt. Darum liegt mehr in diesem als in jenem dasjenige, was der Geist an Göttlichem zu haben scheint, und so ist die Betrachtung das Lustvollste und Beste.

Wenn nun derart in dem vollkommenen Zustand, wie wir zuweilen sein können, Gott immer ist, so ist dies schon staunenswert. Wenn aber die Vollkommenheit noch größer ist, so ist dies noch staunenswerter. Es verhält sich nun aber folgendermaßen. Dem Ursprung kommt auch das Leben zu. Denn die Tätigkeit des Geistes ist Leben, und jener ist gerade reine Tätigkeit. Also ist seine Tätigkeit an sich das beste und das ewige Leben. Wir behaupten ja auch, daß Gott das ewige und das beste Lebewesen sei, so daß also sowohl das Leben wie auch eine kontinuierliche und ewige Dauer Gott zukommen. Dies ist nämlich Gott.

Wenn aber etwa die Pythagoreer und Speusippos annehmen, daß das Schönste und Beste nicht am Anfang stehen könne, weil auch bei den Pflanzen und Tieren der Anfang zwar die Ursache sei, das Schöne und Vollendete aber erst aus dem Anfang entstünde, so ist dies verkehrt. Denn der Same stammt von anderen Wesen, die zuvor schon vollendet waren, und allgemein ist das Primäre nicht der Same, sondern das Vollendete. So wird man denn wohl sagen, daß der Mensch vor dem Samen da war, natürlich nicht der Mensch, der aus dem Samen entstand, sondern derjenige, von dem der Same herkommt.

Daß es also eine ewige, unbewegte und von den wahrnehmbaren Dingen abgetrennte Wesenheit gibt, ist aus dem Gesagten klar geworden. Es hat sich auch gezeigt, daß diese Wesenheit keine Größe haben kann. Sie ist ungeteilt und unteilbar.

(Sie hält die grenzenlose Zeit hindurch in Bewegung. Indessen hat nichts Begrenztes eine unbegrenzte Fähigkeit. Da aber jede Größe entweder begrenzt oder unbegrenzt ist, so hat sie aus dem angegebenen Grunde keine begrenzte Größe, eine unbegrenzte aber auch nicht, weil es eine solche überhaupt nicht gibt.)

Außerdem wurde gezeigt, daß sie unangreifbar und unveränderlich ist. Denn alle andern Bewegungsarten sind der Ortsbewegung gegenüber sekundär. Offensichtlich verhält sich dies alles auf diese Weise.

8. Man darf aber die Frage nicht übersehen, ob eine einzige oder mehrere derartige Wesenheiten anzusetzen sind, und wenn dieses, wie viele. Man muß dabei auch die Äußerungen

der anderen bedenken, die hinsichtlich der Zahl nirgends klare Aussagen gemacht haben. Die Ideenlehre nämlich hat in diesem Punkte keine eigenen Forschungen unternommen. Ihre Anhänger sagen, daß die Ideen Zahlen seien; von den Zahlen aber behaupten sie bald, daß sie unbegrenzt seien, bald, daß sie nicht über die Zehn hinausgingen. Aus welchem Grunde sie aber gerade bis zu dieser Zahl gelangen, darüber haben sie keinen einzigen ernsthaften Beweis vorgelegt. – Wir haben nun von unsern Voraussetzungen und Ergebnissen auszugehen.

Der Ursprung und das erste der Wesen ist unbewegt sowohl an sich selbst wie auch akzidentell. Er setzt die erste ewige Bewegung, die eine einzige ist, in Gang. Da nun alles Bewegte notwendigerweise von einem andern bewegt wird, so ist auch das erste Bewegende an sich unbewegt. Die ewige Bewegung wird durch ein Ewiges in Gang gehalten, und zwar eine Bewegung durch den einen Beweger. Wir sehen aber, daß es neben der einfachen Bewegung des Alls, von der wir behaupten, daß sie durch die erste unbewegte Wesenheit in Gang gehalten werde, noch andere ewige Bewegungen gibt, nämlich die der Planeten. Ewig und ruhelos bewegt sich nämlich der Kreiskörper; die Beweise dazu sind in den naturphilosophischen Untersuchungen gegeben worden. Jede Bewegung dieser Planeten muß von einer an sich unbewegten und ewigen Wesenheit in Gang gebracht werden. Die Natur der Gestirne nämlich ist eine ewige Wesenheit; ewig ist auch das Bewegende und dem Bewegten vorgeordnet; was aber einer Wesenheit vorgeordnet ist, muß notwendigerweise ebenfalls eine Wesenheit sein. Es ergibt sich also, daß es ebenso viele Wesenheiten geben muß, die ihrer Natur nach ewig und an sich unbewegt sind und ohne Größe, und zwar aus dem zuvor erwähnten Grunde.

Daß es also solche Wesenheiten gibt und unter ihnen eine erste und zweite und so fort in derselben Ordnung, in der sich die Bewegungen der Gestirne befinden, ist klar. Die genaue Zahl der Bewegungen muß man sich von der Astronomie geben lassen als derjenigen unter den mathematischen Wissenschaften, die der Philosophie am nächsten steht. Denn ihr Gegenstand ist eine zwar wahrnehmbare, aber doch ewige Wesenheit, während die andern mathematischen Wissenschaften wie die Arithmetik und die Geometrie sich überhaupt nicht mit Wesenheiten befassen.

Daß die bewegten Körper mehrere Bewegungen vollziehen, bemerkt auch derjenige, der nur ein wenig auf diese Dinge achtet: jeder der Planeten führt nämlich mehr als eine Bewegung aus. Wie viele es aber sind, darüber wollen wir jetzt die Äußerungen bestimmter Mathematiker anführen, damit wir einen Begriff davon erhalten, wie es durch das Raisonnement möglich ist, eine bestimmte Zahl zu fixieren. Im übrigen muß man entweder selber weiterforschen oder sich von den Forschenden informieren lassen. Falls die Fachleute irgendwelche Ansichten haben, die von den hier vorgetragenen abweichen, soll man die einen wie die andern respektieren, doch folgen soll man denjenigen, die ein genaueres Wissen besitzen.

Eudoxos nun ließ die Bewegung von Sonne und Mond in je drei Hohlkugeln ablaufen. Als die erste bezeichnete er die der Fixsterne, die zweite diejenige mit dem Tierkreis als Äquator, die dritte mit einem gegen den Tierkreis zu geneigten Äquator; und zwar habe die Kugel, in der sich der Mond bewege, im Äquator eine stärkere Neigung als diejenige der Sonne.

Jeder der Planeten bewege sich in vier Kugeln, von denen die erste und die zweite mit denjenigen von Sonne und Mond identisch seien (die Kugel der Fixsterne setze alle andern in Bewegung und ebenso sei die ihr untergeordnete, deren Äquator dem Tierkreis entspräche, allen gemeinsam); die Pole der dritten lägen alle auf dem Tierkreis, während die vierte sich in einer Neigung zum Äquator der dritten bewege. Der Pol der dritten Kugel sei für jeden Planeten ein anderer, nur Venus und Merkur hätten denselben.

Kallippos nahm dieselbe Lage der Kugeln an wie Eudoxos. Der Zahl nach gab er dem Jupiter und Saturn ebenso viele wie Eudoxos, bei Sonne und Mond glaubte er noch je zwei Kugeln beifügen zu müssen, um den Tatsachen gerecht zu werden, bei den übrigen Planeten noch je eine.

Außerdem ist es notwendig, wenn die Kugeln in ihrer Gesamtheit den konstatierbaren Verhältnissen genügen sollen, bei jedem Planeten noch weitere Kugeln beizufügen, und zwar um eine weniger als die schon aufgeführten; ihre Aufgabe ist es, die erste Kugel des jeweils unter dem Planeten angeordneten Gestirns zurückzudrehen und in die ursprüngliche Lage wieder zurückzubringen. Denn nur auf diese Weise vermag das Ganze die faktische Planetenbewegung zu erzeugen.

Da nun die Kugeln, in denen sie sich bewegen, einmal acht und dann fünfundzwanzig sind, von diesen aber diejenigen nicht zurückgedreht zu werden brauchen, in denen der unterste Planet der ganzen Ordnung ‹der Mond› sich bewegt, so ergeben sich sechs zurückdrehende Kugeln für die ersten Planeten und für die nächsten vier Planeten sechzehn. Die Gesamtzahl der bewegenden und zurückdrehenden Kugeln wird also fünfundfünfzig betragen. Wenn man bei Sonne und Mond die oben nach Kallippos genannten Bewegungen nicht beifügt, so wird die Gesamtzahl der Kugeln siebenundvierzig werden.

Dies mag also die Zahl der Kugeln sein, und so ist es sinnvoll, ebenso viele unbewegte Wesenheiten und Ursprünge anzusetzen. Einen zwingenden Beweis freilich überlassen wir denen, die sich mehr zutrauen.

Wenn es nun keine Bewegung geben kann, die nicht mit der Bewegung eines Gestirns verbunden ist, und wenn man annehmen muß, daß jede Natur und jede Wesenheit, die unangreifbar ist und für sich selbst das Beste erlangt hat, ein Vollendetes darstellt, so wird es wohl neben diesen Naturen keine anderen geben, sondern mit Notwendigkeit muß dies die Zahl der Wesenheiten sein. Gäbe es nämlich noch andere, so würden sie Ziel einer Bewegung sein und anderes in Bewegung setzen. Es kann aber unmöglich andere Bewegungen außer den genannten geben. Dies läßt sich aus den bewegten Gestirnen vernünftigerweise erschließen. Wenn nämlich alles Bewegende um des Bewegten willen existiert und jede Bewegung an einem Bewegten ist, dann wird keine Bewegung um ihrer selbst oder um einer andern Bewegung willen existieren, sondern nur um der Gestirne willen. Wäre weiterhin jede Bewegung um einer andern Bewegung willen, so müßte diese wieder um einer andern willen sein. Da es aber nicht möglich ist, ins Endlose weiterzulaufen, so muß das letzte Ziel aller Bewegung einer der am Himmel bewegten göttlichen Körper sein.

Daß es aber nur einen Himmel gibt, ist klar. Gäbe es nämlich viele Himmel, wie es viele Menschen gibt, so wäre der Ursprung eines jeden zwar der Art nach derselbe und einer, der Zahl nach aber viele. Was aber zahlenmäßig vieles ist, hat Materie; denn nur der Begriff ist einer und derselbe bei einer Vielheit, etwa beim Menschen, und zahlenmäßig einer ist Sokrates. Die erste Was-heit hat jedoch keine Materie. Sie ist reine Wirklichkeit. So ist also das erste unbewegt Bewegende dem Begriff wie der Zahl nach eines; desgleichen das ewig und kontinuierlich Bewegte. Es gibt also nur einen Himmel.

Es ist nun auch von früheren und uralten Zeiten her in der Form des Mythos der Gedanke erhalten geblieben, daß eben jenes Götter sind und daß das Göttliche die ganze Natur umgreift. Das Weitere ist in mythischer Weise zugefügt, um die Leute zu überzeugen und zur Stützung der Gesetze und des allgemeinen Nutzens. Sie erzählen nämlich, jene seien menschengestaltig oder auch bestimmten andern Lebewesen ähnlich und anderes und ähnliches mehr. Wenn man dies abtrennt und sich nur an den ursprünglichen Gedanken hält, daß sie nämlich die ursprünglichen Wesenheiten für Götter hielten, dann wird man der Ansicht sein, daß ein solcher Gedanke göttlich ist. Und da alle Wahrscheinlichkeit dafür spricht, daß jede Kunst und Philosophie mehrmals, soweit dies möglich war, entdeckt wurde und dann auch wieder unterging, so darf man vermuten, daß diese Meinungen gewissermaßen als Trümmer aus frühern Zeiten sich bis zur Gegenwart gerettet haben. Nur in diesem Sinne ist uns die Ansicht der Vorfahren und der frühesten Menschen noch greifbar.

9. Was aber den Geist angeht, so bestehen noch einige Schwierigkeiten. Er scheint zwar von allen Erscheinungen die göttlichste zu sein; wie er sich aber verhält, um so zu sein, dies ist nicht einfach zu erkennen. Wenn er nämlich nichts denkt, was wäre dann Großartiges an ihm? Er würde sich ja dann wie ein Schlafender verhalten. Wenn er aber etwas denkt, so könnte etwas anderes dabei entscheidend sein; denn was im eigentlichen Sinne sein Wesen ist, ist vielleicht nicht das Denken, sondern die Möglichkeit dazu. Dann könnte er aber nicht die vollkommenste Wesenheit sein. Sein Rang kommt ja von da her, daß er denkt. Endlich mag nun sein Wesen Geist oder Denken sein, was denkt er? Entweder denkt er sich selbst oder etwas anderes; und wenn etwas anderes, dann immer dasselbe oder immer wieder etwas anderes? Macht es nun einen Unterschied aus oder nicht, ob er Edles denkt oder Beliebiges? Oder ist es nicht vielmehr geradezu unsinnig, ihn gewisse Sachen überlegen zu lassen? Es ist also klar, daß er das Göttlichste und Vornehmste denkt und sich nicht verändert. Denn eine Veränderung müßte zum Geringeren gehen, und außerdem wäre dies schon eine Bewegung.

Erstens nun, wenn sein Wesen nicht wirkliches Denken wäre, sondern nur die Möglichkeit dazu, so wäre ihm die

Kontinuierlichkeit des Denkens allem Vermuten nach mühevoll. Weiterhin ergäbe es sich, daß etwas anderes an Rang höher stünde als der Geist, nämlich das Gedachte. Das Denken ist außerdem auch dort vorhanden, wo man das Schlechteste denkt (es ist ja auch besser, gewisse Dinge nicht zu sehen als sie zu sehen); wenn man aber dies meiden soll, so wäre überhaupt das Denken nicht das vollkommenste.

Der Geist denkt also sich selber, wenn er das Vollkommenste ist, und sein Denken ist Denken des Denkens.

Indessen scheint es, daß Wissenschaft, Wahrnehmung, Meinung und Überlegung sich immer auf anderes beziehen und nur beiläufig auf sich selber. Wenn ferner das Denken und das Gedachtwerden Verschiedenes sind, auf welcher Seite liegt dann die Vollkommenheit? Denn das Denken und das Gedachte sind ihrem Wesen nach nicht dasselbe. Oder ist in einigen Fällen die Wissenschaft mit dem Gegenstand identisch: bei den schaffenden Wissenschaften, die nicht auf Materie angewiesen sind, die Wesenheit und das Was-Sein, und bei den betrachtenden der Begriff, der Gegenstand und das Denken? Da also dort, wo keine Materie vorhanden ist, das Gedachte vom Geiste nicht verschieden ist, so wird es eben dasselbe sein und das Denken und das Gedachte Eine Sache.

Es bleibt als letzte Schwierigkeit, daß nämlich das Gedachte ein Zusammengesetztes sein könnte. Dann gäbe es eine Veränderung in den Teilen des Ganzen. Oder ist alles, was keine Materie hat, unteilbar? und wie der menschliche Geist, allgemein derjenige der zusammengesetzten Wesen, sich für eine bestimmte Zeit verhält (denn er hat seine Vollkommenheit nicht da und dort, sondern in einer bestimmten Gesamtheit; freilich ist diese Vollkommenheit von ihm selbst verschieden), so verhält sich das Denken des Denkens in der ganzen Ewigkeit?

10. Es ist auch zu prüfen, auf welche Weise die Natur des Alls das Gute und das Vollkommene besitzt, entweder als ein

für sich Abgetrenntes oder als die ⟨immanente⟩ Ordnung oder auf beide Weisen, wie es bei einem Heere ist. Denn da besteht die Vollkommenheit sowohl in der Ordnung wie auch im Feldherrn und eher noch in diesem. Denn nicht er ist durch die Ordnung da, sondern die Ordnung durch ihn.

Alles ist auf eine gewisse Weise zusammengeordnet, aber nicht gleich: Fische, Vögel und Pflanzen. Es ist nicht so, daß das eine zum anderen keine Beziehung habe, sondern es gibt eine solche. Alles ist auf ein Einziges hin zusammengeordnet, und zwar wie in einem Hauswesen, wo es den Freien am wenigsten gestattet ist, zu tun, was beliebt; alles oder doch das meiste steht bei ihnen in fester Ordnung. Die Sklaven und das Vieh hingegen tragen nur wenig zur Gemeinschaft bei und verrichten zumeist irgendwelche beliebigen Tätigkeiten. Denn in diesem Sinne wirkt die Natur eines jeden als Prinzip. Ich meine, daß einerseits Alles mit Notwendigkeit auf die Differenzierung hinsteuert, anderseits aber einiges so ist, daß an ihm Alles im Hinblick auf das Ganze Anteil hat.

Man darf auch nicht übersehen, was für Unmögliches und Unsinniges sich aus den Lehren anderer Art ergibt, ferner, was diejenigen sagen, die sich auf sympathischere Weise geäußert haben, und auf welchem Wege man am wenigsten Schwierigkeiten begegnet.

Alle lassen nämlich Alles aus Gegensätzen hervorgehen. Aber weder «Alles» noch «aus Gegensätzen» ist richtig, und selbst dort, wo die Gegensätze vorhanden sind, sagen sie nicht, wie das übrige aus den Gegensätzen zu entstehen vermag. Denn aufeinander vermögen Gegensätze nicht einzuwirken. Für uns hingegen löst sich die Frage sinnvoll dadurch, daß wir ein drittes annehmen. Die andern freilich machen das eine Glied des Gegensatzes zur Materie, etwa das Ungleiche für das Gleiche oder das Viele für das Eine. Doch auch dies löst sich auf dieselbe Weise. Die Materie für sich allein ist nämlich nach unserer Auffassung keinem anderen entgegengesetzt.

Weiterhin wird ‹wie die einen lehren› alles am Schlechten Anteil haben außer dem Einen. Denn das Schlechte als solches ist das eine der Elemente. Die andern freilich setzen das Gute und das Schlechte überhaupt nicht als Prinzipien an, obschon in allem vorzugsweise das Gute Prinzip ist. Jene ersten lehren also mit Recht, daß es ein Prinzip sei; doch sagen sie nicht, in welcher Weise das Gute Prinzip ist, ob als Zweck oder als Bewegendes oder als Form. Unsinnig ist auch, was Empedokles vorträgt. Er setzt als das Gute die Liebe an; sie ist Prinzip sowohl als bewegende (denn sie vereinigt) wie auch als Materie (denn sie ist ein Teil der Mischung). Selbst wenn nun aber akzidentellerweise dasselbe sowohl Materialprinzip wie auch Bewegungsprinzip sein könnte, so ist doch das Wesen keineswegs dasselbe. Und was gilt nun für die Liebe? Unsinnig ist auch, daß der Streit unvergänglich sein soll; er ist ja doch gleich der Natur des Schlechten.

Anaxagoras nimmt das Gute als Bewegungsprinzip. Denn der Geist setzt bei ihm in Bewegung. Aber er tut dies um eines Zweckes willen, der also von ihm verschieden sein wird, außer wenn er es meint wie wir. Die Medizin ist ja in gewissem Sinne die Gesundheit. Unsinnig ist es aber auch, zum Guten und zum Geiste keinen Gegensatz anzunehmen.

Auf der andern Seite machen alle, die von den Gegensätzen reden, gar keinen Gebrauch von ihnen, außer man stelle ihre Lehre entsprechend um. Es sagt auch keiner, weshalb die einen Dinge vergänglich, die andern unvergänglich sind. Sie lassen nämlich alles Seiende aus denselben Ursprüngen hervorgehen. Endlich lassen die einen das Seiende aus dem Nichtseienden hervorgehen. Die anderen, um nicht dazu gezwungen zu werden, lehren, daß alles Eines sei.

Ferner sagt auch keiner, weshalb es stets ein Werden gibt und welches die Ursache des Werdens ist. Und wer zwei Ursprünge annimmt, muß notwendigerweise noch einen dritten übergeordneten Ursprung ansetzen; desgleichen müssen die Vertreter der Ideenlehre noch einen übergeordneten Ursprung annehmen. Denn weshalb sonst haben die andern Dinge an ihnen Anteil erhalten und nehmen an ihnen Anteil? Weiterhin müssen die anderen zur Weisheit und zur vornehmsten Wissenschaft einen Gegensatz annehmen, wir hingegen nicht. Denn zum Ersten gibt es keinen Gegensatz. Denn alle Gegensätze haben Materie und sind, was sie sind, der Möglichkeit nach. Und bei den Gegensätzen geht das Nichtwissen des einen in dasjenige des Gegensatzes über. Dem Einen ist aber nichts entgegengesetzt.

Wenn es also neben den wahrnehmbaren Dingen nichts anderes gäbe, so gäbe es auch keinen Ursprung, keine Ordnung, kein Werden und keine Himmelskörper, sondern man müßte für jeden Ursprung noch einen Ursprung suchen, wie es die Theologen und Naturphilosophen alle tun. Gibt es aber die Ideen oder die Zahlen, so sind sie in keinem Sinne Ursache, also auch nicht Ursache der Bewegung. Wie soll außerdem Größe und Kontinuum entstehen aus etwas, das keine Größe besitzt? Denn die Zahl schafft kein Kontinuum, weder als bewegende noch als Form. Es wird auch da unter den Gegensätzen keinen geben, der wesentlich schaffend und bewegend wäre. So könnte also Alles auch nicht sein. Anderseits ist das Schaffen später als die Möglichkeit dazu. Demnach wäre das Seiende nicht ewig. Es ist es aber doch. Also muß von diesen Thesen eine preisgegeben werden; inwiefern, wurde schon früher gesagt. – Endlich sagt keiner, wodurch die Zahlen Eines sind oder die Seele und der Körper und überhaupt die Form und die Sache. Man kann es auch gar nicht sagen, wenn man nicht, wie wir, annimmt, daß das Bewegende schafft.

Diejenigen aber, die die mathematische Zahl an den Anfang stellen und dann immer anschließend eine andere Wesenheit und für jede wieder andere Ursprünge, diese zerteilen die Wesenheit des Alls in Einzelszenen (denn ob die eine vorhanden ist oder nicht, geht die andere nichts an) und in viele Ursprünge. Das Seiende duldet es aber nicht, schlecht regiert zu werden: «Nicht ist gut die Vielherrschaft; Einer soll Herrscher sein.»

5. DIE METHODIK DER NATURFORSCHUNG

Der nachfolgende Text ist zunächst das Einleitungsbuch zu der Untersuchung Über die Teile der Tiere, *also einer der großen zoologischen Abhandlungen, die in der hellenistischen Zeit vorzugsweise den Ruhm des Aristoteles begründet haben. Darüber hinaus aber bringt er eine Reihe von Reflexionen über die Methodik naturphilosophischer und naturwissenschaftlicher Forschung im allgemeinen. Um dieser Reflexionen willen ist er hier mitaufgenommen worden.*

Drei Hauptgesichtspunkte treten deutlich hervor.

Aristoteles beginnt mit der bedeutsamen und für ihn charakteristischen Unterscheidung zwischen dem Fachwissen und dem Bildungswissen. Der Gebildete ist daran zu erkennen, daß er, ohne alle Einzelheiten eines Gegenstandes zu beherrschen, doch den Blick dafür besitzt, wie ein Gegenstand methodisch richtig angepackt werden muß und ob er in einem bestimmten Falle methodisch richtig angepackt worden ist. Die Möglichkeit eines derartigen gebildeten Urteils über irgendeine wissenschaftliche Leistung besteht darin, daß es gewisse Grundfragen gibt, deren Beantwortung als Maßstab sachgemäßen Vorgehens gelten darf. Aristoteles zählt ihrer vier auf.

Erstens: Soll man zuerst jede Wesenheit für sich untersuchen oder zuerst jene Eigenschaften, die ihnen allen gemeinsam sind?

Zweitens: Soll man zuerst die Gesamtheit der konstatierbaren Tatsachen feststellen und dann erst nach den Ursachen fragen?

Drittens: Da es mehrere Typen von Ursachen gibt (diese kamen in den ersten beiden Büchern der Metaphysik näher zur Sprache), so erhebt sich die Frage nach ihrer Rangfolge. Welche Art von Ursache ist primär und entscheidend und welche sekundär?

Viertens: Soll man zuerst den Prozeß verfolgen, in dessen Verlauf ein Werdendes wird, oder eher das vollendete Gebilde analysieren, auf das hin der Prozeß angelegt ist?

Es ließe sich zeigen, daß an allen diesen vier Fragen eine und dieselbe Alternative beteiligt ist: Was steht sachlich und methodisch am Anfang, das der Anschauung unmittelbar gegebene Material der wechselnden Naturerscheinungen oder die allgemeinen Strukturen, die das Material zu verwirklichen sucht und die der Geist allein zu erkennen vermag?

Für die Zoologie wird die Antwort im Verlaufe des Buches in mehreren Anläufen gegeben. Grundlegend ist vor allem ein Gesichtspunkt: Nicht die Materialursache ist das wichtigste, sondern die ihr gegenüberstehende Formursache und Zweckursache. Der Zweck, um dessentwillen der Körper eines Tieres oder auch des Menschen so und nicht anders gestaltet ist, entscheidet. Dieser Zweck ist die Form, wobei aber dieser Begriff nicht äußerlich verstanden werden darf: denn ein Leichnam oder eine Statue kann die Form eines Tieres haben und ist dennoch nicht das Tier selbst. Es fehlt ja das Leben, und so zeigt sich, daß unter Zweck und Form nichts anderes verstanden werden muß als die Belebtheit. Darum wird wesentlich von der Seele zu reden sein, weil nur von ihr her die Körperlichkeit von Tier und Mensch richtig interpretiert werden kann. Allerdings versäumt Aristoteles nicht anzumerken, daß die in diesem Zusammenhang gemeinte Seele zwar die Fähigkeit des Sich-Ernährens, Wachsens, Sich-Bewegens und Wahrnehmens umfaßt, nicht aber das dem Menschen allein eigentümliche und über den Bereich des Werdens hinausgreifende Denken.

Vom zweiten Kapitel an tritt ein anderer Gesichtspunkt in den Mittelpunkt. Er wird dem modernen Leser nicht ohne weiteres zugänglich sein. Aristoteles sieht sich da gezwungen, gegen die in der platonischen Akademie geübte Methode der Gliederung des Seins durch fortgesetzte Zweiteilung zu polemisieren. Diese Methode, die uns vor allem in den platonischen Dialogen Sophistes *und* Politikos *ebenso anschaulich wie fremdartig entgegentritt, verleugnet nicht ihre Her-*

kunft aus rein ontologischen Spekulationen. Die Trennung von Sein und Nichtsein als die oberste denkbare Gliederung gibt das Vorbild. Vom Sein an, das in Vergängliches und Unvergängliches aufgeteilt werden kann, kann in Stufen immer wieder ein «Ja» und «Nein» unterschieden werden. Die Platoniker haben sich nicht gescheut, riesige Ketten solcher Zweiteilungen (Dichotomien) aufzubauen, um schließlich den genauen Ort irgendeiner Pflanze oder eines Tieres im gesamten Sein zu bestimmen. Aristoteles lehnt diese Methode ab. Sie ist ihm nicht sachgemäß. Sie tut den natürlichen Gruppierungen der Lebewesen Gewalt an, zerreißt Zusammengehöriges und vermischt Nebenmerkmale mit Hauptmerkmalen.

Man glaubt aber noch am Text zu spüren, daß es Aristoteles nicht ganz leicht war, seine eigenen, auf unbefangener Beobachtung der Lebewesen und ihres Verhaltens im Ganzen aufgebauten Gruppierungsprinzipien den subtilen Konstruktionen der Platoniker gegenüber durchzusetzen.

Ein letzter Gedankenkomplex findet sich im fünften Kapitel. Er umfaßt nicht viele Zeilen, ist aber für uns vielleicht das Kostbarste am ganzen Text. Aristoteles verteidigt da seine Naturforschung überhaupt. Offensichtlich haben seine Gegner darüber gespottet, daß er, der Philosoph, sich nicht für zu gut hielte, sich ernsthaft mit Insekten und Würmern abzugeben und nach der Beschaffenheit von Darm und Nieren zu fragen. Aber er läßt sich nicht irre machen. Nicht vom Material her bestimmt sich der Rang eines Gegenstandes, sondern von der Zweckmäßigkeit, die an ihm sichtbar wird. Das Wirken der zwecktätigen Natur zu verfolgen, das ist die Aufgabe des Forschers. Und dieses Wirken ist zu erkennen auch und gerade an den geringsten Lebewesen.

Außerdem erinnert Aristoteles seine Gegner maliziös daran, daß schließlich der Mensch selber, wenn man sich im Innern seines Körpers umsehen könnte, alles andere als ansehnlich und appetitlich wirken würde. Es ist ein Gedanke, der nahe an Dinge herankommt, die in den Dialogen zu lesen waren; wie denn überhaupt das erste wie das fünfte Kapitel vermutlich mehrfach auf dem Hintergrund der publizierten Schriften zu verstehen sind.

Übersetzt ist Aristot. Part. anim. p. 639a1–646a4 ed. B. Langkavel (1868); verglichen wurde die griechisch-englische Ausgabe von A. L. Peck (1937).

VON DEN TEILEN DER TIERE

1. Jeder wissenschaftlichen Betrachtung und Untersuchung gegenüber, mag sie geringer oder höher an Rang sein, gibt es zwei Arten des Verhaltens, von denen man die eine mit Recht Wissenschaft vom Gegenstand nennen kann, die andere aber eine Art von Bildung. Es ist nämlich die Sache des Gebildeten, zutreffend zu beurteilen, was der Redende richtig sagt und was nicht. Als einen solchen fassen wir auch den schlechthin Gebildeten auf und als Bildung die Fähigkeit, sich so zu verhalten.

Doch den einen nehmen wir, obwohl er ein Einzelner ist, als Richter sozusagen über alle Dinge, den andern aber als Richter nur über ein bestimmtes, abgegrenztes Gebiet. Dieser andere verhält sich dann auf dieselbe Weise wie der genannte, jedoch nur für einen Teil.

Es ist also klar, daß es auch für die Naturwissenschaft bestimmte Maßstäbe dieser Art geben muß, nach denen man die Art der Untersuchungen beurteilen wird, unabhängig davon, ob die Resultate so oder anders wahr sind. Ich meine etwa die Frage, ob man jede einzelne Wesenheit nehmen und sie für sich untersuchen soll, etwa die Natur des Menschen oder des Löwen oder des Rindes usw., indem man jedes für sich zur Hand nimmt, oder ob man ein Gemeinsames ansetzt und die allen gemeinsamen Eigenschaften erforscht. Denn es gibt viele Dinge, die vielen untereinander verschiedenen Gattungen gemeinsam angehören wie etwa Schlaf, Atem, Wachstum, Hinschwinden, Tod und was es sonst noch an solchen Reaktionen und Zuständen gibt. Denn jetzt darüber zu reden, wäre unklar und uferlos. Offensichtlich werden wir auch, wenn wir im einzelnen reden, vielfach und in vielen Fällen dasselbe sagen müssen. Denn bei Pferden, Hunden, Menschen kommt das Genannte in derselben Weise vor, so daß man, wenn man die Eigenschaften im einzelnen behandeln will, gezwungen ist, immer wieder dasselbe zu reden, soweit nämlich dieselben Phänomene artverschiedenen Lebewesen zukommen, ohne untereinander Verschiedenheiten aufzuweisen. Verschieden sind die Dinge vielleicht dort, wo sie zwar unter denselben Kategorien stehen, aber doch der Art nach sich unterscheiden wie etwa die Bewegung der Tiere. Denn sie ist ihrer Art nach offensichtlich nicht immer dieselbe: Fliegen, Schwimmen, Gehen, Kriechen unterscheiden sich voneinander. Darum darf man das Problem nicht übersehen, wie die Forschung vorgehen soll, also, ob zuerst allgemein der Gattung nach und dann nach dem Individuellen fragend oder sofort nach diesem.

Bis jetzt ist nichts darüber festgelegt. Ebenso nicht über das Folgende, ob man nämlich, wie es die Mathematiker bei der Astronomie tun, auch als Naturforscher zuerst die Phänomene an den Tieren und an ihren einzelnen Teilen betrachten und erst dann das Warum und die Ursachen angeben soll, oder ob man es anders machen soll.

Da es ferner mehrere Ursachen des natürlichen Werdens gibt, etwa die Zweckursache und die Ursache der Bewegung, so muß man auch in dieser Hinsicht festlegen, welche primär und welche sekundär ist. Die erste ist offenkundig diejenige, die wir Zweckursache nennen. Denn sie ist Begriff, und der Begriff steht am Anfang sowohl in den Gebilden der Kunst wie in den Gebilden der Natur. Wenn nämlich der Arzt mit der Überlegung «die Gesundheit» umschrieben hat und der Architekt mit der Wahrnehmung «das Haus», so können sie die entsprechenden Begriffe und die Ursachen angeben, weshalb sie im einzelnen so handeln und weshalb man so handeln muß. Bedeutender ist allerdings die Zweckursache und das Schöne in den Werken der Natur als in denen der Kunst.

Die Notwendigkeit hingegen kommt nicht allen naturgemäßen Dingen auf dieselbe Weise zu, obschon sozusagen die meisten ihre Theorien darauf zurückzuführen suchen, ohne genauer zu unterscheiden, wie viele Arten von Notwendigkeit es gibt: sie existiert schlechthin in den ewigen Dingen, als vorausgesetzte Bedingung existiert sie bei allem Werdenden, wie etwa in den Werken der Technik, etwa einem Haus und was es sonst dergleichen gibt; denn mit Notwendigkeit muß eine so und so beschaffene Materie vorhanden sein, wenn ein Haus oder irgendein anderer Zweck daraus entstehen soll; und es muß erst dies, dann jenes entstehen und in Bewegung gesetzt werden und so fort bis zu dem Ziele und zu dem Zwecke, um dessentwillen jedes einzelne geschieht und ist. Dasselbe gilt auch bei dem von Natur Werdenden. Nur ist die Art des Beweises und der Notwendigkeit eine andere bei der Naturwissenschaft und bei den theoretischen Wissenschaften. Darüber ist anderswo gesprochen worden. Der Ausgangspunkt ist nämlich bei den einen das Seiende, bei den andern dasjenige, was werden soll: Da «die Gesundheit» oder «der Mensch» so und so sind, so muß mit Notwendigkeit dies Einzelne sein oder werden – aber nicht, weil dies Einzelne ist oder geworden ist, muß jenes ‹Gesundheit, Mensch› aus Notwendigkeit sein oder sein werden. Man kann auch nicht die Notwendigkeit eines solchen Beweisgangs bis ins Ewige zurückverfolgen und etwa sagen, weil dies Einzelne ist, so muß auch jenes Einzelne sein. Auch darüber ist anderswo gesprochen worden, ebenso darüber, wo das gilt und wo eine Umkehrung möglich ist und aus welcher Ursache.

Man darf auch nicht übersehen, ob man (wie die Früheren in ihren Untersuchungen) eher darlegen soll, wie ein jedes geworden ist, oder eher, wie es ist. Denn das macht keinen kleinen Unterschied. Man muß wohl dort beginnen, wie wir schon früher gesagt haben, daß man zuerst die Phänomene bei jeder einzelnen Gattung feststellt, dann die Ursachen davon nennt und dann über das Werden spricht. Das ist überall die richtigere Abfolge. So wird etwa ein Haus gebaut, so wie der Begriff des Hauses ist, und nicht etwa umgekehrt: das Haus ist nicht etwa so, weil es nun einmal so geworden ist. Denn das Werden ist um des Seins willen und nicht das Sein um des Werdens willen. Darum ist auch die Bemerkung des Empedokles falsch, daß die Lebewesen viele Eigenschaften besäßen, weil es sich bei ihrem Werden so ergeben hätte: etwa daß das Rückgrat so beschaffen sei, weil ‹das Lebewesen bei seinem Entstehen› verdreht wurde und dabei das Rückgrat in Stücke brach; dabei übersah er erstens, daß der bildende Same schon auf die Besonderheit des Lebewesens angelegt sein muß, ferner, daß das Schaffende nicht nur dem Begriff, sondern auch der Zeit nach das frühere ist. Denn es erzeugt der Mensch den Menschen, und weil jener erste so und so war, so wird nun der andere ebenfalls so und so.

(Dasselbe gilt auch für dasjenige, was von selbst genau so gut zu entstehen scheint wie auf dem Wege der Kunst. Denn einiges entsteht von selbst in der gleichen Weise, wie es durch Kunst herbeigeführt wird, etwa die Gesundheit. Wo nun das Schaffende schon zuvor existiert, wie etwa bei der Bildhauerkunst, da geschieht nichts von selbst. Die Kunst ist der Begriff des Werkes ohne den Stoff.

Ähnlich wie das durch Kunst Geschaffene entsteht das durch Zufall Werdende. Denn so wie sich die Kunst verhält, so entsteht jenes.)

Darum muß man vorzugsweise sagen: Da nun dies im Begriff des Menschen liegt, darum besitzt er jenes. Denn er kann nicht existieren ohne diese Teile. Kann man das nicht direkt nachweisen, so doch, was dem möglichst nahekommt, also daß es unmöglich überhaupt anders sein könnte oder daß es auf diese Weise am besten ist. Dann folgt: Da es so ist, so muß notwendigerweise auch das Werden ein derartiges sein. Darum also entsteht von den Teilen erst der eine, dann der andere. Dasselbe gilt für alles, was von Natur entsteht.

Die Alten nun und die zuerst über die Natur philosophiert haben, haben nach dem stofflichen Prinzip und der entsprechenden Ursache gefragt, welche und welcher Art sie sei, wie aus ihr das All entstünde, und wer sie in Bewegung setze, etwa Streit, Liebe, Geist oder das Spontane, während die zugrunde liegende Materie notwendigerweise eine so und so beschaffene Natur besäße, wie das Feuer die Wärme, die Erde die Kälte, jenes leicht sei und diese schwer. So lassen sie denn den Kosmos entstehen. Ebenso reden sie über die Entstehung der Tiere und Pflanzen, etwa: weil im Körper das Wasser flöße, so sei der Magen entstanden und überhaupt jeder Behälter der Nahrung und der Ausscheidungen, und weil die Luft durchgebrochen sei, so seien die Nasenlöcher aufgerissen worden. Luft und Wasser sind ‹nach ihnen› die Materie der Körper. Aus dergleichen Stoffen lassen Alle die Natur sich bilden.

Wenn nun aber der Mensch und die Tiere von Natur sind und ebenso ihre Teile, so wird man über das Fleisch reden müssen und den Knochen und das Blut und alle gleichteiligen Stoffe; ebenso auch über die ungleichteiligen Glieder wie Gesicht, Hand, Fuß; man wird fragen, wie ein jedes beschaffen sei und was für eine Fähigkeit es besitzt. Denn es reicht nicht, festzustellen, woraus es besteht, etwa aus Feuer oder Erde. Wenn wir über ein Bett reden müßten oder dergleichen, so würden wir auch eher versuchen, seine Form zu bestimmen als seine Materie, Erz oder Holz; wenn aber nicht, dann doch die Materie im Blick auf das Gesamte. Denn das Bett ist eine bestimmte Form in einer bestimmten Materie oder eine Materie von einer bestimmten Form, so daß man in jedem Fall über seine Gestalt zu reden hätte und seine bestimmte Form. Denn die mit der Gestalt gegebene Natur ist wesentlicher als die stoffliche Natur.

Wenn nun nach Gestalt und Farbe jedes Lebewesen und jeder seiner Teile bestimmt sind, so hat eigentlich Demokrit recht. Denn er scheint es so aufzufassen. Er sagt, es sei jedem klar, welcher Gestalt der Mensch sei, da seine Form und seine Farbe bekannt seien. Allerdings besitzt auch noch der Tote dieselbe Form und ist dennoch kein Mensch. Ebenso kann man unmöglich unter allen Umständen von einer Hand reden, etwa bei einer ehernen oder hölzernen, außer im übertragenen Sinne; eine solche ist genau so wenig wie eine Flöte aus Stein imstande, die ihr eigentümliche Leistung hervorzubringen. In ähnlicher Weise ist auch von den Gliedern des Toten keines mehr wirklich, was es ist, Auge oder Hand. Die Erklärung Demokrits ist also gar zu einfach, wie wenn ein Holzschnitzer eine hölzerne Hand als eine richtige Hand bezeichnen würde. Denn so reden die Naturphilosophen vom Werden und von den Ursachen der Formen. Fragen wir, durch welche Kräfte sie gebildet worden sind, so redet der Schreiner vielleicht von der Axt oder dem Bohrer, der Naturphilosoph von Luft oder Erde. Aber besser macht es der Schreiner, denn ihm genügt es nicht zu erklären, daß das eine rund wurde und das andere flach, weil eben das Werkzeug so darauf fiel, sondern er wird erläutern, warum er das Werkzeug so angesetzt hat und zu welchem Zwecke, nämlich, damit das Holz diese und diese Gestalt bekomme.

So ist es klar, daß jene nicht richtig reden und daß man beim Lebewesen feststellen soll, wie beschaffen es sei, was und wie es sei, es selbst und alle einzelnen Teile, genau wie wir beim Bette nach der Gestalt fragen.

Wenn nun diese Form des Lebewesens die Seele ist oder ein Teil der Seele oder doch nicht ohne sie (denn ohne die Seele existiert das Lebewesen nicht mehr, und auch keines der Glieder bleibt noch dasselbe, außer in der äußern Gestalt wie etwa bei den Körpern, die der Sage nach versteinert wurden) – wenn das nun so ist, so ist es die Aufgabe des Naturphilosophen, sich um die Seele zu bemühen und sie kennenzulernen, wenn nicht die gesamte, so doch dasjenige an ihr, wodurch das betreffende Lebewesen ist, was es ist; er muß wissen, was die Seele sei oder der betreffende Teil der Seele und was sie dieser bestimmten Wesenheit nach für Eigenschaften hat, da ja auch die Natur hier doppelt verstanden wird und existiert, teils als Stoff, teils als Wesenheit. Und zwar existiert die Natur als Wesenheit, als das Bewegende und als das Ziel. Eben diese Funktion hat im Lebewesen entweder die ganze Seele oder doch ein Teil von ihr.

Also muß der Naturforscher sich auch unter diesem Gesichtspunkt mehr mit der Seele befassen als mit der Materie, sofern eher die Materie durch die Seele zur Natur wird als umgekehrt. So ist auch das Holz Bett und Dreifuß nur, weil es dies der Möglichkeit nach ist.

Man könnte nun im Hinblick auf das jetzt Gesagte fragen, ob die Naturwissenschaft über die gesamte Seele zu reden hat oder nur über eine bestimmte. Wenn nämlich über die gesamte, so bleibt neben der Naturwissenschaft gar keine Philosophie mehr übrig. Denn der Geist betrifft die geistig erkennbaren Dinge, ‹und wenn auch er zu der naturwissenschaftlich erforschbaren Seele gehört›, so würde sich die naturwissenschaftliche Erkenntnis auf Alles überhaupt beziehen. Denn dieselbe Wissenschaft redet vom Geist und vom Geistigen, da sie aufeinander bezogen sind und dieselbe Wissenschaft die aufeinander bezogenen Dinge umgreift, wie etwa die Sinneswahrnehmung und die Sinnesgegenstände. Oder aber es ist nicht die gesamte Seele Ursprung der Bewegung und nicht alle ihre Teile, sondern Ursprung des Wachstums ist derjenige Teil, der sich auch in den Pflanzen befindet, Ursprung der Veränderung die wahrnehmende Seele, endlich Ursprung der Ortsbewegung wieder ein anderer Teil, aber nicht die erkennende. Denn Ortsbewegung gibt es auch bei andern Lebewesen, das Denken aber nicht.

So ist klar, daß man nicht über die gesamte Seele zu reden hat. Denn nicht die ganze Seele gehört zur Natur, sondern nur einer oder mehrere ihrer Teile.

Auch von den abstrakten Dingen kann keines Gegenstand der Naturwissenschaft sein, da die Natur alles zu einem bestimmten Zweck macht. Wie nämlich in den Werken der Kunst die Kunst, so zeigt sich auch in den natürlichen Gegenständen ein bestimmtes Prinzip und eine Ursache ähnlicher Art, die wir vom All her besitzen, wie das Warme und Kalte. Darum ist es auch wahrscheinlicher, daß der Himmel durch eine derartige Ursache entstanden ist, wenn er entstanden ist, und daß noch eher er durch eine derartige Ursache ist als die sterblichen Lebewesen. Denn das Geordnete und Bestimmte ist an den Himmelsdingen viel sichtbarer als bei uns; das bald so und bald anders Sein und das Zufällige findet sich weit mehr bei den sterblichen Dingen.

Die Naturphilosophen freilich behaupten, daß von den Lebewesen jedes einzelne durch die Natur existiere und geworden sei, daß aber der Himmel durch Zufall und von selbst so sich zusammengesetzt habe, wobei doch von Zufälligem und Ungeordnetem überhaupt nichts zu sehen ist.

Überall reden wir von solcher Zweckgerichtetheit, wo ein Ziel zu sehen ist, auf das die Bewegung hinsteuert, soweit nichts sie hindert. Es ist also klar, daß es etwas Derartiges gibt, was wir Natur nennen. Denn es entsteht nicht aus jedem Samen, was sich gerade trifft, sondern dieses Bestimmte aus diesem Bestimmten, und auch nicht ein beliebiger Same aus einem beliebigen Körper.

So ist also das Wesen, von dem der Same kommt, Ursprung und Schöpfer dessen, was aus ihm entsteht. Denn dies ist von Natur; aus dem Samen nämlich erwächst das Entstehende. Aber noch vor jenem ist das vorhanden, aus dem der Same entspringt. Denn der Same ist ein Werden, Ziel ist aber die Wesenheit ‹die im Samen angelegt ist›. Noch ursprünglicher als dieses beides ist das, woher der Same kommt. Denn «Same» wird in einem doppelten Sinne verstanden, nämlich woher und wovon. Denn von welchem er kommt, von dem ist er der Same, wie etwa vom Pferde; und er ist auch Same von dem, was aus ihm wird, wie das Füllen. Das gilt also nicht in demselben Sinne, sondern verschieden, wie wir gesagt haben.

Ferner ist der Same auch potentiell. Wie sich die Möglichkeit zur Wirklichkeit verhält, ist bekannt ‹, daß nämlich die Wirklichkeit der Möglichkeit vorausgeht›. So gibt es denn zwei Ursachen, die Zielursache und die Notwendigkeit. Denn vieles entsteht, weil es so notwendig ist.

Man könnte aber fragen, was jene, die von dem Werden aus Notwendigkeit sprechen, darunter verstehen. Denn von den zwei Arten kann keine in Frage kommen, von jenen, die wir in den Untersuchungen über die Philosophie unterschieden haben. Es gibt jedoch bei den Wesen, die ein Werden haben, eine dritte Art. Denn wir nennen die Nahrung «notwendig» nach keiner der beiden Arten, sondern weil man ohne sie nicht existieren kann. Das ist gewissermaßen eine hypothetische Notwendigkeit: wie etwa etwas, das man als Beil verwenden will, notwendig hart sein muß, und wenn hart, dann aus Erz oder Eisen. So auch: weil der Körper ein Werkzeug ist (denn jeder der Teile ist zu einem bestimmten Zwecke da und ebenso das Ganze), so muß also auch dies und jenes vorhanden sein und von daher kommen, wenn jener existieren soll.

Daß es also zwei Arten von Ursachen gibt und daß man bei den Untersuchungen soweit als möglich beide feststellen oder doch wenigstens versuchen soll, sie klarzumachen, ist deutlich, und ebenso, daß jene, die nicht davon sprechen, im Grunde überhaupt nicht über die Natur zu reden verstehen. Denn die Natur ist eher Ursache als der Stoff.

Zuweilen gerät allerdings sogar Empedokles auf sie, von der Wahrheit selbst zu ihr geführt, und wird gezwungen zu erklären, daß die Wesenheit und die Natur im Begriff liege, etwa wenn er sagt, was der Knochen sei. Denn da nennt er nicht eines der Elemente oder zwei oder drei oder alle, sondern das Verhältnis ihrer Mischung. Offensichtlich gilt dasselbe auch vom Fleisch und von jedem anderen dieser Teile. Die Ursache davon aber, daß die Früheren nicht zu dieser Anschauungsweise gelangten, war, daß sie die Wesenheit und das Definieren des Wesens nicht kannten; nur Demokrit berührte dies als erster, nicht auf Grund seiner Naturforschung, sondern durch die Sache selbst weitergeführt. Zur Zeit des Sokrates entwickelte sich dies weiter, die Naturdinge zu untersuchen hörte man dagegen auf, und die Philosophen bogen ab auf die praktische Tüchtigkeit und die Politik.

Man muß nun etwa folgendermaßen beweisen: das Atmen vollzieht sich zu dem und dem Zwecke; im Vorgange geschieht aber notwendig das eine wegen des anderen. Notwendigkeit bedeutet zuweilen, daß, wenn dasjenige existiert, um dessentwillen eines ist, auch dieses notwendig entsprechend sein muß, zuweilen, daß etwas seiner Natur nach sich in gewisser Weise verhält. Notwendig ist, daß die Wärme austritt, wieder eintritt und dabei Widerstand leistet, während zugleich die ‹kalte› Luft einfließt. Dies ist durchaus notwendig. Während die innere Wärme widerstrebt, so vollzieht sich unter Abkühlung der Eintritt der Luft von außen, ebenso wie der Austritt.

Das ist also die Methode des Vorgehens, und dies sind die Gegenstände, deren Ursachen wir erkennen müssen.

2. Einige halten sich nun an das Einzelne und teilen das Genus in jeweils zwei Unterteile. Das ist teilweise schwierig, teilweise überhaupt unmöglich. Denn in einigen Fällen wird es da nur eine einzige Unterscheidung geben und das übrige als überflüssig wegfallen, wie etwa das Befußte, Doppelfüßige und Spaltfüßige. Denn darin steckt nur eine einzige wichtige Unterscheidung. Läßt man dies nicht gelten, so wird es notwendig sein, oftmals dasselbe zu sagen. Es ist ferner nicht angemessen, ein und dasselbe Genus auseinanderzureißen, etwa so, daß man die Vögel teils in dieser, teils in jener Unterabteilung unterbringt, so wie es bei den publizierten Einteilungsschemata der Fall ist. Denn da werden die einen bei den Wassertieren untergebracht und die anderen anderswo.

Korrekterweise erhält der eine Typus den Namen Vogel und ein anderer den Namen Fisch. Andere Typen haben keinen eigenen Namen wie etwa die Bluttiere und die blutlosen Tiere. Jede dieser beiden Gruppen ist ohne einen einheitlichen Namen.

Da man also nichts Zusammengehöriges auseinanderreißen darf, so wird die bloße Halbierung nichtig sein. Denn wenn man es so macht, muß man trennen und zerreißen. Von den Vielfüßlern etwa finden sich dann die einen unter den Landtieren, die anderen unter den Wassertieren.

3. Weiterhin muß man auf Grund der Privation trennen und geschieht es auch durch jene, die sich an die bloße Zweiteilung halten. Die Privation als solche begründet aber keine Differenz. Denn vom Nichtexistierenden kann es keine Arten geben; nicht von der Fußlosigkeit oder Flügellosigkeit, dagegen allerdings von der Beflügelung und der Befußtheit.

Es muß aber Unterarten in den allgemeinsten Genera geben. Wenn es sie nämlich nicht gibt, warum spricht man dann überhaupt vom Allgemeinen und nicht bloß vom Einzelnen? Von den Differenzen sind aber die einen allgemein und haben Arten, wie etwa die Flügeligkeit. Denn die Flügel sind teils gespalten, teils ungespalten. Ebenso gibt es bei der Befußtheit solches, was vielfach gespalten ist, solches, was zwiefach gespalten ist, wie die Zweihufer, und solches, was ungespalten und ungeteilt ist, wie die Einhufer.

Es ist freilich schwierig, in Differenzen so aufzuteilen, wie es Arten gibt derart, daß jedes beliebige Tier in eine von ihnen eingeordnet werden kann und nicht dasselbe in mehrere, wie etwa das Geflügelte und Ungeflügelte (denn es gibt beides bei demselben wie etwa bei der Ameise und dem Glühwürmchen und dergleichen). Am schwierigsten oder vielmehr unmöglich ist es, die Tiere gleichzeitig in entgegengesetzte Gattungen einzuordnen. Denn da müßte jedem Einzelnen eine der bestimmten Differenzen zugeordnet sein und ebenso die entgegengesetzte. Wenn es aber für artmäßig verschiedene Lebewesen nicht eine einzige unteilbare und einheitliche Wesensart geben kann, sondern sie immer noch eine weitere Differenz haben wie etwa zwischen Mensch und Vogel (denn die Zweifüßigkeit ist da eine andere und verschiedene; und auch wenn es Bluttiere sind, so ist das Blut eine Differenz. Oder soll man das Blut gar nicht zur Wesenheit rechnen?) – wenn dies der Fall ist, so müßte dieselbe Differenz beide Gattungen umgreifen. Daraus ergibt sich klar, daß die bloße Privation nicht eine Differenz ausmachen kann.

Die Differenzen werden nun gleich sein wie die einzelnen Tierarten, sofern nämlich diese unteilbar sind und die Differenzen ebenfalls unteilbar und eine gemeinsame Differenz nicht existiert. Wenn es aber möglich ist, daß sie zwar unteilbar aber dennoch gemeinsam ist, so ist es klar, daß die Wesen gemäß der gemeinsamen Differenz in derselben Abteilung sind, während sie doch Lebewesen von verschiedenen Arten sind. Also ist es notwendig, daß keine der Differenzen gemeinsam ist, wenn die Differenzen, in die alles Unteilbare fällt, eigentümlich ‹spezifisch› sein sollen. Wenn nicht, so sind die Wesen zwar verschieden, geraten aber doch in dieselbe Abteilung. Es darf aber weder dasselbe und Unteilbare in eine immer neue und andere Aufgliederung hineinfallen, noch Verschiedenes in dieselbe; vielmehr muß Alles in die einmal bestimmte Gliederung passen.

Es ist also deutlich, daß man die unteilbaren Gattungen nicht so verstehen darf, wie jene teilen, die die Lebewesen oder irgendein anderes Genus fortwährend in zwei einteilen. Denn bei jenen ist es notwendig, daß die letzten Differenzen an Zahl gleich sind wie die untersten, unteilbaren Arten der Lebewesen überhaupt. Wenn nämlich eine bestimmte Gattung gegeben ist, deren erste Differenz das Weiße und Nichtweiße wäre und diese wieder zweigeteilt würde und so weiter bis zum Unteilbaren, so werden die letzten Differenzen mindestens vier sein oder irgendeine andere Vielheit des von der Einheit her Verdoppelten. Und dies müßte auch die Zahl der Arten sein.

Die Art schafft die Differenz in der Materie. Denn weder gibt es einen Teil eines Lebewesens ohne Materie, noch besteht die Materie für sich allein. Denn ein Lebewesen und auch einer seiner Teile ergibt sich nicht dadurch, daß es schlechthin irgendeinen Körper hat, wie wir oftmals gesagt haben.

Ferner muß man sie teilen gemäß den wesenhaften Differenzen und nicht gemäß denjenigen, die bloß als dauernde Eigenschaften da sind; so wie wenn man etwa die Figuren einteilte derart, daß die einen Winkel haben, die gleich zwei Rechten sind, und die andern solche gleich mehr als zwei Rechten. Denn das ist eine bloße Eigenschaft des Dreiecks, daß seine Winkel gleich zwei Rechten sind.

Ferner muß man gemäß den Gegensätzen teilen. Denn das Gegensätzliche ist voneinander verschieden, wie Weiße und Schwärze, Geradheit und Krummheit. Soweit also Verschiedenheiten vorliegen, muß man mit Hilfe der Gegensätze sondern und nicht hier mit der Schwimmfähigkeit und dort mit der Farbe.

Zudem muß man das Belebte sondern gemäß den gemeinsamen Tätigkeiten von Körper und Seele, wie etwa bei den oben besprochenen Einteilungen das Befußte und das Geflügelte. Es gibt allerdings verschiedene Gattungen, denen beides zukommt und die beflügelt und unbeflügelt sind wie etwa die Gattung der Ameisen. Fälschlich sondert man gemäß «wild» und «zahm». Denn auch da scheint man den Schnitt durch einheitliche Arten zu machen: sozusagen alles, was zahm ist, findet sich auch wild wie die Menschen, Pferde, Rinder, Hunde in Indien, Schweine, Ziegen, Schafe. Jede dieser Arten wird, soweit sie denselben Namen trägt, nicht weiter aufgeteilt. Wo aber die Art dieselbe ist, kann «wild» und «zahm» keine Differenz darstellen.

Desgleichen geschieht aber jedem, der überhaupt nach einer einzigen Einteilung teilt. Man muß vielmehr die Tiere nach Gattungen zusammenfassen, so wie es die Leute andeuten, die einfach die Gattung der Vögel von derjenigen der Fische sondern. Von diesen ist jede wieder durch viele Differenzen bestimmt, doch nicht nach der Dichotomie. Denn mit ihr kann man die Wesen entweder überhaupt nicht fassen (denn da fällt dasselbe in mehrere Einteilungen und das Entgegengesetzte in dasselbe), oder es gibt eine einzige Differenz, und diese wird entweder als einfach oder in Kombination die unterste Art darstellen.

Wenn man aber keine Differenz der Differenz annimmt, so ist man gezwungen, die Aufteilung so zu einer kontinuierlichen zu machen, wie man durch Konjunktionen die Einheit eines

Satzes äußerlich herstellt. Ich meine so: Die Einteilenden kommen zum Ungeflügelten hier, zum Geflügelten dort und beim Geflügelten wieder zum Zahmen und Wilden oder zum Weißen und Schwarzen. Doch das Zahme ist keine Differenz zum Geflügelten noch das Weiße, sondern beides ist der Ausgangspunkt einer andern Differenzierung. Dort aber ist es nur zufällig.

Also muß man, wie wir sagen, das Eine sofort vielfach unterteilen. Dann machen auch die Privationen einen Unterschied, in der Dichotomie aber nicht.

Daß man aber die einzelnen Arten überhaupt nicht fassen kann, wenn man die Gattungen zweiteilt (wie einige meinten), das ist auch aus Folgendem klar. Es kann nämlich unmöglich eine einzige Differenz bestehen bei dem, was ins einzelne aufteilbar ist, mag man sie nun als einfach nehmen oder als kombiniert. Dies meint nämlich die Kontinuität der Differenzen von der Gattung an gemäß der Einteilung, derart daß das Ganze eines ist. Aber dem Sprachgebrauch gemäß scheint nur die letzte Differenz eine solche zu sein.

Daß unmöglich viele derartige Differenzen bestehen können, ist klar. Denn man wird immer fortschreitend zu einer äußersten Differenz kommen. Diese wäre entweder «das Spaltfüßige» allein oder eine ganze Kombination, wenn man etwa den Menschen aufteilt und dann das Befußte, Zweifüßige und Spaltfüßige kombinieren wollte. Wenn nun der Mensch ausschließlich spaltfüßig wäre, so würde also dies die einzige Differenz sein. Da er dies aber nicht ist, so muß es notwendig viele Differenzen gaben, die nicht unter eine einzige Einteilung fallen können. Doch wiederum kann es unter einer und derselben Dichotomie nicht mehrere Differenzen einer einzigen Art geben, sondern Eine Dichotomie endet bei Einer Differenz. Also ist es unmöglich, irgendein einzelnes Lebewesen zu fassen, wenn man bloß Zweiteilungen vornimmt.

4. Man könnte die Frage stellen, warum die Menschen nicht von vornherein die Wassertiere und die Vögel mit einem zusammenfassenden Namen als eine einzige Gattung insgesamt bezeichnet haben. Denn einige Eigenschaften sind diesen beiden Gruppen gemeinsam. Dennoch ist die Einteilung auf die angegebene Weise richtig. Denn was an Gattungen sich durch Steigerung unterscheidet und durch das «mehr oder weniger», das wird einer einzigen Gattung untergeordnet, was aber bloß Analoges besitzt, das wird abgetrennt. Ich meine, wie ein Vogel sich von einem andern durch ein «mehr» oder ein Übermaß unterscheidet (denn er hat lange oder kurze Flügel), die Fische aber vom Vogel durch die Analogie (denn was für jenen die Flügel sind, das sind für diese die Flossen). Doch das ist nicht leicht bei allem durchzuführen. Denn die Mehrzahl der Tiere haben dieselben Analoga.

Da nun die Realitäten sich in den untersten Arten befinden und daselbst die Individuen, die der Art nach ununterschieden sind wie Sokrates, Koriskos, so muß man entweder das Allgemeine vorweg behandeln oder oftmals dasselbe sagen, wie wir schon bemerkt haben. Das Allgemeine ist das Gemeinsame. Denn was mehreren zukommt, nennen wir das Allgemeine.

Es macht aber eine Schwierigkeit, worüber man handeln soll. Sofern nämlich Realität die unteilbare Art ist, wäre es das beste, wenn einer über das Einzelne und das der Art nach Ungeteilte für sich handeln könnte, wie etwa über den Menschen – nicht aber über den Vogel (denn die Gattung hat ihre Arten), sondern über irgendeine unteilbare Vogelart wie Strauß oder Kranich und dergleichen. Sofern man aber vielfach über dieselbe Eigenschaft reden muß, da sie vielen Arten gemeinsam ist, so wäre es etwas töricht und weitschweifig, über jedes Einzelne für sich zu reden.

Es wird also wahrscheinlich richtig sein, das Gattungsmäßige gemeinsam zu behandeln, soweit es von den Menschen richtig bestimmt worden ist, und was eine einzige gemeinsame Natur hat und darunter Arten, die nicht bedeutend voneinander abweichen, wie Vogel und Fisch, und wenn es andere gibt, die namenlos sind, aber in derselben Weise gattungsmäßig verwandte Arten umgreifen. Was aber nicht so ist, muß man einzeln behandeln, wie etwa den Menschen und was es sonst dieser Art geben mag.

Im allgemeinen werden die Gattungen danach bestimmt, daß die Gestalten der Teile und des ganzen Körpers untereinander eine Ähnlichkeit haben, so wie sich die Gattung der Vögel in sich verhält, die der Fische, die Weichtiere oder die Schaltiere. Denn da unterscheiden sich die Teile nicht nach der Ähnlichkeit der Analogie, wie etwa bei Mensch und Fisch die Knochen sich zu den Gräten verhalten, sondern eher durch die körperlichen Eigenschaften wie Größe und Kleinheit, Weichheit und Härte, Glätte und Rauheit und dergleichen, allgemein gesagt durch das Mehr oder Weniger.

Wie man also die Untersuchung über die Natur verstehen soll und auf welche Weise ihre Betrachtung methodisch und am leichtesten vor sich gehen kann, ferner, auf welche Weise man die Einteilung zweckmäßig vollziehen kann und weshalb das Dichotomieren teils unmöglich, teils sinnlos ist, das haben wir nun gesagt. Nachdem das bestimmt ist, werden wir über das Nachfolgende reden und folgenden Ausgangspunkt nehmen.

5. Von den Wesenheiten, die von Natur bestehen, nennen wir die einen unentstanden und unvergänglich die ganze Zeit hindurch, die andern aber haben an Entstehen und Vergehen Anteil. Es trifft sich nun, daß wir über jene, die ehrwürdig und göttlich sind, weniger Einsichten besitzen (denn über die Ausgangspunkte, von denen aus wir sie erforschen können und über die Dinge, die wir zu wissen begehren, ist nur außerordentlich wenig durch die Sinneswahrnehmung faßbar). Hinsichtlich der vergänglichen Pflanzen und Tiere sind wir in der

Erkenntnis besser daran, weil sie mit uns zusammen aufwachsen. Denn viele Tatsachen kann man bei jeder Gattung feststellen, wenn man sich ordentlich Mühe geben will. Doch jedes von beidem hat seinen Lohn. Auch wenn wir das eine nur ein wenig berühren, so ist es doch wegen seiner Würde genußreicher, jenes zu erforschen als Alles bei uns, so wie es schöner ist, von einem Geliebten nur einen zufälligen und winzigen Teil zu erblicken, als eine Menge anderer und großer Dinge genau zu betrachten. Das andere aber erhält eine Überlegenheit in der Wissenschaftlichkeit, weil man eher und mehr erkennen kann und weil es uns näher steht und unserer Natur vertrauter ist. Insofern kann es gewiß ein wenig mit der Betrachtung des Göttlichen wetteifern.

Da wir nun von jenem schon gesprochen und gesagt haben, was unsere Ansicht ist, so bleibt uns noch über die belebte Natur zu handeln und nach Kräften nichts wegzulassen weder an Bedeutenderem noch an Unbedeutenderem. Denn auch bei dem, was der Sinneswahrnehmung nicht liebenswürdig ist, hat die schöpferische Natur doch in der Forschung unendliche Freuden bereitet für jene, die die Ursachen erkennen können und die von Natur philosophisch sind. Es wäre doch absurd und widersinnig, wenn wir zwar uns an den Abbildungen erfreuten, weil wir die schöpferische Kunst mitbetrachten (etwa die Malerei oder die Plastik), dagegen die Betrachtung der von Natur gewordenen Wesen nicht noch mehr schätzten, da wir doch ihre Ursachen begreifen können. Also soll man nicht kindisch die Betrachtung der unansehnlichen Tiere verachten. Denn in allem Natürlichen ist etwas Bewundernswertes. Und wie Heraklit zu den Gästen gesagt haben soll, die ihn besuchen wollten und ihn beim Herzutreten am Kohlenbecken fanden, wie er sich wärmte (er sagte nämlich, sie möchten getrost eintreten, denn es seien auch da Götter), so muß man auch an die Erforschung der einzelnen Lebewesen herantreten und sich nicht ärgern, da doch in allem etwas Natürliches und Schönes ist. Denn nicht das Zufällige, sondern das Zweckmäßige findet sich in den Werken der Natur am meisten. Und jedes Ziel, um dessentwillen etwas entstanden oder geworden ist, hat Raum im Schönen.

Wenn nun also einer die Erforschung der anderen Lebewesen als unansehnlich betrachtet, so soll er dies auch hinsichtlich seiner selbst tun. Denn man kann auch nicht ohne großen Widerwillen feststellen, woraus die Gattung der Menschen entstanden ist, nämlich aus Blut, Fleisch, Knochen, Adern und allen Teilen dieser Art. Ebenso muß man auch begreifen, daß derjenige, der über irgendeinen der Teile oder Werkzeuge spricht, nicht an die Materie erinnern will und es nicht um ihretwillen tut, sondern wegen der gesamten Gestalt, so wie man von einem Hause spricht und nicht von den Ziegeln, dem Lehm und dem Holz. Ebenso zielt die Untersuchung über die Natur auf die Zusammensetzung und die gesamte Wesenheit und nicht auf jene Dinge, die nicht Bestand haben, wenn sie von jener Wesenheit getrennt werden.

Man muß also bei jeder Gattung zuerst die Eigenschaften aussondern, soweit sie an sich allen Lebewesen zukommen, und dann versuchen, ihre Ursachen zu bestimmen. Wir haben schon vorhin gesagt, daß Vieles vielen Lebewesen gemeinsam zukommt, teils schlechthin wie Füße, Flügel, Flossen und ebenso Eigenschaften in diesem Sinne, anderes dagegen analog. Unter analog verstehe ich, daß die einen eine Lunge haben, die andern dagegen nicht, doch an ihrer Stelle etwas anderes Entsprechendes; oder die einen haben Blut, die anderen aber haben analog etwas, das dieselbe Funktion hat wie bei den Bluttieren das Blut.

Wenn man nun für sich von jedem Einzelnen reden wollte, so sagten wir schon vorhin, daß man da viele Male dasselbe sagen müßte, wenn wir denn über alles reden wollen, was vorkommt. Denn bei vielem findet sich dasselbe. Das sei also derart festgelegt.

Da nun jedes Werkzeug um eines Zweckes willen und ebenso von den Teilen des Körpers jeder um eines Zweckes willen vorhanden ist und dieser Zweck ein Handeln darstellt, so ist es klar, daß auch der gesamte Körper um eines vielteiligen Handelns willen entstanden ist. Denn das Sägen ist nicht um der Säge willen da, sondern die Säge um des Sägens willen. Denn das Sägen ist eine Art von Gebrauch. So ist auch in gewisser Weise der Körper um der Seele willen und die Teile um der Werke willen, für die ein jeder entstanden ist.

So muß man also zuerst von den Handlungen reden, von den gemeinsamen und von den besonderen nach Gattung und Art. Ich nenne gemeinsam diejenigen, die allen Lebewesen zukommen, gattungsmäßig aber diejenigen, bei denen die Differenzen gegenseitig gemäß dem Übermaß bestehen, so wie wir gattungsmäßig von Vogel reden. Eine Art ist aber der Mensch und alles, dessen Allgemeinbegriff keine weitere Differenz enthält. Das eine hat nun ein Gemeinsames gemäß Analogie, das andere nach Gattung oder nach Art.

Soweit es nun Handlungen gibt, die um eines andern willen bestehen, so ist es klar, daß die Mittel, mit denen die Handlungen vollzogen werden, auf dieselbe Weise voneinander verschieden sind wie die Handlungen selbst. Ebenso werden sich, wenn es Handlungen gibt, die früher sind und die das Ziel anderer Handlungen darstellen, auf dieselbe Weise auch die Glieder verhalten, zu denen diese und jene Handlungen gehören. Und drittens verhält es sich ebenso mit den Handlungen, die notwendig mit andern zusammen eintreten. (Ich nenne nun Einwirkungen und Handlungen: Werden, Wachsen, Befruchtung, Wachen, Schlafen, Ortsbewegung und was dergleichen den Lebewesen zukommt. Teile nenne ich Nase,

Auge und das ganze Gesicht, wobei jedes ein Glied heißt. Ebenso beim anderen.)

Über die Art der Methode sei also so viel gesagt. Jetzt wollen wir von den Ursachen des Gemeinsamen wie des Eigentümlichen zu reden versuchen.

ANTIKE EINFÜHRUNGSSCHRIFTEN ZU ARISTOTELES

DIDYMOS

DIE ETHISCHEN LEHREN DES ARISTOTELES UND DER ÜBRIGEN PERIPATETIKER

Die nachstehende Gesamtdarstellung der aristotelischen und allgemein peripatetischen Ethik findet sich in einem philosophisch-literarischen Lesebuch, das ein Gelehrter des 5. Jhd. n. Chr., Johannes Stobaios, zum Nutzen seines Sohnes zusammengestellt hat. Er hat, angeleitet durch ältere verwandte Sammelwerke, in der Auswahl der Texte ein bemerkenswertes Geschick bewiesen. Unser Stück stammt aus einer Philosophiegeschichte, deren Verfasser allem Anscheine nach Areios Didymos gewesen ist. Dieser war Zeitgenosse, Berater und persönlicher Freund des Kaisers Augustus wie des Maecenas. Seiner Schulzugehörigkeit nach war er Stoiker, doch fällt dies kaum ins Gewicht neben seiner handgreiflichen Absicht, den Leser möglichst genau und unverfälscht über die Lehren «der Alten» zu informieren. Soweit er überhaupt Kritik übt, tut er es nicht als Stoiker, sondern als Verehrer der Klassiker, der die von den Späteren eingeführten Modifikationen der Lehre mißbilligt. Die Klassiker sind im Falle des Peripatos Aristoteles in erster und Theophrast in zweiter Linie. An Späteren wird einmal Kritolaos genannt, Schulhaupt des Peripatos in der Mitte des 2. Jhd. v. Chr. Viel scheinen Kritolaos und seine Genossen nicht geändert zu haben. Der Eindruck besteht, daß sich sehr früh in allen Hauptpunkten und vielleicht vor allem in der Ethik eine Orthodoxie herausbildete, die den stoischen und epikureischen Doktrinen gegenübertrat. Ergänzungen und Umformulierungen wurden nur gelegentlich vorgenommen. Immerhin war es doch gerade so viel, daß Didymos Wert darauf legen konnte, über den nachtheophrastischen Peripatos hinweg auf die Archegeten zurückzugreifen. Für uns bedeutet dies, daß die nachfolgende Darstellung von wenigen Anmerkungen und terminologischen Moderni-

sierungen abgesehen die Lehre des Aristoteles und Theophrast wiedergibt. Aus was für Werken jener beiden sie geschöpft ist, läßt sich freilich nicht mit Sicherheit sagen. Anklänge an die erhaltenen Ethiken und an die Politik des Aristoteles sind zwar reichlich vorhanden; doch kann daraus nicht mit Notwendigkeit gefolgert werden, daß Didymos gerade diese Texte und keine andern benutzt habe.

Allein dies sind Fragen, die schließlich nur den Spezialisten angehen. Für uns ist wesentlich, daß wir eine recht geschickt aufgebaute Übersicht vor uns haben, die teilweise das aus der Nikomachischen Ethik bekannte Lehrgut neu gruppiert, teilweise Dinge bietet, die das Bekannte in der erwünschtesten Weise ergänzen.

Begonnen wird sinnvoll mit der psychologischen Grundlegung: Anders als es Sokrates und teilweise Platon aufgefaßt hatten, entspringt das sittliche Verhalten nicht ausschließlich der Vernunft und Einsicht, sondern einem Zusammenwirken von vernünftigem und vernunftlosem Seelenanteil.

Entscheidend ist sodann die Tatsache, daß der Mensch ein Ganzes aus Körper und Seele darstellt. Die Vollkommenheit des Menschen besteht also in der naturgemäßen Entfaltung des Seelischen, Körperlichen und schließlich der äußern, geschichtlichen Lebensumstände. Daß es auf allen diesen Ebenen echte Werte gibt, wird einläßlich bewiesen. Dies schließt natürlich nicht aus, daß eine Hierarchie der Werte anerkannt werden muß; und zwar haben die Werte der obersten Ebene, die Tugenden, ihr Analogon im Körperlichen wie im Äußeren.

Den Tugenden stehen die Fehler gegenüber, die aus verfehlter Wahl, verfehlter Aneignung und verfehltem Umgang mit den Werten resultieren.

Von besonderer Bedeutung sind weiterhin die verschiedenen Wesensbestimmungen der Tugend überhaupt, der Glückseligkeit und des Guten. Die Frage nach dem Wesen des Guten hat Aristoteles als eine Kardinalfrage aller Philosophie von Platon übernommen. Die lange Reihe der Distinktionen, die uns Didymos vorführt, ist letzten Endes der Niederschlag der Diskussionen um diese Frage.

Vom Problem des Guten und der Güter gelangen wir zu demjenigen der Tugend. Sie ist die Mitte zwischen Übermaß und Mangel und psychologisch, wie schon anfangs bemerkt, das Resultat der Zusammenarbeit von Vernünftigem und Vernunftlosem, den zwei Kräften, die in einem gewissen Umfange, aber keineswegs mit allen Nuancen den modernen Begriffen Geist und Trieb gleichgesetzt werden können.

Eine teilweise aus Theophrast entnommene Liste von Tugenden wird aufgeführt, dann wendet sich der Blick mehr und mehr den «äußeren» Gütern zu: Freundschaft, Lebensform überhaupt endlich den Problemen des Staates, der Hausgemeinschaft und der Bewährung des Philosophen in Haus und Staat. Der Aufbau ist da gelegentlich gestört durch Textverderbnisse, aber auch durch Einschübe und Ergänzungen, wie dies bei solchen Handbüchern nicht weiter verwunderlich ist. Doch auch so erhalten wir einen sehr lehrreichen und interessanten Einblick in das, was ein griechischer Philosophiehistoriker des letzten Jhd. v. Chr. an der ungeheuer verzweigten Doktrin des Aristoteles für das Wesentliche und Charakteristische gehalten hat.

Für die Nachwirkung des aristotelischen Denkens in späthellenistischer Zeit ist unser Text neben den freilich viel individueller gestalteten Zeugnissen Ciceros (vor allem im fünften Buche Über das höchste Gut) *der bedeutendste Beleg.*

Übersetzt wird Stob. Ecl. II. p. 116,21–152,25 ed. C. Wachsmuth (1884).

Der Name Ethos (ἦθος, Charakter) ist, wie Aristoteles sagt, von Ethos (ἔθος, Gewohnheit) abgeleitet. Denn was wir von Natur aus als Ursprung und Samen besitzen, das bringen wir zur Vollendung durch Gewohnheiten und rechte Lebensführung. Darum ist die Lehre vom Ethos (ἦθος) gleichzeitig diejenige vom Ethos (ἔθος) und geht nur die höheren Lebewesen an und vor allem den Menschen. Denn die übrigen Wesen gewöhnen sich nicht durch Einsicht, sondern durch Zwang derart, wie sie werden, der Mensch dagegen wird im Laufe der Gewöhnung durch die Einsicht geformt, wenn nämlich der vernunftlose Teil der Seele an die Vernunft angepaßt ist. Als vernunftloser Teil der Seele wird in diesem Zusammenhang nicht das schlechthin Vernunftlose bezeichnet, sondern dasjenige, was fähig ist, der Vernunft zu gehorchen, also das Affektive, das auch Träger der Tugend sein kann.

In der Seele ist nämlich zu unterscheiden das Vernunftbegabte und das Vernunftlose. Vernunftbegabt ist das Urteilsvermögen, vernunftlos das Strebevermögen. Im Vernunftbegabten wiederum richtet sich das eine auf die Betrachtung der ewigen und göttlichen Dinge und heißt das Forschende; das andere richtet sich handelnd auf die menschlichen und vergänglichen Dinge und heißt das Überlegende. Vom Vernunftlosen strebt das eine nach den Dingen, die in unserer Reichweite sind, und heißt das Begehrende; das andere wehrt gewissermaßen den Nächsten ab und heißt das Zornmütige.

So gibt es denn auch zwei Arten von Tugenden, die vernunftbegabte und die vernunftlose; dem entsprechen weiterhin Theoria und Praxis.

Die ethische Tugend ist keine forschende Wissenschaft, sondern eine Haltung, die sich für das Edle entscheidet.

Zur Vollendung gelangt die Tugend durch drei Dinge: Naturanlage, Gewöhnung, Einsicht.

(Der Mensch unterscheidet sich nämlich nach Körper und Seele von den andern Lebewesen dadurch, daß er zwischen dem Unsterblichen und dem Sterblichen steht und in Gemeinschaft nach beiden Richtungen verknüpft ist: in der Richtung auf die vernunftbegabten Wesen durch das Göttliche in der Seele, in der Richtung auf das Vernunftlose durch das Sterbliche am Körper; so erstrebt er sinnvollerweise die Vollkommenheit in beiden Richtungen.)

Als erstes strebt er nach dem Dasein, da er von Natur mit sich selbst solidarisch ist. So ist es angemessen, daß er das

Naturgemäße mit Wohlgefallen, das Naturwidrige mit Widerwillen aufnimmt: er bemüht sich um die Gesundheit, besitzt ein Streben nach der Lust und hängt am Leben, weil eben diese Dinge naturgemäß sind und um ihrer selbst willen wünschbar und gut. Umgekehrt weist man Krankheit, Schmerz und Tod von sich und sucht sie zu meiden, weil sie naturwidrig sind, in sich selbst übel und schlecht. Wir lieben nämlich unsern Körper, unsere Seele und die Teile, Fähigkeiten und Tätigkeiten beider; die Fürsorge, mit der wir mit ihnen unserer Lebenserhaltung wegen umgehen, ist der Ausgangspunkt des Strebens, des Sittlichen und der Tugend.

(Wenn wir nämlich im Wählen und Meiden des Richtigen überhaupt nicht irregehen würden, sondern stetsfort das Gute ergreifen und das Schlechte unberührt lassen würden, so wären wir nicht erst gezwungen, in diesen Dingen nach der richtigen und unfehlbaren Entscheidung zu suchen. Da wir uns aber aus Unwissenheit im Wählen und Meiden vielfach täuschen, das Gute fahren lassen und das Schlechte aufnehmen, als wäre es ein Gutes, so müssen wir eben nach einer Kontrolle des Urteils und einem sicheren Wissen suchen. Dieses erweist sich als übereinstimmend mit der Natur, wegen der Erhabenheit seiner Wirkung nennen wir es Tugend, und in überschwenglicher Bewunderung ehren wir es mehr als Alles andere. Denn das Handeln nimmt seinen Ausgang von der Wahl des Naturgemäßen und dem Verwerfen des Naturwidrigen. Darin ist beschlossen das Geziemende, und auch das rechte wie das verfehlte Tun bewegt sich in diesem Bereich.)

Nahezu der gesamte Umriß der peripatetischen Lehre geht von diesen Erwägungen aus, wie ich in Kürze nachweisen will.

Daß nämlich die Eltern ihre Kinder schätzen nicht bloß wegen des Nutzens, sondern um der Kinder selbst willen, ist völlig evident. Denn kein Mensch wird seiner Natur nach so roh und tierisch sein, daß er sich nicht darum kümmert, ob die Kinder nach seinem Tode glücklich sind und ein würdiges Leben weiterführen oder nicht. Diese Liebe zur Nachkommenschaft veranlaßt es, daß man vor seinem Tode Testamente aufsetzt, für die noch Ungeborenen sorgt, Vormünder und Fürsorger bestellt und seinen besten Freunden nahelegt, ihnen auf jede Weise beizustehen. Es kommt auch vor, daß Eltern ihren Kindern freiwillig in den Tod nachfolgen. Wenn nun die Kinder auf solche Weise geliebt werden, und zwar um ihrer selbst willen, so ergibt sich notwendig, daß man auch Eltern, Geschwister, Gattin, die Verwandten und Bekannten und die Mitbürger um ihrer selbst willen gerne hat. Denn von Natur aus besitzen wir auch diesen gegenüber eine gewisse Verbundenheit. Der Mensch ist ja ein zu gegenseitiger Liebe geneigtes und geselliges Lebewesen. Dabei kommt es nicht darauf an, ob von den Gegenständen der Freundschaft die einen sich in weiter Entfernung, die andern in unserer unmittelbaren Nähe befinden. Durchweg ist die Freundschaft um ihrer selbst willen zu erstreben und nicht allein um des Nutzens willen.

Wenn endlich die Freundschaft zu den Mitbürgern ebenfalls um ihrer selbst willen erstrebenswert ist, so muß dasselbe auch gegenüber den Volks- und Stammesgenossen und schließlich gegenüber allen Menschen gelten. Denn auch alle Lebensretter verhalten sich so zu ihren Nächsten, daß sie nicht im Blick auf deren Würdigkeit hauptsächlich eingreifen, sondern weil der Mensch um seiner selbst willen liebenswert ist. Denn wer wird nicht einen Menschen, den er von einem wilden Tiere überwältigt sieht, zu befreien versuchen, soweit seine Kräfte reichen? Wer wird nicht einem Verirrten den Weg zeigen? Wer wird nicht demjenigen beistehen wollen, der aus Armut am Verhungern ist? Und wird nicht derjenige, der in einer wasserlosen Wüste auf einen Bach stößt, diesen durch

Zeichen markieren für alle anderen, die desselben Weges ziehen? Wer wird schließlich nicht Wert darauf legen, auch noch nach seinem Tode in gutem Rufe zu stehen? Wer verabscheut nicht Aussprüche wie die folgenden, die der menschlichen Natur durchaus zuwidergehen: «Wenn ich tot bin, so mag die Erde in Flammen aufgehen» und «Mir ist's gleich, meine Angelegenheiten sind in Ordnung».

Es ist also klar, daß wir allen Menschen gegenüber ein natürliches Wohlwollen und Freundschaft empfinden, die das Selbstzweckliche und das Vernunftgemäße solchen Verhaltens anzeigt. Denn «eines ist das Geschlecht der Menschen, eines der Götter, von einer Mutter stammt unser beider Lebensatem», nämlich der Natur.

Wenn wir nun schon eine allgemeine Menschenliebe besitzen, so ist im Verhältnis zu den vertrauten Freunden die Selbstzwecklichkeit nur um so sichtbarer. Wenn man aber den Freund um seiner selbst willen erstrebt, dann auch die Freundschaft und das Wohlwollen seitens aller, die am eigenen Lebensgang Anteil haben, und seitens der meisten Menschen überhaupt. So ist denn das Lob um seiner selbst willen wünschbar; denn wir fühlen uns solidarisch mit denen, die uns loben. Wenn weiterhin das Lob um seiner selbst willen zu erstreben ist, dann auch das gute Ansehen; dem Umrisse nach ist das gute Ansehen nichts anderes als das Lob seitens der Leute. So ist denn klar bewiesen, daß die von außen dem Menschen zukommenden Güter um ihrer selbst willen wünschbar sind. Sollten es nicht um so viel mehr die Güter an uns und in uns selbst sein? Ich meine diejenigen, die den Körper und die Seele angehen.

Wenn nun der Mensch um seiner selbst willen wertvoll ist, so sind es auch seine Teile; und zwar sind seine hauptsächlichsten Teile Seele und Körper. Also ist auch der Körper um seiner selbst willen wertvoll. Oder sollte uns etwa der Körper des

Nächsten um seiner selbst willen wertvoll sein, der unsrige aber nicht? Oder wie soll überhaupt der Nächste um seiner selbst willen wertvoll sein, jeder von uns für sich selbst aber nicht? Und wenn dies gilt, gilt es nicht auch für die Teile des Körpers, für deren Vorzüge wie für die Vorzüge des ganzen Körpers? Also sind denn um ihrer selbst willen erstrebenswert die Gesundheit, die Kraft, die Schönheit, die Schnelligkeit, das Wohlbefinden und die Zuverlässigkeit der Sinneswahrnehmungen, kurzum, die körperlichen Vorzüge überhaupt.

Denn sicherlich wird kein Verständiger es schätzen, nach seinem Äußeren unansehnlich und verunstaltet zu sein, selbst dann nicht, wenn ihm ein solches abstoßendes Äußere keinerlei Nachteile verschaffen sollte. Also auch abgesehen von allen Nachteilen ist es sinnvoll, die Häßlichkeit zu meiden. Wenn aber dies der Fall ist, dann ist umgekehrt die Schönheit nicht allein um der Vorteile, sondern auch um ihrer selbst willen wünschbar. Daß ja die Schönheit aus sich selbst etwas Anziehendes hat, ist offenkundig. Alle Menschen fühlen sich von Natur und ohne jede Absicht mit den Schönen verbunden und sind gerne bereit, ihnen Gutes zu tun und Wohltaten zu erweisen, was der Weg zur gegenseitigen Sympathie ist. So ist denn auch aus diesem Grunde die Schönheit ein Gut, das man um seiner selbst willen erstrebt, während man die Häßlichkeit um ihrer selbst willen meidet.

Dasselbe läßt sich nachweisen von Gesundheit und Krankheit, Kraft und Schwächlichkeit, Schnelligkeit und Langsamkeit, Vollkommenheit und Mangelhaftigkeit der Sinneswahrnehmungen. Und wenn damit gezeigt ist, daß die körperlichen Güter um ihrer selbst willen wünschbar sind, die ihnen entgegengesetzten Übel dagegen um ihrer selbst willen zu meiden, so müssen notwendig auch die Teile der Seele um ihrer selbst willen wünschbar sein, desgleichen deren Tugenden sowie diejenigen der gesamten Seele.

Die Tugend nimmt nämlich, wie wir schon gezeigt haben, ihren Einsatz von den körperlichen Gütern und den äußeren Gütern, wendet sich dann ihr selbst zu und erkennt, daß auch sie zu den naturgemäßen Dingen gehört, und zwar bedeutend mehr als die Tugenden des Körpers; so eignet sie selbst sich an als etwas um seiner selbst willen Wünschbares, und zwar vollzieht sie diese Aneignung ihrer selbst mehr als die Aneignung der körperlichen Tugenden. So sind denn die Tugenden der Seele bei weitem die ehrwürdigeren.

Dies ließe sich aber auch aus dem zuvor Entwickelten erschließen. Wenn nämlich die Gesundheit des Körpers um ihretwillen wünschbar ist, dann um noch viel mehr diejenige der Seele. Gesundheit der Seele ist aber die Selbstzucht, die uns von der Unbedachtheit der Leidenschaften befreit. Und wenn die körperliche Kraft zu den Gütern gehört, dann wird die seelische noch viel mehr um ihrer selbst willen wünschbar und gut sein. Kräfte der Seele sind die Tapferkeit und die Ausdauer, die die Seelen stark machen. Darum sind auch Tapferkeit und Ausdauer um ihrer selbst willen wünschbar.

Und wenn genau entsprechend die körperliche Schönheit um ihrer selbst willen wünschbar ist, so wird wohl auch die Schönheit der Seele um ihrer selbst willen wünschbar sein. Schönheit der Seele ist aber die Gerechtigkeit: «Kein Unrecht zu tun macht uns sogar schön.»

Ein ähnliches Verhältnis findet sich auch bei den Tugenden. Denn die drei Gattungen von Gütern scheinen trotz dem sehr großen Unterschied untereinander eine gewisse Analogie zueinander zu besitzen, die ich nun versuchen werde klar darzulegen.

Was wir nämlich am Körper Gesundheit nennen, das wird an der Seele Selbstzucht genannt und bei den äußern Gütern Reichtum. Denn auch dieser läßt die Mehrzahl der Verfehlungen vermeiden.

Was wir am Körper Kraft nennen, nennen wir an der Seele die Tapferkeit und in den äußeren Gütern die Macht.

Ebenso was wir am Körper die Trefflichkeit der Sinnesorgane nennen, nennen wir an der Seele Klugheit und bei den äußeren Gütern Glück.

Was wir endlich am Körper die Schönheit nennen, nennen wir an der Seele Gerechtigkeit und bei den äußern Gütern die Freundschaft.

So gibt es denn drei Gattungen von Gütern, die um ihrer selbst willen wünschbar sind, die seelischen, die körperlichen und die äußeren. Und die seelischen Güter sind bei weitem wünschbarer als die übrigen, da ja auch die Seele selbst leitender und wertvoller ist als der Körper.

So ist also klar, daß die Tugenden der Seele wünschbarer sind als diejenigen des Körpers und des Äußeren und gleichmäßig weit überwiegen. Doch wird man auch nach den andern streben, erstens weil auch sie um ihrer selbst willen wünschbar sind und zweitens, weil sie für das Leben im Staat und in der Gemeinschaft, ja sogar für dasjenige der Forschung nützlich sind.

Das Leben wird nämlich gegliedert in die Tätigkeit im Staat und in der Gemeinschaft hier, diejenige der Forschung dort. Denn die Tugend ist dieser Lehre gemäß keineswegs auf den Einzelnen für sich bezogen, sondern gehört in die Gemeinschaft und in den Staat. Da wir aber außerdem sagten, daß die Tugend vor allem andern sich selbst zugewandt ist, so ist es klar, daß sie notwendigerweise von Natur auch der Erforschung der Wahrheit zugewandt ist.

Daraus folgt, daß das Beharren im Leben mit der Tätigkeit in der Gemeinschaft, im Staat und in der Forschung verbunden ist und das Abscheiden mit dem Gegenteil. Darum ist es verkehrt zu behaupten, für die Weisen sei das Heraustreten aus dem Leben sinnvoll und für die Toren das Verharren im

Leben. Vielmehr: wer unter den Weisen wie den Toren seine Tätigkeit in der Gemeinschaft, im Staate und in der Forschung auszuüben vermag, für den ist es sinnvoll, im Leben zu verharren, dagegen für den, der es nicht vermag, es zu verlassen.

Da weiterhin die Tugend gegenüber den körperlichen und den äußeren Gütern ein großes Übergewicht besitzt hinsichtlich ihrer Wirksamkeit wie auch ihrer Selbstzwecklichkeit, so kann man folgerichtig nicht behaupten, das Lebensziel sei die Summe der seelischen, körperlichen und äußeren Güter oder das Erlangen dieser Güter insgesamt, sondern vielmehr: das Leben nach der Tugend im Bereich der körperlichen und der äußeren Güter entweder aller oder doch der meisten und wichtigsten.

Darum ist auch die Glückseligkeit die der Tugend gemäße Tätigkeit in Unternehmungen, die auch äußerlich nach Wunsch unterstützt sind. Die Güter des Körpers und des Äußeren heißen Faktoren der Glückseligkeit, da ihre Anwesenheit etwas beizutragen vermag. Wer jedoch meint, daß sie die Summe der Glückseligkeit herstellen, übersieht, daß die Glückseligkeit eine Lebensform ist, die Lebensform aber eine Summe von Handlungen darstellt. Von den körperlichen und den äußeren Gütern ist aber kein einziges an sich eine Handlung oder überhaupt eine Tätigkeit.

Da dies sich nun so verhält, so bilden sich die Wohltätigkeit und Freundlichkeit, die Dankbarkeit und die Menschenliebe, weiterhin die Liebe zu den Kindern, Geschwistern, zum Vaterland und zu den Eltern und zu den Bekannten und nach Maßgabe des Schicklichen die Geselligkeit, das Wohlwollen, die Freundschaft, die Gesinnung der Gleichheit und der Gerechtigkeit und die ganze göttliche Schar der Tugenden. Wer sie vernachlässigt, verfehlt sich offenkundig gegen die rechte Wahl der Güter, das rechte Meiden der Übel, gegen den rechten Erwerb und Gebrauch der Güter. Und zwar täuscht er sich anerkanntermaßen in der Wahl auf Grund seines Urteils, in dem Erwerb auf Grund seines Charakters und in dem Gebrauch auf Grund seiner Unwissenheit.

In der Wahl verfehlt man sich, wenn man entweder wählt, was überhaupt nicht gut ist, oder wenn man ein geringeres Gut heftiger begehrt, als sich schickt. Das kommt bei den meisten Menschen darauf hinaus, daß sie das Angenehme dem Zuträglichen oder das Zuträgliche dem Edlen vorziehen und in ihren Strebungen maßlos voranstürmen.

Im Erwerb verfehlt man sich, wenn man sich die Dinge aneignet, woher, wie und in welchem Ausmaße man sie sich nicht aneignen soll.

Was den Gebrauch angeht, so bezieht sich jeder Gebrauch entweder auf sich selbst oder auf ein anderes. Im ersten Fall liegt der Fehler darin, daß man nicht in angemessener Weise mit den Sachen umgeht; im zweiten, daß man den Sachen nicht ihren angemessenen Rang läßt.

Wenn nun die Toren in diesem Punkt sich verfehlen, so bestehen die richtigen Handlungen der Weisen im geraden Gegenteil, da sie die Tugend als Führer in ihrer Tätigkeit besitzen. Es scheint denn auch, daß allen Tugenden gemeinsam ist das Urteilen, das Wählen und das Handeln. Denn die Tugend kann nicht ohne Urteil, Wahl und Tat sein, und zwar regiert die Einsicht als führende Instanz über das zu Wünschende und zu Meidende, das zu Verwirklichende und das nicht zu Verwirklichende, das Mehr und das Weniger in ihrem eigenen Bereich wie in dem Bereich der andern Tugenden. Für die andern Tugenden ist jeweils nur das ausgesondert, was in ihren eigenen Bereich fällt.

Als Tugend bezeichnet wird entweder die beste Verfassung oder diejenige, dergemäß sich das, was sie besitzt, so gut als möglich verhält. Das ist induktiv nachzuweisen. Wir sprechen von der Tüchtigkeit des Schusters, sofern er die besten Schuhe anzufertigen vermag, von derjenigen des Baumeisters, sofern er zum Bau eines trefflichen Hauses aufs beste befähigt ist. So gilt denn als anerkannt, daß das Wesen der Tugend in der besten möglichen Verfassung besteht.

Es gibt gewissermaßen zwei Ausgangspunkte der Tugenden, die Vernunft und die Leidenschaft. Diese beiden stimmen zuweilen einträchtig überein, zuweilen aber bekämpfen sie einander. Ihr Widerstreit geschieht in der Form von Lust und Schmerz. Den Sieg der Vernunft nennen wir Selbstbeherrschung (ἐγκράτεια), was vom Begriff der Macht (κράτος) abgeleitet ist. Den Sieg des Vernunftlosen nennen wir Unbeherrschtheit, da in diesem Falle das Streben ungehorsam ist. Die Harmonie und Übereinstimmung beider nennen wir Tugend, sofern da der eine Teil dorthin führt, wohin es sich schickt, der andere dagegen gehorsam folgt.

Wünschbar wird dasjenige genannt, was das Streben zu sich her in Bewegung setzt, zu Vermeidendes dasjenige, was das Streben von sich weg in Bewegung setzt, unter der Voraussetzung, daß die Vernunft beistimmt. Wie nämlich das Gewollte seinen Namen vom Willen hat, so auch das Wünschbare (αἱρετόν) von der Wahl (αἵρεσις). Und zwar lehrten die Alten, daß das Wünschbare mit dem Guten identisch sei. Das Gute wiederum umschrieben sie mit folgender Bestimmung: «Gut ist dasjenige, wonach alles strebt.»

Sie lehrten ferner, daß von den Gütern die einen wegen uns selbst wünschbar seien, die andern wegen der Nächsten. Von jenen seien die einen edel, die anderen dagegen notwendig. Edel seien die Tugenden und die von ihnen ausgehenden Tätigkeiten: die Klugheit und das Klug-Sein, die Gerechtigkeit und das Gerecht-Handeln und entsprechend beim übrigen. Notwendig sei das Leben und was sich darauf bezöge, ferner das, was den Rang von Faktoren besitze, so der Körper und seine Teile und deren Gebrauch und von den sogenannten äußeren Gütern die Adligkeit, der Reichtum, das Ansehen, der Friede, die Freiheit und die Freundschaft. Denn jedes dieser Güter leiste einen Beitrag zur Ausübung der Tugend.

Die Glückseligkeit entsteht aus den edlen und vorzüglichen Taten. Darum ist sie auch durch und durch edel, wie etwa die Tätigkeit des Flötenspielers durch und durch kunstvoll ist. Die Reinheit, mit der die Glückseligkeit edel ist, wird nicht beeinträchtigt durch die Dazunahme des Materiellen, wie auch die durch und durch kunstvolle Tätigkeit des Arztes nicht durch den Gebrauch der Werkzeuge beeinträchtigt wird. Denn jede Tätigkeit ist ein Handeln der Seele. Wenn nun der Handelnde bestimmter Dinge zur Durchführung seines Vorsatzes bedarf, so darf man diese nicht als Teile seines Handelns auffassen, obwohl jede der genannten Künste solcher Dinge bedarf, doch eben nicht als Teile, sondern als Faktoren der Kunst. Denn es ist nicht richtig, als Teile eines Handelns zu bezeichnen, was nur die Vorbedingungen sind, ohne die das Handeln nicht zustande kommt. Unter Teil verstehen wir ja etwas, was in die Summe des Ganzen hineingeht, unter Vorbedingung dagegen einen Faktor, der zu einem Ziele beiträgt.

Aufgeteilt wird das Gute in das Edle, das Zuträgliche und das Angenehme. Und zwar sind dies die Zielpunkte der partikularen Handlungen. Was aus allen zusammen sich ergibt, ist die Glückseligkeit.

Die Glückseligkeit ist entweder «die Verwirklichung der vollkommenen Tugend unter günstigen Umständen in einem vollkommenen Leben» oder «das tugendgemäße Wirken eines vollkommenen Lebens» oder «die ungehinderte Verwirklichung der Tugend im Bereich der naturgemäßen Dinge».

Dasselbe nennt man auch das Ziel.

Es gibt allerdings solche, die es mit den Begriffen ganz genau nehmen und unterscheiden: das Glückseligsein ist das Ziel, die Glückseligkeit der Zielpunkt; der Reichtum wird ein Gut und das Reichsein ein Bedürfnis. Doch wir halten uns lieber an den Gebrauch der Alten und werden bestimmen: «Ziel ist etwas, um dessentwillen wir alles tun, während es um keiner andern Sache willen getan wird» oder «das Letzte im zu Erstrebenden» oder «das Leben nach der Tugend im Bereich der Güter des Körpers und des Äußeren, entweder aller oder doch der meisten und bedeutendsten». Dieses ist also das größte und vollkommenste Gute, und ihm steht alles übrige zu Diensten. Was zu ihm beiträgt, muß man anerkanntermaßen zu den Gütern rechnen, was ihm widerstrebt, zu den Übeln, und was weder beiträgt noch widerstrebt, zu dem, was weder Gut noch Übel, sondern indifferent ist. Allerdings führt nicht jedes edle Handeln zur Glückseligkeit.

Sie nannten die Glückseligkeit die Verwirklichung der vollkommenen Tugend, weil sie von den Tugenden die einen vollkommen, die andern unvollkommen nannten. Vollkommen seien die Gerechtigkeit und der Edelsinn, unvollkommen die Begabung und der Tugendfortschritt. Dem Vollkommenen ist aber nur das Vollkommene angemessen. Also ist die Tätigkeit derjenigen Tugend zielhaft, von der kein Teil fehlt.

Außerdem fügten sie bei «in einem vollkommenen Leben», indem sie damit anzeigen wollten, daß die Glückseligkeit die Sache der erwachsenen Männer sei. Der Jüngling ist noch unvollkommen und ebenso seine Lebensform, weshalb die Glückseligkeit ihn nicht betreffen kann. Sie ist überhaupt nicht in einer unvollständigen Zeitdauer möglich, sondern nur in einer vollständigen. Vollständig ist aber diejenige, die uns Gott in der Regel zugemessen hat, zugemessen in der Länge, genau so wie die Größe unseres Körpers. Wie also ein einziger Vers noch kein Gedicht ausmacht, eine einzige Handbewegung noch keinen Tanz und eine einzige Schwalbe noch keinen Frühling, so erzeugt auch eine kurze Zeitdauer keine Glückseligkeit.

Denn es muß die Glückseligkeit vollkommen sein, zusammengesetzt aus der Vollkommenheit des Menschen, der Zeit und des Daimon.

Unter günstigen Umständen muß die Tätigkeit der Tugend sich vollziehen, weil sie unter aller Notwendigkeit im Bereich der naturgemäßen Güter steht. Denn gewiß wird auch unter widrigen Umständen der Weise die Tugend edel verwirklichen. Er wird aber nicht glückselig sein; in Mißhandlungen wird er seinen Edelsinn beweisen, nicht aber die Glückseligkeit haben.

Der Grund ist der, daß die Tugend an sich allein das Edle hervorbringt, die Glückseligkeit dagegen das Edle und Gute. Denn sie begnügt sich nicht damit, im Schlimmen auszuharren, sondern will auch das Gute genießen, ohne dadurch die der Gemeinschaft gegenüber gebotene Gerechtigkeit zu verletzen; sie will sich weder des Edlen berauben, das in der Betrachtung liegt, noch des Notwendigen, das zum Leben erforderlich ist.

Die Glückseligkeit ist das angenehmste und schönste. Sie läßt sich allerdings nicht steigern wie eine Kunst durch die Menge und Zubereitung der Werkzeuge. Sie ist auch nicht dieselbe für Mensch und Gott, und selbst bei den Weisen ist die Tugend nicht schlechthin unverlierbar; durch die Menge und Größe des Unglücks kann sie verlorengehen. So könnte denn einer sich fragen, ob man denn überhaupt einen noch lebenden Menschen im Hinblick auf die Ungewißheit des Schicksals glückselig preisen darf. Der Satz Solons: «Schau auf das Ende eines langen Lebens», scheint richtig zu sein und bestätigt zu werden durch das Leben, das einen Menschen erst dann glückselig sein läßt, wenn er stirbt. Freilich: wer der Glückseligkeit beraubt ist, ist deswegen noch nicht gleich unselig, ebensowenig wie der, der die Glückseligkeit nie gekannt hat. Es gibt vielmehr einen mittleren Zustand. Es werden also der Weise wie der Unweise zuweilen in der sogenannten mittleren Lebensform leben, die weder selig noch unselig ist.

Die Schlafenden haben mit der Glückseligkeit nichts zu tun, mindestens nicht in aktueller Weise. Denn die Tätigkeit der Seele beschränkt sich auf den Zustand des Wachens.

Beigefügt wird hier der Begriff des «Naturgemäßen», da nicht jeder Wachzustand des Weisen die Verwirklichung der vollkommenen Tugend ist, sondern nur eben der naturgemäße. Darunter ist zu verstehen derjenige, der weder in Wahnsinn noch in Ekstasis besteht. Denn Wahnsinn und Ekstasis suspendieren genau wie der Schlaf eben jene Verwirklichung, ja sogar die Betätigung der Vernunft und machen den Menschen zum Tiere. Denn wo das Leben ein auf die Vernunft gegründetes ist, da ist das Glückseligsein ebenso zu verstehen.

Doch nicht einmal in diesem Falle besteht die Glückseligkeit dauernd, sondern nur soweit das Leben sich günstiger Umstände erfreut.

Wie nun die Seligkeit die Verwirklichung der Tugend ist, so ist die Unseligkeit die Verwirklichung der Schlechtigkeit. Allerdings: während die Schlechtigkeit ausreicht, den Menschen unselig zu machen, reicht die Tugend nicht aus zur Glückseligkeit.

Wie der Edle die Güter besitzt, so sind sie sowohl ihm zuträglich wie auch den anderen.

Der Tugendhafte wird das Leben preisgeben, wenn ihm allzu großes Unglück widerfährt, der Schlechte aber auch, wenn er allzu großes Glück hat. Denn da hat er mehr Gelegenheit sich zu verfehlen. Darum kann man im strengen Sinne auch gar nicht sagen, daß die Schlechten überhaupt Glück haben.

Da für uns nun die Glückseligkeit das größte Gut ist, haben wir zu unterscheiden, in wie vielen Bedeutungen der Begriff des Guten verwendet wird. Drei Bedeutungen werden genannt: erstens, was für alle Wesen die Ursache ihrer Erhaltung ist; zweitens, was von allem Guten ausgesagt wird, sofern es gut ist; drittens, was um seiner selbst willen erstrebt wird. Die erste Bedeutung zielt auf ein göttliches Gutes, die zweite meint den Gattungsbegriff des Guten und die dritte das Ziel, auf das wir alles beziehen, nämlich eben die Glück-seligkeit.

Ebenfalls in drei verschiedenen Bedeutungen reden wir von dem um seiner selbst willen zu Erstrebenden. Es ist entweder das letzte Ziel, um dessentwillen etwas getan wird, oder das jeweilige Ziel, um dessentwillen Alles getan wird, oder endlich ein Teilstück vom einen oder vom anderen.

Von dem um seiner selbst willen zu Erstrebenden hat das eine den Charakter des Zieles, das andere denjenigen des Bewirkenden. Zielhaft sind die Handlungen, die wesentlich im Sinne der Tugend vollbracht werden. Bewirkend ist das Material der Tugenden.

Weiterhin sind von den Gütern die einen ehrwürdig, die andern lobenswert, die dritten Fähigkeiten und die vierten Nützlichkeiten. Ehrwürdig sind etwa Gott, die Regierung, der Vater. Lobenswert sind etwa die Gerechtigkeit oder die Einsicht. Fähigkeiten sind der Reichtum, die Amtsgewalt, die Macht. Nützlichkeiten sind die Güter, die dergleichen hervorbringen oder bewahren, also etwa, was Gesundheit und Wohlbefinden erzeugt.

Weiterhin sind von den Gütern die einen um ihrer selbst willen erstrebenswert, die andern um eines andern willen. Das Ehrwürdige, das Lobenswerte und die Fähigkeiten sind selbstzwecklich (denn auch die Fähigkeiten gehören in der Tat zu diesen Gütern, etwa Reichtum oder Amtsgewalt, sofern nämlich der Tugendhafte sich ihrer gut zu bedienen weiß und sie darum erstreben wird. Was nämlich der Tugendhafte gut zu verwenden vermag, das ist ein Gut an sich selbst, so wie das Gesunde etwas ist, wonach der Arzt strebt und was er recht zu verwenden vermag). Das Nützliche ist fremdzwecklich. Denn es wird erstrebt, weil es anderes hervorzubringen und zu erhalten vermag.

Eine andere Einteilung ist diese: Von den selbstzweck lichen Gütern sind die einen Ziele, die andern nicht Ziele. So sind Ziele die Gerechtigkeit, die Tugend, die Gesundheit und allgemein alles, was sich aus den einzelnen Handlungen zusammengefaßt ergibt: also die Gesundheit, nicht aber das einzelne Gesunde oder die Pflege des Kranken. Begabung, Erinnerung, Belehrung sind keine Ziele.

Eine weitere Einteilung ist diese: Von den Zielen sind die einen für alles gut, die andern nicht für alles. Die Tugend und die Einsicht sind für jedermann gut; denn sie nützen jedermann, dem sie zukommen. Reichtum dagegen und Amtsgewalt und Macht sind nicht schlechthin für jedermann gut, soweit nämlich das Gut-sein durch den Gebrauch charakterisiert wird, den der Tugendhafte davon macht. Diese Dinge können durchaus auch erstrebt werden und dem nützen, der recht mit ihnen umgeht. Doch während der Tugendhafte gut mit ihnen umgeht, geht der Schlechte schlecht mit ihnen um; genau so wie der musikalische Mensch bestimmte Dinge richtig auffaßt, der unmusikalische dagegen falsch. Wenn man aber schlecht mit den Dingen umgeht, so erleidet man Schaden; wie etwa ein gutes Pferd dem erfahrenen Reiter nützt, dem schlechten Reiter dagegen erheblich schadet.

Endlich beziehen sich von den Gütern die einen auf die Seele, die andern auf den Körper, die dritten auf das Äußere. Auf die Seele beziehen sich etwa Begabung, Können, Tugend, Weisheit, Einsicht und Lust. Auf den Körper die Gesundheit, Feinheit der Sinnesorgane, Schönheit, Kraft, Proportioniertheit und die Vollkommenheit aller Gliedmaßen mit ihren Fähigkeiten und Tätigkeiten. Zum Äußern gehört der Reichtum, das Ansehen, die Adligkeit, die Fürstenmacht, Freunde, Verwandte und Vaterland.

Von den seelischen Gütern sind die einen von Natur dauernd vorhanden wie etwa die rasche Auffassungsgabe oder das Gedächtnis und allgemein die Begabung. Die andern entstehen durch Übung wie die Bildung und der vornehme Lebensstil. Die letzten entstehen als Vollkommenheiten wie Einsicht, Gerechtigkeit und schließlich die Weisheit.

Endlich kann man von den Gütern die einen erwerben und wieder verlieren wie den Reichtum. Die andern kann man erwerben, ohne sie wieder zu verlieren, wie die Beherztheit und die Unverwirrtheit. Andere kann man verlieren, aber nicht wieder erwerben wie die Sinneswahrnehmungen und das Leben. Endlich kann man wieder andere weder erwerben noch verlieren wie die Adligkeit.

Schließlich sind von den Gütern die einen nur um ihrer selbst willen erstrebenswert wie die Lust und die Unbeschwertheit. Die andern dagegen nur als hervorbringende wie der Reichtum. Die dritten sind sowohl als hervorbringende wie auch um ihrer selbst willen erstrebenswert, wie die Tugend, Freunde, die Gesundheit.

Desgleichen werden die Güter noch auf andere Weise vielfach unterschieden, weil sie nicht eine einzige Gattung konstituieren, sondern in den zehn Kategorien ausgesagt werden. Das Gute gehört zu den homonymen Begriffen, jenen also, die nur den Namen gemeinsam haben, begrifflich aber eine jeweils verschiedene Sache bezeichnen.

Nachdem dies festgelegt ist, müssen wir genauer auf die Lehren hinsichtlich der ethischen Tugend eintreten. Von ihr nehmen sie an, daß sie im vernunftlosen Teil der Seele zu Hause ist; im Zusammenhang der gegenwärtigen Untersuchung haben sie ja eine Zweiteilung der Seele zugrunde gelegt, indem sie eine vernunftbegabte und eine vernunftlose Seele unterschieden. Der vernunftbegabten Seele sind zugeordnet der Edelsinn, die Einsicht, die Geistesgegenwart, die Weisheit, die Lernfähigkeit, das Gedächtnis und dergleichen. Zur vernunftlosen Seele gehören die Selbstzucht, die Gerechtigkeit, die Tapferkeit und die andern Tugenden, die ethische genannt werden.

Von diesen zweiten lehren sie, daß sie durch Mangel oder Übermaß zugrunde gehen. Um dies nachzuweisen, gehen sie vom Falle der Sinneswahrnehmungen aus, indem sie auf diese Weise das Unsichtbare mit Hilfe des Sichtbaren glaubhaft zu machen suchen. So geht etwa die Kraft zugrunde, wenn man zu viel oder zu wenig turnt. Von Speise und Trank gilt ähnliches: die Gesundheit wird ruiniert, wenn man darin zu viel oder zu wenig tut. Doch wenn dies alles angemessen geschieht, bleibt die Kraft wie die Gesundheit erhalten. Genau so verhält es sich auch mit der Selbstzucht, der Tapferkeit und den andern Tugenden. Wer nämlich so beschaffen ist, daß er sich nicht vor dem Blitz fürchtet, der ist verrückt und nicht etwa tapfer. Wer aber umgekehrt alles fürchtet, etwa auch einen Schatten, ist ein Schwächling und feige. Tapfer ist also anerkanntermaßen derjenige, der weder alles noch nichts fürchtet.

In derselben Art mehrt sich die Tugend oder schwindet dahin. Das Bestehen angemessener Schrecknisse mehrt die Tapferkeit. Doch allzu große oder allzu geringe Schrecknisse zerstören sie. In demselben Sinne gilt auch von den übrigen Tugenden, daß Übermaß und Mangel in ihrem Bereiche sie zerstören, das richtige Maß jedoch sie mehrt.

Die Tugend wird aber nicht bloß dadurch charakterisiert, sondern auch durch Lust und Schmerz. Wegen der Lust tun wir das Schlechte, und wegen des Schmerzes unterlassen wir das Gute. So ist denn die Tugend wie die Schlechtigkeit nicht zu fassen ohne Schmerz und Lust. Demgemäß bezieht sich die Tugend auf Schmerz und Lust.

Um dies völlig klarzustellen hielten sie es für notwendig, die seelischen Phänomene in der Darlegung mitzuberücksichtigen. Und zwar sagen sie, daß in der Seele des Menschen Leidenschaften, Fähigkeiten und Verhaltensweisen vorhanden sind. Leidenschaften sind Zorn, Furcht, Haß, Sehnsucht, Neid, Mitleid und Verwandtes, womit Lust und Schmerz verknüpft sind. Die Fähigkeiten bestehen in der Erregbarkeit zu eben diesen Leidenschaften: Fähigkeit zum Zorn, zur Furcht, zum Neid usw. Verhaltensweisen sind die Art, in der wir uns zu alledem in bestimmter Weise verhalten und die aus den Fähigkeiten erwachsende Tätigkeit in richtiger oder falscher Weise zur Vollendung bringen. Wenn also jemand allzuleicht über jedermann und alles in Zorn gerät, so erweist es sich, daß seine Verhaltensweise die des Jähzornigen ist. Wenn er umgekehrt über niemand und nichts zürnt, dann ist er gleichgültig. Beide Verhaltensweisen sind verwerflich. Lobenswert hingegen ist diejenige der Milde, die uns dazu bringt, nur zu zürnen, wann wir sollen, wie wir sollen und wem wir sollen.

So sind denn die Tugenden Verhaltensweisen, die das aus den Leidenschaften entspringende Tun lobenswert machen.

Da weiterhin die Tugend ein Handeln ist und jedes Handeln in seiner Kontinuität untersucht werden muß und jedes Kontinuum wie bei den quantitativen Größen ein Zuviel, ein Zuwenig und eine Mitte aufweist und dies entweder in sich selbst oder im Bezug auf uns, so folgt, daß in allen Dingen die Mitte im Bezug auf uns das Beste ist. Diese Mitte ist es, auf die uns das Wissen und die Vernunft aufmerksam machen. Diese Mitte meint hier nicht eine Quantität, sondern eine Qualität; sie begründet ein Vollkommenes und ein Höchstes. Die beiden Pole sind gewissermaßen sowohl einander entgegengesetzt wie auch der Mitte. Denn Gegensätze sind der Mangel und das

Übermaß. Die Mitte aber verhält sich zu diesen beiden wie das Gleiche zum Ungleichen: es ist mehr als das Geringere und weniger als das Mehrere.

Die Mitte im Bezug auf uns ist das Beste; wie etwa nach der Erläuterung Theophrasts bei einer Audienz der eine weit ausholt und sich in umständlichen Reden ergeht, der andere dagegen in seiner Kürze nicht einmal das Notwendigste zur Sprache bringt, der dritte aber genau das sagt, was in dem Augenblick gesagt werden soll.

Eben dies ist die richtige Mitte im Bezug auf uns. Durch unsere Vernunft wird sie bestimmt. Also bestimmt sich die Tugend als eine Verhaltensweise im Wählen, die die Mitte im Bezug auf uns sucht, jene Mitte, die durch die Vernunft und durch den Einsichtigen bestimmt wird. Theophrast fügt sodann einige Begriffsreihen bei und sucht im Gefolge seines Lehrers auf folgende Weise weiterzugehen:

Als Beispiele seien folgende aufgeführt. Die Selbstzucht steht zwischen Zuchtlosigkeit und Stumpfheit; die Milde zwischen Jähzorn und Unempfindlichkeit; die Tapferkeit zwischen Tollheit und Feigheit; die Freigebigkeit zwischen Verschwendung und Filzigkeit; die Großgesinntheit zwischen Kleinlichkeit und Aufgeblasenheit; die Großartigkeit zwischen Spießigkeit und Prunksucht.

Von diesen Verhaltensweisen sind diejenigen, die durch ein Zuviel oder Zuwenig gegenüber der Leidenschaft charakterisiert sind, schlecht, die andern aber richtig, eben weil sie die Mitte treffen.

Beherrscht ist nämlich weder derjenige, der ein für allemal ohne Begierden ist, noch derjenige, der den Begierden nachgibt; jener ist wie ein Stein und strebt nicht einmal nach dem Naturgemäßen, dieser dagegen übertreibt in den Begierden und ist zuchtlos. Wer in der Mitte von beiden ist, der begehrt, was und wann und wie viel er soll, und bestimmt dies Maß mit der Vernunft im Sinne des Angemessenen wie mit einer Richtschnur. Dieser ist der Beherrschte und verhält sich der Natur gemäß.

Milde ist weder der Empfindungslose, der nie und niemandem zürnt, noch derjenige, der sogar über das geringste in Zorn gerät, sondern derjenige, der das mittlere Verhalten beobachtet. Tapfer ist weiterhin weder derjenige, der nichts fürchtet, nicht einmal einen Gott, der ihm entgegentritt, noch der andere, der alles fürchtet, selbst den Schatten, wie man zu sagen pflegt.

Gerecht ist weder derjenige, der sich selbst zu viel zuteilt, noch wer zu wenig beansprucht, sondern der, der das ausgeglichene Maß für sich nimmt: ausgeglichen nach dem Verhältnis und nicht einfach nach der Zahl.

Freigebig ist weder, wer austeilt, wie sich's gerade trifft, noch, wer gar nichts gibt. Großgesinnt ist weder, wer für sich alles Große beansprucht, noch wer auf alles verzichtet, sondern wer in jedem einzelnen Falle das ihm Zukommende und seinem Range Gemäße entgegennimmt. Großartig ist weder, wer überall und auch dort, wo es sich nicht schickt, zu prunken sucht, noch wer dies niemals tut, sondern wer sich jeweils den Umständen anpaßt.

Dies ist also der Charakter der ethischen Tugenden, soweit sie von den Leidenschaften ausgehen und als eine richtige Mitte aufzufassen sind. In diesem Sinne stehen sie auch in einer festen Beziehung zur Einsicht. Dies freilich nicht in voller Reziprozität. Denn die ethischen Tugenden sind spezifisch an die Einsicht gebunden, diese aber an jene nur akzidentell. Der Gerechte ist wesentlich einsichtig, da es die Einsicht ist, die der Gerechtigkeit ihren Charakter verleiht. Der Einsichtige ist aber nicht auch gerecht im spezifischen Sinne, sondern nur allgemein, sofern er gute und edle Taten vollbringt, schlechte aber meidet.

Von den Leidenschaften und Strebungen sind die einen vornehm, die andern schlecht, die dritten mittlere. Vornehm sind Freundschaft, Dank, Entrüstung, Schamgefühl, Zuversicht, Mitleid. Schlecht sind Neid, Schadenfreude, Übermut. Mittlere sind Schmerz, Furcht, Zorn, Lust, Begierde.

Von diesen sind die einen schlechthin erstrebenswert, die andern dagegen zu umgrenzen. Jede Leidenschaft bezieht sich auf Lust und Schmerz, und darum beruhen auch die ethischen Tugenden auf ihnen.

Geldgier, Vergnügungssucht und Liebestollheit und dergleichen sind abnorme Verhaltensweisen im Bereich der Schlechtigkeit.

Die Liebe zielt bald auf Freundschaft, bald auf Vereinigung und bald auf beides. Dementsprechend ist sie bald edel, bald schlecht und bald in der Mitte.

In der Freundschaft gibt es vier verschiedene Arten: die Freundschaft unter Kameraden, diejenige unter Verwandten, unter Gastfreunden und unter Liebenden. Man kann sich fragen, ob man auch die auf Wohltaten und die auf Bewunderung aufgebaute Freundschaft dazurechnen soll. Die Freundschaft unter Kameraden entspringt aus der Gewohnheit, diejenige unter Verwandten aus der Natur, diejenige unter Gastfreunden aus dem Interesse, diejenige unter Liebenden aus der Leidenschaft, diejenige zum Wohltäter aus Dank und endlich die bewundernde Freundschaft aus dem Anblick der Macht. Alle Arten der Freundschaft verfolgen zusammengefaßt drei Ziele: das Edle, das Nützliche und das Angenehme. Denn wer immer sich zur Freundschaft entschließt, tut es aus einem dieser Gründe oder aus allen zusammen.

An der Spitze steht, wie schon bemerkt, die Freundschaft zu sich selbst; die zweite ist diejenige zu den Erzeugern. Es folgt diejenige zu den sonstigen Verwandten, Bekannten und Fernerstehenden. Darum muß man bei der Freundschaft zu sich selbst vor allem vor dem Übermaß auf der Hut sein, bei der Freundschaft zu anderen vor dem Mangel. Denn sonst verdient man im ersten Falle den Vorwurf des Egoismus, im zweiten denjenigen der Schäbigkeit.

Unter Liebenswürdigkeit (χάρις) ist dreierlei zu verstehen. Einmal das selbstlose Erweisen eines nützlichen Dienstes, dann die Vergeltung eines solchen nützlichen Dienstes und endlich die Erinnerung an einen solchen Dienst. Darum spricht man ja auch von jenen drei Göttinnen. Man redet auch von Liebenswürdigkeit im Blick und in Worten und nennt insofern den einen Menschen herzlich, den andern wohlwollend.

Der Edle wird sich immer für die tugendgemäße Lebensführung entscheiden, mag er eine führende Stellung bekleiden, zu der ihn die Umstände geführt haben, mag er in der Nähe eines Königs weilen oder Gesetze geben oder auf andere Weise politisch tätig sein. Wer nicht in eine solche Lage kommt, wird sich einer bürgerlichen Lebensform zuwenden oder der wissenschaftlichen oder der erziehenden, die in der Mitte zwischen jenen beiden steht. Grundsätzlich wird man die Vollkommenheit sowohl des handelnden wie auch des wissenschaftlichen Lebens vorziehen. Wenn es aber die Umstände nicht möglich machen, sich beidem zuzuwenden, so wird man das eine ergreifen: man wird das wissenschaftliche Leben als das höhere achten, um der Gemeinschaft willen aber das politische Handeln in Angriff nehmen.

Darum wird der Tugendhafte auch heiraten, Kinder zeugen, Politik treiben, in Selbstzucht lieben, sogar unter bestimmten Umständen, wenn auch nicht mit ausdrücklichem Willen, dem Weine nachgeben. Und allgemein wird er immer auf die Tugend bedacht sein Leben führen oder auch, falls die Notwendigkeit dazu zwingt, es verlassen, nachdem er rechtzeitig nach Brauch und landesüblichem Herkommen für seine

Bestattung gesorgt hat wie auch für alles übrige, was die Frömmigkeit den Dahingeschiedenen zu entrichten gebietet.

Es gibt drei verschiedene Lebenstypen: das Handeln (Praxis), das Forschen (Theoria) und die Mischung aus beiden. Denn die Lebensform des Genusses steht unterhalb des Niveaus des Menschen. Von den beiden übrigen steht das forschende Leben voran. Immerhin wird der Tugendhafte nach ausdrücklicher Entscheidung und nicht bloß je nach den Umständen politisch tätig sein. Die Lebensform des Handelns ist ja mit der politischen identisch.

Das vollkommene Leben ist dasjenige, das der Tugend gemäß im Bereich der naturgemäßen Dinge geführt wird. Das zweite ist dasjenige einer mittleren Verhaltensweise, die sich an das meiste und wichtigste der naturgemäßen Dinge hält. Diese beiden Lebensformen sind erstrebenswert, abzulehnen dagegen diejenige, die sich an der Schlechtigkeit orientiert.

Das glückselige Leben unterscheidet sich vom edlen Leben, sofern jenes unter allen Umständen naturgemäße Verhältnisse voraussetzt, dieses dagegen auch in naturwidrigen Verhältnissen Bestand hat. Darum ist im ersten Falle die Tugend nicht sich selbst genug, im zweiten dagegen wohl. Es gibt auch eine mittlere Lebensform, die der mittleren Verhaltensweise entspricht und worin man sich vom Schicklichen leiten läßt. Denn die vollkommenen Taten werden im tugendgemäßen Leben vollbracht, die vollkommenen Verfehlungen im Leben nach der Schlechtigkeit, doch das Schickliche im sogenannten mittleren Leben.

Nachdem dies dargelegt ist, muß auch Folgendes untersucht werden: Die ethische Tugend ist allgemein gesprochen dasjenige Verhalten, das die Mitte in Lust und Schmerz wählt und auf das Edle als Edles zielt. Die Schlechtigkeit ist der Gegensatz davon.

... *(Es folgt eine im Text zerstörte Stelle. Es beginnen Definitionen der Tugenden und zwar zunächst der dianoetischen)* ...

Die Weisheit ist die Wissenschaft der ersten Ursachen. Die Einsicht ist das Verhalten, das das Gute und Edle als Gutes und Edles plant und ausführt.

Die Tapferkeit ist das Verhalten, das sich in der Mitte von Kühnheit und Ängstlichkeit tadelfrei verhält.

Die Selbstzucht ist das Verhalten, das den Menschen beim Wählen und Meiden im Blick auf das Edle als solches tadelfrei macht.

Die Milde ist das Verhalten in der Mitte zwischen Jähzorn und Unempfindlichkeit.

Die Freigebigkeit ist die Mitte zwischen Verschwendung und Kleinlichkeit. Die Großgesinntheit ist die Mitte zwischen Aufgeblasenheit und Kleinmütigkeit. Die Großartigkeit ist die Mitte zwischen Prunksucht und Schäbigkeit. Die Entrüstung ist die Mitte zwischen Neid und Schadenfreude. Die Würde ist die Mitte zwischen Anmaßung und Gefallsucht. Das Schamgefühl ist die Mitte zwischen Schamlosigkeit und Verwirrtheit. Die Gewandtheit ist die Mitte zwischen Spaßmacherei und Eckigkeit. Die Freundschaft ist die Mitte zwischen Schmeichelei und Feindschaft. Die Aufrichtigkeit ist die Mitte zwischen Ironie und Prahlerei. Die Gerechtigkeit ist die Mitte zwischen Übermaß und Mangel, zwischen Vielem und Wenigem.

Da es noch viele andere Tugenden gibt, teils selbständige, teils den ersten untergeordnete (wie etwa der Gerechtigkeit die Frömmigkeit, Heiligkeit, Lauterkeit, Verträglichkeit und Zuverlässigkeit untergeordnet sind; der Selbstzucht die Wohlgeordnetheit, die Diszipliniertheit, die Selbstgenügsamkeit; der Tapferkeit die Beherztheit und die Arbeitsfreude), so ist es nicht unzweckmäßig, auch deren Definitionen durchzunehmen.

Die Frömmigkeit ist das Verhalten, das dem Kult der Götter und Daimones gewidmet ist, in der Mitte zwischen Gottlosigkeit und Aberglauben. Die Heiligkeit ist das Verhalten, das das Recht der Götter und der Dahingeschiedenen respektiert in der Mitte zwischen Gottesfrevel und einer entgegengesetzten Haltung, die keinen eigenen Namen hat. Die Lauterkeit ist das Verhalten, das den Menschen gerne Gutes tut und zwar eben um der Menschen willen, in der Mitte zwischen Niedrigkeit und einem Verhalten ohne eigenen Namen. Die Verträglichkeit ist das Verhalten, das den Menschen in Gesellschaft tadelfrei macht, in der Mitte zwischen Unverträglichkeit und einer Haltung ohne eigenen Namen. Die Zuverlässigkeit ist das Verhalten, das sich bei Geschäften vor jedem Unrecht hütet, in der Mitte zwischen Unzuverlässigkeit und einer Haltung ohne eigenen Namen (immerhin könnte man sie in die Nähe der Skrupulosität stellen). Die Wohlgeordnetheit ist die Haltung, die bei Bewegungen und Stellungen das Schickliche beachtet, in der Mitte zwischen Unordentlichkeit und einer Haltung ohne eigenen Namen. Die Diszipliniertheit ist das Verhalten, das auf die richtige Einordnung zielt, in der Mitte zwischen Undiszipliniertheit und einer Haltung ohne eigenen Namen. Die Selbstgenügsamkeit ist ein Verhalten, das sich in großzügiger Weise mit dem Gegebenen begnügt, in der Mitte zwischen Bettelhaftigkeit und Protzerei.

Die Beherztheit ist ein Verhalten, das im Aushalten des Schrecklichen unüberwindbar ist, in der Mitte zwischen Verzagtheit und Verwegenheit. Die Arbeitsfreude ist ein Verhalten, das sich im Bewirken des Edlen durch Mühen nicht verdrießen läßt, in der Mitte zwischen Weichlichkeit und leerer Geschäftigkeit.

Diejenige Tugend, die die Gesamtheit der ethischen Tugenden zusammenfaßt, ist die Edeltrefflichkeit (καλοκἀγαθία). Sie ist die vollkommene Tugend, die das Gute zu einem Nützlichen und Edlen macht und das Edle um seiner selbst willen erstrebt.

Nachdem nun damit die Tugenden hinreichend aufgegliedert und damit auch die meisten Hauptstücke der Ethik behandelt worden sind, ist nun über Hauswirtschaft und Staatslehre zu sprechen, da ja der Mensch von Natur ein staatenbildendes Wesen ist.

Die Basis des Staates ist die ordnungsgemäße Verbindung von Mann und Frau zur Zeugung von Kindern und zur Gemeinschaft des Lebens. Dies heißt das Haus und ist der Ursprung des Staates. So muß man zuerst davon reden.

Das Hauswesen scheint gewissermaßen ein kleiner Staat zu sein. Wenn nämlich die Familie sich wunschgemäß vermehrt, die Kinder nachwachsen und sich wieder miteinander verbinden, so entsteht ein zweites Haus und dann ein drittes und viertes, und daraus ergibt sich erst das Dorf, dann die Stadt. Denn aus einer Mehrzahl von Dörfern bildet sich die Stadt. So stellt das Haus gewissermaßen den Samen der Stadt vor und demgemäß auch der Staatsverfassung. Es findet sich am Hauswesen eine Andeutung sowohl des Königtums wie auch der Aristokratie und der Demokratie. Die Art der Gemeinschaft der Eltern zu den Kindern ist königlich; diejenige der Männer zu den Frauen aristokratisch; diejenige der Kinder untereinander demokratisch.

Das Männliche naht dem Weiblichen, weil es nach Kindern begehrt und nach dem Weiterdauern des Geschlechtes. Beide streben sie nach der Fortzeugung. Wenn sie zusammengekommen sind und als Mitarbeiter in ihrer Gemeinschaft den Sklaven dazugenommen haben, sei es den Sklaven von Natur (ein solcher ist der, der körperlich tüchtig ist zu Dienstleistungen, doch stumpfsinnig und unfähig, selbständig sein Leben zu fristen, so daß es für ihn nützlich ist, beherrscht zu werden), oder auch einen Sklaven nach dem Gesetz, so organisieren sie das Hauswesen, das besteht, sofern alles zu einem und demselben Ziele zusammentritt und alles sich um ein und dasselbe Nützliche bemüht. Die Regierung über das Hauswesen führt von Natur der Mann. Denn die planende Fähigkeit ist bei der Frau geringer, bei den Kindern noch nicht vorhanden und bei den Sklaven überhaupt nicht. Die ökonomische Einsicht, die das Hauswesen und was dazu gehört, recht zu verwalten vermag, ist eine dem Manne eigentümliche Tugend. Ihre Bereiche sind der väterliche, der eheliche, der herrschende und der finanzielle. Denn wie ein Heer des Materials, ein Staatswesen der Einkünfte und ein Handwerk der Werkzeuge bedarf, so hat auch das Haus seine Bedürfnisse, und zwar doppelter Art, teils im Blick auf das Leben überhaupt, teils im Blick auf das edle Leben. Für jene Dinge muß der Hausverwalter in erster Linie Sorge tragen, indem er entweder durch angemessene Veranstaltungen die Einkünfte vermehrt oder die Ausgaben einschränkt. Dies ist geradezu das Hauptstück der Hauswirtschaftskunst. Darum muß der Hausverwalter Erfahrung in vielen Dingen besitzen, in Landwirtschaft, Viehzucht, Bergbau, damit er erkennen kann, wo er den reichsten und gleichzeitig ehrenhaftesten Gewinn erwarten darf.

Von der Erwerbkunst steht der eine Teil höher, der andere tiefer. Höher ist diejenige, die sich naturgemäß vollzieht, niedriger diejenige auf der Ebene des Zwischenhandels. Soweit über die Hauswirtschaft.

In der Staatslehre haben wir folgende Hauptpunkte. Erstens sind die Staatswesen entstanden teils, weil der Mensch von Natur staatenbildend ist, teils um des Nutzens willen. Zweitens ist der Staat die vollkommene Gemeinschaft, und Staatsbürger ist derjenige, der an der Regierung des Gemeinwesens einen Anteil hat. Der Staat ist diejenige Summe solcher Staatsbürger, die zu einem selbstgenügsamen Leben des Ganzen ausreicht. Die Summe ist danach zu bestimmen, daß das Staatswesen weder (infolge der Größe) seinen organischen Zusammenhang verliert, noch (infolge der Kleinheit) mißachtet wird; außerdem darf an den Lebensnotwendigkeiten kein Mangel herrschen, und es muß eine hinreichende Verteidigungsmöglichkeit gegen äußere Angreifer bestehen.

Die Einsicht ist teils eine hauswirtschaftliche, teils eine gesetzgeberische, teils eine politische, teils eine militärische.

... *(Es folgt eine im Text zerstörte Stelle mit den Definitionen der einzelnen Arten dieser Einsicht)* ...

Die Regierung im Staate gehört notwendigerweise einem einzelnen oder einigen wenigen oder allen. Und zwar kann es mit jedem dieser Fälle gut oder schlecht bestellt sein. Gut, wenn die Regierenden das Gemeinwohl im Auge haben; schlecht, wenn sie nur an ihr eigenes Wohl denken. Das Schlechte ist eine Abweichung vom Richtigen. Und zwar streben das Königtum, die Aristokratie und die Demokratie nach dem Richtigen, die Tyrannis, die Oligarchie und die Ochlokratie nach dem Schlechten.

Es gibt auch eine Mischung aus den richtigen Staatsformen. Diese ist die beste Staatsform.

Die Staatsformen schlagen vielfach um, teils nach dem Besseren, teils nach dem Schlechteren. Grundsätzlich ist die beste Staatsform diejenige, die im Sinne der Tugend verwaltet wird, die schlechteste diejenige, die sich an der Schlechtigkeit orientiert.

Die Regenten, Ratsherren und Richter werden in den Demokratien aus allen genommen, entweder durch Wahl oder durch das Los. In den Oligarchien rekrutieren sie sich aus den Wohlhabenden, in den Aristokratien aus den Besten.

Revolutionen gibt es in den Staaten entweder auf Grund von Programmen oder auf Grund von Affekten: in jedem Falle dann, wenn diejenigen, die gleich sind, zwangsweise ungleich behandelt werden, oder umgekehrt. Im zweiten Falle, wenn

Ehrgeiz, Herrschsucht, Gewinnsucht oder Wohlhabenheit antreiben. Zerstört werden die Verfassungen aus zwei Ursachen, durch Gewalt oder durch Betrug. Dauerhafter sind diejenigen, die sich um das Gemeinwohl bemühen.

In jedem Staatswesen werden Gerichte, Ratsversammlungen, Volksversammlungen und Behörden auf eine eigentümliche Weise unterschieden. Die allgemeinsten Behörden sind: die Priestertümer, Heerführung, Flottenführung, Aufsicht über den Markt, die Gymnasien, die Frauen, die Kinder, die Stadtverwaltung, das Schatzamt, der Verfassungsschutz und die Handelskontrolle. Die einen beziehen sich auf die Stadt, die andern auf den Krieg, die dritten auf die Häfen und die Importe.

Die Aufgabe des Staatsmannes ist es, den Staat zu ordnen, was augenscheinlich viel schwieriger ist als ihn zu gründen; weiterhin die Menge der Menschen teils auf das Notwendige, teils auf das Edle hinzulenken. Die Handwerker, Taglöhner, Landwirte und Kaufleute befassen sich mit dem Notwendigen und sind insofern dem Staatsmanne untergeordnet. Ihnen ist überlegen das Militärische und das Beratende, weil es sich um die Tugend bemüht und am Edlen interessiert ist. Unter diesen ist es die Sache der Älteren, sich zu beraten, der besonders Vornehmen, den Göttern zu dienen, und der Jungen, im Kampfe voranzustehen. Diese Einteilung ist überaus alt, da die Ägypter sie zuerst eingeführt haben.

Es gehört ferner keineswegs zu den geringsten Aufgaben des Staatsmannes, die Tempel der Götter an den sichtbarsten Orten zu errichten. Weiterhin den Privatleuten Land teils an den Grenzen des Staates zuzuteilen, teils in der Nähe der Stadt, damit ein jeder zwei Landlose erhalte und so beide Teile des Landes unter Kontrolle bleiben.

Es ist auch nützlich, wenn der Gesetzgeber gemeinsame Mahlzeiten einrichtet und sich um die gemeinsame Erziehung der Kinder bemüht; ferner, daß im Blick auf die physische Kraft und Tüchtigkeit die Ehen weder unter zu jungen noch unter zu alten Leuten geschlossen werden. Denn in diesen beiden Fällen werden die Nachkommen unzulänglich und durchwegs schwach. Zweckmäßig sind auch Gesetze darüber, daß man nichts Invalides hochziehen, nichts Wohlausgebildetes aussetzen und auch keine Abtreibungen vornehmen darf.

Dies sind die Hauptstücke der Staatslehre.

ATTIKOS, ÜBER DEN GEGENSATZ ZWISCHEN PLATON UND ARISTOTELES

Attikos, der Verfasser des nachfolgenden Textes, ist ein Platoniker des 2. Jhd. n. Chr. Knappe zweihundert Jahre zuvor hatten sich, letztlich unter dem Einfluß der großen Stoiker Panaitios und Poseidonios, die Schule Platons wie diejenige des Aristoteles machtvoll erneuert. Im Platonismus zeigte sich dies zunächst daran, daß die Dialoge des Meisters mit neuer Aufmerksamkeit gelesen, kommentiert und zu einem umfassenden System kombiniert wurden. Beim Peripatos gab, wie schon früher dargelegt, die neue Gesamtausgabe der wissenschaftlichen Untersuchungen des Aristoteles den entscheidenden Anstoß. Damit wurde aber auch das gegenseitige Verhältnis der beiden Koryphäen zueinander neu zum Problem. In Ciceros Zeit bestand vorübergehend und noch unter späthellenistischem Einfluß die Tendenz, Platon und Aristoteles möglichst nahe aneinander zu rücken. Dann aber erfolgte ein Umschlag. Der Platonismus übernahm aus dem Gorgias, *dem* Phaidon, *dem* Theaitetos *und dem* Timaios *das hohe Pathos der Weltverachtung und der Flucht zu Gott als dem allein wahrhaft Seienden. Die Aristoteliker dagegen ließen sich dazu verführen, gerade die platonischen Elemente in der Lehre ihres Archegeten systematisch zu verleugnen. Sie legten sich fest auf weltmännische Lebensbejahung und kühle Wissenschaftlichkeit, zwei Dinge, die an sich gut aristotelisch waren, aber im 2. Jhd. n. Chr. doch – im Kampfe gegen die Platoniker hier, die Stoiker dort – in einer Weise programmatisch exklusiv durchgeführt wurden, wie sie Aristoteles selbst fremd gewesen war.*

Aus dieser Situation stammt die Kampfschrift des Attikos gegen Aristoteles. Wir kennen sie nur in einer Reihe größerer Bruchstücke, die uns dadurch erhalten sind, daß der recht belesene christliche Bischof und Literat Eusebios von Caesarea die Schrift heranzog, um mit ihrer Hilfe die innere Hohlheit der aristotelischen Philosophie ins rechte Licht zu setzen und sie nicht allein mit dem Platonismus, sondern auch mit der alttestamentlichen Überlieferung zu konfrontieren.

Attikos schreibt nicht schlecht: klar, gewandt, vielseitig belesen und mit einem Temperament, das man sich gerne gefallen läßt, auch wenn es zuweilen zu billigen Vergleichen und Apostrophierungen greift. Er kennt Platon und Aristoteles gut. Die Vorwürfe, die er Aristoteles macht, sind boshaft formuliert, aber gut gezielt und vom Standpunkt eines (zuweilen ganz leicht stoisch beeinflußten) Platonikers her durchaus begreiflich.

Der erste erhaltene Abschnitt betrifft die Güterlehre. Die These des Gorgias, *daß Gerechtigkeit und Tugend allein glückselig zu machen vermögen, wird gegen die aristotelische Lehre von der Dreiheit der Güter ausgespielt. Schon den Stoikern, die in Ciceros philosophischen Dialogen zu Worte kommen, war diese Lehre mehr als irgendeine andere des Peripatos skandalös und verächtlich gewesen.*

Der zweite Hauptpunkt betrifft die Lehre von der Vorsehung. Sie ist von Hause aus in ihrer klassischen Prägung unzweifelhaft stoisch, wird aber von Attikos nicht ganz zu Unrecht, aber doch etwas verwegen auch für Platon in Anspruch genommen. Bei Aristoteles gibt es eine solche Vorsehung dagegen ganz bestimmt nicht. Die bewegende Wirkung der Gottheit erstreckt sich zwar auf den gesamten Bereich der Gestirne, endet aber mit dem Monde. Diesseits des Mondes haben wir die Welt der vier Elemente, die unaufhörlich ineinander übergehen, der Natur, die zwar alles aufs zweckmäßigste einrichten möchte, aber es längst nicht überall vermag, und endlich des menschlichen Wollens, das immer damit rechnen muß, daß es anders herauskommt, als man geplant hat. Der Gegensatz zwischen den beiden Regionen ist also außerordentlich stark, und Attikos hat durchaus nicht unrecht, wenn er behauptet, Aristoteles behandle die sublunare Welt nicht anders als Epikur die ganze Welt: als einen Bezirk, aus dem das göttliche Walten völlig ausgeschaltet sei.

Der dritte Punkt hängt mit dem zweiten eng zusammen. Er betrifft die schwierige und in der Antike sehr oft diskutierte Frage, ob der Kosmos ewig oder geworden sei. Für Aristoteles ist er ewig, nicht nur, weil der Kreiskörper, der die supralunare Welt beherrscht, ewig kreist und göttlich ist, sondern auch weil einer Herstellung der Weltordnung durch die Gottheit die ernstlichsten theologischen Bedenken entgegentreten. Denn wenn Gott in einem bestimmten Augenblick sich zu diesem Tun entschloß, so impliziert dies eine Veränderung in seinem Wollen, die unabsehbare Konsequenzen nach sich zieht. Der Platoniker läßt dagegen Gott die Weltordnung schaffen als eine Manifestation seiner Allmacht, seiner Güte und seiner Vorsehung. Attikos faßt die Lehre des Aristoteles geradezu als Versuch auf, Gottes Allmacht zu leugnen.

In einem vierten Abschnitt greift Attikos die Doktrin vom Kreiskörper an, den er wie alle antiken Aristotelesexegeten das fünfte Element nennt, wogegen die aristotelische Schrift Über den Himmel *es angemessener (so scheint es uns) als das erste Element bezeichnet, und der fünfte Abschnitt befaßt sich mit den aufs engste mit jener Doktrin verbundenen astronomischen Theorien.*

Von besonderem Interesse ist sodann der sechste Abschnitt, der sich mit der Seelenlehre des Aristoteles auseinandersetzt. Sie ist ohne Zweifel so etwas wie der neuralgische Punkt in der Philosophie des Aristoteles: nicht bloß, weil der nach Haltung und Doktrin dem platonischen Phaidon *recht nahestehende Dialog* Eudemos *keinerlei Rückhalt an der Psychologie des uns erhaltenen Corpus Aristotelicum zu besitzen scheint; sondern auch die Psychologie der Schrift* Über die Seele *selbst und was in andern Texten zu ihr gehört, ergibt kein klares oder einheitliches Bild. Wir erfahren viel über die Seele als Prinzip des Lebens bei Pflanze, Tier und Mensch, wenig über die Seele als Ort der ethischen Entscheidung und noch weniger über den Geist, der dem Ewigen zugewandt, «von außen» in den Körper eintritt. Aber woher er eigentlich kommt und wohin er geht und wie er sich zu dem verhält, was sonst Seele heißt, wird uns nicht gesagt. Es fehlt also da dem Platoniker nicht an Angriffsflächen, und Attikos hat seine Möglichkeiten kräftig aus-*

genützt. Wir wissen, beiläufig gesagt, auch, daß gerade dieser Problemkreis sogar den peripatetischen Zeitgenossen des Attikos viel zu schaffen gemacht hat.

Der siebente und letzte Abschnitt handelt von der Ideenlehre. Doch da hat Eusebios anscheinend nur noch einen Teil abgeschrieben. Mitgeteilt wird uns als Einleitung ein fulminanter, aber sehr allgemein gehaltener Angriff des Attikos auf Aristoteles, dann eine Skizze der platonischen Ideenlehre selbst, nach deren Abschluß wir eine detaillierte Auseinandersetzung mit den aristotelischen Einwänden erwarten, die aber nicht mehr vorhanden ist. Man könnte sich vorstellen, daß diese Auseinandersetzung so tief in logische und ontologische Einzelfragen eintrat, daß es Eusebios, der kein großer Philosoph war, einfach überdrüssig wurde, diese kniffligen Dinge auch noch mitabzuschreiben.

Was er aber abgeschrieben und damit erhalten hat, ist eines der gehalt- und temperamentvollsten Stücke Polemik der spätern Antike.

Übersetzt wird Euseb. Praep. Ev. XV 3,1–9,14 und 12,1–13,6 ed. K. Mras (1956); in der Forschung ist der Text bis heute so gut wie unbeachtet geblieben.

Moses und die Propheten der Hebräer haben das Wesen des glückseligen Lebens in der Erkenntnis des Gottes des Alls sowie in der Liebe zu ihm, die sich in der Frömmigkeit erfüllt, gesehen, und haben ferner gelehrt, die wahre Frömmigkeit bestehe darin, daß man Gott in jeder Tugend wohlgefällig sei (denn dies sei die Ursache alles Guten; denn bei Gott allein stehe Alles und von ihm her werde Alles denjenigen, die ihn lieben, zur Verfügung gestellt). Platons Definitionen stimmen damit überein, und als Inbegriff der Glückseligkeit bezeichnet er die Tugend. Aristoteles dagegen schlägt einen andern Weg ein und erklärt, man könne auf keine andere Weise glückselig werden, als wenn man auch das Wohlergehen des Leibes und die Fülle der äußeren Güter dazunehme; ohne sie nütze auch die Tugend nichts.

Wie sich gegen ihn die Freunde Platons zur Wehr setzten und seine irrige Meinung widerlegten, läßt sich aus dem Nachfolgenden entnehmen.

1. Die Philosophie im ganzen beansprucht nach der übereinstimmenden Ansicht der Philosophen die menschliche Glückseligkeit zu vermitteln, und zwar wird sie in drei Teile gegliedert gemäß den Dingen, die sie im ganzen hervorbringt. In diesen Punkten ist nun aber der Peripatetiker offensichtlich so weit davon entfernt, in seiner Lehre mit Platon übereinzustimmen, daß er unter den vielen, die gegen Platon streiten, derjenige zu sein scheint, der ihm am stärksten entgegengesetzt ist.

Erstens ist er in der allgemeinsten, größten und entscheidendsten Frage von Platon abgewichen. Er hat nicht das rechte Maß der Glückseligkeit festgehalten und nicht zugegeben, daß die Tugend die Glückseligkeit für sich allein hervorzubringen vermöge; er hat vielmehr die Fähigkeit der Tugend reduziert und die Meinung vertreten, sie bedürfe der Glücksgüter, um mit diesen zusammen zur Glückseligkeit zu gelangen. Wird die Tugend für sich allein genommen, so sei, wie er tadelnd erklärt, die Glückseligkeit weder zu verwirklichen noch zu erlangen.

Es ist hier nicht der Ort zu zeigen, wie sein Denken in diesem wie in den andern Punkten niedrig und verfehlt ist. Das eine scheint mir jedoch klar zu sein, daß das Ziel der Philosophie und die Glückseligkeit bei Aristoteles mit demjenigen bei Platon weder gleich noch identisch ist. Der eine ruft und verkündigt immer wieder, daß der Gerechteste auch der Glückseligste sei; der andere dagegen gestattet der Glückseligkeit nicht, der Tugend nachzufolgen, wenn nicht auch edle Geburt und Schönheit dabei sind, ja sogar Gold. «Wer aber sogar mit Gold geschmückt in den Krieg zieht wie ein Mädchen», der hat offenbar eine ganz abweichende Auffassung nicht bloß vom Ziel des Lebens, sondern auch von der Philosophie, die auf dieses Ziel hinführt. Wer nämlich auf einem einzigen Weg dahinschreitet, der seiner Art nach nur auf Geringes und Unansehnliches hinführen kann, ist gar nicht in der Lage, zu Größerem und zu dem in der Höhe Liegenden zu gelangen. «Siehst du dort jenen hohen Felsen, steil und drohend, auf dem er sitzt, gelassen den Kampf erwartend?» Auf diesen Felsen vermag das schlaue und verschlagene Tier niemals hinaufzugelangen. Nur dann kann der Fuchs auf die Jungen des Adlers stoßen, wenn entweder diese infolge eines üblen Mißgeschicks auf die Erde hinunterfallen und ihre Eltern verloren haben, oder wenn ihm selbst seiner Natur zum Trotz «im Kreis herum leichte Federn wachsen» und er sich dann von der Erde erheben und zum hohen Felsen fliegen kann. Solange aber jedes von beiden an dem ihm naturgemäßen Orte bleibt, gibt es keine Gemeinschaft zwischen den Wesen der Erde und denjenigen des Himmels.

Etwas später fährt Attikos fort:

Da die Dinge sich nun so verhalten und Platon sich bemüht, die Seelen der jungen Leute irgendwie zum Göttlichen hinaufzuziehen, und er sie auf diese Weise vertraut macht mit der Tugend und dem Edlen und sie davon überzeugt, daß sie alles andere verachten müssen, so sage mir nun, Peripatetiker, wie willst du diese Dinge lehren? Wie willst du die Freunde Platons zu ihnen hinführen? Wo findet sich in deiner Doktrin jene Erhabenheit der Gedanken, die dem Hörer erlauben würde, zuversichtlich zu sein wie die Aloaden und den Weg zum Himmel zu suchen? Jene glaubten ihn gewinnen zu können, indem sie Berge auf Berge türmten, in Wirklichkeit aber besteht er, wie Platon sagt, in der Preisgabe der menschlichen Geschäfte. Wo vermagst du den jungen Leuten zu diesem Ziel zu verhelfen? Wo sind bei dir die Gedanken, die an der Seite der Tugend streiten? In welchen Büchern des Aristoteles sind sie zu finden? Und in welchen Büchern seiner Schüler? In welchen Aufzeichnungen? Ich erlaube dir sogar, etwas zu erfinden, wenn du willst – wenn es nur etwas Tapferes ist. Aber du weißt selber nichts, und auch keiner der Koryphäen der Schule würde dich dazu ermächtigen.

Die einschlägigen Untersuchungen des Aristoteles, die Eudemische, die Nikomachische und die Große Ethik, wie sie betitelt sind, reden dürftig, spießbürgerlich und banal über die Tugend und gerade das, was auch ein ungebildeter Laie, ein junger Mensch oder eine Frau sagen würden.

Denn das Diadem (um es so zu sagen) und das königliche Zepter, das die Tugend von Zeus als einen unverlierbaren Besitz erhalten hat – denn «unwiderruflich ist, was er mit dem Nicken des Hauptes zugesagt hat» –, das wagen sie ihr zu entreißen. Denn sie erlauben ihr nicht, die Menschen glückselig zu machen, sondern stellen sie auf dieselbe Ebene wie den Reichtum, das Ansehen, die Vornehmheit, die Gesundheit und die Schönheit, und was sonst alles auch der Schlechtigkeit eigen sein kann. «Wie nämlich der Besitz jedes dieser Güter ohne die Tugend für sich allein nicht genügt, um den Besitzer glückselig zu nennen, in demselben Sinne ist auch die Tugend für sich allein ohne jene nicht ausreichend, um ihren Besitzer glückselig zu machen.» Wird denn nicht auf diese Weise der Rang der Tugend heruntergerissen und zerstört? Sicherlich. Sie erwidern indessen, die Tugend sei den andern Gütern weit überlegen. Was bedeutet nun dies? Auch die Gesundheit ist dem Reichtum überlegen; dennoch bleibt es dabei, daß jedes dieser Güter ohne die übrigen zur Glückseligkeit nicht ausreicht. Wer immer in der Seele selbst die Gesamtheit der menschlichen Güter suchen möchte und nun von einem Vertreter solcher Anschauungen und eines solchen Systems belehrt wird, wird hören, daß der nicht glückselig ist, der auf das Folterrad gebunden wird und daß derjenige, der Schicksale gleich denen des Priamos erleidet, unmöglich glücklich und selig zu sein vermag. Dabei ist es keineswegs ausgeschlossen, daß derjenige, der die Tugend besitzt, in dergleichen Dinge hineingerät.

Daraus ergibt sich, daß die Glückseligkeit durchaus nicht immer mit dem Besitz der Tugend verbunden ist; und wenn dies auch einmal vorkommt, so doch nicht auf die Dauer.

«Der Wind schüttet die Blätter auf den Boden hin, doch neue Blätter läßt das frische Holz sprießen. So ist es mit dem Geschlecht der Menschen: das eine sprießt, das andere fällt ab.» Aber auch dies Gleichnis, Dichter, ist noch zu gering und zu zaghaft. «Die Frühlingszeit kommt wieder heran» – aber lange ist die Zeit, in der kein Frühling ist. Wenn du dir genau das Gefährdete und Ungesunde des Menschengeschlechtes vergegenwärtigen willst, dann vergleiche es mit der aristotelischen Glückseligkeit. Noch schneller als die Blätter sprießt sie und fällt wieder ab und wartet schon gar nicht den Ablauf des Jahres ab: nicht in demselben Jahr, nicht in demselben Monat, sondern an einem Tage und zu einer Stunde entsteht sie und geht wieder zugrunde. Denn Vieles ist es, was sie zugrunde richtet, und alles durch äußeres Schicksal: es gibt die Gefährdungen des Körpers in unendlicher Zahl, es gibt Armut, Schande und dergleichen. Die liebe Tugend aber ist nicht selbstgenügsam genug, um diese Gefahren abzuwehren. Sie ist zu schwach, um die Unseligkeit fernzuhalten und die Glückseligkeit zu bewahren. Wer nun in solchen Anschauungen aufgewachsen ist und sich mit solchen Lehren begnügt, wie wird er mit den Lehren Platons übereinstimmen oder andere zur Annahme dieser Lehren bestärken können? Undenkbar ist, daß, wer von jenen Dingen ausgeht, sich Platons Heraklesgleiche und göttliche Überzeugungen aneignen wird, jene nämlich, daß die Tugend eine kräftige und überaus edle Sache ist und daß sie niemals weder der Glückseligkeit entbehrt noch ihrer beraubt wird: selbst wenn die Armut, die Krankheit, die Schande, die Folter, das Pech und das Kreuz und alles, was man in den Tragödien sieht, auf einmal auf den Gerechten herniederstürzen, wird er dennoch glücklich und selig bleiben.

So läßt denn Platon den Herold mit der gewaltigen Stimme den Gerechten ausrufen wie einen Wettkämpfer, der den Sieg errungen hat, und verkünden, daß der Gerechteste der Glückseligste ist, jener, der gerade von der Gerechtigkeit die Frucht der Glückseligkeit pflückt.

Distinguiere nun, wenn du willst, und variiere, indem du die Güter dreifach, vierfach und mehrfach aufteilst. Mit dem vorliegenden Problem hat dies nichts zu tun. Denn nicht mit der Hilfe von Einteilungen wirst du uns Platon näherbringen. Was kommt es darauf an, wenn von den Gütern, wie du sagst, die einen ehrwürdig sind, wie die Götter, die andern lobenswert, wie die Tugenden, wieder andere Fähigkeiten, wie der Reichtum und die körperliche Kraft, wieder andere nützlich, wie die Pflege der Gesundheit? Und wenn du diese Dinge in einer knappern Einteilung zusammenziehst und erklärst, von den Gütern seien die einen Ziele und die andern nicht? Ziele nennst du das, um dessentwillen das andere ergriffen wird, und Nicht-Ziele das, was um des andern willen ergriffen wird. Oder was nützt es, wenn einer lernt, daß die einen Güter schlechthin Güter sind, die andern dagegen nicht in allen Fällen? Oder daß es Güter der Seele, des Körpers und der äußeren Umstände gibt? Oder weiterhin, daß von den Gütern die einen Fähigkeiten sind, die andern Dispositionen und Verhaltensweisen, wieder andere Tätigkeiten, andere Ziele, andere Materialien und andere Werkzeuge? Und wenn einer bei dir lernt, das Gute nach den zehn Kategorien zehnfach aufzugliedern, was gehen diese Theorien die Lehre Platons an? Solange du die Dinge der Tugend (sei es im Sinne der Homonymie, sei es wie du willst) zwar Güter nennst, anderes jedoch als zur Glückseligkeit unentbehrlich hinzunimmst und die Tugend so ihrer Selbstgenügsamkeit beraubst, während Platon das übrige bloß als ein Zusätzliches sucht und die Fülle der Glückseligkeit in der Tugend allein besitzt, so lange wird es zwischen euch in diesem Punkte keine Gemeinschaft geben. Denn anders wird deine Rede sein als diejenige Platons.

«So wie es zwischen Löwen und Menschen keine verläßlichen Verträge gibt, und Wölfe und Lämmer keinen einträchtigen Sinn haben», so wird es auch zwischen Platon und Aristoteles keine Freundschaft geben hinsichtlich der höchsten und wesentlichsten Frage nach der Glückseligkeit. Auch wenn sie nicht geradezu Feinde sind, so ist es doch ganz klar, daß sie in den hierher gehörenden Untersuchungen die entgegengesetzten Ansichten haben.

Weiterhin haben Moses und die Propheten der Hebräer und darin mit ihnen übereinstimmend auch Platon die Lehre von der Vorsehung über das All mit trefflichem Urteil ausgearbeitet, während Aristoteles das Göttliche nur bis zum Monde herunterreichen läßt und die übrigen Teile des Kosmos aus der Verwaltung durch Gott ausschließt. In diesem Punkte wird er von demselben Autor in folgenden Ausführungen widerlegt.

2. Unter den Dingen, die zur Glückseligkeit beitragen, ist das bedeutendste und wichtigste der Glaube an die Vorsehung, der ja vor allem das menschliche Leben auf die gerade Bahn führt, wenn wir nämlich nicht unwissend darüber verbleiben, «ob das Geschlecht der irdischen Menschen auf gerechtem Wege zur hohen Zinne hinaufsteigt oder mit krummem Betrug».

Platon bezieht alles auf Gott und läßt alles von ihm ausgehen. Denn er sagt, daß Gott Anfang, Mitte und Ende der seienden

Dinge innehat und auf geradem Wege alles vollendet, im Kreise herumwandelnd. Anderswo wiederum sagt er, Gott sei gut, und das Gute kenne keinerlei Mißgunst in irgendeiner Sache; frei von Mißgunst also mache Gott alles gut, indem er es aus der Unordnung in die Ordnung hinüberführe. Und da er für alles sorge und alles nach Kräften ausstatte, so kümmere er sich auch um die Menschen.

Und wenig später heißt es:

Soweit also Platon. Wer aber diese göttliche Natur beiseite schafft, die Hoffnung der Seele auf das Künftige abschneidet und für das gegenwärtige Leben die geziemende Furcht vor den Göttern beseitigt, was hat er für eine Gemeinschaft mit Platon? Wie kann er zu demselben Ziel hinlenken, das Platon im Sinne hat oder das von Platon Gesagte bekräftigen? Man könnte ganz im Gegenteil meinen, er sei ein Helfer und Komplize derer, die unrecht tun wollen. Denn jeder, der ein Mensch ist und als solcher menschlichen Strebungen unterworfen, und der nun die Götter verachtet und meint, sie gingen ihn nichts an, da er sein Leben in weiter Entfernung von ihnen zubringt und nach dem Tode überhaupt nicht mehr existiert, wird wohl bedenkenlos daran gehen, seine Leidenschaften zu befriedigen. Man kann ja durchaus damit rechnen, daß eine unrechte Tat verborgen bleiben wird, falls es sich nur darum handelt, vor den Menschen verborgen zu bleiben. Und falls gar einer der Übeltäter selbst über die nötige Macht verfügt, so ist es nicht einmal unter allen Umständen notwendig, die Tat vorborgen zu halten. So ist denn das Leugnen der Vorsehung ein willkommener Ansporn zur Ungerechtigkeit.

Jener freilich, der wackere Mann, hält uns zunächst die Lust vor Augen als ein Gut, sorgt dann dafür, daß wir uns vor den Göttern nicht zu fürchten brauchen und meint schließlich dennoch, er habe ein Mittel zur Verhinderung des Unrechts. Er handelt wie ein Arzt, der es versäumt hat, dem Kranken beizustehen, solange er noch lebte, und sich nun nach dem Tode des Kranken irgendwelche Kunstgriffe auszudenken sucht, um den Toten zu retten. Genau so macht es nämlich der Peripatetiker. Denn nicht so sehr die Bemühung um die Lust wie vor allem der Zweifel an der göttlichen Fürsorge stärkt das Unrecht. Doch nun wird man einwenden: Stellst du wirklich Aristoteles und Epikur auf dieselbe Ebene? Gewiß, mindestens, was das vorliegende Problem angeht. Denn was macht es uns für einen Unterschied, ob wir das Göttliche überhaupt aus dem Kosmos aussiedeln und uns keine Gemeinschaft mit ihm mehr übriglassen oder ob wir die Götter im Kosmos so absperren, daß sie mit den Dingen der Erde keinen Kontakt mehr haben? In beiden Fällen kümmern sich die Götter nicht um die Menschen, und in beiden Fällen haben die Übeltäter von den Göttern nichts zu fürchten. Daß wir, während sie im Himmel bleiben, dennoch einen Nutzen davontragen, dies haben wird durchaus gemein mit den vernunftlosen und den unbelebten Dingen, und auf diese Weise gibt es auch nach Epikurs Lehre eine Förderung der Menschen seitens der Götter. Die Epikureer lehren ja, daß die besseren Abflüsse, die von den Göttern ausgehen, denen, die an ihnen teilhaben, die Ursache von großen Gütern sind. Indessen kann man vernünftigerweise weder die eine noch die andere Lehre auf das Konto der Vorsehung setzen. Wenn nun nach Epikur der Gedanke der Vorsehung dahinfällt, obschon nach seiner Anschauung die Götter sich mit der größten Sorgfalt um die Bewahrung ihrer eigenen Güter bemühen, so dürfte auch nach Aristoteles die Vorsehung dahinfallen, auch wenn die Dinge im Himmel in einer gewissen Ordnung und Schönheit verwaltet werden. Denn wir suchen eine Vorsehung, die uns zugute kommt; bei dem, der nicht zugesteht, daß die Daimones, die Heroen und überhaupt die Seelen überdauern können, ist sie nicht zu finden.

Nach meinem Urteil hat Epikur in einem Punkte sogar noch mehr Schamgefühl bewiesen. Wie wenn er sich nämlich klar gewesen wäre, daß er die Götter an der Fürsorge für die Menschen nicht hindern könne, solange sie in einer und derselben Welt lebten, verbannte er sie gewissermaßen in die Fremde und siedelte sie irgendwo außerhalb der Welt an. Durch die Entfernung und die Aufhebung der Gemeinschaft mit allen andern Wesen entlastete er sie vom Vorwurf, menschenfeindlich zu sein. Unser genialer Erforscher der Natur und scharfsinniger Kenner der göttlichen Dinge dagegen stellt den Göttern die menschlichen Angelegenheiten unmittelbar vor Augen und läßt es dabei, daß diese ohne Fürsorge und Planung ablaufen und von der Natur und nicht vom Willen der Götter verwaltet werden.

So kann er mit Recht nicht einmal jenem Vorwurf entgehen, den einige gegen Epikur andeuten, er habe nämlich gar nicht aus Überzeugung, sondern aus Furcht vor den Leuten den Göttern einen Raum im All zugeteilt wie einen Sitzplatz im Theater. Als Symptom für eine solche Einstellung Epikurs führt man an, er habe ihnen jede Aktivität uns gegenüber weggenommen, obschon diese Aktivität der einzige zuverlässige Hinweis auf die Existenz der Götter sein würde. Genau dasselbe macht auch Aristoteles. Er entfernt die Götter und überläßt es ausschließlich unsern Augen, die Wahrheit festzustellen, einem dürftigen Hilfsmittel, wo es sich um solche Entfernungen handelt; es könnte also wohl sein, daß auch er aus bloßer Menschenfurcht erklärt, es gebe dort oben Götter. Denn außerhalb des Kosmos existiert bei ihm nichts, und in die Dinge auf der Erde läßt er die Götter auch nicht eingreifen, so daß er zwangsläufig entweder sich als vollständigen Atheisten bekennen oder wenigstens den Eindruck erwecken muß, er scheine an den Göttern festzuhalten, indem er sie irgendwo in die Höhe hin aussiedelt. Wer aber die genaue Erfassung der

Götter durch ihre Isolierung unmöglich macht, der scheint auf eine elegante Weise überhaupt nicht an Götter zu glauben.

So also argumentiert Attikos gegen das Unternehmen des Aristoteles, die Lehre von der Vorsehung zu ruinieren. Weiterhin wendet er sich aber auch gegen die Absicht des Aristoteles, die Gewordenheit des Kosmos zu bestreiten. Wiederum nämlich ist es Moses, der den Kosmos als geworden erklärt und Gott als Schöpfer und Verfertiger über das All stellt, und wiederum stimmt Platon mit ihm überein, wogegen Aristoteles auch darin den entgegengesetzten Weg einschlägt und nun von dem schon erwähnten Schriftsteller wörtlich in folgender Weise widerlegt wird.

3. Wie Platon nun nach dem Ursprung des Kosmos forschte und es für notwendig hielt, den großen und vielfach fördernden Gedanken der Vorsehung überall aufzusuchen, und sich überlegte, daß ein Ungewordenes weder eines Schöpfers bedürfe noch eines Betreuers, damit es auf schöne Weise entstehe, da entzog er dem Kosmos die Ungewordenheit, um ihn nicht der Vorsehung berauben zu müssen. Freilich bitten wir an diesem Punkte unsere Schulgenossen, die der Meinung sind, auch bei Platon sei der Kosmos ungeworden, uns keine Schwierigkeiten zu bereiten. Wir dürfen Nachsicht von ihnen fordern, wenn wir uns hinsichtlich der Lehre Platons auf die Worte verlassen, die er selbst als Grieche zu uns Griechen in klarer und verständlicher Sprache geredet hat: «Gott nahm alles, was immer sichtbar war und das nicht Ruhe hielt, sondern sich in Disharmonie und Unordnung bewegte, und führte es aus der Ungeordnetheit in die Ordnung in der Meinung, daß diese unter allen Umständen besser sei als jene.» Und daß er nicht in Rätseln spricht und vom Werden des Kosmos nicht bloß aus Gründen der Anschaulichkeit redet, zeigt er noch deutlicher in den Worten, die bei ihm der Vater

aller Dinge nach der Verfertigung des Alls eben darüber sagt: «Da ihr nun entstanden seid (er spricht zu den Göttern), so seid ihr nicht unsterblich und nicht schlechthin unauflösbar; doch ihr werdet nicht aufgelöst werden, da dies mein Wille ist.» Aber, wie ich schon sagte, mit den Schulgenossen, die da ihre Stimme erheben, könnten wir uns, da sie Freunde sind, in Freundschaft und mit einer ruhigen und milden Widerlegung auseinandersetzen. Sie scheinen in der Tat unter dem Einfluß des Aristoteles ihre Meinung geändert zu haben, unfähig, seinem Angriff auf die Lehre Widerstand zu leisten; sie wollten nicht Platon eine Meinung zuschreiben, die als Irrtum erwiesen schien. Nach unserer Auffassung dagegen ist Platon überzeugt, daß der Kosmos geworden ist als das vollkommenste Werk des vollkommensten Verfertigers; er schreibt dem Schöpfer des Alls die Macht zu, den Kosmos, der zuvor nicht existierte, hervorzubringen. Und nachdem er ihn gemacht hat, wird er ihn seinem Willen gemäß für alle Zeiten bewahren. So ist denn nach seiner Annahme der Kosmos sowohl geworden wie auch unvergänglich. Welcher der Peripatetiker kann uns dies nachweisen?

Wer in diesem Punkte unser Mitstreiter ist, muß sich klarmachen, daß das, was entstanden ist, nicht notwendig auch untergehen muß und ebenso, daß, was nicht untergehen wird, nicht notwendig auch unentstanden ist. Es braucht nämlich nicht bloß eine Ursache der Unvergänglichkeit, nämlich die Unentstandenheit zu geben, und was geworden ist, braucht nicht rettungslos seinem Untergang entgegenzugehen. Woher aber können wir im Werke des Aristoteles Hilfe in dieser Sache holen? Er führt ja seine einschlägige Untersuchung weder beiläufig noch für sich allein, sondern tritt geradewegs Platon gegenüber und erklärt, das Gewordene gehe zwangsläufig unter, und das Unvergängliche bewahre seine Unzerstörbarkeit nur dadurch, daß es auch unentstanden sei; er läßt Gott nicht einmal die Fähigkeit, die ihm ermöglicht, etwas Gutes zu schaffen. Denn, was nicht zuvor schon geworden ist, das kann auch in Zukunft nicht werden, behauptet er.

Er ist so weit davon entfernt, in diesen Dingen Platons Lehre zu unterstützen, daß er sogar einige, die sich um Platon bemüht hatten, durch seine Darlegungen in Furcht versetzte und sie von Platons Anschauung abwendig machte. Sie vermochten nicht einzusehen, daß man sich auf Grund der Natur der Dinge selbst und ohne den Willen und die Fähigkeit Gottes allerdings nicht vorstellen kann, daß ein Gewordenes unvergänglich sein könnte oder ein Unzerstörbares geworden. Wenn man aber die vollkommenste der Ursachen, diejenige, die von Gott her kommt, dazu nimmt, so muß man sie zur Leiterin von Allem machen; es geht nicht an, sie den übrigen Ursachen hintanzustellen. Denn es wäre lächerlich, daß etwas unterginge, weil es geworden ist, daß es aber nicht vom Untergang bewahrt bleiben könnte, wenn Gott dies will; ebenso, daß etwas die Kraft hätte, nicht unterzugehen, weil es ungeworden ist, daß aber der Wille Gottes unzulänglich sei, um etwas Gewordenes unvergänglich zu bewahren. Der Baumeister ist fähig, ein Haus zu errichten, das zuvor nicht bestand, ein anderer, eine Statue zu verfertigen, die vorher nicht existierte. Ein dritter zimmert aus rohem Holz ein Schiff und übergibt es denen, die es brauchen, und so hat auch von den andern Handwerkern ein jeder, der eine produktive Kunst ausübt, eben diese Fähigkeit, ein zuvor Nichtseiendes in das Sein herüberzuführen. Doch der König des Alls und der vollkommenste Handwerker soll nicht einmal so viel vermögen wie ein menschlicher Handwerker und soll an keinem Werden Anteil haben? Gewiß nicht, wenn wir auch nur einigermaßen begreifen, was die göttliche Ursache ist.

Oder soll Gott fähig sein, das Vollkommene zu verfertigen und zu wollen («denn er ist gut, und der Gute kennt keinerlei

Mißgunst»), dagegen nicht in der Lage, das Gewordene zu bewahren und zu behüten? Aber auch die andern Handwerker sind zu beidem fähig. Der Baumeister und der Schiffszimmermann verfertigen nicht bloß neue Schiffe und Häuser, sondern sie können auch diejenigen flicken, die im Laufe der Zeit beschädigt wurden, und vermögen die abgenutzten Teile zu ersetzen. Unter allen Umständen also muß man dies auch Gott zugestehen. Denn was einer als Ganzes zu verfertigen fähig ist, wie sollte er unfähig sein, davon einen Teil zu machen?

Und es muß etwas Neues entstehen, wenn einer überhaupt ein Schöpfer sein soll, und es muß das schön gefertigte Werk allem gegenüber bewahrt werden. Denn was schön zustande gekommen ist, wieder auflösen zu wollen, ist schlecht. Das Entstandene aber kann nicht besser bewahrt und gebunden werden als durch den Willen Gottes. Vieles, an dem das Bemühen und das Wollen des Menschen beteiligt ist, Länder, Städte und Bauwerke überdauern eine unvorstellbar lange Zeit, während ihre Schöpfer längst nicht mehr existieren: und da soll das, was an der Absicht Gottes teilhat und wegen ihm und durch ihn entstanden ist, dahinschwinden und nicht dauern, obwohl der Schöpfer dauernd gegenwärtig ist? Aus welcher Ursache könnte denn der Absicht Gottes Gewalt angetan werden? Etwa durch die Notwendigkeit, die aus dem Gewordenen selbst entsteht? Doch sie hat gerade dadurch, daß sie sich ordnen ließ, zugestanden, daß Gott stärker ist als sie. Oder gibt es eine von außen kommende Ursache, die Gott Widerstand leistet? Aber es gibt dies nicht, und daß es in dem Bereich, in welchem Gott herrschend und ordnend schon gewaltet hat, etwas gäbe, dem er nachstünde, ist durchaus unangemessen, es sei denn, daß wir in unseren Erwägungen hinsichtlich der größten und göttlichsten Macht völlig in die Irre gingen. Doch scheint es vielmehr so zu sein, daß unsere eigene Neigung uns dorthin führt, wo die Wahrheit ist.

Es ist also klar, was wir gleich am Anfang behauptet haben, daß diejenigen uns über das Werden des Kosmos nicht belehren können, die ihm überhaupt kein Entstehen zubilligen.

Endlich ist nun auch hinsichtlich des fünften Elementes unter den Körpern folgender Abschnitt mitzuteilen:

4. Was nun die sogenannten Elemente angeht, aus denen primär die Körper aufgebaut sind, so hat Platon ebenso wie die Früheren sich an den evidenten Tatbestand gehalten und gelehrt, es gebe die vier anerkannten Elemente Feuer, Erde, Luft und Wasser, und daß aus deren Zusammensetzungen und Wandlungen alles übrige entstünde. Aristoteles scheint dagegen gehofft zu haben, er würde als ein ungewöhnlicher Denker gelten, wenn er noch einen ungewöhnlichen Körper beigäbe; er zählte also zu den sichtbaren vier Körpern die fünfte Wesenheit dazu. Höchst großartig und freigebig ging er also mit der Natur um, ohne zu bedenken, daß der Naturforscher nicht Gesetze geben soll, sondern die von der Natur gegebenen Tatsachen festzustellen hat.

Zu dem bei den Platonikern gebräuchlichen Beweis, daß die elementaren körperlichen Naturen vier an der Zahl sind, vermag also der Peripatetiker nicht bloß nichts beizutragen, er wird vielmehr so ziemlich der einzige sein, der ihm widerspricht. Wir nämlich behaupten, daß jeder Körper entweder warm oder kalt, trocken oder feucht, weich oder spröde, leicht oder schwer, dünn oder dicht sei und stellen fest, daß an diesen Qualitäten nichts anderes teilhaben kann als jene vier. Ist etwas warm, so ist es Feuer oder Luft, ist es kalt, dann ist es Wasser oder Erde; ist etwas trocken, so handelt es sich um Feuer oder Erde, feucht, um Wasser oder Luft. Das Weiche ist Luft oder Feuer, das Spröde Wasser oder Erde. Leicht und dünn sind Feuer und Luft, schwer und dicht Wasser und Erde. Ebenso folgern wir aus allen andern einfachen Eigenschaften, daß es neben den vier keinen weitern Körper geben kann. Aristoteles allein widerspricht und behauptet, es könne einen Körper geben, frei von allen körperlichen Eigenschaften, also weder schwer noch leicht, noch weich, spröde, feucht oder trocken, also einen Körper, der gar kein Körper ist. Er hat ihm bloß den Namen gelassen, die Eigenschaften dagegen, aus denen ein Körper aufgebaut ist, hat er ihm sämtliche weggenommen.

Er wird uns also entweder von seiner Meinung überzeugen und damit von der platonischen Lehre abwendig machen, oder er wird uns in der Lehre Platons gerade bestärken und uns veranlassen, auf seine Ansichten zu verzichten. Zum Verständnis Platons ist er in keinem Falle brauchbar.

Platon lehrt ferner, daß alle Körper, die als eine einzige, homogene Materie zu verstehen sind, sich wandeln und ineinander übergehen. Aristoteles jedoch nimmt zu den andern noch eine unveränderliche, unzerstörbare und durchaus unwandelbare Wesenheit an in der Meinung, er sei damit der Schöpfer einer keineswegs verächtlichen Theorie. Dabei sagt er durchaus nichts Besonderes und Eigenes, sondern überträgt nur, was Platon in einem bestimmten Falle trefflich beobachtet hat, verkehrt auf ganz andere Dinge. Er macht es also genau so wie einige der spätern Bildhauer. Jene kopieren den Kopf einer Statue, die Brust einer zweiten und den Unterleib einer dritten und fügen die Stücke zusammen, die zuweilen gar nicht zueinander passen, und bilden sich ein, sie hätten etwas Eigenes geschaffen. Das Ganze, dem man vorwerfen könnte, es besitze keine Harmonie, stammt gewiß von ihnen, dagegen nicht die einzelnen Teile, die allein eine gewisse Schönheit besitzen.

Genau so macht es Aristoteles. Er hat von Platon gehört, daß es eine Wesenheit gibt, die an sich intelligibel ist, unkörperlich und weder dem Auge noch der Berührung zugänglich, ohne Entstehen und Vergehen, ohne Wandlung und Veränderung, und die sich stets auf dieselbe und identische Weise verhält; außerdem hat er die Lehre von den Himmelsdingen gehört und daß es dort göttliche und unvergängliche Körper gebe. Und aus beidem hat er ein Ganzes zusammengeklebt, das gar nicht harmoniert. Auf der einen Seite hat er die Körperlichkeit, auf der andern die Unveränderlichkeit genommen und hat daraus einen unveränderlichen Körper konstruiert.

Wenn nun Standbilder aus heterogenen Bestandteilen zusammengesetzt sind, so ist dies zwar nicht schön, aber immerhin möglich. Derartiges lehrt ja sogar auch Homer, wenn er sagt: «An Augen und Haupt ist er gleich dem blitzfrohen Zeus, dem Ares am Gürtel und Poseidon an der Brust.» Doch ein unveränderlicher Körper kann überhaupt nicht existieren. Denn was an eine veränderliche und wandelbare Natur gebunden ist, muß notwendigerweise an den Veränderungen dessen teilhaben, mit dem es verknüpft ist. Wenn es jedoch umgekehrt etwas Unveränderliches geben soll, so muß dieses gelöst und frei von allem Veränderlichen sein, also abgetrennt von der Materie; und wenn es dies ist, wird man zugeben müssen, daß es unkörperlich ist.

Weiterhin wollen wir auch folgende Darlegungen beachten, in welchen Attikos zeigt, wie Aristoteles noch anderswo von Platon abweicht.

5. Über das Gesagte hinaus gibt es noch manche andere Punkte, in welchen sie verschiedener Meinung sind. Der eine erklärt, daß die Himmelskörper ihrer Art nach im wesentlichen aus Feuer seien, der andere hingegen, daß die Himmelskörper überhaupt nichts mit dem Feuer zu tun hätten. Der eine lehrt, daß Gott ein Licht angezündet habe im zweiten Umkreis von der Erde aus gerechnet, damit es so weit als möglich den ganzen Himmel beschiene; er meint damit die Sonne. Der andere aber will nicht zugeben, daß die Sonne Feuer sei, obschon er weiß, daß das Licht reines Feuer ist oder etwas am Feuer; und

so lehnt er es ab, daß an der Sonne ein Licht angezündet sei. Weiterhin teilt der eine allen Himmelskörpern als Gattung die Unzerstörbarkeit zu und erklärt, daß es an ihnen gleichmäßige Abgänge und Zugänge gebe. Zu dieser These ist er gezwungen, was die Abgänge betrifft, durch die Tatsache der Sonnenstrahlen sowie der Hitze, die durch ein Abströmen von der Sonne her entstehen. Die Zugänge sind zu folgern daraus, daß die Sonne immer als gleich groß erscheint. Dieser Eindruck der Gleichheit könnte unmöglich entstehen, wenn nicht ein Ersatz für das, was abgeht, vorhanden wäre. Aristoteles dagegen meint, daß die Substanz der Sonne quantitativ unwandelbar dieselbe bleibt, derart, daß weder etwas von ihr abgeht noch etwas herzukommt.

Ferner schreibt der eine den Gestirnen neben der gemeinsamen Bewegung, der gemäß sich alle Fixsterne und Planeten, eingebunden in ihre jeweiligen Kreise, bewegen, noch eine andere Bewegung zu, die sowohl die vollkommenste ist wie auch der körperlichen Natur der Gestirne angemessen. Denn da sie kugelförmig sind, ist es anzunehmen, daß jedes auch eine Kreisbewegung und zwar um die eigene Mitte vollführt. Der andere hingegen beraubt sie eben dieser Bewegung, die sie als beseelte Wesen vollziehen, und läßt sie ausschließlich durch das, was sie umgibt, bewegt werden, als ob sie leblos wären. Er behauptet sogar, daß unser Eindruck, die Gestirne bewegten sich selbst, lediglich auf die Schwäche unserer Augen zurückgehe, die sozusagen zuckten; in Wahrheit gebe es diese Selbstbewegung nicht. Wie wenn Platon bei seiner Annahme der Selbstbewegung sich bloß auf jenen Eindruck gestützt hätte und nicht vielmehr auf die Überlegung, daß jedes Gestirn, da es ein Lebewesen sei und Seele und Körper besitze, auch die ihm eigene und entsprechende Bewegung haben müsse. Denn unbeseelt ist jeder Körper, der von außen in Bewegung versetzt wird, beseelt hingegen derjenige, der sich von innen und aus sich selbst bewegt; und wo es sich um einen göttlichen Körper handelt, wird er die schönste Bewegung vollziehen, also die Kreisbewegung, da sie die schönste ist. Die Wahrnehmung kann diese aus der Überlegung gewonnenen Ergebnisse wohl bestätigen, selbst aber keinen Beweis für eine solche Bewegung liefern.

Daß weiterhin die Bewegung des Alls sich in einem Kreise vollzieht, darin hat er, von der Evidenz überwältigt, Platon nicht zu widersprechen vermocht. Doch eine Abweichung hat er sich auch da gestattet mit der großartigen Entdeckung des fünften Körpers. Platon nämlich geht davon aus, daß es vier Elementarkörper gebe, die allesamt von Natur eine einfache und geradlinige Bewegung vollziehen, das Feuer von der Mitte weg nach außen, die Erde zur Mitte hin, die zwei andern zu Punkten dazwischen; die Kreisbewegung teilt er der Seele zu. Aristoteles wiederum teilte nach demselben Schema, nach dem er dem einen Körper diese, dem andern jene Bewegung zugeteilt hatte, nun auch die Kreisbewegung, wie wenn sie eine körperliche Bewegung wäre, dem fünften Körper zu und ist so auf elegante Weise in die Irre geraten. Denn die Bewegung der gradlinig bewegten Körper gründet sich auf Schwere und Leichtigkeit. Für den fünften Körper, der weder schwer noch leicht ist, müßte also eigentlich die Unbewegtheit gefolgert werden, nicht die Kreisbewegung. Außerdem ist für die gradlinig bewegten Körper nicht die Gestalt die Ursache der Kreisbewegung, sondern die Neigung. Ein Körper, der sich in der Mitte eines ihm homogenen Ganzen befindet, besitzt keinen Anstoß, sich irgendwohin zu neigen. Und wenn er im Kreise von einem Ganzen umgeben ist, hat er erst recht keinen Grund, sich zu neigen «etwa nach rechts, zum Sonnenaufgang hin, oder nach links», nach vorn oder nach hinten.

Ferner geraten die anderen Körper in Bewegung, wenn sie aus ihrem natürlichen Orte verdrängt sind und nun zu ihm zurückzugelangen streben. Der fünfte Körper hingegen würde nie seinen ihm eigentümlichen Ort verlassen, sollte also in Ruhe verharren.

Vom fünften Körper abgesehen scheint Aristoteles auch über die übrigen Körper aus Ehrgeiz eine von Platon abweichende Lehre zu vertreten. Während nämlich Platon die Frage stellt, ob es von Natur schwere und leichte Körper gebe, und dann – da diese Eigenschaften offenbar mit der Tendenz nach oben und nach unten zusammenhängen – prüft, ob es von Natur ein Oben und Unten gebe oder nicht, und schließlich klar nachweist, daß je nach dem Verhältnis des Körpers zum Orte «Unten» den Ort bezeichnet, zu dem sich der jeweilige Körper als dem ihm eigentümlichen hinbewegt, «Oben» denjenigen, von dem als einem ihm fremden er sich entfernt, und daß in demselben Sinne auch das Schwere und das Leichte zu unterscheiden seien, so daß sich ergibt, daß man korrekterweise die Mitte und die Peripherie nicht als «Oben» und «Unten» bezeichnen darf, ist Aristoteles bestrebt, alle diese Lehren umzustoßen. Er versteift sich darauf, das zur Mitte hin Bewegte «schwer» zu nennen, das zur Peripherie hin «leicht». Den Ort im Zentrum nennt er «unten», den an der Peripherie «oben».

Dies sind also die Lehrdifferenzen zwischen Platon und Aristoteles im Bezug auf den Kosmos, die Elemente des Kosmos und die Himmelskörper. Moses und die Schriften der Hebräer befassen sich mit diesen Problemen nicht weiter. Sie haben dafür einen guten Grund in der Überzeugung, daß diejenigen, die solchen Dingen nachforschen, davon für ihren Lebenswandel keinerlei Gewinn hätten.

6. Was sollen wir schließlich hinsichtlich der Seele sagen? Denn dies ist nicht bloß den Philosophen, sondern auch so ziemlich allen Laien klar, daß Platon die Seele für unsterblich

hält, viele Untersuchungen darüber anstellt und die Unsterblichkeit der Seele auf alle möglichen Arten beweist. Groß war auch unter den echten Nacheiferern Platons der Ehrgeiz, für diese Lehre und für Platon selbst zu kämpfen. Denn man könnte wohl behaupten, daß sie es ist, die seine ganze Philosophie zusammenhält. Der Aufbau der ethischen Lehren beruht auf der Unsterblichkeit der Seele, da die Tugend ihre Größe, ihren Glanz und ihre Kraft nur durch das Göttliche in der Seele zu bewahren vermag. Ebenso haben die Dinge der Natur die Möglichkeit, angemessen verwaltet zu werden nur daher, weil die Seele sie verwaltet. Denn eine jede Seele, sagt er, sorgt für jegliches Unbeseelte, und sie umwandelt den ganzen Himmel, bald diese, bald jene Gestalt annehmend. Aber auch, was das Wissen und die Weisheit angeht, ist bei Platon an die Unsterblichkeit der Seele geknüpft. Denn jedes Lernen ist Erinnerung, und er glaubt, daß nur auf diese Weise jenes Forschen und Lernen zustande kommen kann, aus dem dann die Wissenschaft entsteht. Wenn jedoch die Seele nicht unsterblich ist, gibt es auch keine Wiedererinnerung, und wenn es diese nicht gibt, dann auch kein Lernen. So sind denn unbestreitbar alle Lehren Platons geknüpft und gebunden an die Göttlichkeit und Unsterblichkeit der Seele. Wer sie nicht annimmt, stürzt die gesamte Philosophie Platons um.

Wer ist es nun aber, der als erster es unternommen hat, sich den platonischen Beweisen entgegenzustellen und die Seele ihrer Unsterblichkeit und ihres Ranges überhaupt zu berauben? Wer anders als Aristoteles? Denn von den anderen haben die einen zugestanden, daß sie nach dem Tode weiterlebt, und die anderen haben doch immerhin der Seele eine bestimmte eigene Potenz im Körper, eine eigene Bewegung, eigene Leistungen und Taten zugebilligt. Doch in demselben Maße, wie Platon der Seele die höchste Würde verlieh und sie als Ursprung des Werdens, Zögling Gottes und Vorsteherin aller

Dinge bezeichnete, versteifte sich Aristoteles darauf, sie herabzuziehen, zu entwürdigen und beinahe einem Nichts gleichzusetzen. Die Seele ist für ihn weder ein Hauch noch Feuer, noch überhaupt ein Körper, ebensowenig aber auch ein für sich bestehendes und sich bewegendes Unkörperliches, sondern nur gerade ein unbewegter und geradezu unbeseelter Anhang des Körpers. Er wagte sich so weit vor (oder wurde dazu gezwungen), der Seele sogar die schöpferischen Bewegungen wegzunehmen, also das Planen, Überlegen, Erwarten, sich Erinnern und Berechnen. Denn das seien keine Bewegungen der Seele, behauptet der, den man den Protokollführer der Natur nennt. Da soll man sich darauf verlassen können, daß der etwas von den äußeren Erscheinungen begriffen hat, der im Bezug auf seine eigene Seele derart in die Irre ging, daß er nicht einmal merkte, daß sie denkt! Denn nicht die Seele ist es (so sagt er), die all das leistet, sondern der Mensch; die Seele dagegen ist unbewegt. Ihm folgte Dikaiarchos, der klug genug war, die Konsequenzen zu ziehen: er leugnete die Substanz der Seele schlechthin.

Daß die Seele nicht sichtbar und nicht wahrnehmbar ist, ist klar. Darum dürfen wir auch nicht bloß aus der Tätigkeit der Sinneswahrnehmungen erschließen, daß die Seele existiert. Doch auch wenn sie selbst nicht wahrgenommen werden kann, so glauben wir doch, daß ihre Bewegungen uns zur Annahme zwingen, daß eine Seele existiert. Sicherlich wird jedermann begreifen, daß dies zur Seele gehört: das Planen und Forschen und das Überlegen, auf welche Weise dies auch geschehe. Wenn wir nämlich den Körper und seine Fähigkeiten in Erwägung ziehen und dazu bedenken, daß jene Aktivitäten nicht solche des Körpers sind, werden wir zugestehen, daß das Planen einer andern Wesenheit in uns angehört, und daß diese eben die Seele ist. Denn woher sonst könnten wir uns unserer Seele vergewissern? Wer der Seele alle diese Tätigkeiten wegnimmt, an denen sie vorzugsweise in Erscheinung tritt, und diese Tätigkeiten irgendeinem andern Faktor zuschreibt, der läßt weder eine Möglichkeit übrig, die Existenz der Seele nachzuweisen, noch vermag man dann einzusehen, wozu die Seele dienen soll. Wie kann also derjenige, der die Seele auf diese Weise tötet, mit dem Platoniker zusammenarbeiten, der die Seele unsterblich sehen möchte? Wie könnten wir über die Art ihrer Bewegung, sofern wir sie nämlich selbstbewegt nennen, belehrt werden durch diejenigen, die ihr überhaupt keinerlei Bewegung zubilligen?

Allerdings wird man einwenden wollen, daß er immerhin in dem Punkte der Unsterblichkeit des Geistes mit Platon übereinstimmt. Denn wenn er auch nicht will, daß die ganze Seele unsterblich sei, so gibt er doch zu, daß der Geist göttlich und unzerstörbar ist. Aber was ist nun dieser Geist seinem Wesen und seiner Natur nach? Woher stammt er? Woher tritt er in den Menschen ein, und wohin entfernt er sich wieder? Aristoteles könnte es wohl wissen, wenn er selbst etwas von dem verstünde, was er über den Geist sagt, und wenn er nicht die Schwierigkeit des Problems mit der Unklarheit seiner Ausdrucksweise bemäntelte und sich auf diese Weise der Diskussion entzöge, vergleichbar den Tintenfischen, die Dunkelheit um sich verbreiten, damit sie nicht erjagt werden können.

Aber selbst in diesem Punkt widerspricht er Platon vollständig. Platon erklärt, daß der Geist ohne die Seele nicht zu bestehen vermöge, dieser dagegen trennt die Seele vom Geiste. Jener gibt dem Geist zusammen mit der Seele die Unsterblichkeit, da es anders gar nicht möglich sei, dieser wiederum erklärt, daß die Unsterblichkeit dem Geiste allein zukomme, sofern er von der Seele gelöst sei. Er hat nicht zugestanden, daß die Seele den Körper verläßt, weil eben dies die Meinung Platons war. Dagegen zwang er den Geist, sich von der Seele loszureißen, weil Platon lehrte, daß dies unmöglich sei.

Wenn weiterhin Platon erklärt, die Seele verwalte das All, dringe durch alles hindurch in dem Sinne, in welchem auch die übrigen Philosophen annehmen, daß alle Dinge verwaltet werden, und wenn er sagt, daß die Natur nichts anderes sei als Seele, natürlich nicht eine vernunftlose Seele, und wenn er daraus folgert, daß alles nach der Vorsehung geschehe, da es ja nach der Natur geschehe, so ist wiederum Aristoteles mit keiner einzigen dieser Lehren einverstanden. Er glaubt weder, daß die Natur Seele sei, noch daß die Dinge auf der Erde durch eine einzige Natur verwaltet werden. Jeder Bereich habe seine eigenen Ursachen. Für die Himmelserscheinungen, die sich stets in derselben und identischen Weise vollziehen, nimmt er als Ursache die Schicksalsbestimmung an, für die Erscheinungen unterhalb des Mondes die Natur und für die menschlichen Dinge die Klugheit, die Voraussicht und die Seele. So elegant er diese Unterscheidungen ausarbeitet, daß sie notwendig seien, beweist er nicht.

Wenn es nämlich nicht eine einzige beseelte Kraft gäbe, die durch das All hindurchgeht und alles zusammenbindet und zusammenhält, so könnte nicht das All ein vernünftig und schön geordnetes sein. Es ist also dieselbe Blindheit, zu erwarten, daß ein Staat ohne innere Einheit gut bestehen kann, wie zu meinen, daß dieses All seine Schönheit und Vernunftgemäßheit, die wir an ihm bemerken, zu bewahren vermag, ohne daß man es zusammenbindet und zusammenfügt in der Teilnahme an einem einzigen, überall gleichen Prinzip. Gewiß sagt er, daß es ein derartiges Prinzip gebe, das alles verwalte, nämlich als Ursprung der Bewegung; aber daß dies die Seele sei, lehnt er ab, obwohl Platon selbst bewiesen hat, daß Ursprung und Quelle der Bewegung bei allem Bewegten die Seele sei. Und was die Leistung einer vernunftbegabten und planenden Seele sein müßte, nämlich nichts Sinnloses zu machen, das schreibt er der Natur zu, gibt ihr aber nicht den

Namen der Seele, wie wenn es bei den Sachen auf die Namen und nicht vielmehr auf die Fähigkeiten ankäme.

7. Das Hauptstück und die Krönung der platonischen Lehre endlich, die Einordnung der intelligiblen Wesenheiten, wird entwürdigt, mit Füßen getreten und auf jede Weise, soweit es Aristoteles nur möglich war, beschimpft. Er ist unfähig zu erkennen, daß die großen, göttlichen und erlesenen Dinge eines entsprechenden Erkenntnisorgans bedürfen, sondern vertraute sich seinem eigenen dürftigen und unansehnlichen Scharfsinn an, der zwar die irdischen Angelegenheiten zu durchdringen und die Wahrheit in ihnen zu sehen vermochte, dagegen das Feld der wirklichen Wahrheit zu schauen nicht imstande war. Er nahm sich selbst zum Maßstab und Richter von Dingen, die über sein Begreifen hinausgingen und bestritt, daß es jene besonderen Naturen gebe, die Platon entdeckt hatte, und wagte es, die obersten Wesenheiten als Geschwätz, Spielereien und Unsinn zu bezeichnen.

Der Gipfel und die Spitze des platonischen Denkens ist die Lehre von der intelligiblen und ewigen Wesenheit der Ideen. Hier steht der Seele die größte Anstrengung und der letzte Kampf bevor. Denn wer jenes erreicht und erlangt, ist vollkommen glückselig. Wer es aber verfehlt und unfähig ist, Betrachter der Ideen zu werden, der ist der Glückseligkeit durchaus unteilhaft. Aus diesem Grunde bemüht sich Platon ununterbrochen und zeigt uns die Kraft dieser Naturen. Er sagt, es sei nicht möglich, die Ursache irgendwelcher Erscheinungen zutreffend zu bestimmen außer in der Teilnahme an ihnen, noch die Erkenntnis irgendeiner Wahrheit zu gewinnen außer in der Bezugnahme auf sie; ja es sei nicht einmal eine philosophische Verständigung möglich, wenn man sich nicht zuvor über das Wesen dieser Naturen geeinigt hat. Und jene, die mit Platons Lehre einig gehen, verlegen mit Notwendigkeit ihre intensivste Diskussion auf eben dieses Problem. Denn von der platonischen Lehre bleibt nichts mehr übrig, wenn man nicht die Existenz dieser ursprünglichsten Naturen im Sinne Platons annimmt; dies ist ja der Punkt, in welchem er sich allen andern Lehren überlegen zeigt. Denn er verstand Gott als den Vater von allem, den Verfertiger, Herrn und Fürsorger und erschloß aus seinen Werken, daß der Verfertiger zuerst erdenkt, was er nachher zu verfertigen im Sinne hat, und daß er hinterher im Material die Ähnlichkeit mit dem Erdachten herzustellen unternimmt. Daher sind also die Gedanken Gottes älter als die Dinge; sie sind die Urbilder des Gewordenen, unkörperlich und intelligibel, sich stets gleich und mit sich selbst identisch verhaltend. Sie sind im höchsten und primären Sinne seiend, aber auch für das andere Mitursache des Seins, so wie jedes Einzelne faktisch ist, nämlich im Sinne der Ähnlichkeit mit ihnen. Platon bemerkte wohl, daß es nicht leicht sei, sie zu erkennen, und daß sie auch nicht in Worten klar erläutert werden könnten. So bemühte er sich, soweit es möglich war, über sie zu reden, nachzudenken und diejenigen heranzuziehen, die ihm auf dem Wege nachfolgen wollten. Seine ganze Philosophie konzentrierte er um diesen Punkt und sagte, daß die Einsicht in diese Wesenheiten sowohl die Weisheit wie auch die Wissenschaft ausmache, durch die das Ziel des Menschen und das glückselige Leben erreicht werden kann.

So weit Attikos. Es wäre möglich, aus der erwähnten Schrift dieses Mannes noch mehr mitzuteilen, doch lassen wir es mit dem Vorstehenden genug sein und wenden uns den Stoikern zu.

ELIAS, DIE ZEHN HAUPTPUNKTE DER ARISTOTELISCHEN PHILOSOPHIE

Von Elias, dem Verfasser des nachfolgenden Textes, wissen wir nahezu nichts. Wir können aus seinen erhaltenen Schriften nur erschließen, daß er im 6. Jhd. n. Chr., also auf der Schwelle vom antiken zum byzantinischen Zeitalter, irgendwo im griechischen Osten ein Dozent der peripatetischen Philosophie gewesen ist. Unser Text ist ein Stück der Einleitung zu einem Zyklus von Interpretationsvorlesungen über die Hauptwerke des Aristoteles, zunächst über die vielverhandelte logische Fundamentalschrift, die Kategorien.

Manche Einzelheiten, eine gewisse Nachlässigkeit in der Formulierung hier, eine gewisse Weitschweifigkeit dort lassen vermuten, daß der Text vermutlich von dem Dozenten ziemlich genau so vorgetragen worden ist, wie wir ihn heute noch lesen. Einige Irrtümer wird man auf die Rechnung einer Spätzeit setzen: es ist allgemein gesprochen die Zeit Kaiser Justinians, in welcher die große Tradition der antiken Philosophenschulen in raschem Abbröckeln begriffen war. Indessen darf dies nicht darüber hinwegtäuschen, daß die Substanz dieser Einleitung mehrere Jahrhunderte älter ist. Sie wird im Prinzip in die zwei ersten Jahrhunderte der Kaiserzeit zurückgehen, in die Zeit der machtvollen Erneuerung der aristotelischen Philosophie. Ihr Gesamtaufbau ist verständlich und übersichtlich. Im Laufe der Generationen wird sie vor wechselnden Hörerschaften immer wieder vorgetragen worden sein, mit allerlei leichten Abänderungen, Vereinfachungen oder Ergänzungen; aber manche kluge Bemerkung und eine Reihe interessanter Nachrichten haben sich erhalten. Ich verweise nur auf die Stellen, die von den Dialogen des Aristoteles sprechen, oder auf die hübsche Notiz über die tendenziöse Aristotelesinterpretation des Iamblichos auf der einen,

Alexanders von Aphrodisias auf der andern Seite. Alexander war der Archeget der Aristoteles-Renaissance des 2. Jhd., Iamblichos einer der einflußreichsten Häupter des Neuplatonismus in konstantinischer Zeit. Die entsprechenden Notizen können also nicht älter sein als das 4. Jhd. Sie sind aber nicht nur in sich selbst bemerkenswert; sie zeigen auch, daß noch der Spätling Elias sich im klaren war über die neuralgischen Punkte in der Diskussion zwischen Platonismus und Aristotelismus: das Problem der Ideen und das Problem der Unsterblichkeit des Geistes.

Und schließlich ist es, von diesen Einzelheiten abgesehen, von nicht geringem Interesse, zu verfolgen, wie ein Philosophieprofessor der spätesten Antike seine Schüler in Aristoteles eingeführt hat; auf welche Aspekte, Anforderungen und Probleme der aristotelischen Philosophie er glaubte sie von vornherein aufmerksam machen zu müssen.

Übersetzt wird (mit einigen Auslassungen) Elias in Aristot. Categ. Comm. p. 107,3–127,5 ed. A. Busse (Comm. in Aristot. Graeca XVIII, 1; 1900). Genauere Untersuchungen über diesen Text und seine Vorgeschichte fehlen noch.

Zu Beginn unserer Darlegungen über die Lehre des Aristoteles wollen wir sogleich so vorgehen, wie es Aristoteles selbst angemessen ist: der Knappheit, die er schätzt, soll die Knappheit unserer Übersicht entsprechen. Denn Übersichtlichkeit und Kürze liebte Aristoteles, er, der in Wahrheit ein Pythagoreer war und das Schweigen des Pythagoras in die damit verwandte Knappheit des Ausdrucks umwandelte.

In zehn Hauptpunkten umfassen wir seine Philosophie. Der erste Punkt betrifft die Frage, weshalb die aristotelische Philosophie ihren Namen «peripatetische» erhalten hat. Da diese Frage aber eine partikulare und als solche unphilosophisch ist (denn der Philosoph liebt das Allgemeine), so soll allgemein gefragt werden, aus welchen und wie vielen Ursachen die verschiedenen Philosophenschulen ihren Namen bekommen haben. Der zweite Punkt betrifft die Einteilung der aristotelischen Schriften; denn sie sind sehr viele, tausend an der Zahl, wie der Philosoph Ptolemaios sagt, der ein Verzeichnis von ihnen angelegt hat und auch die Biographie und das Testament des Aristoteles mitteilt. Die dritte Frage ist, womit man das Studium der aristotelischen Schriften beginnen soll, die vierte, womit es sich vollendet. Da ferner überall, wo es einen Anfang und ein Ende gibt, auch ein Weg dazwischen vorhanden ist, so geht die fünfte Frage nach eben diesem Wege. Sechstens wird gefragt, was das Studium des Aristoteles beim Hörer an persönlichem Charakter und an Wissen voraussetzt; siebentens, was vom Erklärer des Aristoteles verlangt wird; denn seine Aufgabe ist so anspruchsvoll, daß auch er über seine Eignung Rechenschaft ablegen muß. Die achte Frage betrifft die Darstellungsweise des Aristoteles. Neuntens ist zu fragen, weshalb er absichtlich so schwer verständlich geschrieben hat; denn daß er nicht von Natur aus unklar war, beweisen seine Briefe, die Topik und die Meteorologie, die alle völlig klar abgefaßt sind. Zehntens wird gefragt, was und wieviel man sich vor der Lektüre jedes aristotelischen Werkes klarmachen muß.

....

Der zweite Punkt betrifft also die Einteilung der Schriften des Aristoteles, die tausend an der Zahl sind, wie Andronikos, der elfte Schulvorsteher des Peripatos, überliefert.

Von den Schriften des Aristoteles sind die einen partikularer Natur, die andern allgemeiner, die dritten endlich zwischen diesen beiden Kategorien.

Partikulare Schriften heißen nicht einfach die, die an eine bestimmte, einzelne Person adressiert sind (man kann nämlich auch über allgemeine Gegenstände an einen Einzelnen schreiben; so ist die Schrift von der Welt allgemeiner Natur, richtet sich aber an König Alexander); sondern partikulare Schriften nenne ich die, die über einen partikularen Gegenstand an einen

Einzelnen adressiert sind, wie etwa seine Briefe. Die Briefe, die nach dem Tode des Aristoteles ein gewisser Artemon in acht Büchern gesammelt hat, richten sich an Einzelne. Allgemeine Schriften heißen die, die die Gesamtheit eines Gegenstandes behandeln. So handelt die Physik von allen physikalischen Problemen, ähnlich die Schrift vom Himmel, Über Entstehen und Vergehen und die Meteorologie, welche sämtliche Himmelserscheinungen umfaßt. Dazwischen stehen die Schriften, die weder über die Gesamtheit eines Gegenstandes noch über eine Einzelheit sprechen, sondern über eine Mehrheit von Dingen, wie etwa die Materialsammlungen. Diese gliedern sich in zwei Gruppen. Die eine betrifft die Politik, wie die Sammlung der Staatsverfassungen, die er anlegte, während er in Begleitung König Alexanders durch viele Länder kam, und die er dann in alphabetischer Ordnung herausgab, 250 an der Zahl. Die andere Gruppe ist die naturwissenschaftliche, wie etwa die Schrift über die Pflanzen oder die Tiergeschichte.

Unter den allgemeinen Schriften sind die einen Brouillons, die anderen ausgearbeitete Werke. Brouillons heißen diejenigen Texte, in denen nur die Hauptprobleme stichwortartig aufnotiert sind ohne Vorreden und Nachworte und ohne die für eine Publikation erforderliche Ausdrucksweise. Der Begriff des Brouillon findet sich bei Platon in der Epinomis, die eine Zusammenfassung der Nomoi ist; dort sagt er über jenen Teil der Nomoi, der noch unpubliziert war, «es hätten schon einige daraus Notizen entnommen». Aus den Brouillons läßt sich also die Lehre des Aristoteles nicht zuverlässig entnehmen, da sie noch der Überarbeitung ermangeln.

Unter den Brouillons betreffen die einen einen einzigen Gegenstand, die anderen eine Reihe verschiedener Gegenstände. Zur ersten Gruppe wurde früher die Schrift Über Hermeneutik gerechnet wegen ihrer Schwerverständlichkeit; dann allerdings schrieb der Philosoph Ammonios eine Untersuchung über sie und zeigte, daß sie eine Vorrede, ein Nachwort und die einer publizierten Schrift angemessene Darstellungsweise besitzt. Zur zweiten Gruppe gehören die dem Eukairios gewidmeten siebzig Bücher Vermischter Probleme, die weder Einleitung noch Nachwort noch eine sachliche Gliederung besitzen.

Von den ausgearbeiteten Werken sind die einen Abhandlungen (auch Vorlesungen genannt), die anderen Dialoge, die auch Exoterika heißen. Und zwar stehen die Abhandlungen den Dialogen gegenüber, die Vorlesungen den Exoterika.

Da nämlich Aristoteles allen Menschen zu helfen wünschte, so schrieb er für die philosophisch Begabten im eigenen Namen (Vorlesungen heißen diese Werke, da sie vor allen andern studiert werden müssen; unter ihnen vorzugsweise die Vorlesung über Physik, die ein besonders hervorragendes Werk und für diejenigen, die sich der Philosophie zuwenden, vollkommen unentbehrlich ist); für die philosophisch nicht besonders Begabten schrieb er die Dialoge. Die Vorlesungen, die für Leser bestimmt sind, die Philosophen werden wollen, bauen auf wissenschaftlich zwingenden Beweisgängen auf, die Dialoge auf Wahrscheinlichkeitsbeweisen. So folgert er die Unsterblichkeit der Seele in den Vorlesungen aus zwingenden Argumenten, in den Dialogen aus Wahrscheinlichkeitserwägungen. In der Vorlesung über die Seele beweist er die Unzerstörbarkeit der Seele folgendermaßen: «Wenn sie zerstörbar wäre, müßte sie vor allem durch den Kräfteverfall im Greisenalter zugrunde gerichtet werden. In Wirklichkeit ist sie dann am kräftigsten, wenn der Körper schon schwach geworden ist; und umgekehrt ist sie dann schwach, wenn der Körper am kräftigsten ist. Was aber dann kräftig ist, wenn man erwartet, daß es zugrunde geht, ist unzerstörbar. Die Seele ist also unzerstörbar.»

Soweit die Vorlesung. In den Dialogen geht er hingegen folgendermaßen vor: «Die Seele ist unsterblich, da wir Menschen alle spontan den Dahingeschiedenen Opferspenden darbringen und sie zu Schwurzeugen anrufen; einem Wesen aber, das überhaupt nicht existiert, wird niemand spenden noch es anrufen.»

Alexandros freilich beschreibt den Unterschied zwischen den Vorlesungen und den Dialogen anders. Er meint, daß Aristoteles in den Vorlesungen seine wirkliche Überzeugung und die Wahrheit vortrüge, während die Dialoge nur von den verkehrten Meinungen anderer sprächen. Doch kann man Alexander entgegnen, daß ein derartiges Vorgehen eines Philosophen unwürdig ist. Unwahrheiten vorzutragen und die Wahrheit zu verschweigen ziemt sich nicht: «Denn ich hasse den Mann so sehr wie die Pforten des Hades, der ein andres im Herzen verbirgt und ein anderes ausspricht.» Alexandros kam zu seiner Behauptung, weil nach seiner Ansicht auch die Vernunftseele vergänglich ist, Aristoteles jedoch in den Dialogen mehr als anderswo die Unsterblichkeit der Seele zu verkündigen scheint. Um also Aristoteles nicht gegen sich zu haben, hat er jenen Unterschied behauptet.

Die Aufteilung der Abhandlungen erfolgt gemäß der Einteilung der Philosophie selbst unter Einschluß der Logik, die die Stellung eines Werkzeuges hat. Während also die Philosophie selbst in zwei Teile zerfällt, unterscheiden wir bei den Abhandlungen drei Teile. Die einen sind theoretisch, die zweiten praktisch, die dritten logisch, beziehungsweise werkzeughaft. Jeder dieser Teile hat wieder drei Unterabteilungen: das Theoretische in Physiologie, Mathematik und Theologie, das Praktische in Ethik, Ökonomik und Politik, das Logische in die Präliminarien der Methode, in die Methode selbst und in die uneigentliche Methode.

Die Physiologie des Aristoteles betrifft entweder Körperliches oder Unkörperliches. Soweit sie Unkörperliches betrifft, ist ihr Gegenstand entweder rangtiefer als der Körper oder ranghöher. Ranghöher als der Körper ist etwa die Abhandlung über die Seele (denn die Seele steht über dem Körper), rangtiefer sind etwa seine Untersuchungen über die Farben. Denn die Farben stehen unter dem Körper und sind in ihrem Sein von diesem abhängig. Die Physiologie, die die Körper selbst behandelt, befaßt sich entweder mit den Dingen jenseits des Mondes (also der Erforschung der himmlischen Körper, der Milchstraße, der Fixsterne, Sonne und Mond) oder mit den Dingen diesseits des Mondes und hier wiederum entweder mit der Natur der Körper im allgemeinen (wie die Untersuchungen über Werden und Vergehen) oder mit bestimmten Körpern. Hier sind wieder belebte und unbelebte zu unterscheiden und bei den belebten solche mit Wahrnehmungsorganen und solche ohne Wahrnehmungsorgane. Im letzten Falle haben wir die Untersuchungen über die Pflanzen. Im Falle der wahrnehmungsbegabten Lebewesen ist entweder allgemein von ihnen die Rede (etwa in den Büchern über die Tiere, wo über die Zustände der Lebewesen gesprochen wird: Alter und Jugend, Zunehmen und Abnehmen, was alles allgemeine Phänomene sind, die allen solchen Lebewesen zukommen) oder von besondern Arten, wie in der Schrift über Traummantik; denn diese gibt es nur beim Menschen.

In einem andern Sinne betrifft die Physiologie der sublunaren Welt entweder die Dinge über der Erde oder die Dinge auf der Erde oder endlich die unter der Erde. Von den Phänomenen über der Erde sprechen die Meteorologika, die von der rauchartigen und der dunstartigen Aufdampfung handeln, ferner von Donner, Blitz, Wolken, Kometen und verwandten Lichterscheinungen. Von den Dingen auf der Erde handelt die Untersuchung über Meer, Flüsse und Quellen, endlich von denjenigen unter der Erde diejenigen über Erdbeben und Erdspalte. Soweit die Physiologie des Aristoteles.

Zur Mathematik gehören seine Werke über Optik und Mechanik, zur Theologie seine Forschungen über den Ursprung, die auf die Physik folgen (Metaphysik). So weit die theoretischen Werke des Aristoteles.

Zur Praktik gehören die Ethik, die Ökonomik und die Politik. Ethische Schriften sind die Eudemische Ethik, sowie die kleine und die große Nikomachische Ethik. Die eine ist dem Vater gewidmet und heißt große Nikomachische Ethik, die andere dem Sohne, der denselben Namen trug, und heißt kleine Nikomachische Ethik. Politisch ist das Werk über Politik, in dem er darüber belehrt, wie man einen Staat leiten soll; im zweiten Buch setzt er sich mit dem platonischen Staat auseinander. Denn dem platonischen Staat entspricht eben dieses sein Werk und nicht etwa die Sammlung der Staatsverfassungen; diese lehren nicht, wie man einen Staat regieren soll, sondern wie die Menschen der früheren Zeit die Staaten regiert haben. Er hat auch Bücher über Ökonomik geschrieben, so die Abhandlung über Ökonomik und diejenige über das Zusammenleben von Mann und Frau, worin er sagt, daß ein wohlgeordnetes Hauswesen sich aus vier Relationen zusammensetzt: des Vaters zu den Kindern, des Mannes zur Frau, des Herrn zu den Dienern, der Einnahmen zu den Ausgaben.

Die Logik ist wiederum dreigeteilt in die Präliminarien der Methode beziehungsweise des Beweisverfahrens, das Beweisverfahren selbst und in das uneigentliche Beweisverfahren. Zum ersten Teil gehören die Kategorien, die Hermeneutik und die erste Analytik, zum zweiten die zweite Analytik, zum dritten die Topik, die Rhetorik, die sophistischen Widerlegungen und die Poetik. Es gibt nämlich fünf Arten von Schlußfolgerungen: beweisende, dialektische, rhetorische, sophistische und poetische. Dies ergibt sich natürlicherweise daraus, daß auch die Behauptungen von fünf Arten sein können. Sie können in jeder Hinsicht wahr sein und führen dann zum Beweis, oder sie sind durchaus falsch und führen dann zur poetischen und mythologischen Argumentation. Oder sie sind teils wahr, teils falsch, und dies in dreifacher Möglichkeit: wo das Wahre über das Falsche überwiegt, wird die Schlußfolgerung dialektisch, wo umgekehrt das Falsche überwiegt, wird sie sophistisch, und wo Wahr und Falsch in gleichem Umfange vorliegen, wird sie rhetorisch. Daher finden sich die besondern juristischen Beweisverfahren nur bei den Rednern, weil bei ihnen das Wahre und das Falsche im gleichen Umfange vorhanden sind.

Wie der Schreiner sich der Richtschnur bedient, um das Gerade vom Krummen zu unterscheiden, und ebenso der Baumeister des Richtholzes, das das Waagrechte vom Schiefen unterscheidet, so dient auch die Logik als Werkzeug der Philosophie, um wahr und falsch, gut und schlecht zu unterscheiden, damit wir weder falsche Meinungen haben noch schlechte Handlungen ausführen.

Da sich nun gezeigt hat, wie umfangreich das Werk des Aristoteles ist, und da wir nun nicht wissen, was wir zuerst, was nachher und was zuletzt in Angriff nehmen sollen, so haben wir die drei Punkte zu behandeln, welche Schriften des Aristoteles am Anfang, welche am Ende und welche in der Mitte studiert werden sollen.

Die Frage ist wichtig nicht nur wegen der Menge der Werke, sondern auch, weil sich die Früheren darüber nicht einig sind. Die einen nämlich behaupteten, man müsse mit der Physik beginnen, andere zogen die Logik vor, andere die Ethik und wieder andere endlich die Mathematik. Boethos von Sidon will mit der Physik beginnen, Andronikos von Rhodos, der elfte Nachfolger des Aristoteles in der Leitung des Peripatos, mit der Logik, während die Platoniker teils die Ethik, teils die Mathematik an den Anfang stellen. Jeder hat seine eigene Meinung zu begründen versucht. Jene, die mit der Ethik beginnen wollen, erklären, man müsse sich zuerst die Ethik aneignen und die Seele zuvor von der Schlechtigkeit reinigen, damit sie gereinigt mit der reinen Philosophie in Umgang treten könne. Denn, wie Platon sagt, «es ziemt sich nicht, daß ein Unreiner Reines berühre», und die Ärzte lehren, «wer unreinen Körpern Nahrung zuführt, schadet ihnen eher, da er der schlechten Verfassung ihrer Säfte nur neues Material verschafft». Wie man mit triefendem oder geschwollenem Auge die Gegenstände nicht genau sehen kann, so wird auch der, der von schlechten Ansichten durchdrungen ist und nun die Seele über höhere Prinzipien zu belehren sich bemüht, ihr nur falsche Meinungen beibringen; ungebildet ist nicht der, der nichts weiß, sondern derjenige, der das Kind in sich nicht überwunden hat. Denn selbst wenn wir Greise sind, ist in uns ein Kind, nämlich die vernunftlose Seele, die es zu erziehen gilt. Daher hat denn auch die Erziehung (Paideia) ihren Namen davon, daß sie das Kind in uns überwindet. Der Gebildete ist bei Platon nicht der, der viel weiß und Sentenzen sprudelt, sondern der das Kind in sich überwunden hat. Deshalb sagt er auch: «Philosophen nenne ich den, der gut lebt, auch wenn er weder lesen noch schwimmen kann», zwei Dinge, auf die die Athener besondern Wert legten, das Lesen wegen der Weisheit, das Schwimmen wegen der Seeschlachten.

Wer mit der Physik beginnen wollte, sagte, daß die Physik zugänglicher sei, von Kindheit auf uns vertraut und von uns gepflegt: Fleisch, Adern, Muskeln. Auch die Ärzte beginnen ihre Therapie mit den mildesten Arzneien. Endlich besteht die anerkannteste Leistung des Aristoteles gerade in den naturwissenschaftlichen Werken. Wer behauptet, man solle mit der Mathematik beginnen, weist darauf hin, daß sich dies empfehle wegen der Strenge der Beweisführungen (denn hier lernen wir im eigentlichen Sinne, während in den andern Gebieten eher ein Vermuten als ein Lernen vorliegt); wir werden also hier darüber belehrt, wie man zu lernen hat: nicht im Vertrauen auf die Glaubwürdigkeit der Personen, sondern unter dem Zwang der Stringenz der geometrischen Demonstrationen. So hat denn auch Platon über sein Musenheiligtum geschrieben: «Keiner soll eintreten, der nichts von Geometrie weiß.»

Wer endlich die Logik an den Anfang stellte, behauptete, daß die Logik ein Werkzeug sei und daß man zuerst das Werkzeug kennenlernen muß und dann, wie es zu gebrauchen sei. Denn so steht es auch mit den Handwerkskünsten. Wer zum Schreiner in die Lehre geht, macht sich zuerst mit Winkel und Richtscheit vertraut und geht erst dann an die Schreinerarbeit.

Doch nun wollen auch wir sagen, woher man in der Tat anfangen soll. Wir sollten wohl mit der Ethik anfangen, wenn wir diejenigen berücksichtigen wollen, die damit anfangen wollen. Dies ist die strengste Anforderung von allen. Da wir aber über die Ethik nicht durch die bloße Gewöhnung belehrt werden wie die Tiere, die durch Schläge im Zaun gehalten werden, so müssen wir mit der Logik beginnen, doch ohne dabei das Ethische zu vergessen. Wir sollen es vielmehr anhand von geschriebenen und ungeschriebenen Ermahnungen, wie etwa denjenigen des Isokrates, pflegen, damit der Logos dann vorbereitet finde, was sich dann durch ihn zur Exaktheit verfestigt. Denn es muß klar sein, daß die Philosophie sich in Theorie und Praxis aufgliedert, wobei die Theorie das Wahre und Falsche in den Aussagen betrifft, die Praxis das Gute und Schlechte in den Handlungen; dazu kommt nun der Syllogismus als Werkzeug wie ein Sieb, sondert das Wünschbare und Unwünschbare, in der Theorie das Wahre vom Falschen, in der Praxis das Gute vom Schlechten, damit wir weder Falsches meinen noch Schlechtes tun. Wenn es schon in der Zeit Platons die Logik gegeben hätte, so hätte Platon wohl nicht über sein

Musenheiligtum geschrieben: «Keiner soll eintreten, der nichts von Geometrie weiß.» Zuweilen allerdings weist auch er auf die Bedeutung der Logik hin, wenn er im Sophistes sagt: «Übe dich in dem, was die Leute Zungenfertigkeit nennen, solange du noch jung bist; wenn du es nicht tust, wird dir die Wahrheit entgehen.» Zungenfertigkeit nennt er da das Absehen von den Sachen, eben die Logik. Denn auch Aristoteles operiert in der Logik nicht mit den Sachen, sondern mit Buchstaben, also A, B, C. Mit ihrer Hilfe erläutert er den Aufbau der Syllogismen. Und da er nun diese Zeichen dauernd verwendet, betreibt er eine Art von Zungenfertigkeit, da er immer wieder von demselben redet.

So soll denn also nach unserer Darlegung mit der Logik begonnen werden, nachdem wir zuvor das Ethische in Ordnung gebracht haben, damit wir selber rein der Reinheit der Philosophie nahen... die Logik wird uns unterscheiden lehren, das Beweisverfahren nämlich, das wahrhaft das Zauberkraut des Hermes ist: Wer sich mit ihm bewaffnet, wird sich nicht von den Sirenen, den andersgesinnten Schulen der Philosophie betören lassen, Odysseus gleich, während seine Gefährten durch den Zauber Kirkes in Schweine verwandelt wurden; wer sich aber mit der Beweiskunst nicht ausrüstet, wird ein böotisches Schwein.

Nun haben wir nach dem vierten Punkte zu fragen, welches das Ziel des Studiums ist. Denn wer das Ziel kennt, ist getroster, wer es aber nicht kennt, gleicht einem Blinden, der dahin geht und getrieben wird, wohin er nicht soll. Das Ziel der aristotelischen Philosophie ist nun, zu erkennen, daß es Einen Ursprung von Allem gibt. Denn noch mehr gilt von Gott, was der Dichter vom Könige sagt: «Nichts Gutes ist die Vielherrschaft.»

Daß der Ursprung von allem in der Tat Einer ist, beweist Aristoteles in der Theologie der Metaphysik folgendermaßen:

Der Ursprung ist entweder einer oder viele. Ist er einer, so ist das Beweisziel erreicht. Ist er eine Vielheit, so ist diese entweder geordnet oder ungeordnet. Wenn sie aber ungeordnet ist, so wird das, was aus ihr entsteht, noch ungeordneter sein, und wir erhalten keine Weltordnung, sondern eine Unordnung; das würde aber bedeuten, daß nur das Naturwidrige existierte, das Naturgemäße hingegen nicht. Haben wir es jedoch mit einer geordneten Vielheit von Ursprüngen zu tun, so haben sich diese entweder durch sich selbst geordnet, oder sind durch eine Ursache von außen geordnet worden. Haben sie sich selbst geordnet, so besitzen sie etwas Gemeinsames, was sie verknüpft, und dies wäre dann der eigentliche Ursprung. Sind sie durch eine Ursache von außen geordnet worden, so ist diese wiederum entweder eine oder viele. Wenn eine, so haben wir da den Ursprung; wenn viele, so sind diese wieder geordnet oder ungeordnet. Da aber dieser Regreß nicht unbegrenzt weiterlaufen kann – da es nämlich das Unbegrenzte nicht gibt –, so ist also schließlich die Ursache von allem Eine.

Der Beweis kann auch folgendermaßen geführt werden: Der Ursprung ist entweder einer oder viele. Sind es viele, so bringen sie alle entweder dasselbe oder Verschiedenes hervor. Bringen sie dasselbe hervor, so sind außer einer einzigen alle andern überflüssig; bringen sie Verschiedenes hervor, so ist die eine unvollkommener als die andere; denn ihrem Werke fehlt, was das Werk des andern besitzt. Doch nichts Göttliches ist unvollkommen. Also ist der Ursprung von allem Einer.

Diesem Ursprung schreibt er die Gestaltung sowohl der Himmelsdinge wie auch der Dinge unterhalb des Mondes zu. Denn wenn auch der Kosmos und die Gottheit zugleich sind, so ist doch der Verursachung nach Gott dem Kosmos präexistent. Der Kosmos existiert nicht von selbst, sondern hat

Gott als Ursache, in demselben Sinne wie die Sonne ihrem eigenen Lichte der Verursachung nach präexistent ist.

Wenn nun einer einwendet, daß es nach Aristoteles viele Ursprünge gäbe (denn er lehrt doch, daß die Zahl der unbewegten Beweger gleich groß ist wie diejenige der kreisbewegten Körper: den sieben Sphären sind sieben Geistwesen als unbewegte Beweger vorgeordnet), so gibt es doch im entscheidenden Sinne nur Einen Ursprung. Denn alle untergeordneten Geistwesen hängen ab von dem einen, das den Fixsternhimmel bewegt.

Wenn einer ferner fragt: «Warum nennt er denn den ersten Ursprung Geist und nicht das Gute, wie es Platon tut?», so ist zu beachten, daß er die Theologie der Metaphysik unmittelbar auf die Naturphilosophie folgen läßt und da angemessenerweise vom naturphilosophischen Standpunkt aus den Geist als Ursprung bezeichnet. Dabei kennt er durchaus das Gute als den einen Ursprung des Seienden, wie die Vorrede der Ethik zeigt: «Jede Kunst und jede Lehre, ebenso jede Handlung und jeder Entschluß scheint irgendein Gut zu erstreben. Darum hat man mit Recht das Gute als dasjenige bezeichnet, wonach alles strebt.»

Man muß endlich beachten, daß Aristoteles seine Naturphilosophie immer im Hinblick auf die Theologie treibt (mag nämlich auch die Naturphilosophie das Bewegte, die Theologie das Unbewegte zum Gegenstand haben, so ist doch das Unbewegte immer die Ursache des Bewegten), während Platon umgekehrt seine Theologie im Hinblick auf die Naturphilosophie treibt, indem er überall seine Ideenlehre mit hineinflicht.

Die fünfte Frage geht nach dem Wege des Studiums vom Ausgangspunkt bis zum Zielpunkt. Da muß man wissen, daß es fünf Stufen der Philosophie gibt: Logik, Ethik, Physik, Mathematik und Theologie. Die beiden Enden sind Logik und

Theologie, das übrige steht in der Mitte. Von diesem übrigen gleicht das eine den Waschungen und Heiligungen, das andere den Vorweihen, das dritte den Weihungen selbst. Denn mit Waschungen und Heiligungen ist die Ethik zu vergleichen, die die Seele von schlechten Meinungen reinigt, damit sie geordnet und rein der Reinheit der Philosophie begegne (die Ordnung steht nämlich dem Einen nahe, die Unordnung der Vielheit). Der Vorweihe gleicht die Physik. Denn wenn wir auch nur in der Theologie nach dem Unbewegten forschen und in der Naturphilosophie nach dem Bewegten, so ist doch das Göttliche die Ursache der Bewegung, und aus dem Bewegten gewinnen wir den Begriff des Intelligiblen; denn das Unsichtbare läßt sich am leichtesten am Sichtbaren erkennen. Den Weihen selbst aber gleicht die Mathematik, die uns wie eine Treppe oder Brücke hinübergeleitet vom völlig Stoffgebundenen zum völlig Stofflosen. So umfaßt also die Philosophie des Aristoteles dieses ganze Heiligtum. Die Logik aber behütet wie eine Mauer das, was in ihm geschaut wird.

Sechstens stellt sich nun die Frage, wie der Hörer nach Lebenswandel und Wissen beschaffen sein soll, und siebentens, wie der Lehrer sein soll.

Der Hörer soll nun von geordneter Lebensart sein und ein «kleiner Kosmos», damit er vermittels der Ordnung in ihm selbst den einen Ursprung des Alls erkenne (die Ordnung ist nämlich dem Einen zugeteilt wie die Unordnung der Vielheit) und vermittels des kleinen Kosmos in ihm den ganzen Kosmos begreife. Der kleine Kosmos wird dann hergestellt, wenn in ihm wie im großen das Bessere über das Schlechtere regiert. Es ist nämlich eine Schande für einen Mann, auch nur zu einem Teil von einem Schlechtern beherrscht zu werden, wie Platon sagt; darum soll die Vernunft über das Mutvolle regieren, das Mutvolle aber über die Begierde. Die Vernunft aber wird geordnet durch die Einsicht, das Mutvolle durch die Tapferkeit, die

Begierde durch die Zucht. Wenn all dies sich wohl verhält und ein jedes das Seinige tut, dann zeigt sich auch die Gerechtigkeit, die nicht in diesem oder jenem Teile der Seele zu Hause ist, sondern die Übereinstimmung der Teile darstellt und die umfassende Gestalt. So also soll der Hörer nach seiner Lebensart sein.

Hinsichtlich seines Verständnisses soll er genau sein und sich nicht einfach auf die Vertrauenswürdigkeit der Personen verlassen. Er wird also nicht auf beliebige Weise den Alten glauben, sondern vielmehr anders: er wird Sokrates glauben, wenn er sagt: «Um Sokrates müßt ihr euch wenig kümmern, viel dagegen um die Wahrheit», und dem Aristoteles, der in der Ethik sagt: «Lieb ist mir der Mann, lieb aber auch die Wahrheit. Wo aber beide lieb sind, ist die Wahrheit vorzuziehen.»

Auch aus einem andern Grunde soll er genau sein, weil nämlich, wie Platon im Phaidon sagt, aus derselben Erfahrung die Feindschaft gegen den Logos und die Feindschaft gegen den Menschen stammt; wenn man nämlich allzuleicht einem Charakter oder einer Darlegung Glauben schenkt. Wenn man nämlich jemanden einlädt, weil man sich auf seinen guten Charakter verläßt und diesen dann auf einer schlechten Tat ertappt, so wird man für die Zukunft ein Menschenfeind. Ebenso werden diejenigen, die an die Unwiderleglichkeit bestimmter Beweisgänge glauben und dann sehen, wie sie von den Dialektikern in Verwirrung gebracht werden, für die Zukunft zu Feinden des Logos. Um nun aber weder das eine noch das andere zu werden, müssen wir, die Hörer, genau sein, keine weitschweifigen Reden dulden, sondern uns dem Fragen und Antworten zur Verfügung stellen, wiederum im Sinne des Sokrates, der sagt: «Wenn du nicht auf das hörst, was du selbst sagst, sollst du auch auf das Reden eines andern nicht hören», das heißt, wenn du, der du die Prämissen und damit zwangsläufig auch die Schlußfolgerungen lieferst, dir selbst nicht glaubst, dann brauchst du auch keinem andern zu glauben. Wer nämlich den Samen liefert, ist selbst auch schuld daran, wenn ein schlechtes Gewächs daraus entspringt. Man kann darum auch denjenigen, die von außen die Schlußfolgerungen beibringen wollen, nachdem ein anderer die Voraussetzungen geliefert hat, entgegnen: «Wie wirst du mir sagen können, was ich selbst zu sagen habe?» – und demjenigen, der die Voraussetzungen gegeben hat, aber sich über die Schlußfolgerungen ärgert: «Das ist deine Sache, ich habe nichts zu bemerken.» Man soll aber weder streitsüchtig noch rechthaberisch sein. Denn wie Aristoteles sagt: «Wer gegen das Evidente polemisiert, bedarf entweder der Einsicht oder der Züchtigung. Polemisiert er wissentlich gegen die Wahrheit, ist er zu züchtigen, tut er es unwissend, muß man ihn zur Einsicht leiten.» Der Lehrer wiederum muß sowohl auslegen können wie auch selbständig wissend sein. Aufgabe des Exegeten ist es, die unklaren Stellen im Texte zu erläutern, Aufgabe des Wissenden, zwischen wahr und falsch, fruchtbaren und unfruchtbaren Überlegungen zu unterscheiden. Er darf sich nicht einfach zum Spielball des Textes machen, den er auslegt, etwa wie ein Schauspieler auf der Bühne, der in verschiedenen Rollen verschiedene Typen nachahmt. Er soll nicht Aristoteliker sein, wenn er Aristoteles erklärt und behaupten, es gebe keinen Philosophen so wie ihn, und dann wieder Platoniker, wenn er Platon interpretiert, und sagen, es gebe keinen Philosophen, der Platon ebenbürtig wäre. Man soll also nichts erzwingen und um jeden Preis behaupten wollen, daß der alte Philosoph, den man erklärt, in jedem Punkte recht habe. Vielmehr muß man sich immer gegenwärtig halten: «Lieb ist der Mann und lieb die Wahrheit; da aber beides lieb ist, soll man die Wahrheit vorziehen.» Man soll also nicht mit einer bestimmten Schulrichtung so sympathisieren, wie es Iamblichos getan hat.

Ihm stand Platon so nahe, daß er von Aristoteles willkürlich behauptete, er widerspreche in der Ideenlehre Platon nicht. Umgekehrt soll man auch nicht gegen eine bestimmte Doktrin Antipathie empfinden, wie es bei Alexandros war. Diesem nämlich war die Unsterblichkeit der Vernunftseele zuwider, und so versuchte er denn, die einschlägigen Äußerungen im dritten Buche über die Seele, die die Unsterblichkeit der Seele beweisen, auf alle Weise in ihrem Sinne zu verdrehen.

Außerdem muß man den ganzen Aristoteles kennen, damit man seine innere Widerspruchslosigkeit nachweisen und Aristoteles durch Aristoteles selbst erklären kann. Er muß aber auch den ganzen Platon kennen, um die innere Übereinstimmung Platons zeigen zu können in dem Augenblick, in dem er von der Stellungnahme des Aristoteles zu Platon spricht.

Der achte Hauptpunkt betrifft die Darstellungsweise des Aristoteles. Sie ist nicht eine, sondern eine wechselnde – es sei denn, man bezeichne als eine diejenige, die in jedem Falle dem jeweiligen Gegenstande angemessen ist. Als angemessen mag sie eine heißen. Da Aristoteles die verschiedenartigsten Gegenstände berührte, hat er auch eine nuancenreiche Darstellungsart entwickelt und die Ausführungen mit den Sachen selbst sich wandeln lassen. In den partikularen Schriften, das heißt in den Briefen, ist er knapp, natürlich und doch individuell; natürlich, sofern sein Briefstil sich in nichts von der Umgangssprache unterscheidet, außer daß er eben schreibt und sich an Abwesende wendet, individuell soweit, daß er nicht in Absonderlichkeit verfällt, wie denn Hermogenes in seiner Stillehre schreibt: «Das Bekannte auf originelle Weise und das Originelle auf gewöhnliche Weise.» Die geläufigen Überlegungen muß man nämlich in gewählten Wendungen darbieten, damit sie nicht wegen der Banalität der Ausdrucksweise verachtet werden, dagegen die neuartigen und ungewohnten Überlegungen in schlichteren Ausdrücken, damit man ihre Tiefe auch erkenne. Überdies ist Aristoteles scharf. Das zeigt schon ein einziger Brief von ihm. Als er nach dem Tode Alexanders aus Athen entweichen mußte und sich in Chalkis aufhielt, wurde er von den Athenern aufgefordert zurückzukehren. Er weigerte sich aber und schrieb ihnen: «Ich werde den Athenern nicht gestatten, sich ein zweites Mal gegen die Philosophie zu vergehen, den Athenern, bei denen ‚Birne nach Birne zur Reife heranwächst und Feige nach Feige‘.» Mit dem Ausdruck «Feige nach Feige» zielte er auf die Sykophanten, von denen es in Athen viele und immer bereitwillig aufgenommene und immer neue gab.

In den Schriften mittlerer Art, also in den beschreibenden Büchern politischen und naturwissenschaftlichen Inhalts, schreibt er exakt und wohlgegliedert, wie es dem Inhalt entspricht. Denn da bleibt, anders als sonst, für Erwägungen allgemeinen Inhalts kein Raum.

In den allgemeinen Werken, also in den Dialogen, die auch exoterische heißen, ist er klar, sofern er sich an Leser außerhalb der Philosophie wendet, sofern sie aber dialektischen Charakter haben, zeigt er eine Buntheit der künstlerischen Gestaltung voll von Liebenswürdigkeit und Anmut.

In den allgemeinen Werken, die er im eigenen Namen vorträgt und die auch akroamatische heißen, ist er nach der Ausdrucksweise unklar. Das liegt erstens an der Wortwahl, da er viele Begriffe neu und abweichend vom üblichen Sprachgebrauch verwendet... Zweitens liegt es am Aufbau. Wenn er eine Schwierigkeit dargelegt hat, so stellt er nicht gleich die Lösung daneben, sondern knüpft eine zweite und dritte Schwierigkeit an und bringt schließlich mit der Lösung der dritten Schwierigkeit auch diejenige der ersten.

Im Gedanken freilich hält er sich streng an die Phänomene. Darum bedrängt und überzeugt er die Hörer immer mit Hilfe der Evidenz der Phänomene. Und was er durch Überlegung gewonnen hat, bestätigt er durch das Zeugnis der Alten, etwa indem er sich auf Heraklit oder Empedokles beruft. Und wenn er die Dinge jenseits der bewegten Natur erforscht, so holt er die Beweise dazu aus dem Bereich der Natur. Darum ist Aristoteles auch als Naturphilosoph immer Theologe, während umgekehrt Platon auch als Theologe immer Naturphilosoph ist, da er immer die Ideenlehre einflicht.

Die neunte Frage war, weshalb Aristoteles absichtlich so schwer verständlich geschrieben hat. Denn er war nicht von Natur unklar und ist wegen einer Schwäche seines Ausdrucksvermögens so vorgegangen (denn vielfach ist er völlig klar, wie in den Briefen, den Schriften der mittleren Art, dann in der Gesamtheit der Dialoge und auch in einigen akroamatischen Schriften, etwa der Meteorologie, der Topik oder den sophistischen Widerlegungen), sondern obwohl er von Natur klar war, strebte er nach Unklarheit. Und zwar tut er das aus drei Gründen: entweder um etwas zu verhüllen oder um den Leser zu prüfen oder um ihn zu üben.

Was nämlich für die Dichter die Mythen sind und für die Priester die Verhüllungen, das ist für Aristoteles die Unklarheit im Sinne des orphischen Verses: «Ich singe für die Begreifenden, vor den Profanen verschließet die Türen», und ebenso: «Die Spinnen verweben die zottigen Ohren der übelgesinnten Profanen», oder wie endlich Kallimachos sagt: «Ihr Frauen, wenn der heilige Kalathos herabkommt, blicket zur Erde, schaut ihn nicht an herunter vom Dach noch sonst von oben her.» So sagt ja auch Platon im Bezug auf die Unklarheit: «Wenn dem Manuskript etwas zustößt auf dem Lande oder auf dem Meere, so wird der, der es liest, es nicht verstehen können.» Soweit also der Verhüllung wegen.

Es kann aber auch um der Prüfung der Geeigneten und der Ungeeigneten willen geschehen, damit die Ungeeigneten der Philosophie den Rücken kehren (denen man zurufen kann:

«Wohin fliehst du, den Rücken gewandt wie ein Feiger im Schwarme?»), die Geeigneten aber sich zur Philosophie angespornt fühlen, wenn sie lernen, welche Anstrengungen die Wissenschaften erfordern. Zu ihnen kann man das Wort Platons aus der Epinomis sagen: «Schwer oder leicht, dorthin geht es, dort ist die Wissenschaft, dies ist der Weg. Aber Anstrengung ist nötig.» In eben dieser Weise beurteilen auch die Adler ihre Jungen, ob sie echtbürtig sind oder nicht. Sie stellen sie direkt der Sonne gegenüber auf, und wenn sie ohne zu Zwinkern in die Strahlen der Sonne hineinschauen können, so führen sie sie in den Horst zurück und ziehen sie auf als echte Sprößlinge; diejenigen aber, die dies nicht können, verstoßen sie als Bastarde. Denn als ein göttlicher und königlicher Vogel besitzt der Adler auch das königliche Organ, das Sehen, in besonderer Stärke. Daß aber der Adler königlich ist, sieht man daran, daß er niemals Aas zu verschlingen bereit ist. Ebenso prüfen die Kelten am Rheinstrome ihre Kinder, ob sie echtbürtig sind oder nicht. Sie legen die Säuglinge in einen Schild und lassen sie ins Wasser, und wer dann gerettet wird, den ziehen sie auf als echtbürtig, wer aber vom Strudel des Stromes verschlungen wird, von dem glauben sie, er sei untergegangen, weil er eben ein Bastard war. Die Pythagoreer wiederum prüften die zur Philosophie Geeigneten und Ungeeigneten anhand von Träumen. Sie fragten sie, nach langem Beten, was für Träume sie gesehen hätten, und wen sie als geeignet erfanden, nahmen sie in die Gemeinschaft auf, die Ungeeigneten aber entließen sie mit all ihrer Habe, errichteten ihnen ein Kenotaph und sprachen von ihnen nur noch wie von Dahingeschiedenen. Einer von diesen freilich, Kylon, legte Feuer an die Schule und tötete so Viele. Platon endlich beurteilte die Geeigneten und Ungeeigneten an der Trunkenheit, womit er besser tat als die Pythagoreer. Denn bei der Erzählung von Träumen kann man viel dazuerfinden und weglassen, in der Trunkenheit aber sagen wir alles geradeheraus, was wir zuvor ängstlich verhüllt hielten. Soweit also der Prüfung wegen wie auch der Übung wegen...

Um zusammenzufassen: In einem ersten Sinne ist für Aristoteles die Unklarheit dasselbe wie für die Dichter die Mythen und die Priester die Verhüllung, ein Mittel des Verbergens. In einem andern Sinne ist sie dasselbe wie für den Adler die Sonne, die Kelten der Rheinstrom, für die Pythagoreer die Träume und für Platon die Trunkenheit, ein Mittel der Prüfung. Und was schließlich für Platon die Schwierigkeit der Lehren ist und für Apollon die Vieldeutigkeit der Seher-sprüche, das ist für Aristoteles die Unklarheit als Mittel der Übung des Geistes.

Der zehnte Punkt endlich betrifft die Frage, was und wieviel man sich vor der Lektüre jedes aristotelischen Werkes klarmachen muß. Es sind dies sechs Punkte, nämlich: welches ist der Zweck des Buches, welches ist sein Nutzen, welches seine Einordnung, woher kommt sein Titel, ist es echt oder unecht, und schließlich, wie ist es aufgebaut.

ANHANG

TEXTE UND LITERATUR

1. TEXTAUSGABEN

Die klassische Ausgabe ist diejenige, die 1831–1870 im Auftrag der alten Preußischen Akademie von J. Bekker, C. A. Brandis, V. Rose und H. Bonitz herausgegeben wurde. Nach ihren Seiten- und Zeilenzahlen wird Aristoteles heute überall zitiert. Ein Neudruck, betreut durch O. Gigon, ist im Erscheinen begriffen. Der Text der erhaltenen Werke des Aristoteles wird unverändert abgedruckt, dagegen die Sammlung der Fragmente der verlorenen Schriften völlig neu gestaltet.

Texte des Aristoteles finden sich ferner in den grossen Gesamtreihen antiker Autoren: Bibliotheca Teubneriana (überwiegend ältere und heute längst vergriffene Ausgaben), Collection des Universités de France, Scriptorum Classicorum Bibliotheca Oxoniensis (heute die beste Reihe), Loeb Classical Library (griechisch und englisch, quantitativ nahezu vollständig, qualitativ etwas ungleich).

Eine ältere (und etwas veraltete) Gesamtübersetzung liegt in F. Meiners Philosophischer Bibliothek vor. In neuer Zeit hat P. Gohlke eine neue Gesamtübersetzung in Angriff genommen und nahezu abgeschlossen. Sie hat ihre Verdienste, ist aber im einzelnen sehr unzuverlässig und von einer unrichtigen Gesamtauffassung des Aristoteles beherrscht. Eine Gesamtübersetzung mit gelehrten Kommentaren hat die ostdeutsche Akademie der Wissenschaften zu Berlin 1956 herauszugeben begonnen. Von den geplanten 20 Bänden sind bisher 3 erschienen, bedeutende Leistungen, die bedauern lassen, daß die Zukunft des Unternehmens noch in jeder Hinsicht ungesichert ist.

2. MODERNE LITERATUR

An grundlegenden Gesamtdarstellungen sind zu nennen: W. Jaeger, Aristoteles, Grundlegung einer Geschichte seiner Entwicklung, zuerst 1923, in 2. Auflage 1955 erschienen; Sir W. D. Ross, Aristotle, zuerst 1923, 5. Auflage 1949; L. Robin, Aristote, 1944, sowie die ausgezeichnete kurzgefaßte Einführung von D. J. Allan, The philosophy of Aristotle, 1952 (deutsch durch P. Wilpert 1955).

An monographischen Untersuchungen seien hier nur hervorgehoben:

a) die englischen Kommentare zu: Analytica Priora et Posteriora (W. D. Ross, 1949), Physik (W. D. Ross, 1936), De generatione et corruptione (J. J. Joachim, 1922), Meteorologica IV (I. Düring, 1944), De anima (R. D. Hicks, 1907), Parva Naturalia (W. D. Ross, 1955), De partibus animalium (I. Düring, 1943), Metaphysik (W. D. Ross, 1924), Nikomachische Ethik (A. Grant, 1884; J. Burnet, 1900; J. J. Joachim, 1951), Politik (W. L. Newman, 1902), Poetik (G. F. Else, 1957).

b) die durchwegs ausgezeichnete französische Monographienreihe: Aristote, traductions et études, Collection publiée par l'Institut supérieur de philosophie de l'Université de Louvain. Seit 1945 sind 9 Bände erschienen.

c) für das Studium der Überlieferung über das Leben des Aristoteles ist grundlegend: I. Düring, Aristotle in the ancient biographical tradition, 1957. Der wichtigste Text, die als Vita Marciana bekannte griechische Aristotelesbiographie erscheint neu mit Kommentar durch O. Gigon in der Reihe «Kleine Texte für Vorlesungen und Übungen» Nr. 118.

Endlich sei genannt der Sammelband: I. Düring and G. E. L. Owen, Aristotle and Plato in the mid-fourth Century (Papers of the Symposium Aristotelicum held at Oxford 1957), 1960.

INHALTSVERZEICHNIS

EINLEITUNG

ARISTOTELISCHE EINFÜHRUNGEN IN DIE PHILOSOPHIE

ANTIKE EINFÜHRUNGSSCHRIFTEN ZU ARISTOTELES

ANHANG